北大社"十三五"普通高等教育本科规划教材
高等院校经济管理类专业"互联网+"创新规划教材

CORPORATE GOVERNANCE

公司治理学

(第2版)

主　编 ◎ 蔡　锐　孟　越
副主编 ◎ 秦丽娜　尹永强
参　编 ◎ 孙　莹　赵　强　杨晓莹

北京大学出版社
PEKING UNIVERSITY PRESS

内容简介

本书以代理问题和剥夺问题的解决机制为主线,阐述了公司治理的具体制度安排。全书共 12 章,具体内容包括:第 1 章介绍公司治理问题的产生以及公司治理的研究主题,明确了公司治理学的学科地位;第 2 章以企业的契约性质为出发点,阐述了交易费用经济学、企业所有权理论等公司治理的理论基础;第 3、4、5 章介绍了公司治理的内部结构,包括股东大会、董事会以及经理之间的权利义务关系以及经理人的股权激励机制;第 6 章论述了企业的资本结构与公司融资决策;第 7、8、9 章介绍了公司治理的外部治理机制,包括证券市场与控制权配置、机构投资者以及私募股权基金对公司治理的作用;第 10 章介绍集团治理机制,揭示剥夺问题的实质;第 11 章阐述了网络治理的特殊治理形式;第 12 章介绍世界三大公司治理模式,也是对全书内容的总结。本书注重理论与实践的紧密结合,力求既揭示公司治理的内涵,又强调其原理在实践中的应用。

本书适用于普通高等院校管理类专业、经济类专业、法律类专业的学生使用,也可供在职管理人士学习和参考。

图书在版编目(CIP)数据

公司治理学/蔡锐,孟越主编. —2 版. —北京:北京大学出版社,2018.6
高等院校经济管理类专业"互联网+"创新规划教材
ISBN 978-7-301-29539-7

Ⅰ. ①公… Ⅱ. ①蔡… ②孟… Ⅲ. ①公司—企业管理—高等学校—教材 Ⅳ. ①F276.6

中国版本图书馆 CIP 数据核字(2018)第 098867 号

书　　　名	公司治理学(第 2 版)
	GONGSI ZHILIXUE (DI-ER BAN)
著作责任者	蔡　锐　孟　越　主编
策 划 编 辑	王显超
责 任 编 辑	翟　源
数 字 编 辑	陈颖颖
标 准 书 号	ISBN 978-7-301-29539-7
出 版 发 行	北京大学出版社
地　　　址	北京市海淀区成府路 205 号　100871
网　　　址	http://www.pup.cn　新浪微博:@北京大学出版社
电 子 信 箱	pup_6@163.com
电　　　话	邮购部 010-62752015　发行部 010-62750672　编辑部 010-62750667
印 刷 者	河北滦县鑫华书刊印刷厂
经 销 者	新华书店
	787 毫米×1092 毫米　16 开本　18.5 印张　435 千字
	2013 年 6 月第 1 版
	2018 年 6 月第 2 版　2023 年 1 月第 4 次印刷
定　　　价	45.00 元

未经许可,不得以任何方式复制或抄袭本书之部分或全部内容。
版权所有,侵权必究
举报电话:010-62752024　电子信箱:fd@pup.pku.edu.cn
图书如有印装质量问题,请与出版部联系,电话:010-62756370

第 2 版前言

公司治理是规范企业契约参与人行为的制度安排，有效的治理机制是提升企业竞争力和促进企业可持续发展的重要保障。公司治理研究越来越成为全球关注的学术领域与改革前沿。从理论方面看，自 2009 年奥利弗·E. 威廉姆森因经济治理方面的贡献获得诺贝尔经济学奖后，2016 年诺贝尔经济学奖又授予了不完全契约理论的创建者奥利弗·哈特，意味着治理理论持续受到主流经济学界的关注。从实践方面看，随着全球化和网络经济的迅速发展，公司治理内容也发生了众多的变化，治理模式趋同化现象更加明显，相机治理更加受到重视，而大数据和移动互联网的发展，潜移默化地对治理成本、治理手段、治理模式产生了深刻的影响，推动着公司的治理创新，强化传统治理向网络治理发展。

公司治理学早已成为国内外理论界和实务界共同关注的一个新的学科领域。为了推进公司治理学科的发展、适应公司治理学在高校工商管理教育体系中的新需求，我们在 2013 年推出了《公司治理学》的第 1 版。本书立足于学科理论体系和治理实践，全面系统地论述了公司治理的理论基础、运作机制及操作实务，已被用于工商管理专业高年级本科生和研究生的教学中，其理论联系实际的风格受到读者的广泛好评。

随着经济的发展和改革的深入，中国公司治理从依靠法律、法规等强制合规阶段逐步发展至自主合规阶段，再到当前的有效性阶段，公司治理结构与机制得到很大改善——混合所有制改革使得国有企业治理机制更加健全，民营经济振兴促使家族企业的合法化程度不断提升；上市公司股权结构合理化促进了机构投资者作用的增长，大众创业、万众创新的浪潮又诱发了私募股权基金发展的新高；而"万宝控制权之争"与国际做空机构狙击我国上市公司事件，从另一个角度说明我国证券市场外部治理作用的加强……基于以上事实，第 1 版的内容尤其是实践部分需要进行补充、调整。因此，编写组决定对第 1 版内容进行修订，修订工作结合了近年来公司治理创新实践的相关内容，更加适合教学和实践的现实需要。

参与修订的执笔人及分工如下：第 1、2、3 章由蔡锐编写；第 4、5 章由秦丽娜编写；第 6 章由尹永强编写；第 7 章由孟越编写；第 8 章由杨晓莹编写；第 9 章由孙莹编写；第 10 章由孙莹、蔡锐编写；第 11 章由尹永强、孟越编写；第 12 章由赵强、秦丽娜编写。最后，由蔡锐统稿并作最终的修订。

感谢北京大学出版社给予本次修订工作的热心支持，也感谢本书修订过程中我们借鉴的著述的作者。由于编者水平有限，书中仍难免存在不妥之处，恳请各位专家、学者和同行批评指正，以便日臻完善。

编　者
2018.1

【资源索引】

目 录

第1章 企业制度的演进与公司治理学的诞生 1
- 1.1 企业制度的演进与公司治理问题的产生 2
- 1.2 公司治理的研究主题和内涵 6
- 1.3 公司治理学研究对象、学科性质与研究方法 13
- 本章小结 17
- 复习思考题 18

第2章 公司治理学的理论基础 21
- 2.1 企业的契约性质与公司治理 22
- 2.2 资产专用性与公司治理 27
- 2.3 企业所有权与公司治理 32
- 本章小结 36
- 复习思考题 37

第3章 股东权益及其保护 39
- 3.1 股东和股东权益 40
- 3.2 股东大会及其运行机制 47
- 3.3 股东诉讼与事后救济 58
- 本章小结 64
- 复习思考题 64

第4章 董事会制度 66
- 4.1 董事会的性质与职能 67
- 4.2 董事会的组成及规模 73
- 4.3 董事会的模式与运行 79
- 本章小结 86
- 复习思考题 86

第5章 经理人激励性报酬机制 88
- 5.1 经理人相关概念 89
- 5.2 激励性报酬的原理 91
- 5.3 经理人报酬结构及其发展趋势 94
- 5.4 长期激励性报酬的构成及其实践 101
- 本章小结 112
- 复习思考题 113

第6章 资本结构与公司融资决策 115
- 6.1 企业融资方式 116

6.2　资本结构与财务成本 ··· 119
　　6.3　代理成本与资本结构 ··· 123
　　6.4　控制权与融资合同 ·· 128
　　6.5　非对称信息与公司融资决策 ··· 132
　　本章小结 ·· 137
　　复习思考题 ·· 137

第 7 章　证券市场与控制权配置　139
　　7.1　证券市场的功能及其效率性 ··· 140
　　7.2　公司并购、剥离与控制权转移 ·· 143
　　7.3　敌意接管与接管防御 ··· 150
　　7.4　"卖空"机制 ·· 153
　　本章小结 ·· 159
　　复习思考题 ·· 160

第 8 章　机构投资者与公司治理　162
　　8.1　机构投资者的类型和特点 ·· 163
　　8.2　机构投资者参与公司治理的机制分析 ·· 166
　　8.3　我国机构投资者的公司治理参与实践 ··· 173
　　本章小结 ·· 184
　　复习思考题 ·· 185

第 9 章　私募股权基金与公司治理　187
　　9.1　私募股权基金概述 ·· 188
　　9.2　私募股权基金的运营及其治理机制 ··· 197
　　9.3　我国私募股权基金的运营 ·· 202
　　本章小结 ·· 208
　　复习思考题 ·· 209

第 10 章　企业集团治理：剥夺型公司治理问题　210
　　10.1　企业集团概述 ··· 211
　　10.2　企业集团的剥夺结构 ··· 216
　　10.3　控制性股东及其剥夺行为 ··· 221
　　10.4　剥夺问题的解决 ·· 228
　　本章小结 ·· 231
　　复习思考题 ·· 232

第 11 章　网络治理：公司治理的延伸　234
　　11.1　网络组织的兴起 ·· 235
　　11.2　网络治理的选择及其特性 ··· 242
　　11.3　网络治理的治理机制 ··· 246
　　本章小结 ·· 249
　　复习思考题 ·· 250

第 12 章　公司治理的演进及其模式 ·· 253
12.1　外部控制主导型公司治理模式 ·· 254
12.2　内部控制主导型公司治理模式 ·· 262
12.3　家族控制主导型公司治理模式 ·· 272
12.4　公司治理模式的趋同化 ·· 279
本章小结 ·· 283
复习思考题 ·· 284

参考文献 ·· 286

第1章

企业制度的演进与公司治理学的诞生

教学目标

1. 了解企业制度演进脉络与公司制企业特征；
2. 掌握公司治理问题的产生根源及公司治理的内涵；
3. 理解公司治理学与管理学的关系；
4. 掌握公司治理学研究对象、主要内容、学科性质和方法。

基本概念

古典企业制度　现代企业制度　代理问题　剥夺问题

学习提示

企业分为古典企业和现代企业，古典企业不是公司，不存在公司治理问题（代理问题和剥夺问题），公司治理问题源于现代企业（即公司制企业）的形成。所以，理解公司制企业的基本特征——两权分离和股权结构多元化，是理解公司治理问题产生的关键。理解了公司治理问题，就可以理解公司治理的内涵，从而就可以把握公司治理学的学科体系。

本章重点：现代企业制度的基本特征　公司治理问题　公司治理的研究主题

本章难点：代理问题产生的条件　公司治理内涵的界定

1980年12月11日，19岁的温州姑娘章华妹从市工商局领到了标为"工商证字第10101号"的营业执照，这是中国有史以来第一份个体工商业营业执照。她在家开了一间十几平方米的小店，卖日用百货，自己既是投资者又是经营者。1986年，章华妹自己出来做珠片生意，珠片就是镶在衣服上的小配饰。丈夫也把工作辞了，帮着进货，跑上海、广州等地，生意很好。后来章华妹开始做起了纽扣生意。因为内行，纽扣生意日渐红火。2002年，她买了一套200平方米的新房子，家里的桑塔纳也换成了奥迪。

随着经营规模的扩大，章华妹开始面临两大问题：一是人员问题，她忙于筹划进货及联系业务，已无暇分身兼顾日常经营事务，需要一个职业经理人帮她打点日常事务；二是资金问题，企业自有资金难以应付越来越大的资金需求，需要对外募集资金。于是，她开始招募职业经理人，并以股权融资的方式筹集资金，于2008年成立了有限责任公司——"华美服装辅料有限公司"。这样，她的企业由两权合一的古典企业成长为所有权和经营权分离以及股权结构多元化现代企业。现在，公司每年有几十万元的利润，生意十分红火。但她仍在努力，决心使公司继续稳健成长。

点评：

随着小店铺由个体经营的古典企业形态发展为有限责任公司的现代企业形态，公司治理问题——代理问题和剥夺问题随之产生，需要寻求如何解决公司治理问题、谋求公司利益最大化的对策。

1.1　企业制度的演进与公司治理问题的产生

1.1.1　企业制度的演进

公司是企业，企业不一定是公司。企业制度经历了古典企业制度和现代企业制度两个时期。古典企业制度主要以业主制企业和合伙制企业为代表，现代企业制度主要以公司制企业为代表。企业制度从古典到现代的转变，经历了业主制、合伙制和公司制的发展过程。

1. 古典企业制度

（1）业主制。

业主制企业也称个人企业，是企业制度最原始的形态。业主制具有如下特点：第一，企业归业主所有，业主自己控制企业，拥有完全的自主权，享有全部的经营所得；第二，业主对企业负债承担无限责任，企业资产等同于个人资产，当企业资不抵债时，业主要用其全部资产来抵偿。业主制的优点是可以保持经营的统一性和灵活性；缺点是规模小，资金筹集困难，因业主承担无限责任所带来的风险较大，企业存续受制于业主自然生命等。这些缺点使业主制企业逐渐被合伙制企业所取代。业主制企业在现代主要体现为个体经营企业，如农贸市场摊主。

（2）合伙制。

合伙制企业是由两个或多个出资人联合组成的企业，其基本特征与业主制无本质区别：一是企业归出资人共同所有、共同管理，并分享企业剩余或亏损；二是所有出资者对企业债务承担无限责任。合伙制的优点是与业主制相比扩大了资金来源,降低了经营风险;缺点是合伙人对企业债务承担无限责任,风险较大,合伙人的退出或者死亡会影响企业的生存和寿命。以上缺点使合伙制企业逐渐被现代意义上的公司制企业所取代。合伙制企业在现代主要体现为中介企业,如会计师事务所、律师事务所等。

2. 现代企业制度

随着经济、社会和技术的进步,企业制度不断自我完善,发展为现代企业制度,即公司制。公司制是现代经济生活中主要的企业存在形式,它使得企业的创办者和企业家们在资本的供给上摆脱了对个人财富、银行和金融机构的束缚。与传统的企业相比,公司制企业具有三个重要特点:一是公司制企业是一个独立于出资者自然人形式的经济、法律实体,在法律上有永续生命;二是公司股份可以自由转让;三是出资人承担有限责任,即股东以其认缴的出资额为限对公司承担责任,公司以其全部财产对公司债务承担有限责任。现代企业制度已成为当今最主要的企业形态,分为股份有限公司和有限责任公司。有限责任公司的股东以其认缴的出资额为限对公司承担责任;股份有限公司的股东以其认购的股份为限对公司承担责任。

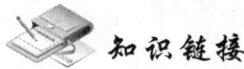
知识链接

《中华人民共和国公司法》对有限责任公司与股份有限公司的认定

《中华人民共和国公司法》(以下简称《公司法》)(本书所指《公司法》均为2013年12月28日第十二届全国人大第6次会议审议通过的第三次修正版)规定,有限责任公司由五十个以下股东共同出资设立;股东可以用货币出资,也可以用实物、知识产权、土地使用权等非货币财产作价出资。有限责任公司的特殊形式是一人有限责任公司和国有独资公司,前者指的是只有一个自然人股东或者一个法人股东的有限责任公司;后者由国家单独出资,由国务院或者地方政府国有资产监管机构履行出资人职责。

《公司法》规定,股份有限公司的设立,可以采取发起设立和募集设立的形式,发起设立是指由发起人认购公司应发行的全部股份而设立公司;募集设立是指由发起人认购公司应发行股份的一部分,其余股份向社会公开募集或者向特定对象募集而设立公司。设立股份有限公司,应当有两人以上、两百人以下为发起人。

公司制的雏形——委托经营制诞生于十四五世纪的欧洲。当时欧洲国家开始出现将财产或资金委托他人经营的组织形式,这种组织形式经营收入按事先约定进行分配,一旦经营失败,委托人只承担有限责任。随着十五世纪末地理大发现,促进了航海事业的繁荣,迎来了海上贸易的时代。1600年,英国成立了由政府特许的、专事海外贸易的东印度公司,这被认为是第一个典型的股份公司。十七世纪英国已确立了公司的独立法人地位。公司成为一种稳定的企业法人形式。

这种最早在欧洲兴起的股份公司制度是一种以资本联合为核心的企业组织形式,它是在业主制、合伙制基础上发展起来的一种全新的企业制度形式。它优于古典企业形式的地方在于:一是筹资的可能性和规模扩张的便利性,解决了资金扩张问题;二是实现了所有权和经营权的分离,使管理成为一门专门的职业,面向社会招聘人才,有利于改进经营管理,提高技术水平;三是由于股东承担有限责任,而且股票可以转让,因此可以摆脱自然人问题的困扰降低和分散公司风险;四是由于公司的法人特性,使得股份公司具有稳定的、持续不断的生命，可以适应变化、复杂的经济形势，只要公司经营合理、合法，公司就可以长期地存在下去。

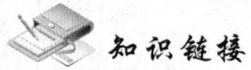 **知识链接**

东印度公司

"东印度公司"并不特指英国东印度公司。在17世纪，东印度公司最早是西欧大多数国家为开拓殖民贸易而设立的一种公司模式，其中，最先进、实力最强大的是荷兰联合东印度公司，它虽晚于英国东印度公司成立，但他们一开始就采用先进的股份制公司模式，在成立后半个世纪内，垄断了整个东印度的香料贸易，并完全压制了其他国家东印度公司的业务。

英国东印度公司成立于1600年，最初的正式全名是"伦敦商人在东印度贸易的公司"（the Company of Merchants of London Trading into the East Indies）。它是由一群有创业心和有影响力的商人所组成。这些商人在1600年12月31日获得了英国皇家给予他们的对东印度的15年的贸易专利特许。公司共有125个持股人，资金为7.2万英镑。1613年，英国在印度西部设立贸易站，不久，又在印度东南部建立商馆。17世纪初，面对欧亚之间纺织品贸易的停滞，英国东印度公司开始将触角伸向香料贸易。1616年，荷、英两家东印度公司决定签署协议，倡议双方停止商业竞争，并将两家公司合并成为世界上唯一一家垄断性的东印度公司。协议还规定了两国香料的收购量要按照荷兰和英国2∶1的比例进行。这一协议为英国掌握全球贸易主导权铺平了道路。

英国资产阶级革命后，共和国时代的领袖克伦威尔在1657年对东印度公司的体制进行了改革，建立了"合同合资体制"，并发行了股票。至此，东印度公司清除了此前的临时性色彩，而成为一家现代股份公司。1698年，东印度公司向印度莫卧儿政府买下了位于孟加拉湾恒河口岸的加尔各答。1709年，旧的东印度公司和其国内敌对者成立的新东印度公司再次合并，建立了联合东印度公司。在占领和统治了孟加拉国和印度之后，该公司又占领了新加坡、缅甸（部分地区）等国，由一个商业强权变成了一个军事和拥有领土的强权。东印度公司在1833年以前一直垄断着英国对中国的贸易，最终引发1840年的鸦片战争。

到了19世纪初，随着产业革命后世界市场的扩大，为了适应新兴工商资本迅速发展的需要，东印度公司作用逐步下降，它对印度、中国的贸易垄断等特权相继取消。但是，它对英国在印度领土的管理权，一直保留到1858年该公司被撤销为止。在东印度公司解体后不久，"怡和洋行"等英国一批新的私营贸易公司迅速崛起，填补了前者身后留下的空白。而这些与东印度公司同时代崛起的贸易商，也大多在进行远洋贸易的同时，再度扮演了东印度公司曾经扮演的角色，成为英帝国新的殖民前哨。这些公司中很多直到今天依然在全球贸易中发挥角色。

1.1.2 公司治理问题的产生

随着公司制企业的形成，现代企业出现组织快速发展和资金来源多样化等现象，由此形成所有权和经营权分离以及股权结构多元化的现代企业制度的基本特征，也就产生了公司治理问题——股东与经理人利益冲突引发的代理问题和大股东侵占小股东利益的剥夺问题。

1. 代理问题的产生：所有权与经营权的分离及股东控制力的弱化

随着企业规模的扩大，产品出现多样化趋势，产品线延长或增多，企业分工越来越明确，企业的组织形式因此逐渐层级化，演变为分权结构。在这种情况下，公司不得不引入职业管理层，将相当一部分经营管理权力由创业者转移给职业管理者，形成了所有权和经营权"两权分离"的局面——创业者(股东)拥有所有权、职业管理者(经理人)拥有经营权。作为委托人的股东与作为代理人的经理,二者的利益和目标是不一致的,在两权分离的前提下,由于信息不对称、机会主义等因素的存在,有可能导致经理人损害股东利益的代理问题,即不按股东利益行事而造成福利损失的经理人的管理腐败,包括特权消费、建造个人帝国(自由现金流问题)、管理防御、直接侵占公司资产等。

所有权与经营权分离是代理问题形成的必要条件,但代理问题的形成还取决于股东控制力的大小。如果股权集中,存在强势的控制性股东,经理人管理者权力很小,即便两权分离,代理问题也不会产生。只有在股东分散或者股权虚置的情况下,股东控制力很弱,股东难以监督甚至无法监督经理人,代理问题才会成为严重危害股东利益的行为。因此,股东控制力弱化构成了代理问题形成的必要条件。

股东控制力弱化体现为股权分散化以及股东虚置。公司股权分散化为资本市场的有效运转奠定了牢固的制度基础,但也产生了如下影响:首先,股权分散化使得股东们无法在集体行动上达成一致,从而造成治理成本的提高;其次,是对公司经营者的监督弱化,即大量的小股东不仅缺乏参与公司决策和对公司高层管理人员进行监督的积极性,而且不具备这种能力;最后,分散的股权结构使得股东和公司其他利益相关者处于被机会主义行为损害、掠夺的风险之下,为代理问题的形成埋下了隐患。

而股东虚置指的是企业的控制性股东是国家,而不是自然人。国家股东是虚拟的,它必须委托自然人行使权力,而替国家行使权利的自然人(即国有控股公司的董事长或总经理)又都是由国家指派的官员,企业的利益与他的个人利益没有必然关系。因此,他(她)在替国家行使股东权利时,比如在挑选及监督下属国有企业经理人时,就不一定会尽心尽力。这样,股权虚置下的国有企业公司经理人会拥有很大的管理者权力,形成"内部人控制"现象,有可能出现损害国家股东利益的代理问题。

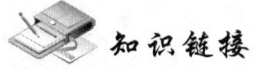

代理问题的具体表现

代理问题指的是不按股东利益行事而造成福利损失的经理人的管理腐败,具体表现如下。

第一,特权消费。即由公司经理人在职消费引起的特别待遇或额外福利,如建设豪华办公室、使用公司喷气式飞机、购买首席执行官宅邸、岗位安排上任人唯亲等。

第二,建造个人帝国(自由现金流问题)。即当公司没有可投资的正净现值项目时,经理人为拒绝支付自由现金流所采取的行动,以获取权力和社会地位的提升,如过度投资,盲目扩张。

第三,管理防御。经理人在公司外部接管威胁、内部解雇压力下,选择有利于维护自身职位并追求自身效用最大化以增加职位安全性的策略或行为,包括加大股东更替成本(通过经理人专属投资、敲竹杠的长期投资、任用次等人选等提高自身对公司的重要性);融资保守(为了减轻支付利息的绩效压力,降低财务困境下所必须承担的庞大的转换工作成本而偏好股权融资尽可能地避免负债融资);管理因循守旧(为了职位安全,不顾公司长远利益,迎合那些掌控自己职位命运者的意愿);盈余操纵(为巩固在业界的地位,采取平滑收益的办法,使各期盈余平稳);并购防御(为维持经理人的位置而阻挡合理的兼并重组)等。

第四,直接侵占公司资产。即贪污、受贿等中饱私囊的违法行为。

2. 剥夺问题的产生：股权结构多元化及控制性股东的存在

随着企业规模的进一步扩大，企业创始人的投资可能会满足不了企业发展所需，需要对外融资。企业对外融资有两种方式：一是债权融资，即从银行或者其他投资者手里借债；二是股权融资，即直接面向投资者募集股本。企业初创时很难从银行贷到资金，所以需要创始人之外的其他股东的投资，这样就使股权结构多样化。当股权结构多元化、股东人数众多时，就可能引起不同股东之间的利益冲突，出现一部分股东侵害另一部分股东利益的现象。但如果股权分散，无控制性股东，股东间不可能形成侵害，只可能出现职业经理人侵害股东利益的代理问题；而在股权集中、出现控制性股东的情况下，一些中小股东很难参与董事会决策，因此，他们的投资权益只好听从控制性大股东摆布。在这种情况下，若公司的高层管理者由控股股东指派，这时内部人（控股股东及其管理层）与外部人（小股东）的利益就会发生冲突，形成控股股东对小股东的利益侵害以及对其他投资者、雇员的直接侵占。我们把公司这类有控制权的股东损害没有控制权的股东利益的问题叫作剥夺问题。剥夺问题涉及控制性股东与非控制性股东之间的关系，或者大股东与小股东之间的关系。

股权结构多元化及控制性股东的存在构成了剥夺问题形成的必要条件和充分条件。金字塔结构下小股东控制则使得剥夺更加具有隐蔽性、更加具有操作性。金字塔结构实际上就是多层级、多链条的企业集团控制结构。控制性股东从塔尖开始，通过控制中间公司向下散出一个庞大的网络，控制处于链条末端的经营公司。他们利用现金流权和控制权的分离，运用不正当的"关联交易"制造"隧道效应"，转移中小股东的利润、侵害中小股东利益。[①]

1.2 公司治理的研究主题和内涵

1.2.1 公司治理的研究主题

公司治理是一门实践活动。随着现代企业制度的形成，企业可享受组织和资金规模扩大的便利，但公司治理问题随之而生。这些问题成为阻碍公司利益最大化的障碍，必须有解决公司治理问题的手段，以维护现代企业制度带来的好处。根据股权集中程度以及股东性质的不同，针对不同的公司治理问题及其治理重点，可把公司治理问题分成三种不同的类型。

1. 如何监督和控制经理人员的行为：代理型公司治理

代理型公司治理指的是以解决代理问题为主的公司治理类型。如前所述，代理问题产生于两权分离后股东控制力的削弱，而股权结构分散则是股东控制力削弱的最重要原因。因此，代理型公司治理主要发生在股权结构分散、缺乏控制性股东的公司身上。这种类型的公司治理在美国、英国、新西兰等国家的公司中较为普遍，以美国公司为典型。在公司制早期，公司只有少数的个人股东，股权结构相对集中。但是随着企业规模的扩大，也伴

---

① 具体论述见本书第10章第3节。

随着资本市场的发展，公司股权结构逐渐分散化，大量公司股票分散到社会公众手中。1932年，美国学者伯利和米恩斯在其所著的《现代公司与私有产权》一书中指出，美国公司所有权和经营权出现了分离，现代公司已由受所有者控制转为受经营者控制，并直言管理者权利的增大有损害资本所有者利益的危险。虽然近二十年来一些国家出现机构持股现象，但这些机构投资者总的来说还是以分散投资为主，投资于单个公司特别是大公司的比重并不高，因而使得公司的股权结构高度分散，许多公司往往有成千上万名股东。例如在美国，最大的股东所持有的公司股份多在5%左右。20世纪60年代以来，两权分离日趋严重，CEO兼董事长现象普遍。在上述情况下，股东利益与经营者利益偏离，经理与公司行为目标的冲突日益明显。代理型公司治理问题主要围绕如何监督和控制经理人员的行为这一主题展开。该主题主要基于以下背景。

第一，人们普遍对经理人员快速增长的高报酬感到不满。20世纪50年代以来，经理人员的报酬有了较快增长。在美国，据统计，1957年美国只有13个公司的CEO的年薪达到40万美元；到1970年，《财富》500强公司的CEO的平均年薪就达到了40万美元；到1988年，美国最大300家公司的CEO的平均年薪是95.2万美元。在英国，据统计，从1981年到1990年英国100家大公司高级职员的报酬增长了351.5%，而同期这些公司的盈利增长只有106.8%。[①] 到了90年代之后，美国公司CEO的薪酬总额更是超过千万甚至上亿美元。

第二，股东诉讼事件日益增多。以美国为例，在《财富》1000家大公司中，20世纪初没有一家公司涉及股东诉讼赔偿案，而1977年有1/10的公司董事和经理、1979年有1/9的公司董事和经理、1985年有1/6的公司董事和经理卷入了股东诉讼赔偿案。[②]

第三，机构投资者力量不断壮大。20世纪80年代以来，随着机构投资者力量的增大，一些西方发达国家的股权结构进入了分散化与集中化并存阶段。以美国为例，机构投资者占企业资产的比例，1950年为6.1%，1960年为12.6%，1970年为12.4%，1980年为33.9%，1990年为47.2%，1995年为46.6%，1996年占48.8%。[③] 可以看出，随着机构投资者的发展，美国公司股权结构集中化趋势逐步加强。机构投资者正在对美国的公司董事和经理人员行为产生重要影响。20世纪90年代以来，通用汽车、IBM等大公司的CEO被解职，都与机构投资者的作用有关。

第四，公司财务丑闻不断。2001年12月2日，安然公司因虚报利润等严重财务作弊暴露，导致其向纽约破产法院申请破产保护，成为美国历史上最大的一宗破产案；安达信则因销毁安然案件的相关文件，被控告妨碍司法而濒临破产。2002年4月底，世界通信公司董事长因个人借款事件被披露，被迫辞职；同年6月，该公司40亿美元的假账丑闻曝光。同时，施乐公司承认过去5年虚报营业收入达64亿美元，引发股市大跌……

正是在上述背景下，公司治理致力于解决的基本问题是分散的小股东与经理层之间的冲突。在这种情况下，公司治理被界定为投资者确保回收他们投资的回报方式，或者解决众多小股东搭便车的问题。代理型公司治理一般主要探讨降低代理成本的各种具体机制，

---

① 李维安，等．公司治理学 [M]．北京：高等教育出版社，2005：7．
② 李维安，等．公司治理学 [M]．北京：高等教育出版社，2005：132．
③ 梁能．公司治理结构：中国的实践和美国的经验 [M]．北京：中国人民大学出版社，2000：7-8．

如接管、董事会、机构投资者、大股东、经理人薪酬等。因此，公司治理的目标之一就是：设计治理机制，努力寻找代理成本最小化的合同方案。

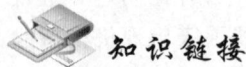

美式代理型公司治理体系的"五道防线"

在美国，经过100多年的实践，公司治理已经发展成相当完整的体系，根据防御经理损害股东利益这一主题，可以把美式代理型公司治理体系概括成"五道防线"，具体内容如下所述。

第一道防线是经理报酬。通过合理的报酬设计，把经理的利益与股东的个人利益挂起钩来，让经理在追求其个人利益的同时，为公司和股东创造财富。

第二道防线为董事会制度。股东通过股东大会选出其信任托管机构——董事会，对公司大政方针进行决策，对公司经营进行监督。董事会中的独立董事，是经理人败德行为的"克星"。

第三道防线是股东权力的行使。当董事会不尽职尽责时，股东可亲自出马，在股东大会上行使自己的否决权，提出更换或改选董事会。

第四道防线是并购和接管活动。当分散股东"搭便车"、经理人的败德行为不能得到纠正时，股东可以"用脚投票"，即在资本市场上抛售股票，引发购并与接管，来改组董事会和经营班子；同时，股东也可通过证券市场的"卖空"行为对经理人施加压力。

第五道防线是舆论监督和证券监管机制的规制。美国证券市场有很多法律，美国证券交易委员会（Securities and Exchange Commission，SEC）也有很多规制上市公司的规则，包括严格的"信息披露"制度，这些都可以有效地约束经理行为，保护股东利益。

2. 如何防止控股股东的利益侵占：剥夺型公司治理

剥夺型公司治理指的是以解决剥夺问题为主的公司治理类型。如前所述，剥夺问题产生于金字塔结构企业集团前提下终极控股股东的存在。这种公司治理模式在欧洲大陆国家以及东亚国家的家族上市公司中较为常见。在美国等资本市场比较发达的国家，企业集团多呈现纵向集团形态，集团内部复杂的关联交易并不是商业活动的主要内容。相反，个别企业的核心业务通常是突出的，企业的供应商和销售商也都是市场化的，而不是由关联企业来完成。但是在这些国家以外的地方，金字塔型企业集团非常多见，不仅在亚洲，在欧洲大陆国家，比如德国、瑞典，南美的巴西，以及南非，还有加拿大，都是如此。即，只要资本市场不是那么发达和有效，企业集团往往都呈现复杂的企业系族结构，即金字塔结构。

剥夺型公司治理以东亚家族企业为典型，是因为这一地区属于新兴市场，产品市场不完善，融资机制不健全，建立多元化经营的金字塔结构企业集团，可以克服市场的不完全性，并将大量的交易和交易成本内部化，在很大程度上有助于分散经营风险。亚洲金融危机之后，这一地区关联企业之间的交易格外引人注目，因为很多关联交易是在系族企业之间进行的。这些系族企业虽然各自有着它们的股东和董事会，但它们都有着相同的实际控制人。

实际控制人追求企业系族利益最大化的方式主要是通过"转移"行为来实现。控制性股东（通常是一个家族）对系族内部的企业通常不拥有完全的现金流权，但是却拥有完全的控制权。而控制性股东在部分系族企业中拥有较高的现金流权，而在另一些企业中拥有较低的现金流权。这种差异导致了"转移"的激励,控制性股东倾向于将利润在系族企业中转移,从现金流权较低的企业转移到现金流权较高的企业。转移过程可以通过多种方式实现,比如故意压低或抬高企业间拆借的利率,操纵关联交易的价格,将资产高于市场价格(或低于市场价格)在企业间进行买卖等。

在上述情况下,公司治理重心在于防止控股股东利益侵占,建立确保外部投资者免受内部人掠夺的一套机制,并特别强调法律对抑制控股股东侵害问题的作用。

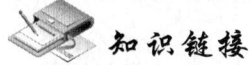 知识链接

法律体系与股东权益的保护

公司治理根本意义上是伴随融资活动的权益保护问题。如果投资者的权益受到损失,解决问题的最终力量要靠法律,要靠有效的司法体系。世界上的法律体系可以分为几大类别:①普通法系。比如英国、美国、澳大利亚、加拿大等英语国家和地区。②大陆法系。进一步分为三支:法国法系,主要是欧洲南部的国家和原法国的殖民地国家,是随着拿破仑征服欧洲而产生的;德国法系,主要是欧洲中部的国家;还有一支斯堪的纳维亚法系,主要是北欧国家。其中法国法系和德国法系的差别最为明显,但斯堪的纳维亚法系的国家因为强调福利主义,有所不同。③伊斯兰法系。主要是阿拉伯国家。④社会主义法系。其根源是德国法系的派生物,并且因为计划经济的改变,正在转轨中。

La Porta 等人(1997)研究了 49 个国家和地区资本市场的发展,试图发现决定资本市场发展的法律因素。这 49 个国家属于四类不同的法律体系:①英美普通法系,包括英国、美国、澳大利亚、加拿大等 18 个国家和地区。②法国法系,包括法国、意大利、西班牙等 21 个国家。③德国法系,包括德国、奥地利、日本、韩国等 6 个国家和地区。④斯堪的纳维亚法系,包括丹麦、芬兰、挪威和瑞典四个北欧国家。他们发现,就法律对投资者的保护,特别是对小股东、外部投资者利益的保护而言,英美法系最好,法国法系最差,德国和北欧法介于中间。与此相应,英美法系国家和地区外部融资市场最为发达,法国法系国家最不发达,德国法系和斯堪的纳维亚法系国家介于两者之间。

3. 如何防止国有企业的管理者腐败和滥用关联交易:混合型公司治理

对于另外一种类型的企业,其在发展过程中所遇到的问题,并不仅仅是某一类问题,由于公司往往在组织形式上会逐渐走向分权,也常常进行外源性股权融资,且创始股东在融资过程中保持控股地位,呈现出控股股东与管理层分离、股权结构集中的状态。在股权集中的情况下,若公司的高层管理者独立于控股股东,这时公司治理的基本问题是控股股东(或大股东)、经理层和小股东三者之间的利益冲突。这种利益冲突的表现更为复杂:既有股东与经理层利益冲突,也有大股东与小股东利益冲突;治理重心为既要防止职业经理的管理腐败问题,防止失控,还要解决不同股东之间的利益差异问题。现有文献很少涉及这类公司的治理问题。此类公司治理问题应是未来研究的重点。

这类公司治理模式在欧洲大陆国家,或俄罗斯、新加坡、中国等国家的国有企业较普遍。其中以我国国有企业为典型。始于 1978 年的国有企业改革,在经过扩大企业经营自主权、利改税、承包经营责任制和转换企业经营机制改革后,到 20 世纪 90 年代中期,企业经营管理人员尤其是经理人员获取了过大的不受约束和控制的权力,并由此产生了严重的经理人员腐败问题,同时,这些经理们又利用国有股东的控股地位以及金字塔型企业集团结构,剥夺广大中小股东利益。具体表现如下所述。

(1) 代理问题。

① 在职消费膨胀。它包括利用公款建设或购买更大更好的住房、公车私用，用公款支付国内外旅游费用、吃喝娱乐等。

② 侵占和转移企业资产。一些经理人员把企业资产转移到由他们自己或亲朋好友开设的企业或公司，还有一些经理人员利用职务之便贪污、私分企业资产等。

③ 经营决策行为短期化。不考虑企业长期利益和发展，而是把经营决策限定在经营者可预见的能够带来成绩、地位及利益最大化的时间范围内，从而造成企业过度投资和耗用资产，使国有企业投资和使用出现低效率。

④ 信息披露不规范，财务关系透明度低，甚至搞"暗箱操作"。如一些经营业绩较差的企业经营者，指使财务人员做假账甚至"两本账"，搞所谓的名盈实亏，以掩盖企业的经营亏损，从而为自己捞取经济和政治利益。

⑤ 抵制兼并重组。当兼并和重组损害自己利益的时候，经营管理者就会进行抵制；当兼并和重组有利于自己获取利益的时候，经营管理者就会赞成和支持。

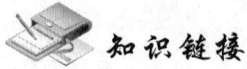 **知识链接**

内部人控制

"内部人控制"（Insider Control）这一概念最早由青木昌彦提出，按照他的界定，"内部人控制"指的是：在私有化的场合，多数或相当大的股权为内部人持有，在企业仍为国有的场合，在企业的重大战略决策中，内部人的利益得到有力的强调。

内部人控制是转轨过程中所固有的一种潜在可能的现象，是从计划经济制度遗产中演化而来的，实际上指的是在所有者（出资人）缺位的条件下，由企业的经营者或者员工实际控制了企业的情况。这种"内部人控制"是在"行政治理"（控制）和公司治理双重失效的前提下产生的，它的直接后果就是，企业的发展既偏离了计划经济条件下"产量和规模最大化目标"，也偏离了市场经济条件下"利润最大化目标"，而定位在了"内部人收益最大化"目标之上。

(2) 剥夺问题。

① 置小股东和债权人的利益于不顾，不分红或少分红，大量拖欠债务。

② 在资金拆借或者贷款担保中滥用关联交易。

③ 在产品买卖中滥用关联交易。

④ 在转让、置换和出售资产中滥用关联交易。

⑤ 在债务冲抵中滥用关联交易。

⑥ 在无形资产的使用和买卖中滥用关联交易。

上述问题产生的原因是我国的公司治理结构不完善，企业内部缺乏对经营管理者有效的激励制衡机制，以及法规不健全造成的。因此，中国的公司治理结构亟待改革。

综上所述，不同的公司治理研究主题衍生出了公司治理问题的三种类型。表1-1从股权结构、主要问题、治理重点以及典型代表等维度，概括了代理型公司治理、混合型公司治理以及剥夺型公司治理的不同特征。

表 1-1 公司治理问题的三种类型

特征＼类型	代理型公司治理	混合型公司治理	剥夺型公司治理
股权结构	股权分散，股东非管理层	股权集中，控股股东非管理层	股权集中，控股股东与管理层合一
主要问题	分散股东与经理层之间的冲突	股东与经理层的利益冲突；大股东与小股东的利益冲突	内部人（控股股东与管理层）与小股东的利益冲突
治理重点	防止经理人利益侵占	防止经理人利益侵占以及控股股东利益侵占	防止控股股东利益侵占
典型代表	美英等国家的公司	欧洲大陆国家或俄罗斯、新加坡、中国等国家的国有企业	西欧大陆国家，东亚国家的家族企业

1.2.2 公司治理的内涵

1. 公司治理内涵的两种观点

治理结构（Governance Structure）概念由 2008 年诺贝尔经济学奖获得者、美国经济学家威廉姆森于 1975 年首先提出。20 世纪 80 年代中期，公司治理（Corporate Governance）概念开始出现在经济学文献中。自公司治理这一概念提出之后，学术界对于公司治理内涵的界定，主要围绕着代理问题的两个主题展开：第一，控制和监督经理人员行为以保护股东利益；第二，保护包括股东在内的公司利益相关者的利益。这两个问题实际上体现的是经理人为谁负责的问题。企业是所有参与人之间的合约，这些参与人不仅包括企业家、股东、债权人、经理和员工，有时还包括顾客、供应商、社区居民与政府。由于与企业发生着这样或那样的利益关系，我们把他们统称为利益相关者（Stake-holders）。上述公司治理内涵相关的两个主题中，前者强调经理人为股东利益服务，即股东利益至上论；后者强调经理人为所有利益相关者服务，即利益相关者利益兼顾论。

（1）股东利益至上论。

围绕着控制和监督经理人行为，保护股东利益这一主题，学者对公司治理内涵的理解如下所述。

① 控制经营管理者论。斯利佛和维斯尼（1997）认为，公司治理是公司资金提供者确保获得投资回报的手段。如资金所有者如何使管理者将利润的一部分作为回报返给自己，如何确定管理者是否侵吞他们所提供的资本或者将其投资在不好的项目上，如何控制管理者等。

② 对经营者激励论。梅耶（1974）把公司治理定义为"公司赖以代表和服务于他的投资者利益的一种组织安排。它包括从公司董事会到执行人员激励计划的一切东西。"

③ 公司所有权安排论。张维迎（1999）认为，公司治理结构是企业所有权安排的具

体化，企业所有权是公司治理结构的一个抽象概括。企业所有权的合理安排即剩余控制权和剩余索取权应属于物质资本主体，即"资本雇佣劳动"。

总之，股东利益至上论认为，既然股东承担企业经营的风险，是企业的所有者，作为股东的代理人的经理就应该以股东利益作为制定经营决策的目标，为股东的利益服务。于是，公司治理中需要考虑的是，在所有权和经营权分离的情况下，如何使经理人对股东负责，如通过对股东的权利、董事会的组成和功能做出规定，以及为经理制定合理报酬等，使经理人与股东的利益一致。

(2) 利益相关者利益兼顾论。

围绕着保护公司利益相关者利益这一主题，对公司治理内涵的理解有以下几种。

① 管理人员对利益相关者责任论。布莱尔（1999）认为，公司治理是法律、文化和制度性安排的有机整合。任何一个公司治理制度内的关键问题都是力图使管理人员能够对企业资源贡献者（如资本投资者、供应商、员工等）负有义不容辞的责任，因为后者的投资正处于风险中。

② 利益相关者控制经营管理者论。希克（1993）等人认为，一种有效的公司治理制度应该提供能够规制董事义务的机制，以防止董事滥用手中的权力，从而确保他们为广义上的公司最佳利益行动。公司治理结构应看成是公司与公司的组成人员之间的一种"社会契约"，从道义上使得公司及其董事有义务考虑其他利益相关者的利益。约翰和赛比特（1998）认为，公司治理是公司利益相关者保护自身的利益而对内部人和管理部门进行的控制。

③ 公司利益相关者"共同治理"论。杨瑞龙（1998）认为，在政府扮演所有者角色的条件下，沿着"股东至上主义"的逻辑，改制后的国有企业就形成了有别于"内部人控制的"的"行政干预下的经营控制型"企业治理结构，使国有企业改革陷入困境。因此，必须扬弃"股东至上主义"的逻辑，遵循"共同治理"逻辑，即企业不仅要重视股东利益，而且要重视其他利益相关者对经营者的监控；不仅要强调经营者的权威，还要关注其他利益相关者的实际参与。

总之，利益相关者利益兼顾理论认为，如果仅仅强调经理人对股东负责，那么势必导致经理人为了股东的利益而侵害其他利益相关者的利益。既然公司的经营决策影响到所有利益相关者的利益，经理人就应该对所有利益相关者负责，而不能只对股东——一部分利益相关者负责。公司决策应该是平衡所有利益相关者利益，而不是仅仅最大化股东利益。

2. 公司治理内涵的界定

要准确地把握公司治理的内涵，必须实现以下两个方面的观念转变：一是从相互制衡转向科学决策。相互制衡不是公司治理的目的，而是手段，公司治理的目的是保证决策科学化，从而实现企业利益最大化。二是从公司治理结构转向公司治理机制。公司治理不仅仅需要一套完备有效的公司治理结构，更需要若干具体的超越结构的治理机制。公司的有效运转和决策科学不仅需要通过股东大会、董事会和监事会发挥作用的内部监控机制，还需要一系列通过证券市场、产品市场和经理市场来发挥作用的外部治理机制，如公司法、证券法、信息披露、会计准则、社会审计和社会舆论等。

此外，要准确把握公司治理内涵，还必须明确公司治理的主体和客体。公司治理的主体不仅局限于股东,还包括债权人、员工、顾客、供应商、政府、社区等在内的广大公司利益相关者;公司治理的客体包括经营者和董事会。对经营者的治理来自董事会,目标在于公司经营管理是否恰当,判断标准是公司的经营业绩;对董事会的治理来自股东及其他利益相关者,目标在于公司的重大战略决策是否恰当,判断标准是股东及其他利益相关者投资的回报率。

综上所述,公司治理就是通过一套包括正式或非正式的、内部或外部的治理结构或治理机制,协调企业各利益相关者之间的利益关系,以保证公司决策的科学化,从而维护股东以及其他利益相关者的利益,实现企业效益最大化的制度安排。公司治理包括狭义和广义两层含义,狭义地讲是指规范有关公司董事会的功能、结构以及股东权利等方面的制度安排;广义地讲是指有关公司控制权和剩余索取权分配的一套法律、文化和制度性安排,这些安排决定公司的运营目标,谁在什么状态下实施控制,如何控制,风险和收益如何在不同利益主体间分配等问题。因此,广义上的公司治理与企业所有权安排是同一个含义,公司治理是企业所有权安排的具体化,企业所有权是公司治理的一个抽象概括。

1.3 公司治理学研究对象、学科性质与研究方法

如何解决公司治理问题的学科体系构成了公司治理学。自20世纪80年代公司治理作为一个学科问题提出以来,经过20多年的理论研究,公司治理作为一门独立的学科存在的条件已经成熟。公司治理学既是公司治理实践的客观需要,也是公司治理理论发展的必然产物。

1.3.1 公司治理学的研究对象

公司治理学是一门通过对公司治理的综合性研究,探讨公司治理实践中具有共性的基本原理、运作规范和方法的科学。公司治理的研究对象为内部治理、外部治理和治理模式。

1. 内部治理

内部治理是《公司法》确定的正式制度安排,构成公司治理的基础,主要是股东会、董事会、监事会、经理之间的内部权力结构的权利分配及其相互制衡机制。

公司的内部治理主要通过公司法确定的"三会四权"[①] 来实现。内部治理的主要特征表现在两个方面:一是自我实现,主要是通过董事会、监事会和股东来实现,即"用手投票"机制;二是在所有者和经营者博弈中注重设计理性,即从股东角度出发设计制度安排来激励约束经营者。

2. 外部治理

外部治理是指通过外在市场的倒逼机制形成的适应市场竞争压力的制度安排。市场竞争迫使公司要有适应市场压力的制度安排。股东、债权人主要通过资本市场影响公司,经

[①] "三会"指股东会、董事会、监事会;"四权"指出资者所有权、法人财产权、出资者监督权、法人代理权。

营者和雇员主要通过劳动力市场影响公司，顾客和供应商主要通过产品市场影响公司。竞争市场的压力要求公司有自动选择良好公司治理安排的激励。政府对市场的部分替代也构成了公司的外部治理，它是公司治理的一个重要的外生变量。

公司外部治理活动场所主要体现在资本市场、产品市场、劳动力市场、国家法律和社会舆论等。如股东在股票市场上"用脚投票"、消费者在产品市场上自由选择迫使公司尽量选择良好的公司治理安排，保持自己在资本市场和产品市场上的吸引力；经理人市场竞争则迫使经营者减少逆向选择、道德风险等机会主义行为；国家法律规定了公司赖以活动的基本框架（规制）；社会舆论作为非正式的压力机制也可以左右公司治理的好坏等。

3. 治理模式

公司治理根植于不同的文化之中，不同的文化创造了不同的商业规则和企业制度。目前被人们认可的公司治理模式大体包括亚洲的家族治理模式，日本、德国的内部治理模式以及英国、美国的外部治理模式。这些不同的治理模式都是一种文化的精炼。

1.3.2 公司治理学的学科性质

1. 公司治理学是一门交叉学科

所谓交叉学科是指在一些学科领域之间的交叉点上产生的新学科。公司治理学是近年来产生的一门新学科，其内容涉及管理学、经济学、法学、历史学、心理学等多种学科，是这些学科相互交叉渗透的结果。

作为一门交叉学科，公司治理学在研究过程中也会涉及对管理学、经济学、法学、历史学、心理学等相关知识的研究，在发展过程中必须不断吸收其他学科领域的新知识、新方法，以使公司治理学的学科体系和研究内容更加完善和丰富。

2. 公司治理学是一门应用学科

公司治理学是一门实践性较强的应用学科。一方面，公司治理理论来源于实践，公司治理学就是在发现、分析、解决公司治理实践中出现的问题时，经过归纳和提炼把公司治理的共性问题上升为一般理论问题的；另一方面，公司治理理论对实践又具有指导作用。公司治理理论在实践中的应用不仅是治理原理、方法和手段的应用，更重要的是治理思想的应用。只有把公司治理学的思想、原理、方法、手段与公司治理的实际情况结合起来，才能真正发挥公司治理学作为一门应用学科的作用。

3. 公司治理学是一门新兴学科

公司治理学作为一门独立学科，其形成只有短短的几年时间，虽然已经构筑了初步的知识体系，但仍有许多问题尚待进一步研究。这些问题包括：公司治理学的研究对象、研究任务和研究方法；公司治理学的学科体系和所包括的内容；公司治理理论、原则、评价、实验模拟研究的细化与协调等。同时还有一些问题的研究需要规范。虽然公司治理学作为一门新兴学科，体系还不完备，但并不妨碍公司治理学作为一门独立学科存在的价值。也正是因为存在着不完备之处需要完善，才使公司治理学增添了研究的动力和吸引力，才使公司治理学的研究具有了活力。

1.3.3 公司治理学与管理学的关系

1. 公司治理在管理学体系中的位置

从宏观上看，管理学体系涉及企业管理价值链的全过程，包括上游阶段以资金、人员筹措为核心的资源聚集，中游阶段以生产管理为核心的资源整合，下游阶段以产品销售为核心的资源增值。因此，从整体的角度来看待企业，可以认为企业有三种含义：企业是环境中的一分子，企业是由人组成的集团，企业是矛盾与发展中的生命体。

（1）环境中的企业。企业与环境有着千丝万缕的联系。企业利用的资源，产生于与环境的可交易关系中，企业从环境中获取资金、劳动力以及经验、知识，甚至社会信用，同时，为环境提供商品、服务。企业就是在这种与环境的交易中获得剩余，从而得到发展的。当然这种剩余不仅仅是物质利益意义上的剩余，也包括无形资产意义上的剩余，如在企业经营过程中积蓄的各种无形资源，包括技术、经验，从业人员对企业的忠诚心、社会的信用、顾客的忠诚度等，这些都是长期意义上的剩余。环境中的企业的基本目的是成长和风险规避，为了成长需要进行战略和制度的选择，而制度的选择实质上就是公司治理。

（2）组织中的企业。组织中的企业注重的是企业内部管理。如前所述，企业是通过与环境的互动中获取附加价值而求得生存与发展的。企业附加价值的产生，得益于企业保有的经营资源，包括人力资源、物质资源、财务资源、信息资源。要有效利用这些资源，为企业创造价值，必须有基于一定战略的资源组织化，这种经营资源的组织化，就是组织中的企业的基本命题。由于人力资源是最重要的组织资源，所以组织中的企业的基本问题是：如何充分发挥人的积极性、如何通过人来组织经营资源，即如何通过人来完成企业的事业。

（3）矛盾与发展中的企业。环境中的企业要求企业是动态的，需要不断变革，以适应激烈的市场竞争；而组织中的企业却强调企业的静态性，以追求组织结构的稳定，确保组织的效用。这样，企业发展就会出现困惑：环境中的企业内部会出现竞争与协调之间的矛盾，组织中的企业内部则会出现自由和规制的矛盾。没有矛盾就没有发展，所以在矛盾中发展本身就是企业经营者最大的事业。矛盾与发展中的企业强调组织学习与技术创新。

由此可见，公司治理作为企业制度的动态体现，作为环境中的企业的重要组成，是整个企业管理价值链中的不可或缺的部分。图1.1反映了公司治理在管理学体系中的位置。

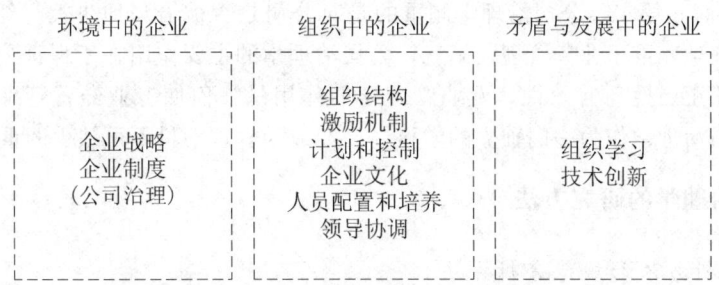

图 1.1 公司治理在管理学体系中的位置

2. 环境中的企业与公司治理

在上述企业管理价值链全过程中，环境中的企业是基础。环境中的企业需要协调两方面的关系：一是协调企业与市场的关系，首先是产品市场，即把什么样的产品提供给顾客，如何构筑竞争优势，涉及发展战略和竞争战略；其次是要素市场，即如何筹集资金和雇佣人员，如何选择资本结构等，涉及企业制度。二是协调企业与政府的关系，包括如何遵守所在地政府的法律法规，也包括在海外事业中如何处理好与当地政府的关系。

在如何协调企业与要素市场的关系中，涉及如何构筑企业与形成企业基本因素的人与资本的关系，即如何协调企业与资本市场和劳动力市场的关系，如实施何种劳动者的雇佣形态，如何进行企业融资，如何设定合理的资本结构等。如前所述，这种涉及协调人和资本的关系称为企业制度的选择，也恰恰是公司治理内涵的体现。由于企业制度决定企业决策体系的构建，因此公司治理是整个企业管理体系的基础。图1.2展示了公司治理与环境中的企业的关系。

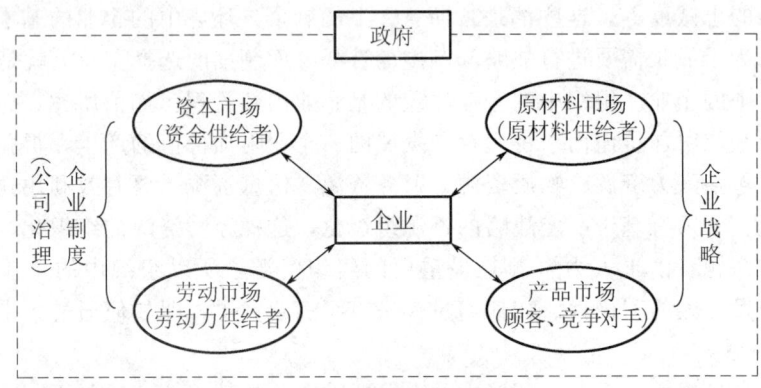

图 1.2　公司治理与环境中的企业

3. 公司治理学与管理学的区别

自1911年泰勒出版《科学管理原理》一书以来，围绕着管理的基本理论，逐步形成了财务管理学、生产管理学、营销管理学、人力资源管理学等专业管理学科。公司治理学作为近年来形成的新兴学科，与管理学科是什么关系，是一个需要明确的问题。

我们可以从公司治理学与其他专业管理学的区别中，明确公司治理学的学科地位。概括而言，公司治理学与其他专业管理学的区别主要表现在：第一，公司治理学是战略导向的，关心的问题是"公司向何处去"，其他专业管理学是任务导向的，关心的问题是"公司怎样达到目标"；第二，公司治理学侧重的是对公司是否被恰当地决策与经营进行监督与控制，专业管理学侧重于业务管理；第三，公司治理学的主要作用在于保证公司决策的科学化和具体管理的正当性与有效性，专业管理学的作用是如何使专业经营管理更有效率和效力。因此，公司治理学作为一门独立的学科，已经成为管理学科不可缺少的重要组成部分。

1.3.4　公司治理学的研究方法

1. 实证分析方法和规范分析方法

公司治理学中的实证分析就是描述公司治理现象是什么，以及公司治理问题实际上是如何解决的。它所回答的问题是：如果做出了某种选择，将会带来什么样的结果。实证分析方法包括理论实证和经验实证。前者是从现实中概括抽象出基本关系并以此为起点进行理论上的逻辑演绎，逻辑演绎的结果是得出某种理论"假说"；后者是对理论实证得出的"假说"进行经验验证。如果"假说"能够被经验所证明，就是正确的、科学的结论。经验实证主要采取两种方法：一是案例研究，就是选择现实中比较典型的国内外案例，来验证理论的可靠性。二是问卷调查。

公司治理学中的规范分析是研究公司治理活动应该是什么，或者说研究公司治理问题应该怎样解决。规范分析需要对公司治理活动做出价值判断和伦理判断。也就是说，在衡量公司治理行为时，还要考虑公司治理行为是否符合社会伦理规范和公司伦理规范。

2. 制度分析方法

公司治理是一种制度安排，不同的公司治理模式和治理方案代表不同的制度安排。制度安排是有成本的，人们在不同的制度安排中做出选择，实际上是权衡各种制度安排的成本收益比。如何顺应环境的变化，选择一种成本收益比最小或收益成本比最大的公司治理方案，就成为公司治理研究的重要内容，这也正是制度分析方法在公司治理学研究中的应用。

3. 比较分析方法

公司治理的比较分析主要是分析不同国家、不同性质的企业在经济、体制、社会文化上的差异对公司治理的影响，以探索公司治理发展的模式和普遍适用的治理规律。在比较分析中，首先要考察一国或单个公司治理的特殊性和探讨各国或所有公司治理的一般性，然后处理好一般性与特殊性的关系，探索每个国家或每个公司治理的途径和方案。

4. 实验研究方法

公司治理的实验研究是实验经济学的具体运用。实验研究方法主要是利用实验室条件设计出合理的实验方案，随机确定被试角色，运用实际现金支付等方式测度公司当事人的行为向量及其结果，可以发现具体的行为路径，尤其可以发现一些未曾认识到的真相，从而能够为实际公司治理方案的制定和决策提供有用的信息，所以具有较强的经济性、灵活性和较小的风险性。目前实验研究方法在公司治理领域中越来越受重视。

本 章 小 结

企业制度的发展经历了古典企业制度和现代企业制度时期，古典企业制度指的是业主制企业和合伙制企业；现代企业制度指的是公司制企业，包括有限责任公司和股份有限公司。与古典企业相比，公司制企业体现了所有权与经营权分离以及股权结构多元化等两个重要特征。正是由于这些特征的发展，产生了公司治理问题：代理问题和剥夺问题。

代理问题指的是在两权分离的前提下,由于信息不对称、机会主义等因素的存在,导致代理人损害股东利益的"道德风险"问题;剥夺问题就是当股权结构多元化、股东人数众多时,控股股东对小股东的利益侵害问题。

公司治理有三大研究主题,产生了公司治理问题的三种类型:一是如何监督和控制经理人员的行为,由此产生代理型公司治理;二是如何防止控股股东的利益侵占,由此产生剥夺型公司治理;三是如何防止国有企业的管理者腐败和滥用关联交易,由此产生综合型公司治理。

公司治理实质就是解决公司治理问题的措施,其内涵实际上体现的是经理人为谁负责的问题。对此,学术界有两种观点:一是强调经理人为股东利益服务,即股东利益至上论;二是强调经理人为所有利益相关者服务,即利益相关者利益兼顾论。本书倾向于第一种观点,认为公司治理就是通过一套包括正式或非正式的、内部或外部的治理结构或治理机制,协调企业各利益相关者之间的利益关系,保护股东利益,从而最终维护公司各方面的利益,确保企业效益最大化的制度安排。

自从20世纪80年代公司治理作为一个科学问题被提出以来,作为一门交叉、应用、新兴学科,它已经成为管理学科不可缺少的重要组成部分。公司治理涉及如何协调企业的人和资本的关系,即企业制度的选择,因此是整个企业管理中的基础。公司治理学的研究方法主要有实证分析方法和规范分析方法、制度分析方法、比较分析方法和实验分析方法。

复习思考题

1. 企业制度是如何演进的?
2. 公司治理问题是如何产生的?
3. 公司治理有哪些研究主题?
4. 公司治理学的研究对象是什么?
5. 公司治理学在管理学中的位置如何?

公司治理的发展浪潮

在20世纪80年代,英国有不少著名公司相继倒闭,引起了很大的社会震动。其主要原因在于经理人不尽职尽责,而作为股东代表的董事也违背股东的利益,不能履行职责。针对这种情况,英国成立了一个以卡特伯利为主席的委员会,其目的是检查上市公司治理结构的财务特征,并于1992年12月出版了一份研究报告《公司治理结构的财务表征》(《卡特伯利报告》),针对当时出现的公司治理问题提出了相应的改进建议。《卡特伯利报告》标志着人们对实践中公司治理问题关注的开始。到了20世纪90年代,亚洲金融危机以及"安然事件"的发生,更使得公司治理这个在20年前因为股东诉讼而仅仅被法律界关注的问题,成为受经济学家、管理学家甚至是普通公众关注的话题。

1. "亚洲金融危机"与世界范围内公司治理体系的改善

在亚洲金融危机之前，日本、韩国这些后起的工业化国家的经济"腾飞"吸引了人们的眼球，它们体制中非常独特的企业与国家、企业与银行、企业与投资者之间的关系，被看作"特色"。但是1997年金融危机之后，人们改变了看法，认为这些所谓特色是他们各自体制中固有的欠缺。不仅仅是日韩等东亚国家因金融危机而面临公司治理危机，就连欧洲大陆的一些老牌经济发达国家也受到亚洲金融危机的牵连。由于这些国家在法律体系、对股东进行保护的方式和程度上与英美国家非常不同，而更多地与东亚模式比较接近，于是这些国家也开始反思本国公司治理体系中的问题。同时，为了解决发展中国家的公司治理问题，受发达国家尤其是美国主导的一些国际组织开始发挥作用，如OECD（经济合作与发展组织）于1998年4月成立了公司治理原则专门委员会，并于1998年5月正式发表了《公司治理原则》。1999年，世界银行与OECD合作建立了"全球公司治理论坛"，以推进发展中国家的公司治理改革。

21世纪来临之际，世界上很多国家都形成了改善公司治理体系的共识，并确立了如下一些基本原则，主要包括：第一，加强公司治理体系中的董事会的责任和可信度，包括强化董事会的诚信和勤勉义务，确保董事会对经理层的有效监督，建立健全绩效评价和激励约束机制；第二，改善公司治理体系的公平性，主要指要平等地对待股东，如果他们的权利受到侵害，应有机会得到有效补偿。同时，公司治理框架还应保护公司的利益相关者的合法权利；第三，应促进各国公司治理体系的透明性，主要是指应该建立有效的信息披露制度。

2. "安然事件"与美国公司治理实践

正当大家都在研究亚洲金融危机与这些国家公司治理体系关系的时候，在自认为公司治理问题解决得比较好的美国，也出现了一系列大公司经理人财务作假、坑骗股东的事件，包括安然事件、世界通信公司事件、施乐公司事件等。其中，安然事件最为典型。

美国安然（Enron）公司是世界上最大的能源、商品和服务公司之一，2001年名列《财富》杂志"美国500强"的第七名，股票的市场价值高达600亿美元。然而，该公司股票被严重高估。终于，2001年12月2日，安然公司向纽约破产法院申请破产保护，该案成为美国历史上最大的一宗破产案。安然破产，与其管理层长期以来的建立个人帝国、管理防御、直接侵占公司资产等代理问题带来的危害密切相关，尤其是其财务作假、欺骗股东问题，成为此事件的"导火索"。2002年2月2日，安然破产事件调查委员会宣布：该公司"收益中的水分高达10亿美元"，存在严重财务作弊。作弊手段主要是为增加每股盈余（EPS）而对会计数字进行操纵，来高估利润、隐瞒负债，如将从来不存在的公司的合资经营计入利润；通过建立许多表外实体从账目中转移大量债务等。安然的倒闭说明了公司治理体系的重要性。该事件之后，人们开始重视非执行董事、审计、信息披露以及管理道德的本质作用。2002年7月，美国颁布了《2002年公众公司会计改革和投资者保护法》，又称"萨班斯—奥克斯利法案"（Sarbanes-Oxley Act），主要措施包括：在证监会下设立"上市公司会计监督委员会"，上市公司的CEO、CFO应保障公司含有财务报表的定期报告符合证券交易法规定。公司审计委员会应具备以下性质：所有成员须为独立董事；应直接负责注册会计师的选任、经费支付和监管；设立沟通渠道，以利公司员工直接检举弊端；有权聘任独立律师和其他顾问等。与之相呼应，美国纽约证券交易所（NYSE）在2003年11月由SEC批准的上市规则中，也要求公司必须设立提名委员会、薪酬委员会以及审计委员会；并且对这些委员会的组成、目的和权力做出严格规定。

3. "中共中央十五届四中全会"与中国国有企业产权改革

1999年9月，中国共产党十五届四中全会审议通过了《中共中央关于国有企业改革和发展若干重大问题的决定》。明确指出建立现代企业制度是国有企业改革的方向。提出要对国有大中型企业实行规范的公司制改革，建立与现代企业制度相适应的收入分配制度，形成有效的激励和约束机制，建立健全法人治理结构，由此揭开了中国国有企业产权改革的序幕。国有企业产权改革使得国有企业固有的代理问题有了解决途径。针对世纪之交褚时健现象、于志安事件和李培英事件的出现，人们认识到国有企业经理人激励的重要性，开始了期股期权、管理者收购、员工持股等解决代理问题的股权激励手段；同时强化董事会监事会建设,加强对国有企业"一把手"的权力制衡。而随着国有企业改制上市后,出现的国企大股东侵害中小股东权益的现象,作为大股东的母公司将上市公司视为自己的"提款机",通过关联交易,大量侵占上市公司资源。如美尔雅、三九医药等上市公司,募集资金就大量被其控股公司所占用;2002年沪深两市的亏损冠军ST轻骑,亏损34亿元,其中大股东轻骑集团欠款就达28亿元,全部由其上市公司计提勾销……人们由此又认识到了剥夺问题的危害。国有企业代理问题及剥夺问题的凸现,加上亚洲金融危机的教训,自1999年以来,中国证监会试图强化中国公司治理,包括建立中国的公司治理准则、建立独立董事制度、强化信息披露、完善资本市场的游戏规则等保护中小股东利益的措施。

(资料来源:根据有关资料整理。)

讨论问题:
1. 结合世界范围内公司治理实践论述公司治理的研究主题。
2. 安然事件主要是由哪些原因造成的?带来了哪些启示?
3. 我国国有企业公司治理问题表现在哪些方面?如何解决?

第 2 章

公司治理学的理论基础

教学目标

1. 理解交易费用与公司治理的关系；
2. 掌握企业契约与市场契约的本质特征；
3. 了解资产专用性与治理结构的内涵；
4. 了解物质资产所有权与最优所有权安排的内涵。

基本概念

交易费用　不完全契约　资产专用性　治理结构　企业所有权

学习提示

公司治理是保证公司决策的科学化、维护股东以及其他利益相关者利益的制度安排。为什么如此？为什么公司治理要以保护股东利益为第一要务？本章将从理论上加以解释。出发点是对企业契约性质的了解：企业是利用权威节约交易费用的不完全契约的集合。公司治理作为一种协调契约各方利益的制度安排，是权威的一种体现。因此，公司治理实质是关于企业所有权合理配置的制度安排，是为了节省交易费用而存在的。理解了交易费用及企业契约的不完全性，就能相应理解资产专用性以及企业所有权安排的内涵，从而也就明白了"股东利益至上"的道理。

本章重点：交易费用与企业的本质　资产专用性与治理结构的选择　企业所有权的合理配置

本章难点：交易费用对公司治理的影响　物质资产所有权在公司治理中的作用

国外某烟草公司为了向中国及东南亚地区推广一款新型香烟,准备委托第三方调查公司进行市场调查,经过反复甄选,他们选定了具有丰富经验的某市场调查机构,在一番讨价还价之后,最后商定委托调查费用为60万元人民币(包括找寻、谈判、询价等费用)。后来,随着公司业务规模扩大,市场调查的需求增加,再以委托方式进行市场调查成本太高,于是,该公司成立了直属于公司的市场调查部,聘用了包括经理在内的5名雇员,规定其职责就是专门为公司进行市场调查、分析。当然,这一做法需花费组织成本——5名雇员10万元人民币的月薪总额,但他们一年内平均每个月就要做1个市场调查。因此,选择以自己成立调查部的方式进行市场调查,是因为这样做的组织成本要低于外请调查机构所需的费用。

点评:

外请调查机构是利用市场价格方式配置资源,需要交易费用;而自己成立调查部是利用企业的权威配置资源,需要组织成本。选择后者,是因为用权威配置资源比用价格配置资源要节省交易费用。公司治理的合理性就在于它可以节约交易费用。

2.1 企业的契约性质与公司治理

传统观点认为企业是生产函数的载体,而现代观点则认为企业是节省交易费用的一系列契约的集合。因此,公司治理实质就是节省交易费用的一种制度安排。

2.1.1 企业是一系列契约关系的连接

1. 传统企业理论:投入-产出的"黑箱"

传统的企业理论从生产功能出发来阐释企业,认为企业是生产函数的载体,是为实现利润最大化所采取的投入-产出技术关系的"黑箱"。比如,钢铁冶炼企业就是把一定数量的铁矿石,结合一定量的其他原料,经过一些工序,变成符合各种要求的钢材;轮胎生产企业就是利用橡胶和其他原材料,经过各种复杂的物理、化学变化制成各式各样的轮胎等。这种企业理论关心的是多大投入带来多大产出,能带来最大利润的产出水平究竟是多少,被称为新古典经济学的企业理论。它把资本与劳动当成投入品的生产要素,说明了企业如果要组织生产,应该生产多少才能实现利润最大化。但是它没有说明为什么要采取这样的组织形式来生产,以及企业生产究竟是如何实现的。比如,为什么采取同样的生产要素,有的企业生产效率总比另一些企业高?由于它忽略了企业内部组织关系以及所有参与人员利益协调和分配关系,即忽略了企业的制度因素以及制度运行的费用,因此很难解释清楚大量的现实问题,只能是一种"黑板经济学"。

【阅读资料】

2. 现代企业理论:一系列契约的集合

科斯是第一个按照市场价格机制下交易费用的方法研究企业存在合理性的人,在他1937年的经典论文《企业的本质》中首先将交易(费用)作为分析的基本对象,把注意力从企业与外部市场的关系转移到在市场基础上形成的企业内部人与人的关系上,试图从不同企业要素所有者间签约的角度解释企业的本质,即企业是一系列契约关系的连接,是货币资本和人力资本的一个特殊合约,是个人之间交易产权的一种方式。企业的这种契约关系可能是正式的,如公司法或公司章程规定的股东、董事及经理之间的权利义务关系,公司经理的薪酬合同及其他一系列具体交易合同;也可能是非正式的,如终身雇佣制等。当这些相互联系着的契约订立之后,企业就出现了。科斯的观点打开了企业投入-产出的"黑箱",开创了现代企业契约理论。

【阅读资料】

需要强调的是,作为契约人的企业参与者必须对自己投入的企业要素拥有明确的产权(即财产所有权,包括财产的占有权、使用权、收益权和转让权),以物质资本投资,就要拥有物质资本的所有权;以专利技术投资,就必须是专利技术的持有人;以人力资本投资,就必须是人力资本的所有者。没有产权的人是无法签约的,签了约也实现不了。这意味着,明确的产权是企业存在的前提;没有个人对财产(包括物质资本和人力资本)的所有权,就不可能有真正意义上的企业。

公司治理可以理解为企业的所有利益相关者之间的一组合约安排。在充分竞争的市场上,一个有效的公司治理结构必须是一个多赢的制度安排,不可能通过对某一方的损害使得另一方谋利。因为这些合约本身是自愿签订的,如果存在着对某一方的损害,受损害的一方总是可以退出。特别是,它必须使投资者愿意投资,经营者愿意成为投资者的代理人,并且,投资者有积极性选择好的经营者并监督经营者努力工作,经营者有积极性为投资者创造价值。一句话,公司治理的目的是企业价值的最大化。

2.1.2 企业契约是"不完全契约"

说企业是契约只是揭示了企业与市场的共性,并没有指出企业的特性。企业的特性是什么,或者说企业与市场的区别是什么?就契约本身而言,企业与市场的区别主要在于契约的完备性程度(Completeness)不同。尽管绝对完备的契约几乎没有,但相对而言,市场可以说是一种完全的契约,而企业则是一种不完全的契约(An Incomplete Contract)。

1. 不完全契约的含义

一个完全的契约指的是这样一种契约,这种契约准确地描述了与交易有关的所有未来可能出现的状态,以及每种状态下契约各方的权利和责任。比方说,煤矿企业与发电厂之间的长期供货合同要规定什么时间、什么地点供货,煤炭的质量标准、价格,当生产成本变化时价格如何调整,货款支付方式,以及不能履约时的赔偿办法(Joskow,1985)。对比之下,如果一个契约不能准确地描述与交易有关的所有未来可能出现的状态以及每种状态下契约各方的权利和责任,这个契约就是不完全契约。简单地说,与市场契约相比,不完全契约就是一个留有"漏洞"的契约,如劳动合同可以规定工人上下班的时间以及每月的工资,但难以说明工人每天在什么地方干什么具体的工作;劳动法规定工人加班时企业应该支付加班工资,但并没有规定什么时候可以加班,什么时候不能加班;如此等等。由于有"漏洞",不完全契约常常不具法律上的可执行性。同时,完全契约是短期契约,即权利与义务几乎同时兑现的合同,"一手交钱,一手交货";不完全契约是长期契约,权利和义务的实现存在着不可忽视的时间差(如债务人与债权人的权利义务)。由于长期合同的这种权利和义务分离的特性,就使得信用问题变得十分重要。完全契约事后(签约后)成本低,事前(签约前)成本高。不完全契约事前成本低,事后成本高。

2. 不完全契约的形成原因

不完全契约的存在可以用不确定性、有限理性及由此导致的交易成本来解释。在一个不确定的世界里,由于人们的有限理性,要在签约时预测到所有可能出现的状态几乎是不可能的;即使预测到,要准确地描述每种状态也是很困难的;即使描述了,由于事后的信息不对称,当实际状态出现时,当事人也可能为什么是实际状态争论不休;即使当事人之间是信息对称的,法庭也可能不能证实;即使能证实,执行起来也可能成本太高。因此当事人宁愿在签约时留下漏洞,日后逐渐弥补,也不愿意事前浪费太多的时间。订一份完备程度多高的合同,要考虑事前和事后交易成本的高低。

案例 2-1

百事可乐和四川百事

1993 年,经国家经贸委批准,四川省广播电视局下属的四川广播电视实业开发公司(四川广电)与美国百事可乐国际集团(百事可乐)合作,组建成立了四川百事可乐饮料有限公司(四川百事)。1994 年 1 月,四川百事正式成立。从 1994 年至今,四川百事每年的销售额以平均 110% 的速度在增长,成为百事可乐在亚太地区最大的灌装厂,并且是百事可乐在中国的 14 家灌装厂中效益最好的。但是,从 1996 年开始,百事可乐与四川百事摩擦不断,首先是双方对浓缩液的价格看法不一,接着是在中方要求开发有独立知识产权的国产品牌系列饮料问题上一直不能达成一致,双方的矛盾越来越激化,最后不得不求助于斯德哥尔摩商会仲裁院的仲裁。

纠纷的原因可说是多方面的。但是如果用一句话来概括的话,就是因为百事可乐与四川百事所签定的合同是不完备的。首先,浓缩液的价格变化并没有在合同中反映出来;其次,合同中虽然规定中方可以开发地方品牌饮料,但是四川百事提出的"有独立知识产权的国产品牌系列饮料"到底是不是属于地方品牌饮料呢?在合同中有关事宜也没有规定。双方在这方面是公说公有理,婆说婆有理。而且,四川百事的中方投资方中途发生了重大所有权变更(2001 年 8 月,四川广电与四川省广播电视局脱钩,更名为四川省韵律实业开发公司)。这些重大的有关公司利益的变化在原合同中都没有写明,因为之前谁都没有预料到。按照百事可乐中国总经理李春佳的说法,"中间的控股权发生了变化,实际是中方控制权的变化,我们不晓得真正在和谁合作。"所有这些问题在合同中所留下的漏洞都会给合同的执行带来困难,因为它给各方都留下了任意解释的空间,因此,最后的结果是合作无法进行下去。幸运的是,成立四川百事的合同中双方约定如果发生纠纷,将接受斯德哥尔摩商会仲裁院的仲裁。

(资料来源:张维迎. 产权、激励与公司治理 [M]. 北京:经济科学出版社,2005.)

2.1.3 企业是节约交易费用的权威机制

1. 交易费用的概念

【推荐文章】

交易费用是理解企业本质的一把钥匙。与零交易费用假定基础上的新古典企业理论不同,现代企业理论认为市场机制的运作是有摩擦成本的。因此,追求技术约束下利润最大化的纯粹生产者必须改变其行为方式,将市场运行成本即交易费用纳入决策之中。按照科斯在《企业的性质》里的阐述,交易费用就是利用价格机制的成本,其包括:第一,发现价格的成本。在新古典经济学中,价格机制成为沟通拥有分散信息的个人使市场协调有效运行的最神奇的工具,人们只需对相对价格做出反应,即可实现最优的资源配置。而科斯认为,"利用价格机制组织生产的最显而易见的成本就是去发现到底确定什么价格的成本"。专业人士可以买卖信息,从而改进信息收集效率,但却无法消除这种成本。第二,谈判和签约成本。这包括寻找交易对象并就有关交易条款达成一致的成本。科斯认为,在某些市场上,如鲜活产品市场,人们设计出一些技术来降低这些成本,但也无法消除这种成本。第三,利用价格机制的机会成本。科斯认为,与企业内部的契约不同,市场契约多为短期契约。因而企业内部条款固定的长期契约,对未来不确定性的适应性收益,就是利用价格机制的机会成本。企业长期契约类似于期货交易,可以锁定风险。

2. 企业权威可以节约交易费用

企业权威即企业作为科层组织的权威,是企业家指挥资源配置的权力表征。利用企业权威可以节省交易费用体现在:第一,企业权威可以节约市场中直接定价成本。正是为了降低发现价格的成本、单个交易谈判和签约的成本以及更好地应对未来的不确定因素,所以才由企业组织各种生产。如科斯所说,"通过建立一个组织并承认某种权威(企业家)来指挥资源的分配,会节省某些市场成本",因为权威关系能够大量减少需要分散定价的数目,即按合约进行物质投入行使有限使用权的企业家或代理人可以不顾每一项具体活动的价格而指挥生产。这比在组织内通过无休止的讨价还价来解决矛盾要节约交易成本。从这一意义上讲,企业的功能在于节省市场中的直接定价成本,是节约交易费用的机制。第二,企业权威可以填补不完全契约带来的"漏洞",节约事后交易费用。企业契约是"不完全契约",通过企业家权威应对契约中未提及事项,可以避免当事人讨价还价带来的成本。

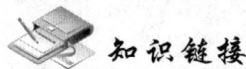

张五常对企业性质的解读

张五常是国际经济学界著名的华人经济学家,是制度经济学的奠基人之一。他认为,"企业是要素交易的契约,市场是产品交易的契约"(张五常,1983),因而"企业替代市场实际上是要素市场替代产品市场"。在企业内部低交易费用的原因可能在于:第一,企业存在时,某一生产要素(或其所有者)可以充当中心签约人,同与其合作的所有其他生产要素(或其所有者)签订一系列契约。这样一个长期契约就代替了一系列的短期契约,从而可以节省一部分签约成本。第二,企业家可以按低于被替代的市场交易的价格得到生产要素。第三,企业内部契约的特征是,生产要素(或其所有者)为得到一定的报酬而在一定的限度内服从企业家的指挥,同时契约也限制了企业家的相机处置范围。这样当环境发生变化时,企业家可以根据这种不完全的契约,将各种生产要素配置到最有价值的用途上。所以,企业的存在就是为了节省交易费用,是在企业内部组织交易比在市场之中组织交易费用更低的结果。

科斯认为,市场与企业是资源配置的两种可以互相替代的方式,它们之间的不同表现在:在市场上,资源的配置由非人格化的价格来调节,而在企业内,资源的配置由企业内部的权威来完成,生产要素所有者之间的交易被取消了。企业的显著特征就是价格机制的替代物,因为用权威配置资源比市场用价格配置资源要节约交易费用。如本章导入案例,通过雇用员工的企业行为做调查比找专业调查公司做调查要节省交易费用。员工与经理之间的市场式交易被取消了,调查部员工实施市场调查的决策由企业内部的权威来行使。企业由此节省了交易费用,实现了资源最佳配置。

3. 组织成本与交易费用的均衡

在企业内部组织生产会产生组织成本,组织成本的存在决定了企业规模不可能无限扩大,最终会形成企业与市场的均衡。因此,企业与市场两者之间的选择依赖于市场定价的成本与企业内官僚组织的成本之间的平衡关系(本章导入案例中如果调查部人员过多、工资过高,则市场调查不如交给专业调查公司实施)。企业要决定是自己生产最终产品还是从另外一家企业购买这种零部件,企业就要比较生产和购买零部件的成本,即要考虑组织生产的成本与寻找零部件供应商并与之谈判的成本。如果生产零部件含有某种专用设计,与供应商进行谈判的成本可能要比组织生产的内部成本要高,这样企业就会选择自己生产零部件。

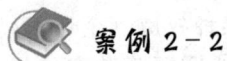 案例 2-2

市场还是企业

Make-or-buy 的问题其实我们每天都会碰到。举个简单例子,现在很多人都有每天喝一杯牛奶的习惯,那么作为消费者来说,是应该自己养头奶牛还是应该到市场上去购买牛奶呢?交易成本理论告诉我们,如果市场交易成本很大,自己养奶牛就比较划算。比如,如果市场上充斥着变质的牛奶,消费者要找到质量好的牛奶非常困难,这时市场交易成本就非常大了。如果条件允许,消费者就不如自己养头奶牛,自给自足。推而广之,如果市场都被假冒伪劣产品所统治的话,交易就会减少,市场就会萎缩(Akerlof,1970),回到自给自足时代,每个人都是一个多元化的生产者。当然,自己雇人养奶牛也是有成本的,这就是监督养牛工人的成本。

有些学者批评中国国有企业大而全,其实大而全也是有其道理的。在市场不健全时,很多商品在市场上买不到,或假冒伪劣商品较多,或者是企业间货款拖欠较多。这样就造成市场的交易成本太大,倒不如企业内部解决为好,有什么需求就设立一个部门来解决。当然,企业大而全也有体制方面的原因。比如,对企业领导人的报酬设计得不合理,于是有的企业领导人就追求在职消费,有什么需要就建什么部门,喜欢看电影就建立电影院,喜欢跳舞就建立舞厅等。

(资料来源:张维迎. 产权、激励与公司治理 [M]. 北京:经济科学出版社,2005.)

总之,企业作为不完全契约的集合,是一种节约交易费用的权威机制:通过权威可以节省直接定价成本,并可填补不完全契约的"漏洞"。从这一意义上讲,具有权威特征的公司治理就是为了节省交易费用而存在的。如果没有交易费用,公司治理无关紧要,用不着规定股东、董事和经理人的权利和义务,股东大会、董事会的存在就没有必要,股东也无须花成本激励经理人;如果没有交易费用,国有企业民营化采取何种方式——是卖给外部人还是卖给内部人,是买还是送,仅与财富分配有关,而与效率无关。企业的契约性质与公司治理的关系如图 2.1 所示。

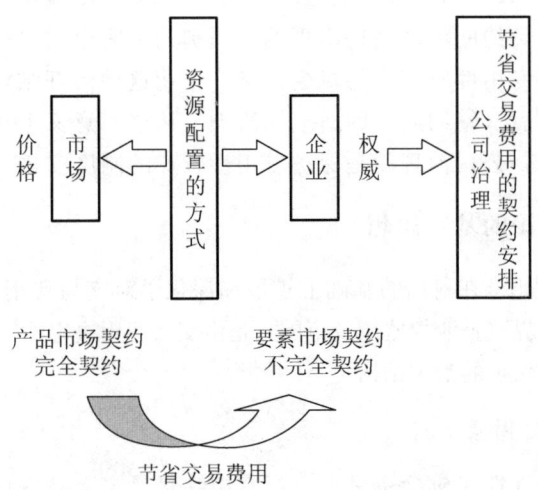

图 2.1　企业的契约性质与公司治理

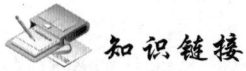

科 斯 定 理

【人物介绍】

科斯定理是科斯在 1959 年发表的《联邦通信委员会》和 1960 年的《社会成本问题》这两篇文章中产生的。科斯定理深刻揭示了产权安排与资源配置之间的联系——"没有权利的初始界定，就不存在权利转让和重新组合的市场交易。但是，如果定价制度的运行毫无成本，最终的结果（产值最大化）是不受法律状况影响的[①]"。这就是被斯蒂格勒称之为"科斯定理"的科斯第一定理，其含义为：①初始产权安排即私有产权界定是市场交易的前提；②在市场交易费用为零的情况下，产权制度安排对资源配置没有什么影响。即若交易费用为零，权力的初始安排向新的安排转变（即交易产权）不存在代价和阻力，即使初始安排不合理（如存在外部性），市场机制也会无代价改变这种安排，实现资源最优配置，以解决外部性。

但现实中交易费用不是为零而是为正，因而自然而然可以得出如下结论："一旦考虑到进行市场交易的成本，……合法权利的初始界定会对经济制度运行的效率产生影响。[②]" 这就是科斯第二定理，其含义为：①当交易费用大于零时，产权初始安排不能通过无成本的交易向最优状态变化，此时需要权力调整（组织企业、政府管制）；②权力调整只有在有利于总产值增加时才会发生，而且必须在调整引起的产值增长大于调整时所支出的交易成本时才会发生。

在科斯的《社会成本问题》一文中，科斯还提出一个重要思想，即：在交易成本大于零的情况下，产权的清晰界定将有助于降低人们在交易过程中的成本，改进经济效率。这就是人们常说的科斯第三定理。

2.2　资产专用性与公司治理

科斯认为企业的本质是对市场的替代。但仅仅在静态的交易费用概念下，很难说明为什么有些交易在企业内部组织，有些交易在市场上完成。威廉姆森发展了科斯的交易费用理论，把资产专用性及其相关的机会主义作为决定交易费用的主要因素，引入交易属性和

---

① 科斯. 社会成本问题 [M]//财产权利与制度变迁. 上海：上海三联书店，1994：11.
② 科斯. 社会成本问题 [M]//财产权利与制度变迁. 上海：上海三联书店，1994：20.

交易费用衡量维度，从而使交易费用概念具体化、动态化。威廉姆森认为，企业的本质实际上是作为某种不完全契约的治理结构出现的。当契约不完全时，企业这种治理结构可以消除或至少是减少资产专用性所产生的机会主义。企业这种治理结构相对于其他类型的治理结构，更容易进行事后（签约后）的适应性治理。从这一意义上讲，企业是对专用性投资事后保护的治理结构，公司治理就是保护专用性资产的制度安排。

2.2.1 资产专用性理论的基本思想

【人物介绍】

威廉姆森在科斯的基础上扩展和深化了对交易费用决定因素的分析，强调企业的边界（企业权威所及范围）是由交易费用决定的，企业的本质是对专用性投资事后保护的治理结构。

1. 交易费用的决定因素

威廉姆森认为有限理性、机会主义、资产专用性是界定交易费用形成的三个最主要的因素[①]。

（1）有限理性。

有限理性（Bounded Rationality）是指"人们意图理性地行事，但是只能在有限程度上做到"。威廉姆森区分了三种理性，即新古典意义上的完全理性（强理性）、演化经济学的程序理性或者有机理性（弱理性）以及介于两者之间的有限理性，它是一种中等程度的理性。有限理性的当事人不可能预见到各种或然状况，或者预见到了要以双方都同意的条款写入契约，这样成本太高，因此契约注定是不完全的。

（2）机会主义。

机会主义（Opportunism）是指用欺诈的手段来算计的行为，它主要体现为两种方式：事前的"逆向选择"和事后的"道德风险"，即代理人在签署契约前后通过隐藏真实信息或者真实行动来实现自身利益最大化。

（3）资产专用性。

资产专用性（Asset Specificity）是指为支持某项特殊交易而进行的耐久性投入。如果初始交易没有达成，该项投入在另一最好用途上或由其他人使用时的机会成本要低得多。也就是说，专用性投资一旦做出，不能转做他用，否则将付出生产性价值的损失。资产专用性包括地点专用性、物质专用性、人力专用性、品牌专用性以及临时专用性等。

面对未来的不确定性，由于代理人的有限理性，使得他们不可能预见到契约达成之后的各种或然状况，因此双方缔结的契约必定是不完全契约，这是"不完全契约理论"的起点；但是如果代理人没有机会主义行为，他们就可以等自然状态实现之后再签约，正是由于代理人的机会主义行为，必然会采取各种策略来谋取自己的利益，因此缔约后双方不可避免地出现拒绝合作、失调、成本高昂的再谈判等危及缔约关系持续地、适应性地发展下去的情况；如果买方的产品是标准产品，那么他总可以在交易不成时，到市场上另寻卖家，卖者亦然。但是，如果买卖双方都为了交易进行了事前专用性投资，资产专用性特征

---

① 交易费用的决定因素还有交易的不确定性与交易频率，二者与资产专用性一起，属于与特定交易有关的因素。

使得双方的交易脱离了一个完全竞争的市场,而进入一种双边垄断的市场,这进一步加剧了交易双方的风险。

2. 专用性资产的形成与合约性质的"根本转换"

专用性资产的形成会使合约性质发生"根本转换",比如买方为了特殊产品的使用特意改造了生产工具,卖方为了特殊产品的供给特意在买方附近建立厂房,那么一旦一方威胁终止交易,没有进行专用性投资的一方可能会利用自己的有利地位,榨取进行了专用性投资一方的"准租金"(专用性资产所产生的最高价值与次优价值之间的差额)。因此,如果交易中包含一种关系的专用性投资,则事前的竞争将被事后的垄断和卖方独家垄断所取代,从而导致将专用性资产的"准租金"攫为已有的"机会主义"行为(敲竹杠)。如果预期到这种事后"敲竹杠"行为,那么任何一方都没有足够的激励进行事前关系专用性投资,这势必降低交易的总价值。而且,这种机会主义行为在一定意义上使合约双方的交易变得更加困难,因而造成现货市场交易的高成本。当关系的专用性投资变得更为重要时,用传统现货市场去处理纵向关系的交易费用就会上升,使得专用性投资不能达到最优。

3. 治理结构与专用性投资的事后保护

在包含了有限理性、机会主义和资产专用性这三个特征的不完全契约中,当事人不能把未来所有突发事件都想到,即便想到也是细节模糊,不能对未来突发事件的性质、适应措施及影响达成一致,第三方(如法庭)不能理解双方对突发事件采取的调节措施。正因为如此,为了支持有价值的长期契约,就需要求助一种私下的治理结构在事后"注入秩序,转移冲突,实现双方共同利益",使得不同性质的交易或者契约对应于不同性质的治理结构,来最大限度地减少不完全契约造成的潜在的和现实的风险,使专用性资产得到事后保护。不同的治理结构,也就是不同的制度安排。最优的治理结构是能够最大限度地节约事前和事后交易费用的治理结构。①

案例 2-3

通用汽车兼并费雪公司

交易费用的存在使得"纵向一体化"的制度安排可用以替换现货市场。因为在"纵向一体化"组织内,机会主义要受到企业"权威"的督查。通用汽车兼并费雪公司,就是因为通用无法忍受费雪在通用需求旺盛阶段拒绝搬迁、索要高价的"敲竹杠"行为,而采取的纵向一体化行为。

最初的汽车制造是使用木料加工的单个、独立开放的构件。到1919年,生产汽车开始使用大量封闭型的金属车身构件,因而需要专用性压铸机械。通用汽车公司为了鼓励供给配件的费雪公司进行专用性资产投资,与之签订了为期10年的购买封闭车身的契约,其中规定通用公司必须尽量从费雪公司购买车身。同时,为了防止发生费雪公司利用上述排他性交易条款来谋取机会主义行为,契约对价格作了限定,当时规定的价格成本(不包括投资的资本利息)加上17.6%的盈利。此外还规定,费雪公司供给通用汽车公司的车身价格的变化幅度不能超过供给其他同类汽车制造商的价格变化幅度,并且车身价格不能超过费雪公司以外的其他配件公司生产同类车身的市场平均价格,契约还约定有在一方破坏价格契约的条

---

① 通过比较不同治理结构或者不同制度安排从而找出交易费用最小的选择,因此资产专用性理论(交易费用经济学)的分析方法也被威廉姆森称为"分立的结构选择分析"或者"比较经济制度分析"。

件下可以强制性地诉诸仲裁的条款。

后来的事例表明，这些契约条款虽然限制了通用汽车公司的机会主义行为，但却增加了费雪公司敲竹杠的可能性。费雪公司通过使用较多的劳动密集型技术，并拒绝把它的车身加工厂建在通用汽车附近，从而增加了车身的生产成本和供给价格。另外，在契约签订几年后，市场对金属汽车的需求大幅度增长，加重了通用汽车公司对费雪车身的依赖性，这使得费雪公司的敲竹杠行为变得有利可图。到1924年，通用汽车公司已无法忍受费雪公司的契约关系，开始谈判收购它的股权，最终于1926年正式兼并了它。

（资料来源：袁庆明. 新制度经济学［M］. 北京：中国发展出版社，2005.）

2.2.2 治理结构的内涵

治理结构即决定着契约关系是否完整的组织结构，可以理解为保护契约当事人投资的制度安排。什么样的契约需要什么样的治理结构或者制度安排？需要具体问题具体分析。根据是否存在资产专用性（K）以及是否有相关保障措施（S），可以将交易（或契约）分成三类，分别对应不同的价格（如图2.2所示）。

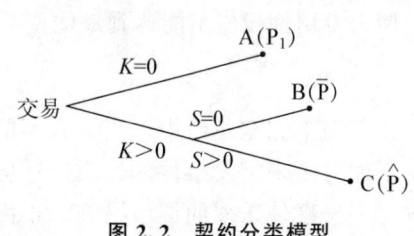

图 2.2 契约分类模型

图 2.2 中，节点 ABC 对应的价格分别为 P_1、$\bar{P}$、$\hat{P}$，且 $P_1 < \hat{P} < \bar{P}$。说明：越是专用性资产，越有高风险，因此价格就越高，除非得到某种保护措施（$S>0$），可以把 K 理解为风险程度，把 S 理解为风险贴水。无论是最终产品、中间产品，还是人力资本和特许权定价时，都被认为遵循了这一基本原则。因此，从某种意义上讲，治理结构就可以理解为一种综合了资产专用性、保障措施和交易价格的制度安排。

2.2.3 交易、契约与治理结构的选择

什么样的交易产生什么样的契约，什么样的契约对应于什么样的治理结构，需要按一定的维度对交易进行分类。威廉姆森提出了资产专用性、交易频率和不确定性三个刻画交易属性或者契约属性的维度。

资产专用性程度可以分为三类：非专用的、混合式的及高度专用的；交易频率即交易的频繁程度，可以分为一次性契约、偶然契约和经常性契约，主要从买方来定义；不确定性主要指由于代理人的机会主义行为所导致的对未来情况的不可预测（假定不确定性适中，所以主要考察前两个维度）。一旦刻画交易或契约的维度确定了，实际上就确定了交易费用的度量。表2-1表明了交易、契约和治理结构的匹配关系。

表 2-1 交易、契约和治理结构的匹配

频率		投资特点		
		非专用	混合	特质
	偶然	市场治理	三方治理 （新古典合同）	
	经常	（古典合同）	双方治理 （关系	统一治理 合同）

1. 不存在专用性投资的交易

如果交易双方不存在专用性投资，无论交易频繁与否，以及不确定性程度如何，都属于古典契约。古典契约实际上是"完全契约"，强调的是法律原则、正式文件以及自我清算，即便是匿名的陌生人之间也可以放心交易，一旦有争议可以提交法律来完美实施，因此适合通过市场治理来完成。这类交易如购买标准设备、标准原材料、房屋买卖等。

2. 存在资产专用性但交易频率很小的交易

对于存在专用性投资的交易，交易一旦缔约，就有很强的动机维持直到完成，但如果交易次数太少，建立一个交易专用性治理又得不偿失，因此契约的达成需要各方都信服的某种解决机制。此时适用新古典契约，相应采取三方治理形式，即不直接诉诸法律而是借助于第三方（仲裁方）来帮助解决争端。这类交易如购买定制设备。

3. 存在资产专用性且交易频率很高的交易

存在资产专用性且经常交易前提下，交易双方签订的是关系契约，实行双方治理或者统一治理。根据资产专用性程度，分为以下两类。

第一，如果这种关系契约涉及的资产专用性程度较低，交易所得收益不足以支撑一种专门的治理结构，那么就实行双方治理。在这种情况下，交易各方仍然是平等的市场关系，投资由分离的组织独立进行，但双方具有长期交易愿望，可以利用抵押、互惠、特许权等方式解决契约纠纷。这类交易如购买定制原材料。

第二，如果资产专用性程度很高，交易所得足以支撑一种专门的治理结构，那么就实行统一治理，即将契约双方原本各自独立的所有权统一起来，一体化为一家企业或科层组织，用权威解决纠纷。

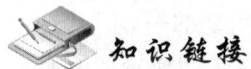

自助餐厅的火爆

在自助餐厅用餐时，交一笔固定的费用，食客就可以随意享用无限量的食品。观察表明，通常食客所吃的东西会比平常多一些，甚至吃到自己不能再吃为止。按照标准的新古典经济学的分析，最优的决策应该使得食客吃到边际效用下降时就不应该再吃了，否则就会导致社会资源的浪费。但是为什么这种自助餐厅依然火爆。其原因在于它节省了接待顾客的成本，节省了度量每人消费的食物的成本，这些节约下来的交易成本必然大于无限量消费造成的浪费，考虑到这些，就会满足帕累托条件。

总之，不存在资产专用性的契约属于古典契约，由市场来完成，资产专用性程度很高、交易频繁且不确定性很高的契约属于某种关系契约，由企业来完成，处于二者之间的属于新古典契约和另一种关系契约，通过除市场和科层之外的混合形式来完成，混合形式包括质押、互惠、特许权和管制等。根据交易费用最小化的原则，不同性质的交易或契约分别与市场、混合形式或者企业这三种不同的治理结构相匹配（见图2.3）。

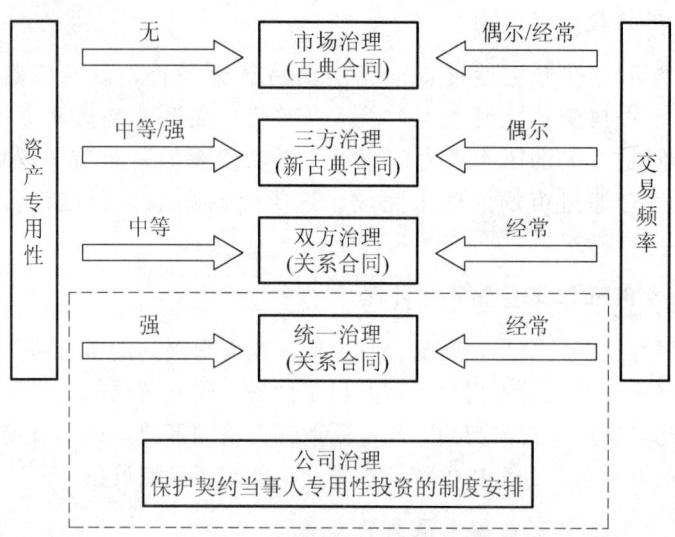

图 2.3　资产专用性与公司治理

2.3　企业所有权与公司治理

根据资产专用性理论，如果交易双方存在高度专用性投资，企业的治理结构可以减少潜在的敲竹杠或者机会主义行为的危害。但是，资产专用性理论没有具体考察企业的产权结构，如果交易双方（比如货币资本所有者和人力资本所有者）都具有专用性资产，那么谁又应该拥有所有权呢？企业所有权理论认为由于企业的契约是不完全的，这会影响契约各方事前关系专用性投资，因此应该设计某种最佳产权结构来保证最大化的合作收益。最佳产权结构通常要求将企业的剩余控制权或所有权安排给投资重要的一方，或者给投资不可或缺的一方。从这一意义上讲，公司治理就是有关企业所有权配置的制度安排，也就是保护物质资产所有权（股东利益）的制度安排。

2.3.1　企业所有权理论的基本思想

企业所有权理论认为，给予专用性资产所有者企业所有权是对专用性资产的最好保护，强调企业的边界是由企业产权决定的，企业的本质是物质资产的结合。

1. 企业所有权及所有权安排的重要意义

（1）企业所有权概念。

企业所有权理论也是在一个不完全契约框架下来理解企业，企业所有权理论就是为了尽可能地消除这种契约不完全所带来的交易费用。该理论认为，虽然交易双方涉及专用性投资的契约是不完全的，但是这并非意味着所有的权利都是含糊不清的。所有的契约权利可以分为"具体权利"和"剩余权利"两类。所谓具体权利，就是契约中已经明确规定的对物质资产的权利，比如利润分成比例，交货时间等。所谓剩余权利，就是初始契约中没有规定的所有对物质资产的权利，包括剩余索取权和剩余控制权。

剩余索取权即企业总收益中扣除成本、费用后剩余收益部分的索取权。因为进入企业的契约是不完备的，未来世界是不确定的，要使所有企业成员都得到固定的合同收入是不可能的（n个常数之和不可能等于一个变数），这就是剩余索取权的由来。传统的产权经济学通常将剩余索取权或剩余收入权作为所有权的象征，认为资产的所有者有权获取资产的剩余收益。

剩余控制权是企业所有权理论定义的一种新的权利，即合同中无法事前规定的、对企业资产和经济活动的指挥权。因为进入企业的契约是不完备的，未来世界是不确定的，当实际状态出现时，必须有人决定如何填补契约中的"漏洞"（包括解除对某些参与人的合同），这就是剩余控制权的由来（格罗斯曼、哈特，1985）。哈特明确将剩余控制权等同于企业所有权。拥有剩余控制权的一方，可以按照任何不与先前的契约、惯例和法律相违背的方式决定资产的所有用法。

【人物介绍】

需要指出的是，企业所有权显然不同于财产所有权，企业是由不同的财产所有者组成的，财产所有权是交易的前提，企业所有权是交易的方式和结果（如图2.4所示）。

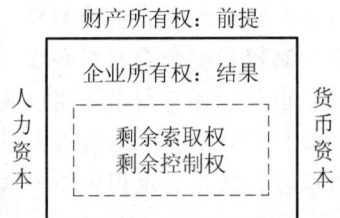

图 2.4　财产所有权与企业所有权的关系

（2）企业所有权安排的重要意义。

企业所有权安排决定了在各种可能的情况下，企业究竟由谁说了算，所得利润究竟如何分配，因此也就决定了企业各方的交易条件。在不完全契约下，剩余控制权或所有权的配置，必定会影响当事人的事前专用性投资的激励，即如果专用性资产所有者签约后无权保护自己的利益，他将失去事前专用性投资的动力。因此，为了最小化对投资激励的扭曲后果，应当让某一方将剩余控制权购买过去，拥有企业所有权，以实现对专用性资产投资的保护。在一个企业中，雇主就相当于将剩余权利购买过去的一方。

2. 物质资产所有者在企业所有权安排中的重要地位

物质资产即非人力资产，包括"硬"的方面，如机器、存货和厂房；也包括"软"的方面，如专利、客户名单、契约及企业的声誉。只有在物质资产的意义上定义企业，才能正确理解企业的所有权配置。物质资产所有者在企业所有权分配中应居于主要地位，原因如下所述。

（1）物质资产具有保险能力，从而拥有谈判优势。对于涉及专用性投资的不完全契约而言，代理人能够取得剩余，主要依赖于与初始契约不违背的谈判方式，或者谈判力。谈判力的大小就主要取决于谁拥有保险能力。因为物质资本使得企业具有某种类似于"黏结物"的价值来源，可以黏住被雇用的人力资本，所以，物质资产所有者具有一定程度对其他成员的保险能力，从而拥有物质资产的一方在分配剩余时占据优势地位。在一个企业中，谁拥有了物质资产，谁就相应地控制了人力资产，谁就拥有剩余控制权、拥有了企业。在这个意义上，企业所有权理论将企业定义为一种企业主所控制的物质资产的集合。

(2) 物质资产具有抵押功能，拥有比人力资本更强的资产专用性。物质资本与其所有者的可分离性使得物质资本具有抵押功能，容易被其他成员作为"人质"。物质资本一旦进入企业，将成为天生的风险承担者——"跑得了和尚跑不了庙"；而人力资本与其所有者的不可分离性决定人力资本更有可能成一个孤注一掷的"赌徒"——"光脚的不怕穿鞋的"。因此，物质资本的特性决定了它容易受到"虐待"，需要有所有权的保护。

总之，在物质资产意义上定义企业，可以解释企业权威的来源。一个雇主和独立签约人的差别在于，如果终止合约关系，雇主可以选择性地解雇任何一个雇员，可以带走全部非人力资产；而独立签约人只能选择解除全部关系，且只能带走属于他的一部分非人力资产。因此，如果没有某种将企业凝聚在一起的非人力资产，那么企业只不过是幻影而已。

3. 最优所有权安排

现代产权理论指出，一个有效率的产权安排是投资重要的一方或双方关系中不可或缺的一方拥有企业所有权，即要让承担风险的人左右企业的决策（控制风险），否则这个企业是不可能有效率的。由于物质资本十分重要，物质资本的资产专用性程度最高，所以物质资本所有者（剩余索取权拥有者）应该拥有剩余控制权。

最优所有权安排还强调剩余控制权和剩余索取权必须对应。即，既要让拥有剩余索取权或承担风险的人必须有控制权，也要让拥有剩余控制权或制造风险的人必须有索取权或必须承担风险，否则这样的配置就是低效的。因为经理人总是拥有相当的"自然控制权"，如果没有物质资本、不是剩余索取者，就不会承担风险。这样，其控制权很容易成为"廉价控制权"，带来"敲竹杠"问题。

让最重要和最难监督的成员（企业家）拥有所有权可以使剩余索取权和剩余控制权达到最大程度的对应。剩余索取权和剩余控制权对应的最理想状态是企业家兼资本家，这也是古典企业企业家和资本家合二为一（两权合一）的原因。当然，现代企业的最优所有权安排一定是一个经理和股东的剩余分享制。没有真正的资本所有者，就没有真正的企业家。让真正承担风险的资本所有者拥有成为企业家的优先权或选择经营者的权威，对保证真正具有经营能力的人占据经营者岗位是非常重要的。

2.3.2 股东导向与状态依存权

股东主导模式很好体现了最优所有权安排原则。

1. 股东导向

如上所述，股东作为物质资产所有者，拥有很强的资产专用性，而其天然的风险承担者的特性，又使得它有更好的积极性做出最优的风险决策，这构成了股东导向的充分条件。除此之外，股东利益容易加总和易于衡量性两个必要条件也决定了股东价值最大化成为公司治理的效率标准。

（1）股东利益容易加总。

股东相对于其他利益相者而言，其利益更容易加总。股票价值是企业未来利润的贴现值，无论股东持有的股票数量是多少，股票价值与企业总价值是成比例变化的。这决定了无论对于一个持有10%股份的股东，还是对于一个持有5%股份的股东，都期盼未来企业步入良性的发展循环和股票持续上涨。然而，对于其他的利益相关者，其内部的偏好不一致程度要大得多，因而存在加总的困难。例如，在企业的员工中，存在新、老员工和白领、蓝领工人的偏好的冲突。由于收入、偏好的不同，顾客的利益也很难加总；高收入的顾客看重的是产品质量的可靠和性能的优越，而低收入的顾客更关心价格是否低廉；由于债权具有是否担保和债务期的长短不同，不同债权人的利益同样难以加总，无保障的债权人通常要比以抵押等形式进行保证的债权人承担更多的风险，长期债权要比短期债券承担更大的风险。股东利益的相对容易加总构成企业以股东价值最大化为目标的第一个必要条件。

(2) 股东利益容易衡量。

在公司治理实践中，如果经理人是对股东而不是对所有利益相关者负责，就可以形成对经理人行为相对有效的约束。作为经理决策的大部分风险的承担者和企业的所有者，股东不仅具有监督经理人的积极性，而且具有与其他利益相关者相比更高的监督效率。其主要表现在：与其他利益相关者相比，在经理人向股东负责的治理模式下，企业的价值、经理人的业绩相对容易衡量，这也构成了企业以股东价值最大化为目标的第二个必要条件。相反，如果经理人要对所有利益相关者负责，由于股东的利益可能转让给其他的利益相关者，即使是一个好的投资项目也不一定意味着股票的价格一定会上涨，此时，利润和股票价值等指标将不再能有效地反映企业的价值及相关信息。我们看到，一方面现实中不存在具有严格一致性和可比性的企业价值衡量标准；另一方面衡量标准本身存在噪声，仅以股东价值为目标来评价经理人的业绩已经非常困难，如果加上其他利益相关者的目标，评价经理人的业绩几乎是不可能的。对利益相关者模式局限的认识，有助于我们理解现实中为什么更多观察到的是企业以股东价值最大化为目标。

2. 状态依存所有权

在现实中，由于未来收入的不确定性和合约的不完全性，即使合同收入也可能是有风险的，在股东只承担有限责任的情况下，更加大了这种可能性。因此，股东是企业所有者只有在其他利益相关者的合同收益有保证的前提下才有意义；当其他利益相关者的收入无法保障时，一个有效的产权安排，是把企业的控制权从股东转移到相关的利益相关者。

一般来说，"股东所有"是一种简化的说法，股东主导模式下的企业所有权实际上呈现状态依存的特征。最优的企业所有权应该是一个状态所有权，即在不同的状态下，企业为不同的利益相关者所有，一种最常见的状态依存权表现为控制权在股东和债权人之间的转移：在正常情况下，企业为股东所有；在破产情况下，企业为债权人所有。这里的债权人不仅包括发生借贷关系的融资机构，同时也包括没有得到贷款的供货商和预付了贷款但没有得到商品的客户，以及被拖欠了工资的工人等。

我们可以具体地说明这一点：令 x 为企业的总收入，w 为支付工人的合同工资，r 为债权人的合同支付（本金加利息）。假定 x 在 0 到 X 之间均匀分布（其中 X 为企业最大可能的总收入），工人的索取权优先于债权人。那么，状态依存所有权的说法是，如果企业处于 $x \geqslant w+r$ 的状态，工人与债权人的收入有保障，股东成为所有者；如果企业处于 $w \leqslant x < r+w$ 的状态，仅仅工人的收入有保障，债权人的收入无法保障，此时，债权人应该成为所有者；如果企业处于 $x < w$ 的状态，不仅债权人，工人的合同收入同样没有保障。由于我们假设工人的索取权优先于债权人，此时，工人应该成为所有者。

如同在正常状态下，股东成为企业的所有者是为了效率的提高一样，控制权在不同状态的出现、在不同利益相关者之间的转移同样是为了效率的改善。

总之，企业所有权的合理配置（剩余索取权和剩余控制权的对应）可以保障事前专用性资产投资的动力，由于物质资产具有保险能力和抵押功能，资产专用性很强，所以物质资产所有者拥有剩余控制权可以实现剩余索取权和剩余控制权的对应，从而实现企业所有权的合理配置。从这一意义上讲，公司治理就是保护物质资产所有者（股东）利益的制度安排。图2.5揭示了企业所有权与公司治理的关系。

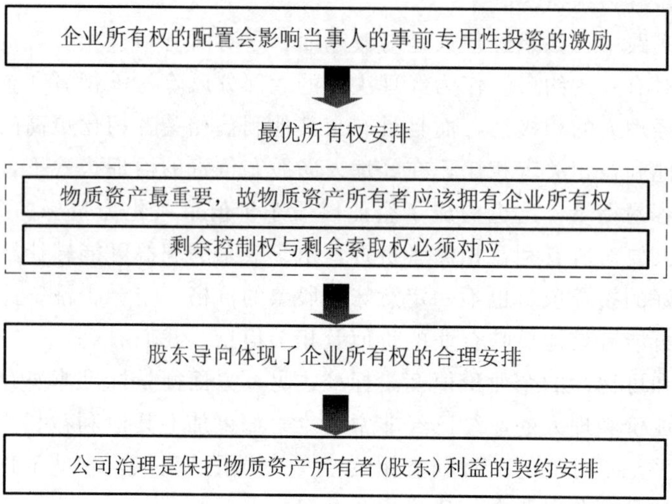

```
┌─────────────────────────────────────────────┐
│ 企业所有权的配置会影响当事人的事前专用性投资的激励 │
└─────────────────────────────────────────────┘
                    ↓
              最优所有权安排
    ┌ ─ ─ ─ ─ ─ ─ ─ ─ ─ ─ ─ ─ ─ ─ ─ ─ ─ ─ ─ ─ ┐
    │ 物质资产最重要，故物质资产所有者应该拥有企业所有权 │
    │        剩余控制权与剩余索取权必须对应              │
    └ ─ ─ ─ ─ ─ ─ ─ ─ ─ ─ ─ ─ ─ ─ ─ ─ ─ ─ ─ ─ ┘
                    ↓
┌─────────────────────────────────────────────┐
│        股东导向体现了企业所有权的合理安排          │
└─────────────────────────────────────────────┘
                    ↓
┌─────────────────────────────────────────────┐
│  公司治理是保护物质资产所有者(股东)利益的契约安排   │
└─────────────────────────────────────────────┘
```

图 2.5　企业所有权与公司治理

本 章 小 结

本章解释为什么公司治理要以保护股东利益为第一要务？从理论上阐述了公司治理的实质。

第一，从企业的契约性质阐述了公司治理的实质。企业是节省交易费用的一系列不完全契约的集合，包含两个方面含义：①与市场的完全契约相比，企业契约是不完全契约；②与市场用价格配置资源相比，企业是用权威资源配置，用权威配置资源可以节约交易费用。公司治理作为一种协调契约各方的制度安排，是权威的一种体现。因此，公司治理实质是关于企业所有权合理配置的制度安排，是为了节省交易费用而存在的。

第二，从资产专用性的角度阐述了公司治理的实质。资产专用性是指为支持某项特殊交易而进行的耐久性投入。如果交易中包含一种关系的专用性投资，则事前的竞争将被事后的垄断和卖方独家垄断所取代，从而导致将专用性资产的"准租金"攫为己有的"机会主义"行为（敲竹杠）。如果预期到这种事后"敲竹杠"行为，那么任何一方都没有足够的激励进行事前关系专用性投资，这势必降低交易的总价值。企业的本质实际上是作为某种不完全契约的治理结构出现的。当合约不完全时，企业这种治理结构可以消除或至少是减少资产专用性所产生的机会主义。企业这种治理结构相对于其他类型的治理结构，更容易进行事后的适应性治理。从这一意义上讲，公司治理就是保护专用性资产的制度安排。

第三，从企业所有权的角度阐述了公司治理实质。企业所有权是初始契约中没有规定的所有对物质资产的权利，包括剩余索取权和剩余控制权，前者指企业总收益中扣除成本、费用后剩余收益部分的索取权；后者指合同中无法事前规定的、对企业资产和经济活动的指挥权。剩余控制权与剩余索取权须相对应，一方拥有剩余控制权，最终也应拥有剩余索取权，否则这样的配置的就是低效的，因为它会造成"敲竹杠"问题。由于存在专用性资产的要素之间的契约是不完全的，这会影响各方事前关系专用性投资，因此应该设计某种最佳产权结构来保证契约各方最大化的联合产出。最佳产权结构通常要求将企业的剩余控制权或所有权安排给投资重要的一方，或者给投资不可或缺的一方。物质资产所有者是风险承担者，拥有最强的资产专用性，而且，股东利益容易加总、容易度量，因此，企业所有权应该由物质资产所有者拥有，股东价值最大化应该成为公司治理的效率的标准。从这一意义上讲，公司治理就是企业所有权配置的制度安排，也就是保护物质资产所有权的制度安排。

复习思考题

1. 怎样理解公司科层和市场契约的关系？
2. 如何理解交易、契约与治理结构的匹配？
3. 利用企业契约分类模型分析企业利益相关者资产专用性。
4. 为什么说公司治理是企业所有权配置的制度安排？
5. 如何评价"股东导向"？

案例讨论题

经理人应该为谁服务？

假设由 S、D、L、M 四个人共同组成一个企业，其中 S 提供股票融资，D 提供债务融资，L 提供劳动力，M 提供管理服务。按照上述假设，经理人 M 作为企业的实际经营者，可能制定使企业价值最大化的经营决策，也可能制定仅仅使他的私人利益增加的经营决策而产生代理成本。现在的问题是，如何选择一种治理模式使得 M 最有积极性、企业价值最大化。可考虑以下三种不同的方案。

方案Ⅰ：S、L、D 共同承担风险，M 同时对三人负责。此时，由于在监督 M 的问题上 S、L、D 相互"搭便车"和三人意见的分歧，M 得不到有效的监督，企业的价值在 50～100 单位之间均匀分布，平均为 75 单位。

方案Ⅱ：L 获得合同工资，S 和 D 共同承担风险，M 同时对 S 和 D 负责。此时，与方案Ⅰ相比，S 和 D 的偏好容易加总，有效监督使 M 的积极性增加，代理成本相对降低，企业的价值在 60～120 单位之间均匀分布，平均为 90 单位。

方案Ⅲ：L获得合同工资，D获得合同利息，S承担风险，M只对S负责。此时，M的责任更加明确，S有最大的积极性监督M，企业的总价值在80~160单位之间均匀分布，平均为120单位。

我们进一步假设，M在三种方案中都获得合同收入，其收入标准化为0（即企业的价值仅仅反映S、L、D三人的收入之和）；S、L、D三人事前的讨价还价能力相同，因而企业的预期收入在三者之间平分，各占1/3。

在方案Ⅰ（企业平均价值75单位）下，S、L、D三人共担风险，实现的企业价值全部为剩余收入。每人的预期收入为25单位（企业总价值在三人中平分），其中，16.67单位为无风险收入（可能实现的50单位最低企业价值在三人中平分）；在方案Ⅱ（企业平均价值90单位）下，L获得合同工资，S和D共同承担风险，每人的预期收入为30单位。其中，L所获得的30单位为无风险合同收入，实现的企业价值在扣除L的合同收入后（剩余收入），在S和D之间平分。在S和D每人的30单位的期望收益中，只有15单位是无风险的（可能实现的最低企业价值60单位在扣除L的合同收入后，在S和D之间平分）；在方案Ⅲ（企业平均价值120单位）下，L和D都获得合同收入，S独自承担风险，每人的期望收入为40单位。其中，L和D每人所获的40单位为无风险的合同收入，实现的企业价值在扣除L和D的合同收入后，成为S所获得的剩余收入。在S所获得的40单位的预期收益中全部为风险收入（S的无风险收入为可能实现的80单位最低企业价值扣除L和D的合同收入，为零）。

比较三种不同的方案，从方案Ⅰ到方案Ⅲ，M的责任越来越明确，S、L和D三人之间的利益冲突也越来越小，S承担的风险也越来越大。在方案Ⅲ下，S的预期收入全部为风险收入，监督的效应全部内部化为S的成本和收益，因而，S具有最大的积极性来监督M。毕竟，当最好的情况出现时，他可以获得80单位的剩余收入。

如果改变S、L、D三人的讨价还价能力的分布（三人分配实现的企业价值的比例），重复上面的分析，我们可以得出方案Ⅲ对每个利益相关者而言，都是最优选择的结论。

（资料来源：张维迎．产权、激励与公司治理［M］．北京：经济科学出版社，2005.）

讨论问题：
1. 结合案例简述什么是企业最佳所有权安排。
2. 结合案例论述股东导向模式的合理性。

第 3 章

股东权益及其保护

> **教学目标**

1. 了解股东权益的性质、具体内容；
2. 区分股东权益与债权人权益的差异；
3. 掌握股东大会的职能及其表决机制；
4. 理解股东诉讼权和中小股东维护机制。

> **基本概念**

股东权益　股东大会　召集制度　议事制度　表决制度　股东诉讼　事后救济

> **学习提示**

如前所述，公司治理是维护股东利益、解决公司治理问题的制度安排。因此，股东权益是分析公司治理的逻辑起点。股东权益是通过股东大会制度和股东诉讼权制度来实现的。股东们定期召开股东大会，在股东大会上争夺、行使表决权，在很大程度上会对董事会和经理形成压力，迫使他们尽职尽力。当股东尤其是中小股东权益受到侵害时，股东可提起诉讼，实施事后救济措施。本章是研究公司治理具体制度安排的开始。

本章重点：股东权益的具体内容　股东大会的性质　股东大会的表决机制　股东诉讼权

本章难点：累积投票制　股东诉讼制度

截至 2011 年底，万科企业股份有限公司股东人数 901 745 人，股本总额 1 099 521 万股（流通股），人均持股 12 193 股。前十大股东中，有第一国有法人股大股东华润股份有限公司，持股 161 909 万股，占总股本 14.73%；① 有机构投资者如易方达 50 指数证券投资基金、中国人寿保险公司个人分红-005L-FH002、博时主题行业股票投资基金、融通证券投资基金、全国社保基金一零三组合、博时价值证券投资基金、UBS AG；有流通 B 股 HTHK/CMG FSGUFP - CMG FIRST STATE CHINA GROWTHFD；还有个人股东刘元生。前十大股东合计持有 254 442 万股，占总股本的 23.14%。不管是大股东还是机构投资者和流通散户，作为公司所有者，都拥有各自的股东权益：知情权、表决权、收益权和诉讼权。而这些权益都需要通过普通股东大会或临时股东大会，以"用手投票"的方式得以行使。

点评：

股东权益的保护是公司治理的核心目标。为了抑制管理腐败，保障股东利益的最大化，需要通过股东大会制度进行事前预防；通过股东知情权进行事中监督、通过诉讼权进行事后救济。

3.1 股东和股东权益

3.1.1 股东及其类型

股东是指因出资、继承、接受赠予而取得公司股份，并因而取得公司股东权利和承担股东义务的利益主体。由于公司类型以及取得股权的方式不同，股东含义可做如下表述。

1. 自然人股东和法人股东

自然人股东指的是符合国家法律的本国公民和具有外国国籍的个人，可以成为有限责任公司或股份有限公司的发起股东、继受股东以及认购首次发行股份或新股的股东，但国家法律禁止设立公司的自然人，不能成为公司的股东。如我国有关法律规定，公务员不能成为有限责任公司的股东或股份有限公司的发起人股东。法人股东在我国包括企业法人（含外国企业）、社团法人以及各类投资基金组织和代表国家进行投资的机构，但法律禁止设立公司的法人如党政机关、军队不能成为公司法人。

2. 发起人股东和非发起人股东

发起人股东是指为组织设立公司，在公司章程上签字盖章、缴纳出资，并对公司承担相应责任的股东。在有限责任公司，股东一般都是公司发起人。发起人的权力要在公司成立之后才能发生或具有法律上的意义。除发起人外，任何在公司设立阶段和公司成立后认购或者受让公司股份的股东称为非发起人股东。

3. 积极股东和消极股东

积极股东是指以获得投资的长期收益为目的的投资者，因此这些投资者会关心公司的

---

① 始于 2015 年 12 月的"万宝之争"改变了长期以来万科的股权格局，至 2017 年 1 月 12 日，宝能系以 25.4%的持股位列万科第一大股东，深圳地铁集团受让华润所持万科全部股份 168 960 万股，以持股 15.31%替代华润列第二大股东，恒大以 14.07%位列第三。刘元生退出前十大股东之列。

长期发展和公司在未来创收的能力。消极股东是指仅仅关注股票市场收益的交易者,他们不关心公司的长期发展,只在乎短期投资收益,因此关注的是公司的股价变动。

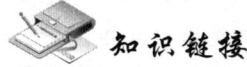

股东形态的变迁

公司股东从以自然人为主体到自然人与机构投资者并存,经历了一个发展过程。以美国公司为例,在20世纪前期,股东主要以自然人为主,但到了20世纪30年代以后,个人持股数量比较少,大多数股东对证券市场不太了解,所以他们往往开始购买共同基金作为投资对象,而这种基金再由专业的投资者进行直接投资,以机构投资者的形式持有公司的股票。同时,各种保险基金、养老基金也开始进入股市,逐渐形成新的持股力量。

股东的这种分化使得公司的控制模式发生了很大的变化,并且,随着股东类型结构的调整,来自股东的公司治理压力也有很大不同。在20世纪30年代以后很长一段时间里,所有权和经营权分离程度很大,公司治理参与的积极性不足。但在20世纪后期,随着机构投资者的迅速发展和更多股东对公司控制过程进行积极参与,公司治理的压力在很大程度上得到恢复。

3.1.2 股东权益

权益是公民受法律保护的权利和利益。权益的存在要以向公司提供资产为基础。投资者将资产投入公司后,这部分资产就与公司原有的资本融为一体,共同形成公司的法人资本,由公司占有和使用。也就是说,投资者将资产投入公司之后,就成为公司的股东,随之也就不再拥有原来意义上的财产所有权,而代之以不能将资本撤回的投资者所有权——股东权益。图3.1通过区别投资入股前后个人财产属性的变化来体现股东权益的内涵。

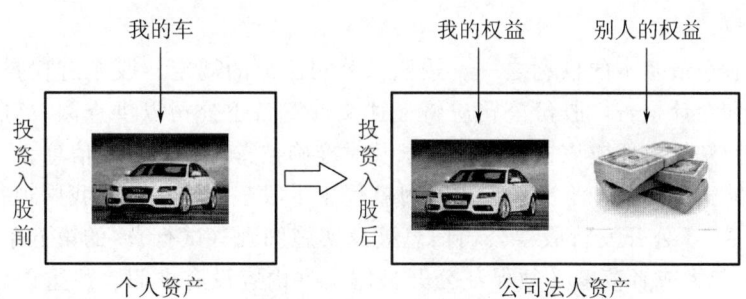

图 3.1 股东权益的体现

1. 股东权益的分类

从不同角度对股东权益的划分,可以从不同侧面认识股东权益的内涵。

(1) 自益权与共益权。

这是从法律理论对股东权利益的划分。自益权即不需要借助他人就可以实现的,比如分红权、盈余分配权等,这些权利属于法定权利,是不能被公司章程所剥夺的,由国家法律规定,体现了国家对投资者权益的保护。通常所说的股东"用脚投票"指的就是这种自益权。共益权即这种权利的行使需要借助于其他人的意志来实现,比如选举董事的权利、参与公司决策的权利、知悉权等。这种权益属于章定权利,股东在注册公司时自己确定的，是股东的自我保护机制。通常所说的股东"用手投票"指的就是这种共益权。

(2) 普通股股东权益与优先股股东权益。

这是以行使主体为标准做出的划分。普通股股东权益是指一般股东行使的权益，主要有：一是剩余收益请求权和剩余财产清偿权；二是监督决策权，包括对选举公司董事、公司利润分配、公司合并分立等重大事项的表决权；三是优先认股权，体现为在公司增发新股时，普通股股东有权按其持股比例优先认购一定比例的新股；四是股票转让权，即公司的股东有权按照自己的意愿随时转让手中的公司股票。

优先股是不同于普通股的一种股票类型。优先股的根本特征在于优先股股东在公司收益分配和财产清算方面比普通股股东享有优先权。与这种优先权相伴随的是，优先股股东一般不享有股东大会投票权。

(3) 法定股东权益与章定股东权益。

这是按照股东权益的来源做出的划分。法定股东权益是《公司法》等法律、法规明确授予股东的、公司章程不得剥夺的权益，体现了国家对投资者利益的保护。章定股东权益则是由公司章程和股东会议规定的股东权益，是公司的自我保护机制。只要不违反《公司法》的限制性规定，公司股东可以通过公司章程来规定股东所享有的权益。

2. 股东权益的具体内容

《公司法》规定股东"依法享有资产收益、参与重大决策和选择管理者等权力"。股东权益的具体内容可从以下五个方面阐述：一是与获得信息有关的知情权；二是在知情权之后向公司进行提案的权利；三是对涉及自己利益的有关提案进行表决的权利；四是与公司收益和财产相关的收益权；五是当以上权益受到侵害时，对有关利益主体进行诉讼的权利。

(1) 知情权。

知情权是股东最基本的权利之一。按照《公司法》的规定，股东有权查阅公司章程、股东会议记录和会计报告，股份公司应将上述文件置备于公司以供查阅。对于上市公司，为确保股东行使知情权，应该根据法律要求及时准确披露各种必要的信息。

公司信息披露不规范、不准确、不及时就侵犯了股东的知情权。我国现行法律对此有严格的限制条款。《公开发行股票公司信息披露实施细则（试行）》的第五条第一款规定："公司的全体发起人或者董事必须保证公开披露文件内容没有虚假、严重误导性陈述或重大遗漏，并就其保证承担连带责任。"《股票发行与交易管理暂行条例》第十七条规定："全体发起人或者董事以及主承销商应当在招股说明书上签字，保证招股说明书没有虚假、严重误导性陈述或者重大遗漏，并保证对其承担连带责任。"第七十七条规定："违反本条例规定，给他人造成损失的，应当依法承担民事赔偿责任。"《中华人民共和国证券法》第六十九条更是明确规定，发布虚假信息的发行人、承销的证券公司的负有责任的董事、监事、经理应当承担连带赔偿责任。

【迷你案例】

(2) 提案权。

提案权是指公司股东有权就公司的经营管理问题提出自己的建议。但股东的提案或建议要按照《公司法》或公司章程所决定的程序进行。在成熟的公司制度下，关于股东的提案权利都有相应的规定，包括提案股东的资格、提案内容的细节以及提案处理的程序等。

我国《公司法》规定，在年度股东大会上，单独或者合计持有公司百分之三以上股份的股东或者监事会可以提出临时提案。董事会应审核有关提案的关联性和程序性。对于不符合要求的，董事会有权决定不提交股东大会讨论。而当董事会审核后决定在股东大会上讨论表决的，应该按照规定进行公告之后，股东大会应当对具体提案做出决议。另外，股东有权在股东大会上就会议议程的任何事项提出质询，公司组织机构有义务如实回答股东质询，除非该回答将导致公司重大损失或为法律所禁止。

（3）表决权。

表决权是指拥有股份的股东有权出席或委托代理人出席股东大会以及各种类型的临时会议，并在会议上就有关议案投票表决，发表自己的意见。表决权包括两类：一是对涉及公司事务根本性变化的事项表决，体现为对公司资本的增减、公司的合并分立等重大事项的决策权；二是对公司董事、监事的选举，体现为对公司经理层的任免权。一般来说，股东的表决权大小，取决于其具有表决权的股权数量之多少，也就是股份之多少。除非有法律、章程规定，不得对表决权施加任何相对限制或剥夺。

【迷你案例】

（4）收益权。

收益权表现为股东有权要求公司根据法律和公司章程规定，并依据公司的经营情况，分派股息和其他收益。其包括以下三个方面：一是股利分配权，即股东基于其股东资格所拥有的参与公司可分配利润的分配；二是新股认购优先权，当公司新增资本时，股东可以优先认缴出资，并且，当个别股东要转让股权的时候，在同等条件下，其他股东对该出资有优先购买权；三是清算剩余分配权。当公司因故终止经营、清算破产之后，股东有权依法分配并取得公司剩余财产中的应得部分。

【迷你案例】

（5）诉讼权。

诉讼权是指当股东的上述权益没有得到必要维护的时候，股东有权利用法律手段对有关侵害其应得利益的董事或者经营者进行法律诉讼，要求停止侵害行为。诉讼权包括股东集体诉讼、股东代表诉讼制度等。

股东集体诉讼即由一到两位原告作为"首席原告"，代表众多股东提起诉讼，首席原告和被代表的股东在整个诉讼过程中保持一致。股东代表诉讼制度是指在董事和经营者对公司造成损害、应负担赔偿责任，但公司法人又未对其进行追究的时候，股东有权按照法律程序，代表该公司对董事或经营者提起诉讼的制度。现阶段我国《公司法》尚未对股东代表诉讼制度做出完整、明确的规定，因此，在因董事和经营者违背"忠诚义务"和"勤勉义务"①而给公司造成损失的时候，股东只能借助间接的法规提起诉讼。股东诉讼权在公司治理机制或《公司法》里扮演着补缺者的角色。

3.1.3　股东权益与债权人权益的比较

公司在经营过程中的全部资产有两个来源：一是自有资金，即所有者权益；二是借入资金，即债权人权益。所有者权益和债权人权益都是公司资金来源的途径，它们都是公司

---

① "忠诚义务"和"勤勉义务"内涵详见本书第4章解释。

资金的所有者,目的都是希望能够从与公司的交易中获得收益。但是公司债权人和公司股东又是两种性质不同、权利义务有别、法律地位迥异的利益主体。公司股东是公司的所有人,具有所有者的资产受益、重大决策和选择管理者等权利。公司债权人则被公司法看成是契约法上的一种请求权人,他们除了依据与公司的契约上所规定的权利之外,对于公司的事务不得享有更多的权利。具体而言,股东权益和债权人权益的差别主要体现在以下几方面。

1. 两种权益在公司经营中所处的地位不同

债权人与公司之间只是存在债权债务关系,他们无权参与公司的日常经营活动,我们可以将债权人权益称为"不参与权益"。而股东凭借其所拥有的权益可以直接参与公司的经营管理,也可以委托他人间接进行经营管理,我们可以将股东权益称为"参与权益"。

2. 两种权益各自承担的风险不同

从财产求偿权来看,债权人权益优先于股东权益。债权人权益是以公司全部资产为要求对象的,而股东权益是对全部资产扣除负债后的净资产的所有权,是一种剩余权益。另外,在公司的解散清算过程中,债权人权益也排在所有者权益之前。与风险承担相吻合,债权人权益要求的报酬率一般低于股东权益要求的报酬率。不管公司经营状况如何,债权人的权益报酬率是相对稳定的,除非公司资不抵债。而所有者权益的报酬率则随着公司经营业绩的变化而变化:当公司经营业绩好时,所有者权益的报酬率就高,反之则低或者为零,甚至会损失初始的投入资本。

3. 两种权益的偿还期限不同

股东权益在公司经营期内除依法转让外不得抽回资金,股东权益只有在清算后尚存剩余财产时才有可能补偿投入资本。而债权人权益有确定的偿付日期,公司到期必须足额偿付利息和本金,否则将面临破产清算的风险。

3.1.4 我国上市公司的股权结构及其权利特征

1. 股权分置改革之前

1992年5月15日我国发布的《股份制企业试点办法》中规定:"根据投资主体的不同,股权设置有四种形式:国家股、法人股、个人股、外资股。"1994年3月颁布的《股份制试点企业国有股权管理的实施意见》(现已失效)规定:"关于特定行业和特定企业以及在本地区经济中占有举足轻重地位的企业,要保证国家股(或国有法人股,该国有法人单位应为纯国有企业或国家独资公司)的控股地位。"这些规定的相继出台,很大程度上限制了国有股的上市流通,形成了我国上市公司股权结构国有股"一股独大"特征。截至2005年6月底,沪、深两市共有A、B股上市公司1 391家,总股本之和为7 485.83亿股。其中国家股1 809.88亿股,国有法人股1 891.92亿股,国有股总数为3 701.80亿股,占总股本的49.45%。[①]"一股独大"意味着"内部股东控制",带来突出的问题就是大股东操纵和大股东掠夺。

---

① 方原. 国资委重定股改后国资持股下限 从60%降为10%. 人民网,2005-07-20.

与此同时,在中国股市的发展过程中,上市公司内部普遍存在着两种不同性质的股票——非流通股(国家股、法人股)和社会流通股(个人股、外资股),这两类股票形成了"不同股不同价不同权"的市场制度与结构,这就是所谓"股权分置"。截至2004年股权分置改革前,非流通股占总股本64%,流通股只占36%(具体股权结构见表3-1)。[①] 这种制度安排不仅使上市公司大股东不关心股价的涨跌,不利于维护中小投资者的利益,也越来越影响到上市公司通过股权交易进行兼并达到资产市场化配置的目的,妨碍了中国经济改革的深化。股权分置问题的产生,主要根源于早期对股份制和证券市场的功能与定位的认识不统一,以及国有资产管理体制的改革还处在探索阶段。

表3-1　股权分置改革前我国上市公司股权结构

	1992年	1994年	1996年	1998年	2000年	2002年	2004年
发起人股	54%	54%	53%	55%	57%	60%	59%
外资法人股	5%	1%	1%	—	—	—	—
募集法人股	9%	11%	9%	8%	6%	5%	5%
内部职工股	1%	1%	1%	2%	1%	0	0
其他(转配股等)	0	0	1%	1%	0	0	0
非流通股合计	69%	67%	65%	66%	64%	65%	64%
A股	16%	21%	22%	24%	28%	26%	28%
B股	15%	6%	6%	5%	5%	3%	3%
H股	0	6%	7%	5%	3%	6%	5%
流通股合计	31%	33%	35%	34%	36%	35%	36%
合　　计	100%	100%	100%	100%	100%	100%	100%

(资料来源:根据相关资料整理)

2.股权分置改革之后

为了规范上市公司股权结构,实现两类股票并轨,2005年4月29日,中国证监会发布了《关于上市公司股权分置改革试点有关问题的通知》,股权分置改革进入试点阶段。2005年9月,股权分置改革全面铺开。股权分置改革是资本市场制度建设的重要内容,其本质是要把不可流通的股份变为可流通的股份,真正实现同股同权。到2007年12月31日,已完成或进入股权分置改革程序的上市公司市值占上市公司总市值的比重达到98%,未完成的企业只有33家,至此,股权分置改革基本完成。

"股权分置"改革后,我国上市公司的股权,按投资主体的不同可分为国有股、法人股和公众股。

(1)国有股。国有股是指有权代表国家投资的部门或机构以国有资产向公司投资形成

[①] 黄雷,蓝辉旋,叶勇.股权分置改革对上市公司治理和资本市场的影响及对策研究[J].经济体制改革,2010(2).

的股份,包括以公司现有国有资产折算成的股份。由于我国大部分股份制企业都是由原国有大中型企业改制而来的,因此,国有股在公司股权中占有较大的比重。

(2) 法人股。法人股是指企业法人或具有法人资格的事业单位和社会团体以其依法可经营的资产向公司投资所形成的股份,可细分为国有法人股和非国有法人股。目前,在我国上市公司的股权结构中,法人股平均占20%左右。根据法人股认购对象,可以将法人股进一步分为境内发起人股、外资法人股和募集法人股三部分。

(3) 公众股。公众股是指社会个人或股份公司内部职工以个人合法财产投入公司形成的股份。公众股有两种基本形式:公司职工股和社会公众股。公司职工股是本公司职工在公司公开向社会发行股票时按发行价格所认购的股份,社会公众股是指股份公司采用募集设立方式设立时向社会公众(非公司内部职工)募集的股份。目前,我国已取消上市公司发行内部职工股的规定。我国《证券法》规定,股份有限公司申请股票上市时,公司股本总额不少于人民币3 000万元;公开发行的股份不得少于公司股份总数的25%,公司股本总额超过人民币4亿元的,公开发行股份的比例不少于10%。

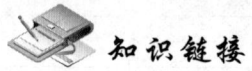

股权分置改革操作关键

股权分置改革面临两类问题:一是其时内地沪深两个交易所2.45万亿元市值中,可流通的股票市值只有8 300亿元,国有股等不可流通的股票市值达1.62万亿元。如果国有股等获得了流通权,沪深两个交易所可流通的股票一下子多出两倍,市场很可能出现暴跌。二是国有大股东当初上市时并没有以市场价值用现金在市场上购买股份,而基本是按1元1股以低于真正市场价的资本估值而获得股份及控股权,而流通股大都是几倍、十几倍的溢价购得,势必使流通股股东在国有股减持中蒙受损失。因此,稳定市场预期,保持市场稳定,解决大股东和中小股东的利益冲突成为股权分置问题的关键。

针对第一类问题,中国证监会2005年9月4日颁布的《上市公司股权分置改革管理办法》规定,改革后公司原非流通股股份的出售,自改革方案实施之日起,在12个月内不得上市交易或者转让;持有上市公司股份总数5%以上的原非流通股股东(大非),在前项规定期满后,通过证券交易所挂牌交易出售原非流通股股份,出售数量占该公司股份总数的比例在12个月内不得超过5%,在24个月内不得超过10%。持股在5%以下的非流通股份(小非)在股改方案实施后12个月即可上市流通。而且,大小非解禁也并不等于减持,因此,解决股权分置问题后,可流通的股份不一定就要实际进入流通,它与市场扩容没有必然联系。

针对第二类问题,采取非流通股向流通股支付"对价"的方式,使流通股股东在股权分置改革时获得补偿。中国证监会在2005年的股权分置改革方案中明确地将补偿细节交给了每一个上市公司自己去处理,但规定股改方案必须经过2/3流通股股东同意及2/3全体股东同意。

债权人的保护规则

公司股东责任有限性原则的确立使得债权人不能对股东的个人财产提出请求,因此现代公司法一直十分注重对公司债权人的利益保护。我国《公司法》关于公司债权人利益保护的基本方式有三种:公司重大事项公开性原则、公司资本保全原则以及公司清算规则。

3.2 股东大会及其运行机制

股东大会是股东权益行使的重要渠道。股东大会的运行机制就是通过一系列议事规则来规范、实施股东大会的召集、提案以及主持、表决等程序。

3.2.1 股东大会的性质与权利

1. 股东大会的性质

股东大会（我国《公司法》规定，股份有限公司称"股东大会"，有限责任公司称"股东会"，以下统称股东大会）是指由全体股东组成的、行使股东权利的组织，是公司的权力机构。股东大会具有如下特征。

（1）股东大会由全体股东组成。

公司的股东是公司股东大会的当然成员，任何一名股东都有权出席股东大会会议，任何股东都有权行使作为股东大会一员所应当享有的权利，同样也应该履行作为股东所应尽的义务。

（2）股东大会是公司的最高权力机构。

公司的资本来源于股东的出资，作为公司资产所有者的股东，理应对公司的运营发展提出自己的要求，公司的发展应体现股东的意志。股东大会是股东发表意见、争取自己权利实施的一个主要渠道。股东大会最高权力机关的地位是从公司内部来说的，股东大会不对外代表公司进行活动。

（3）股东大会是公司必设机构。

股东大会是公司的必设机构。只有在特殊情况下，才可以不设股东大会，如我国《公司法》第六十六条关于国有独资公司的特别规定：国有独资公司不设立股东会，由国有资产监督管理机构行使股东会职权。

（4）股东大会是非常设机构。

股东大会是以公司法或公司章程的规定定期召集的一个公司意见形成机关。因为股份公司的股东人数众多，居住分散，不易召集；且由于公司成立以后已交由股东大会选举产生的董事会经营管理，股东大会只是年度定期或在公司有重大问题时才召集，无常设必要。

2. 股东大会的权利

股东大会是公司的最高权力机关，有关公司发展和管理的一切重大事项通常都要由股东大会讨论做出决议。所以股东大会的主要职权是"决定"，而非"制定"和"执行"。

一般来说，股东大会的职权可以分为以下两大类。

（1）审议和批准报告（决定）事项。股东大会要对董事和监事提交的报告进行审议和批准，包括：董事在公司亏损额达资本总额的1/3时所做的报告、对于公司债券的募集原因和募集结果所做的报告、监事对财务表册的核对报告、对公司清算的检查报告等。

（2）法定做出决策（决议）事项。①一般事项：对于董事、监事、清算人的选任、解聘及报酬的决议，对于董事所编制的会计表册、清算人所提交的各项表册是否通过的决议，对于分配盈余及股利、补选改选董事、监事的决议；②特别事项：关于缔结、终止、变更有关出租、委托经营和联营的合同，因经营需要而让与公司全部或主要部分的营业或财产，受让他人全部或部分财产，以股利的全部或一部分发行新股，变更公司章程或增减公司资本，公司的解散合并和分立等对公司有重大影响的事项，都要由股东大会进行决议。

我国《公司法》对股东大会的职权进行了如下列举：
(1) 决定公司的经营方针和投资计划。
(2) 选举和更换非由职工代表担任的董事、监事，决定有关董事、监事的报酬事项。
(3) 审议批准董事会的报告。
(4) 审议批准监事会或者监事的报告。
(5) 审议批准公司的年度财务预算方案、决算方案。
(6) 审议批准公司的利润分配方案和弥补亏损方案。
(7) 对公司增加或者减少注册资本作出决议。
(8) 对发行公司债券作出决议。
(9) 对公司合并、分立、解散、清算或者变更公司形式作出决议。
(10) 修改公司章程。
(11) 公司章程规定的其他职权。

3.2.2 股东大会的类型

1. 普通股东会议

普通股东会议每一个日历年度举行一次，正因为如此该会又被称为股东年会。股东年会的间隔期虽然以一个日历年度为单位，但也有一定的弹性，不过通常不得超过15个月。

股东年会所要议定的议题主要有：公司的年度财务预算、决算；公布股息；听取和审议董事、监事的年度报告；重新任命监事，讨论决定监事的年薪；补充或罢免董事等。

【拓展视频】

2. 非常股东会议

非常股东会议指除普通股东会议以外的、非定期或因临时急需而召开的股东会议。

召开非常股东会议的条件大致分为以下几种情况：由董事会认为必要时召开；由监事会提议召开；由单独或合计持有10%以上股份股东请求召开；由法院主持召开或介入。

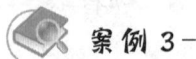
【迷你案例】

案例 3-1

某房地产公司非常股东大会

某房地产股份公司注册资本为人民币2亿元。后来由于房地产市场不景气，公司年底出现了无法弥补的经营亏损，亏损总额为人民币7 000万元（已超过注册资本1/3）。某股东据此请求召开临时股东大会。公司决定于次年4月10日召开临时股东大会，并于3月20日在报纸上刊登了向所有股东发出的会议通知。通知确定的会议议程包括以下事项。
(1) 选举更换部分董事，选举更换董事长。
(2) 选举更换全部监事。

(3) 就发行公司债券作出决议。
(4) 就公司与另一房地产公司合并作出决议。
在股东大会上,上述各事项均经出席大会的股东所持表决权的半数通过。

(资料来源:根据网上资料整理)

3.2.3 股东大会的召集制度

股东大会的召集制度是关于股东大会的召集条件、召集权利人、召集通知等各项规定的总和。规定合理、完备的召集制度,对股东尤其是中小股东权利的保护以及股东大会和公司的正常运作意义重大。

1. 股东大会召集条件

对于一年一度的股东大会(普通股东会议),由于大会的召开大都为法律强制,所以世界各国一般不对该会议的召集条件作出具体规定。对于临时股东大会(非常股东会议)的召集条件,世界主要国家在立法体例的选择上各有不同。我国《公司法》第一百条对临时股东大会作出了规定,有下列情形之一的,应当在两个月内召开临时股东大会:一是董事人数不足本法规定人数或者公司章程所定人数的三分之二时;二是公司未弥补的亏损达实收股本总额三分之一时;三是单独或者合计持有公司百分之十以上股份的股东请求时;四是董事会认为必要时;五是监事会提议召开时;六是公司章程规定的其他情形。临时股东会议应该在会议召开15日前通知各股东。由此可见,我国临时股东大会召集条件的立法体例类似于英国及法国①,即除规定董事人数减少,公司亏损增加这两项法定事由外,还规定一定数量的股东提议、董事认为必要时、监事会提议时等都应该召集临时股东会。但区别在于我国临时股东大会的决议事项,股东大会也能决定。

2. 股东大会召集权人

召集权人是指法律规定有权召集股东大会之人。股东大会在满足一定召集条件后,还须经由法定召集权人进行召集方有效。综合世界一些国家和地区(主要是德国、日本、韩国等)的相关立法,股东大会的召集权人大致可有以下几类:一是董事会为召集权人;二是少数股东为召集权人;三是监事会作为召集权人;四是其他召集权人。国外法律也规定,法院认为必要时,可以主动命令有关机构或人员召集股东大会。

【迷你案例】

我国《公司法》第一百零一条规定:"股东大会会议由董事会召集,董事长主持;董事长不能履行职务或者不履行职务的,由副董事长主持;副董事长不能履行职务或者不履行职务的,由半数以上董事共同推举一名董事主持。董事会不能履行或不履行召集股东大会会议职责的,监事会应该及时召集和主持;监事会不召集和主持的,连续九十日以上单独或者合计持有公司百分之十以上股份的股东可以自行召集和主持。"中国证监会2006年3月16日发布的《上市公司股东大会规则》第七条规定:"独立董事有权向董事会提议召

---

① 英国式"概括加列举式",即除规定公司可以必要时随时召集股东大会外,同时列举召集股东临时会议的常见事项;法国式"限定列举式",明确规定出现特定情况时,必须召集股东临时会议才能决定,股东临时会议范围事项,股东大会无权作出决议。

开临时股东大会。对独立董事要求召开临时股东大会的提议,董事会应该根据法律、行政法规和公司章程的规定,在收到提议后 10 日内提出同意或者不同意召开临时股东大会的书面反馈意见。"

3. 股东大会召集通知、公告

召集的通知是将有关股东大会召集的信息传达给股东,以使其能按时参加会议并参与相关决议。年度股东大会和临时股东大会的召集人,应当于会议召开前在法律规定的时间内将会议召开的时间、地点和审议的事项通知给各股东,包括记名股票和无记名股票的股东。为节约社会成本、提高效率,召集通知基本上都是以公告方式发出的。

我国《公司法》第一百零二条第一款规定:"召开股东大会会议,应该将会议召开的时间、地点和审议的事项于会议召开二十日前通知各股东;临时股东大会应当于会议召开十五日前通知各股东;发行无记名股票的,应当于会议召开三十日前公告会议召开的时间、地点和审议事项。" 2006 年 3 月 16 日发布的《上市公司股东大会规则》第十五条规定:"召集人应当在年度股东大会召开 20 日前以公告方式通知各普通股股东(含表决权恢复的优先股股东),临时股东大会应当于会议召开 15 日前以公告方式通知各股东(含表决权恢复的优先股股东)。"

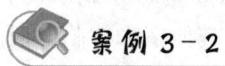

案例 3-2

四川惠松工程机械有限公司的股东纠纷

四川惠松工程机械有限公司是一家民营企业,主要代理销售工程机械产品。公司成立时,两名股东刘学光和苏进每人出资 100 万元,各占 50%的股份。两个人以前是朋友,所以经协商由刘学光任法人代表、执行董事,苏进担任副总经理、监事。在公司成立后不到两年时间里,业务发展非常迅速,很快就在当地同行中名列前茅。

但是到了 2001 年,在公司生意最红火的时候,苏进发现自己已经大权旁落,他感觉到在公司内部管理包括人事、财务各方面,都是由刘学光一个人说了算,而到了年底,他甚至被免掉了副总经理职务。

苏进认为自己是公司合法股东,手里持有公司 50%的股份。因此,他在 2001 年 12 月 29 日,以公函的方式向刘学光提议召开公司股东会,希望通过股东会重新选举公司的组织机构,重新分配公司执行董事和总经理的权力关系。苏进认为,自己拥有 50%的公司股权,执行董事和总经理者两个职务至少有一个由他担任。

然而,股东会最终也没开成。因为按照公司法和公司章程的规定,召集公司股东会的权力掌握在执行董事刘学光手里,苏进作为公司监事,虽然拥有 50%的公司股权,但只能向执行董事提出召开股东会的建议,在这种情况下,如果刘学光拒绝召集股东会,苏进也无能为力。

苏进无奈之下打算卖掉自己的股份,但没有人愿意接受他的转让,苏进想让刘学光来接这 50%的公司股份,但刘学光却并不想花这个钱,苏进又一次陷入了进退两难的尴尬境地。

苏进的律师建议他解散公司。但是按照《公司法》的规定,解散公司的途径只有三个:第一,公司经营期限届满;第二,因公司合并或者分立需要解散;第三,股东会决议解散。然而,公司经营期限届满,还要等到 2028 年;而公司合并或者分立的可能性也不存在;而通过股东会议来解散公司,首先,苏进本人根本无法召开股东会,即使股东会真的开了,形成决议还是需要代表公司股份 2/3 以上的股东通过,而苏进只有 50%。显然,面对同样拥有 50%股权的刘学光,根本不可能形成 2/3 的多数意见,苏进根本无法达到目的。

(资料来源:宁向东. 公司治理理论[M]. 北京:中国发展出版社,2006.)

3.2.4 股东大会的议事制度

1. 股东大会的主持

股东大会由谁来主持,对会议结果有着不容低估的影响。主持人控制着会议的议事日程及进行节奏,可以通过限制各与会者所能得到的资讯传达或者限制他们所能获得的可选择方案等影响会议结果。同时,也可能出现由于主持原则未被法律明确而造成股东大会无法正常召开,或者召集人和主持人不履行职责、抢占主持权、话语权而造成股东大会过程混乱,以及随意修改通知、推迟会议、否决大会决议等现象。

我国《公司法》第一百零一条对股东大会的主持人有明确的规定。为防止股东大会出现无人主持或争夺主持的现象,中国证监会 2006 年发布的《上市公司股东大会规则》明确了"谁召集,谁主持"的原则,并规定召开股东大会时,会议主持人违反议事规则使得股东大会无法继续进行的,经现场出席股东大会有表决权过半数的股东同意,股东大会可推举一人担任会议主持人,继续开会。

2. 股东大会的提案

为了防止大股东控制股东大会,英、美、德、日等国均承认股东提案权,以保障中小股东在股东大会的发言权;韩国 1998 年底修正了《商法》新设了股东提案制度。股东提案权的法律规定主要包括:提案股东的资格要求、对提案内容和数量的限制、提案权行使程序以及侵害股东提案权的法律救济四个方面。

我国 2005 年修订实施的《公司法》与以前旧的《公司法》相比,增设了少数股东临时股东大会的提案权。中国证监会 2006 年《上市公司股东大会规则》第十三条规定:"提案的内容应当属于股东大会职权范围,有明确议题和具体决议事项,并且符合法律、行政法规和公司章程的有关规定。"第十四条规定:"单独或者合计持有公司 3% 以上股份的普通股股东(含表决权恢复的优先股股东),可以在股东大会召开 10 日前提出临时提案并书面提交召集人。召集人应该在收到提案后 2 日内发出股东大会补充通知,公告临时提案的内容。除前款规定外,召集人在发出股东大会通知后,不得修改股东大会通知中已列明的提案或增加新的提案。股东大会通知中未列明或不符合本规则第十三条规定的提案,股东大会不得进行表决并做出决议。"

3. 股东大会的出席率

股东的出席率是指出席股东大会的股东占全体股东的百分比。法律为了保护广大小股东的利益,避免大股东运用自己对公司控制优势损害中小股东利益,规定股东会会议必须有一定比例的股东出席才能召开,这样通过的决议才合法有效。我国《公司法》第九十条规定:"创立大会应有代表股份总数过半数的发起人、认股人出席,方可举行。"

4. 股东大会的表决要求

一项决议的通过要经过股东大会会议决议,而在表决时一般都要求经过出席会议的半数以上表决通过,学界称此为"多数决规则"。"多数决规则"又可分为简单多数和绝对多数。简单多数是指一项事件的通过只需要简单多数,即 1/2 即可。绝对多数是指一项事件在表决通过时,要求绝对多数同意才能通过。

对于有限责任公司，我国《公司法》第四十三条规定，股东大会会议的议事方式和表决程序，除本法有规定的外，由公司章程规定；但第二款规定，股东会会议作出修改公司章程、增加或者减少注册资本的决议，以及公司合并、分立、解散或者变更公司形式的决议，必须经代表三分之二以上表决权的股东通过。对于股份有限公司，我国现行《公司法》第一百零三条规定，股东大会作出的决议，必须经出席会议的股东所持表决权过半数通过。但是，股东大会作出修改公司章程、增加或者减少注册资本的决议，以及公司合并、分立、解散或者变更公司形式的决议，必须经出席会议的股东所持表决权的三分之二通过。

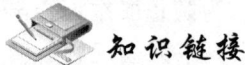

"资本多数决原则"及其"资本多数决滥用"

资本多数决原则产生于1843年英国枢密院著名的"福斯诉哈伯特案"（Fossv. Harbottle）。该案因公司大股东在股东大会上否决了小股东要求公司对董事的不适当行为所致的公司损害提起诉讼的建议，而导致两名小股东向法庭提起诉讼，要求董事对公司造成的损失承担责任。但法庭驳回了这两名股东的诉讼，认为法庭不应对公司大股东对董事行为适当与否的决定予以干预。这样，法庭将何种行为是为了公司利益的决定权交给了大股东。该案确立的原则，在英美法中不断被援引，适用于以后许多案例，成为后世学者所称"公司事务的资本多数决原则"。这一原则的实质在于，在公司内部实行少数服从多数的民主制度，让公司依据持股多数的股东意见，而不是所有股东的意见来做出经营判断，以便有利于公司管理层及时做出决策。

资本多数决滥用指的是在公司法人体现公司意志时，代表表决权多数的股东违反诚实信用原则或多数股东信任原则，利用表决权数量优势做出对公司、其他股东、第三人等不利的决议，此滥用行为属于违反强行法规定的行为，应认定决议无效。资本多数决滥用常常表现为召开股东会（股东大会）、表决公司章程的制定或者修改、表决股东会（股东大会）的决议、董事会的决议等，其中因公司章程的准则属性导致资本多数决常滥用于此。

可见，资本多数决制度是一把双刃剑，它在带来公司决策迅速并鼓励投资积极性的同时，又导致控制股东可能滥用自己在公司中的优势地位压迫、欺诈、排挤中小股东，产生实质不公平。但法律总是要不停地寻求实质正义，寻求权利、义务之间的平衡，因为如果当事人只有相应权利而无相应义务，权利必然被滥用。正如孟德斯鸠所指出的那样："一切有权力的人都容易滥用权力，这是万古不易的一条经验。"据此，控制股东既然可以通过资本多数决这一合理、合法原则的运用，实现自己的个别私利，那么，就必须赋予其必要的义务，要求其在行使控制权、追求自身利益时不得损害中小股东利益和公司利益。或者说，应该对控制股东滥用资本多数决而享受特别利益的行为课以相应的义务，使之权利义务相当。

3.2.5 股东大会的表决制度

股东会议的决议是通过一定的表决制度形成的，所以，某种决议能否获得通过以及通过的决议是否科学、正确，关键取决于股东会议表决制度的选择与安排。股东会议的表决制度包括以下三方面内容。

1. 股东投票的基本原则

股东投票以一股一票为原则，即在法律或公司章程没有特别规定的情况下，股东应该按其所持公司的股份数量,而不是股东人数来行使其表决权。通常情况下,股东每持有一股股份则对应享有一个表决权。一股一票原则也称为投票平等原则,是股东平等原则的具体体现,也是当代世界各国公司立法的通例。

一股一票原则的例外有三种情况:第一,在公司设置优先股、公司持有自己股份的情况下,这些股份没有表决权。例如,我国《公司法》第一百零三条规定:"股东出席股东大会会议,所持每一股份有一表决权,但是,公司持有的本公司股份没有表决权。"第二,股东大会就关联交易表决时,关联股东所持股份没有表决权,例如,我国《公司法》第十六条第三款规定,被公司提供担保的股东或者受实际控制人支配的股东,不得参加关于对其或者实际控制人提供担保事项的表决。第三,不少国家的公司法对于有限责任公司制度下的股东表决权如何计算授予以公司章程来加以规定,有可能出现不按出资比例进行表决的情形。例如,我国《公司法》第四十二条规定:"股东会会议由股东按照出资比例行使表决权;但是,公司章程另有规定的除外。"这是由有限责任公司的股东之间的性质和股东的封闭性所决定的。

2. 股东大会的投票表决方式

(1) 直接投票制度。

直接投票制也称为法定表决制度,是指股东应该依其所持股份数量享有与其股份数同等数量的投票权,当股东行使投票表决权力时,必须将与持股数目相对应的表决票数等额地投向他所同意或否决的议案。譬如某股东的持股量为 100 股,表决的议题是选举 5 个董事。直接投票制度规定,一股股票享有一票表决权,有效表决票数等于持股数目与法定董事人选的乘积。这样,该股东的有效表决票数就等于 500(100×5),该股东必须将有效表决总票数分成 5 份,等额地投向他所选定的每一董事,即他所选定的每一董事都从他那里获得 100 张选票。这种表决制度对控股的大股东绝对有利。头号股东的持股比例一旦达到 50%以上,便可绝对操纵董事人选,便可绝对控制某项议案的通过和否决权,其他股东无论其持股比例高低都只能任由头号股东摆布。

直接投票确立于 19 世纪中叶,其基本思想是"股东平等"原则,也称为投票权平等原则,是绝大多数国家公司立法的通例。几乎所有国家都规定,所有股东均有权参加股东大会的决议活动,每一股份平等地拥有一份投票权,而对于要表决的事项:一般决议获得通过的条件是赞成票超过到会股东所持表决数的半数,特别决议获得通过的条件是赞成票超过到会所持表决数的 2/3。但这种投票方式往往造成明显的多数股压倒少数股现象,无法保护少数股权持有者的利益。

(2) 累加表决制度。

累加表决制度又称累积投票制,是股东选择公司管理者的一种表决权制度。它与法定表决制度既有相同之处,也有不同之处。相同之处在于,二者都规定:一股股票享有一票表决权,有效表决总票数等于持股数目与法定董事人选的乘积。不同之处在于,在累加表决制度中,股东可以将有效表决总票数以任何组合方式投向他所同意或否决的议案。仍以在法定表决制度中选举董事的数据为例,在累加表决制度中,该股东的有效表决总票数也是 500 票,但他可以用任何组合方式将有效表决总票数投向他所选定的董事,譬如将 500 票一并投在 1 个董事的名下,以

【阅读资料】

400票和100票的组合方式投在2个董事的名下,以300、50、50、50、50票的组合方式投在5个董事的名下等。与法定表决制度相比,累加表决制度既可以充分调动中小股东行使投票表决权的积极性,并在董事会中谋得一个或几个董事席位,借以提高自己在公司决策过程中的参与和影响力,提高公司决策民主化的程度,同时也可以降低大股东的控股位势,弱化其在股东会议决策过程中的控制和干预作用。

我国《公司法》第一百零五条规定:"股东大会选举董事、监事,可以依照公司章程规定或者股东大会的决议,实行累积投票制。"2002年我国证监会颁布的《上市公司治理准则》第三十一条规定:"控股股东控股比例在30%以上的上市公司,应当采用累积投票制。采用累积投票制度的上市公司应在公司章程里规定该制度的实施细则。"中国证监会以规章的形式肯定了累积投票制,是对这方面法律空白的填补。目前我国已有许多上市公司在公司章程中添加了该细则。

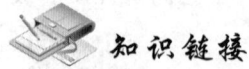

累积投票制的起源

累积投票制最早起源于美国《伊利诺伊州宪法》的规定。19世纪60年代,美国伊利诺伊州报界披露了本州某些铁路经营者欺诈小股东的行为,该州于1870年在州宪法第3章第11条规定,任何股东在法人公司选举董事或经理人的场合,均得亲自或通过代理人行使累积投票权,而且此类董事或经理不得以任何其他方式选举产生。该州随后即在其公司法第28条规定了累积投票制。随后,美国各州也纷纷步其后尘,或在州宪法、或在公司法、或兼在州宪法和公司法中规定了累积投票制。到1955年,美国有20个州在其宪法或制定法中规定了累积投票制。

按照适用的效力不同,累积投票制可以分为两种:一是强制性累积投票制,即公司必须采用累积投票权制度,否则属于违法,如美国阿肯色、加利福尼亚、夏威夷、伊利诺伊等州和中国台湾地区所采用的模式。二是许可性累积投票制,分为选出式和选入式两种。前者是指除非公司章程做出相反的规定,否则就应实行累积投票权制度,如美国阿拉斯加、北卡罗来纳、华盛顿等州以及日本1974年修订后的《日本商法典》规定的模式;后者是指除非公司章程有明确的规定,否则就不实行累积投票权制度,如美国密歇根、新泽西、纽约等州所采用的模式。尽管目前美国有些州仍然对累积投票制实行强制主义,但其大多数州的现行公司法已趋向许可主义。日本于1950年和1974年对《日本商法典》进行的两次修订也反映出由强制主义向许可主义的转变。这表明累积投票制的立法政策随着现代企业制度的成熟与公司治理结构的完善而呈现渐趋宽松的发展趋势。

(3) 类别股东表决制度。

类别股是指在公司的股权设置中,存在两个以上的不同种类、不同权利的股份。具体区分包括发起人股、非发起人股;普通股、优先股;普通表决权股份、无表决权股份、特殊表决权股份(如双倍表决权);不同交易场所的股份,如在上海证券交易所、香港交易所、伦敦交易所、纽约交易所等地上市的股份;关联股东股份、非关联股东股份等。进行股东类别区分的实质是限制优势股东的优势,保护弱势股东的利益。类别股东大会在我国尚未有明确的规定,但实际上已存在国有股、法人股、个人股或从主体角度划分的发起人股和社会公众股。

类别股东表决制度,是指一项涉及不同类别股东权益的议案,需要各类别股东及其他类别股东分别审议,并获得各自的绝对多数同意才能通过。如根据我国《香港公司条例》

的规定,只有获得持该类别面值总额的 3/4 以上的绝大多数同意或该类别股东经分别类别会议的特别批准,才能通过决议;欧盟《公司法》第五号指令也有类似的规定。第五号指令第 40 条就明确指出,如果公司的股份资本划分为不同的类别,那么股东大会决议要生效,就必须由全体受该决议影响的各类股东分别表决并同意。这样,中小股东就有机会为自身的利益对抗大股东的不公正表决。我国证监会于 2004 年 12 月 7 日颁布了《关于加强社会公众股股东权益保护的若干规定》,规定要求我国上市公司建立和完善社会公众股股东对重大事项的表决制度。类别股东大会的召开形式有三种:传统的现场形式、通信形式及网上投票。我们认为应该大力推行网上投票,让更多的流通股股东参与投票。

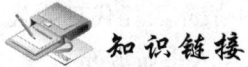

网络投票制

股东大会投票方式是多样性的,除了现场投票方式之外,还有网络投票等方式。比如,美国波音公司 2006 年 5 月 1 日在芝加哥召开年度股东大会,公司在当年 3 月 24 日就提早将股东大会的会议内容和议程非常详细地对外进行了发布。波音公司希望股东更多地进行投票。股东投票方式,包括拨打指定的免费电话进行电话投票,或是通过互联网访问公司投票网址进行网络投票,也包括通过传统的寄送邮件的方式进行信件投票。

在我国,中国证券登记结算公司、上海证券交易所和深圳证券交易所分别开发了上市公司股东大会网络投票系统。2004 年 11 月 29 日,中国证券监督委员会发布了《上市公司股东大会网络投票工作指引》试行文件。该文件规定,上市公司召开股东大会,除现场会议投票外,鼓励其通过网络服务方向股东提供安全、经济、便捷的股东大会网络投票系统,方便股东行使投票权。股东大会股权登记日登记在册的所有股东,均有权通过股东大会网络投票系统行使表决权,但同一股份只能选择现场投票、网络投票或符合规定的其他投票方式的一种表决方式。

(4)投票权排除制度。

投票权排除制度也称为表决权回避制度,是指当某一股东与股东大会讨论的决议事项有特别的利害关系时,该股东或其代理人均不得就其持有的股份行使表决权的制度。这一制度在德国、意大利等大陆法系国家得到了广泛的应用,韩国也采用了此制度。但英美法系国家中一般没有"投票权排除"制度。这些国家和地区的立法精神强调,投票权是以股东个人财产为基础的,投票权可自由行使。我国曾经实行的按股东类别组织表决,也就是股权分置的制度,就相当于"投票权排除"。

确立表决权排除制度实际上是对利害关系和控股股东表决权的限制和剥夺,因为有条件、有机会进行关联交易或者在关联交易中有利害关系的往往都是大股东,这样就相对地扩大了中小股东的表决权,在客观上保护了中小股东的利益。

我国《公司法》第十六条把公司为公司股东或实际控制人提供担保的事项纳入被排除事项范围。证监会将上市公司关联交易事项纳入被排除事项范围。《上市公司章程指引》(2016 年修订)第七十九条规定:"股东大会审议有关关联交易事项时,关联股东不应当参与投票表决,其所代表的有表决权的股份数不计入有效表决总数;股东大会表决的公告应当充分披露非关联股东的表决情况。"《上市公司股东大会规则》第三十一条规定:"股东及股东大会拟审议事项有关联关系时,应当回避表决,其所持有表决权的股份不计入出席股东大会有表决权的股份总数。公司持有自己的股份没有表决权,且该部分股份不计入出席股东大会有表决权的股份总数。"证监会的做法是对《公司法》的有益补充，实际上是针对中国目前上市公司中大股东肆无忌惮地对中小股东剥夺的情况，加强对上市公司中小股东的保护。

3. 股东大会的投票权行使方式

(1) 股东自己投票。

参加会议或投票表决由股东本人亲自完成。

(2) 代理投票制。

代理投票制是现代股份公司会议表决的一个重要组成部分。由于费用、时间或兴趣等其他因素，常常有一些股东不能出席公司的股东大会，于是便出现了由股东委托代理人代为投票的制度。即，不能出席股东大会进行投票的股东，可以委托代理人出席股东大会，由代理人向公司提交股东授权委托书，并在授权范围内行使表决权。早期的代理投票大多是股东之间相互委托，后来董事会却逐渐成为不愿莅会的股东们行使投票表决权的委托代理人。

这一制度目前在西方国家比较普遍，且制度设计较合理，成本较低，操作可行。比如在德国，银行常常代理股东进行投票。而在美国"代理投票"和"征求委托书竞争"，已经成为用来约束和威胁无效率或失职的经理活动或董事会成员的重要机制。具体来说，当不满意公司现实运作的投资者要争取公司控制权时，他就会向公司的股东来征集"代理投票"的委托书，当他征集到足够多的委托书之后，他就可以在股东大会上运用自己的代理投票权表达自己的意见。而对于那些亲自参加股东大会进行投票并不划算的股东，代理投票制度就使他们有了通过合适代理人替自己表达意见的机会。

【迷你案例】

案例 3-3

通百惠征集委托投票权

2000 年 1 月 10 日，广州通百惠公司（简称通百惠）以每股 1.06 元的价格竞价成功，成为山东胜利股份有限公司（简称"胜利股份"）的第一大股东，后因人事安排与其他股东引发争端。后其中一股东胜邦企业与通百惠分别公告增持股份，最终，胜邦与通百惠持股比例分别为 17.35% 和 16.66%，胜邦仅以 0.69% 的微弱优势居于第一。

2000 年 3 月 17 日，通百惠在各大媒体上打出"你神圣的一票决定胜利股份的明天"大型广告，并在证券和网络媒体上公开征集代理委托书，开始了对中小股东表决权代理的征集。胜利股份的流通股超过 50%，大量散户的立场对控制权的转移起决定性作用。3 月 27 日—29 日，通百惠再次大规模地公开征集股东授权委托书。通百惠以为民情愿的姿态公开征集中小股东的投票委托书，引起中小股东的共鸣，三天之内共征集有效委托 2625 万股，占总股本的 10.96%，与会代表股份的 15.197%。加上 3 月 16 日所持有的胜利股份法人股 3630 万股，共持有 6255.78 万股，占胜利股份总股本 23958.88 万股的 26.11%，占出席本次股东大会代表股份 17267.74 万股的 36.21%。2000 年 4 月 4 日，公司对股东大会决议予以公告，至此，通百惠与胜邦的表决代理权之争告一段落。虽然结局是胜邦股份继续掌握胜利股份控制权，但值得强调的是，委托书授权大大增加了通百惠参与控制权之争的筹码。

（资料来源：李维安，牛建波等. 公司治理 [M]. 2 版. 北京：北京大学出版社，2015.）

目前在西方国家代理投票制度已经形成一套规范的做法。一般来说，股东委托代理人行使投票权时，代理人的授予应采取书面形式，代理人应提出公司印发的委托书并载明授权范围。委托书一般由公司印发，一名股东以出具一份委托书为限，并应于股东大会召开前数日交给公司。代理投票的委托权，仅限于本次股东大会。另外，只有连续持有公司股份 6 个月以上、持有数量在 60 万股以上者或是持有已发行股份 1％ 以上股份的股东，才有权征集代理投票的委托书。而代理人获得的代理票数，也不能超过已发行股份总数的 3％。

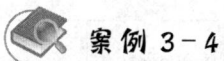

案例 3-4

万科企业股份有限公司 2011 年度股东大会

一、会议召开情况

（1）召集人：万科企业股份有限公司第十六届董事会。

（2）表决方式：现场投票与网络表决相结合。本次股东大会通过深圳证券交易所交易系统和互联网投票系统提供网络形式的投票平台。

（3）现场会议召开地点：深圳市盐田区大梅沙环梅路 33 号万科中心。

（4）现场会议召开时间：2012 年 5 月 11 日（周五）下午 14：30 起。

（5）现场会议主持人：王石主席。

（6）网络投票时间：通过深圳证券交易所交易系统进行网络投票的时间为 2012 年 5 月 11 日上午 9：30～11：30，下午 13：00～15：00；通过深圳证券交易所互联网投票系统投票的时间为 2012 年 5 月 10 日下午 15：00 至 2012 年 5 月 11 日下午 15：00。

（7）会议的召集、召开符合《公司法》《上市公司股东大会规则》《股票上市规则》及《公司章程》等有关规定。

二、会议出席情况

1. 出席的总体情况

2012 年 5 月 11 日（周五）下午，万科企业股份有限公司二零一一年度股东大会召开，参加本次股东大会现场会议和网络投票的股东（授权股东）共 608 人，代表股份 4 543 265 188 股，占公司有表决权总股份的 41.32％。其中，A 股股东（授权股东）共 358 人，代表股份 4 061 912 340 股，占公司 A 股有表决权总股份数的 41.96％；B 股股东（授权股东）共 250 人，代表股份 481 352 848 股，占公司 B 股有表决权总股份数的 36.61％。

2. 现场会议出席情况

参加本次股东大会现场会议的股东（授权股东）共 332 人，代表股份 2 725 089 874 股，占公司有表决权总股份的 24.78％。其中，A 股股东（授权股东）共 82 人，代表股份 2 243 737 026 股，占公司 A 股有表决权总股份数的 23.18％；B 股股东（授权股东）共 250 人，代表股份 481 352 848 股，占公司 B 股有表决权总股份数的 36.61％。

3. 网络投票情况

参加本次股东大会网络投票的股东共 276 人，代表股份 1 818 175 314 股，占公司有表决权总股份 16.54％。其中，A 股股东共 276 人，代表股份 1 818 175 314 股，占公司 A 股有表决权总股份数的 18.78％；B 股股东 0 人，代表股份 0 股，占公司 B 股有表决权总股份数的 0％。

三、提案审议和表决情况（见表 3-2）

表 3-2 表决提案结果

表决提案	同意		反对		弃权	
	股数	比例/%	股数	比例/%	股数	比例/%
（1）2011 年度董事会报告	4 054 805 405	99.45	402 114	0.01	24 575 470	0.54
（2）2011 年度监事会报告	4 490 973 712	98.85	411 298	0.01	51 880 178	1.14
（3）2011 年度经审计财务报告	4 518 216 504	99.45	409 639	0.01	24 639 045	0.54
（4）2011 年度利润分配及分红决议、派息方案	4 516 794 496	99.42	2 620 133	0.06	23 850 559	0.52
（5）关于 2012 年度续聘请会计师事务所的议案	4 518 218 919	99.45	398 239	0.01	24 648 030	0.54
（6）关于继续与华润合作的决议案	2 875 073 883	98.32	6 424 400	0.22	42 672 139	1.46

注：1. 比例指按类型占出席本次股东大会对相应议案有表决权股份的比例。
2. 华润股份有限公司作为关联股东回避表决"关于继续与华润合作的议案"，按照规定，其所持的股份不计入该议案出席股东大会有表决权的股份总数。
3. 前十大股东（华润股份有限公司、易方达深证 100 交易型开放式指数证券投资基金、刘元生、博时主题行业股票证券投资基金、融通深证 100 指数证券投资基金、HTHK/CMG FSGUFP-CMG FIRST STATE CHINA GROWTH FD、上投摩根内需动力股票型证券投资基金、嘉实主题精选混合型证券投资基金、万科企业股份有限公司工会委员会、全国社保基金一零三组合）对 6 项议案全部投赞同票。

（资料来源：万科企业股份有限公司二零一一年度股东大会决议公告，2012-05-12.）

3.3 股东诉讼与事后救济

股东诉讼与事后救济是股东利益保护的最后屏障，包括股东大会决议瑕疵的诉讼提起制度、异议股东股权收购请求权制度、请求法院解散公司制度以及直接、派生诉讼制度等。当事前预防和事中监督措施都无法保护股东尤其是中小股东利益时，作为最后一道措施的事后救济权就应该启动。事后救济措施的宗旨是保护股东的正当诉讼权利。《公司法》对事后救济措施进行了完善，新增了对中小股东权益保护起着非常重要作用的派生诉讼制度。

3.3.1 股东大会决议瑕疵的诉讼提起制度

股东大会决议的不合法称为决议的瑕疵，包括：第一，内容的违法，即其所决议之事项违反法律或章程的规定，如股东大会通过的决议违反股东平等、股东有限责任原则、非法剥夺股东的固有权利、非善意地为公司利益做出决议、公司可得财产性利益的放弃、小股东参与分配的权力被取消、公司增资时小股东认购新股的权利被非法剥夺等。这种决议一般被规定为当然无效。第二，形式的违法，即股东大会的召集程序或决议方法违反法律或章程。召集程序违法指的是股东大会的召开违反了法定的召集方法和程序，致使小股东无法出席股东大会并行使表决权；决议的方法违法是指股东大会通过决议时的表决方法违反了法律或公司章程的规定，如股东大会对法律规定的公司合并、分立、解散或修改公司章程等须特别多数通过的事项，采取简单多数的普通决议方法予以通过等。股东大会决议瑕疵的救济在一定程度上加强了对中小股东权利的保护，但包括中小股东在内的股东提起诉讼时均应以其出资为限提供相应担保，从而达到平衡保护的目的。

国外公司法对股东大会决议所出现的瑕疵，通常赋予中小股东对股东会议的撤销权、权利受损害的赔偿请求权。我国《公司法》第二十二条规定了股东大会决议瑕疵的诉讼提起制度，为股东提起否定股东大会（包括董事会）决议效力的诉讼提供了明确的法律依据。同时，《公司法》为股东提供了两条否定决议效力的途径：请求宣告决议无效或请求撤销该决议。这种立法是考虑到如果随意主张决议无效就会使公司参与的活动陷入混乱，并损及交易安全。而同时规定决议无效和决议撤销两种诉讼制度，以平衡各方当事人的利益。

3.3.2 异议股东股权收购请求权制度

异议股东股权收购请求权制度又称异议股东股份价值评估制度，指的是股东大会做出对股东有重大利害关系的决议时，对该决议持反对意见的股东，可以请求公司对其所持有的公司股份的公平价值进行评估，并由公司以此价格回购股票，从而实现退出公司的目的。该制度的实质是一种中小股东直接退出制，体现了对中小股东意思自治的最大尊重和投资安全的最终保障，成为保护股东的最后一道救济程序。

异议股东股权收购请求权制度源于美国，现已经被英国、加拿大、意大利、德国、西班牙、日本、韩国等国家和地区所采纳。各国公司法对异议股东股权收购请求权制度使用范围的规定各不相同，但一般都是用于公司并购、资产出售、章程修改等重大交易事项，并允许公司章程就该制度的适应范围做出各自的规定，从而使得中小股东对于在何种情况下自身享有异议者权利有明确的预期，并做出是否行使异议者权利的选择。

目前，由于受法定资本制等制度的局限，我国异议股东股权收购请求权制度的引入尚处于萌芽阶段，《公司法》《上市公司章程指引》以及《到境外上市公司章程必备条款》等只有泛泛论述。应该对《公司法》做进一步改革，尽快实施公司资本制度由法定资本制向授权资本制度的改革，为异议股东股权收购请求权制度的真正实施创造必要的前提条件。

案例 3-5

异议股东股份回购请求权纠纷

薛某系京卫公司股东。按照 2012 年的京卫公司章程，薛某等 10 人分别出资 641.52 万元，每人占出资比例的 9%，法定代表人张某出资 712.8 万元，占出资比例的 10%。京卫公司持股的国康公司注册资本 8 000 万元，其中京卫公司出资 4 800 万元，占出资比例的 60%。2010 年 12 月 13 日，京卫公司召开了临时股东大会，临时股东大会大部分股东同意将京卫公司持有的国康公司51%的股份按比例转让给京卫公司的自然人股东。薛某对此持有异议，并不同意该决议的内容。根据《公司法》（2005修订版）第七十四条规定，对转让公司主要财产的股东会议投反对票的股东可以请求公司按照合理的价格收购其股权，故诉至法院，请求依法判令京卫公司以人民币23 158 287.72元的价格收购薛某持有的京卫公司9%的股权。

法院认为，薛某作为京卫公司股东，在京卫公司做出出售对国康公司51%股权的股东会决议中投反对票，且在股东会会议决议通过之日起60日之内，未能与京卫公司达成股权收购协议，故薛某有权在股东会会议决议通过之日起90日之内向法院提起诉讼；但是，法院同时认为，京卫公司转让其所持有的国康公司的51%的股权并未导致京卫公司发生了根本性变化，亦不能证明转让的该部分财产系京卫公司的主要财产，故对于薛某的该项主张不予支持。

（资料来源：刘文科.《公司法》配套解读与实例 [M]. 北京：法律出版社，2017.）

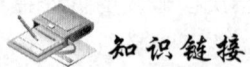

法定资本制和授权资本制

股东的有限责任，按照什么标准来承担责任，各国是不同的。股东是按照"承诺的"出资额，还是按照"实际的"出资额承担有限责任，产生了两种不同的法律制度。这也是公司的资本制度的不同种类，分别称为"法定资本制"和"授权资本制"。

传统的大陆法国家都采用法定资本制，即公司发行的股票必须由股东一次性地出资到位，股份不能空置。比如，股东认购了公司注册资金100万元，所有股东必须缴足出资（可以分期缴纳），由会计师事务所或者审计师事务所出具验资证明，标明注册资金到位。否则就视为出资不到位，属于违法行为。

授权资本制主要是在英美法系国家，股东不需要一次性将承诺购买的资本缴足，股份可以空置，比如，股东认购了公司注册资金100万元，但可能实际交给公司的只有10万元，剩下的90万元，董事会有权在公司需要时，要求股东实际出资。也就是说，股东认购的不是股份，而是责任。

法定资本制和授权资本制的根本区别不在于资本是一次缴纳还是分次缴纳，而在于一次发行还是多次发行。是授权董事会发行还是授权股东会发行。前者把对股东的出资请求权交给了股东会，是一种国家审查方式；而后者则把出资请求权交给了董事会。这种差异会导致公司融资方式、融资能力、公司成立门槛、资本分配方式甚至股权激励方式等有相当大的不同。

我国2013年修订的《公司法》废除了最低资本限制，将注册资本实缴制改为认缴制。但由于股份仍然必须一次性发行、一次认足，董事会依然不能发行股份，所以仍然属于法定资本制。

【阅读资料】

3.3.3 请求强制解散权制度

小股东退出公司实际上是小股东为阻止权利继续遭受侵害所做出的逃离的无奈选择，是小股东权利保护的一种消极保护措施。但如果仅有股权转让、请求收购股权的制度，小股东退出公司的机制仍然不能完善，在某种情况下，小股东还是不能免受大股东的欺压。例如，大股东滥用请求收购股权制度，故意造成损害公司之事实以逼迫小股东退出公司，小股东若将持有股权转让给公司，因公司售卖股权程序复杂，迫使小股东转而选择请求大股东受让股权，等于满足了大股东侵害小股东的要求。再如，大股东没有经济实力收购小股东股权，或大股东非法经营时，小股东也无法退出公司。这时，应有小股东向法院申请判决解散公司的制度，对小股东予以最后保护。

一般来说，公司强制解散主要以股东的合理期待落空作为判断标准。股东的期待权落空主要表现在以下几个方面。第一，排斥股东担任公司的管理人员或剥夺股东参与公司事务管理。第二，信赖关系确有理由的丧失。股东如果能够证明董事们或在事实上控制了公司的股东们有关上市方面的行动欠缺诚实性或具有不正当性，则可以诉讼法庭强制解散公司。第三，公司陷入僵局。一旦股东之间矛盾冲突加剧并达到了不可调和的程度，则公司根本无法开展有效的经营活动，从而导致公司陷入僵局。在这种情况下，股东有权申请公司强制解散。

赋予小股东申请强制解散公司的法律救济是现代公司法的通行做法，是两大法系国家普遍采用的保护小股东权利的手段。该制度始于美国，后在世界各国被普遍采用。我国《公司法》规定持有全部股东表决权百分之十以上的股东可以请求法院解散公司，降低了该制度的门槛，有利于中小股东权利得到切实的保护。

但该制度是一项最为严厉的救济手段，法院只有在考虑各种利弊得失、公正合理的前提下才能采取该项措施，如我国《公司法》第一百八十二条规定，只有当公司经营管理发生严重困难，继续存续会使股东利益受到重大损失，而且通过其他途径不能解决时，持有公司全部股东表决权百分之十以上的股东，可以请求人民法院解散公司。

3.3.4 股东诉讼制度

股东诉讼制度作为公司法保护股东权利的一项重要制度，迄今已为各国公司法普遍接受。英美最早在衡平法上创设股东诉讼制度。第一个股东诉讼案例1928年在英国出现后，美国、法国、德国、日本等国家纷纷借鉴，现在已成为中小股东监督大股东、董事的最重要、最有效的方法，也是股东权利保护最后一道防线中的关键所在。股东诉讼一般分为直接诉讼和派生诉讼。

1. 直接诉讼

直接诉讼是指股东为了自己的利益而基于股份所有人地位向其他侵犯自己利益的人提起的诉讼。侵犯自己利益的人包括股东所在的公司及董事或其他股东。胜诉后，判决后果归属于股东自己。当中小股东的权利受到侵害时，中小股东可直接向法院提起诉讼，寻求救济，以恢复自己受损的利益。

直接诉讼方式分为"单独诉讼""共同诉讼"和"集体诉讼"三种方式。所谓"单独诉讼"，就是每一名股东分别对公司的董事会或经营者进行诉讼。在这种情况下，假设公司有1万名股东，如果这1万名股东都去诉讼，同样的案子会到法院开庭1万次，这显然不合适。于是，较好的解决办法是1万名股东联合起来，共同提起诉讼，这就是共同诉讼。但这也不可能，因为1万人联合起来成本太高。这就陷入了一种困境。集体诉讼就是有1~2位原告作为"首席原告"代表众多股东提起诉讼，首席原告和被代表的股东在整个诉讼过程中保持一致，在利益上应该一致。首席原告参与整个诉讼过程，包括与律师交涉、获取证据、准备开庭、参与庭审等。当达成和解或得到法院判决后，诉讼结果适用于所代表的全体股东。一旦赔偿额被确定，各间接参加诉讼的每个股东按比例得到赔偿，而这些股东将不再以同样事由对被告方提起诉讼。

集体诉讼制度起源于英国，1966年纳入美国《联邦民事诉讼程序法》。在20世纪六七十年代，美国的集体诉讼还主要用于消费品民事责任类案例中。从 20 世纪 80 年代开始，集体诉讼制度开始使用在证券类民事案例中。除了英美国家，加拿大、澳大利亚等国也使用集体诉讼制度。美国集体诉讼最重要的一点是采用举证倒置，即证券案件举证的责任在于被告而不是原告，这非常利于小股东利益的保护，公司董事或者经理人因此必须谨慎实施公司的每个行动，确保不与公众发生对抗。

我国《公司法》第一百五十二条规定了股东直接诉讼制度："董事、高级管理人员违反法律、行政法规或者公司章程的规定，损害股东利益的，股东可以向人民法院提起诉讼。"但目前我国仅允许少数股东以单独或者共同诉讼的方式提起民事侵权赔偿之诉，尚不允许集体诉讼，而且也没有引入举证倒置制度。不得不说这是中小股东权利保护体系的重大缺陷，也是下一步需立法重点解决的问题。

案例 3-6

银广夏直接诉讼案件

2002 年 5 月，中国证监会对银广夏公司下达行政处罚决定书。决定书认定银广夏自 1998—2001 年期间累计虚构利润 7.7 亿元。被称为中国的"安然事件"。2001 年 8 月开始，全国投资者起诉银广夏的诉讼拉开了序幕。由于我国相关法制尚不完善，银广夏诉讼经历了很多的困难，历时长达近 6 年。由于信息不畅、地域和成本等因素，绝大多数投资者没有提起诉讼，银广厦有约 8 万名股东，股价下跌造成几十亿元的损失，但是截至投资者起诉银广夏虚假陈述案的最后时效，只有 847 个投资者提起诉讼，涉案总标的不到 1.8 亿元。起诉的人数、金额比例非常低，保护力度极其有限。

2006 年 5 月，在法院的主持下，北京、上海等多位律师代理的投资者与银广夏公司达成了和解，此后其他的投资者也和银广夏公司解决了争端。根据法律文书的安排，银广夏公司对和解的投资者做出每 10 元支付 2.2 股的赔偿。银广夏虚假陈述案的诉讼是中国证券市场影响最大、过程最艰难的诉讼。这次历经 6 年的诉讼的圆满成功，促进了证券监管法律制度的完善，也有利于提升投资者对我国资本市场的信心。

（资料来源：根据网上资料整理）

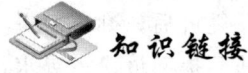

代表人诉讼：中国版集体诉讼

2020 年 7 月 23 日，最高人民法院审判委员会第 1808 次会议通过了《最高人民法院关于证券纠纷代表人诉讼若干问题的规定》，规定所指证券纠纷代表人诉讼包括因证券市场虚假陈述、内幕交易、操纵市场等行为引发的普通代表人诉讼和特别代表人诉讼。

普通代表人诉讼是依据民事诉讼法第五十三条、第五十四条、证券法第九十五条第一款、第二款规定提起的诉讼。当事人一方人数众多的共同诉讼，可以由当事人推选代表人进行诉讼。代表人的诉讼行为对其所代表的当事人发生效力，但代表人变更、放弃诉讼请求或者承认对方当事人的诉讼请求，进行和解，必须经被代表的当事人同意。特别代表人诉讼是依据证券法第九十五条第三款规定提起的诉讼。投资者保护机构受五十名以上投资者委托，可以作为代表人参加诉讼，并为经证券登记结算机构确认的权利人依照前款规定向人民法院登记，但投资者明确表示不愿意参加该诉讼的除外。

相较普通代表人诉讼的"明示加入"，特别代表人诉讼是"默示加入"，能够扩大投资者保护的范围，更好发挥对违法行为的震慑作用。康美药业证券纠纷案是我国首单特别代表人诉讼案件。作为投资者保护机构"中证中小投资者服务中心"响应市场呼声，依法接受投资者委托，作为代表人参加康美药业代表人诉讼,为投资者争取最大权益。

2. 派生诉讼

所谓派生诉讼制度(又称间接诉讼或代表诉讼制度),是指当董事、监事、经理等公司高级管理人员实施某种越权行为或不当行为损害公司利益时,如果公司不对此采取行动或提起某种诉讼,则特定股东在法律条件下,可以代表公司对致害人提起诉讼,要求他们对公司的损害承担法律责任。如果原告股东胜诉,胜诉的利益归公司,原告股东只能与其他股东一起间接分享公司由此而获得的利益。如果原告股东败诉,则由败诉股东承担诉讼费用。派生诉讼的主要目的在于维护公司的利益,派生诉讼制度是随着对中小股东权利保护的加强而逐渐发展起来的。

一般来说,股东提起派生诉讼有两个前置条件:一是公司董事等要有违反法律、行政法规或公司章程的行为;二是要先执行"竭尽公司内部救济程序",该规定要求股东在提起诉讼时需首先向公司股东大会、董事会或监事会提出正式要求,要求公司对致害人采取适当惩戒措施,若董事及大股东操纵和阻拦,致使应行使权力的公司机关(董事会、监事会)怠于行使或不行使该项权力时,股东方可代表公司起诉。但是在紧急情况下,不立即提起诉讼将会使公司利益受到难以弥补的损害时,原告股东可以不必经过前置程序直接提起诉讼。

股东派生诉讼制度源于英国 1864 年东潘多铅矿公司诉麦瑞威则案的判例。目前,美国、法国、日本、德国、西班牙、韩国等国家和地区都规定了股东派生诉讼制度。我国《公司法》中第一百五十一条建立了股东派生诉讼制度,规定有限责任公司的股东、股份有限公司连续一百八十日以上单独或者合计持有公司百分之一以上股份的股东,可以提起股东派生诉讼。

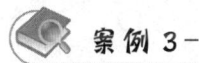

股东派生诉讼案件

城市通公司于 1999 年 7 月注册登记成立,股东分别为建设信息公司、新概念公司以及林某等四名自然人股东。2002 年 12 月,城市通公司被吊销营业执照,之后城市通公司未成立清算组。

2004 年 5 月,法院就其审理的林某与新概念公司、建设信息公司企业清算纠纷一案做出判决,要求林某与新概念公司、建设信息公司共同对城市通公司进行清算。执行过程中,上述股东委托会计师事务所对城市通公司 2001 年 3 月的资产负债表及成立以来的收支情况进行清查认定。会计师事务所于 2005 年 11 月做出审计报告确认:新概念公司从城市通公司取得的 170 万元属于股东占用公司的财产,应予收回;城市通公司违规支付的 194 465.90 元应从责任人新概念公司处收回。城市通公司的股东林某起诉城市通公司另一股东新概念公司,要求新概念公司向城市通公司赔偿损失。

法院认为,城市通公司已被工商行政管理机关吊销营业执照,故其董事会或监事会已不能再对外行使其相关职权,包括代表公司行使起诉权。在此情况下,公司的股东林某以自己的名义代表公司提起诉讼,为城市通公司请求利益保护,符合法律规定,作为本案原告适格;同时,新概念公司上述行为均给城市通公司造成了财产方面的损失,应承担相应的赔偿责任,故其作为本案被告适格。

(资料来源:刘文科.《公司法》配套解读与实例[M].北京:法律出版社,2017.)

本 章 小 结

股东是指因出资、继承、接受赠予而取得公司股份,并因而取得公司股东权利和承担股东义务的利益主体。股东权益是指公司总资产中扣除负债所余下的部分,也称为净资产。股东权益与债权人权益在公司经营中所处的地位不同、各自承担的风险不同、偿还期限不同。

股东大会是维护股东权益的重要机构,由全体股东组成,是公司的最高权力机构,是非常设机构;股东大会的职权一是决定审议和批准报告的事项,二是法定做出决议的事项;股东大会的类型分为普通股东会议和非常股东会议;股东大会的召集权、提案权以及主持、表决程序等议事规则须由公司做出明确具体规定。股东会议的表决制度通常有直接投票制度、累加表决制度、类别股东表决制度以及投票权排除制度。代理投票制是现代股份公司会议表决的一个重要组成部分。

当事前预防和事中监督措施都无法保护股东尤其是中小股东利益时,作为最后一个措施的事后救济权就应该启动。事后救济措施,包括股东大会决议瑕疵的诉讼提起制度、异议股东股权收购请求权制度、请求法院解散公司制度、派生诉讼制度等。事后救济措施的宗旨是保护股东的正当诉讼权利。

复 习 思 考 题

1. 如何理解股东权益的概念及其构成?
2. 如何区分股东权益与债权人权益?
3. 为什么说"累积投票制"是中小股东的维护机制?
4. 如何正确履行"股东诉讼"制度?

案例一:"资本多数决"与股东会决议的案例分析

广州天源出租汽车有限公司(以下简称天源公司)成立于 1996 年 5 月 21 日,属有限责任公司,由林毅民与武汉天立物业发展有限公司(以下简称天立公司)共同出资设立。天源公司的章程约定了股东会议、董事会议的召集程序和表决方法。1997 年 6 月 18 日,天源公司股权比例变更为天立公司出资 442.2 万元,林毅民出资 217.8 万元,股东会决议由林毅民出任天源公司法定代表人。2000 年 2 月 28 日,林毅民因涉嫌挪用、侵占公司财产与职务受贿等违法行为被公安机关羁押,3 月 30 日被逮捕,后由检察机关提起公诉。2003 年 10 月 30 日,广州中院就林毅民犯职务侵占罪、挪用资金罪一案做出终审判决,判决林毅民无罪。

林毅民被羁押期间,天源公司于 2000 年 3 月 6 日召开股东会议,决议:鉴于天源公司总经理(法人代表)林毅民涉嫌经济犯罪,公司股东会于 2000 年 3 月 6 日召开会议,会议一致决定,免去林毅民公司董事、董事长(法人代表)职务,选举何军为公司董事长(法人代表),李元芳为董事,同日,天源公司做出与该股东会决议内容一致的董事会决议。上述股东会会议的召开未通知林毅民,其后,天源公司董事会也未将有关股东会决议和董事会决议的内容告知林毅民。2000年3月17日,天源公司向工商行政管理部门申请变更登记并获核准。

2005年1月25日,林毅民以其股东权益被侵害为由诉至法院,请求撤销天源公司2000年3月6日做出的股东会决议和董事会决议,并宣告现任董事长、董事会成员组成不合法。广州市天河区人民法院根据《公司法》第四十四条、第四十九条第二款,遂判决:撤销天源公司于2000年3月6日做出的股东会决议和董事会决议;天源公司现任董事长的任职、董事会成员的组成不合法。天源公司、天立公司不服原审判决,向广州中院提起上诉。广州中院判决:驳回上诉,维持原判。

(案例来源:刘俊海,http://www.110.com,2009-04-27.)

讨论问题:
1. 法院判决股东会决议和董事会决议无效是否合理?为什么?
2. 结合案例评价"资本多数决"制度。

案例二:××公司董事选举决议无效的案例分析

董事选举的关键是董事会选举的表决方式,采用直接投票制还是累积投票制将决定公司董事会的人选问题,也就决定了公司的控制权归属。

××股份有限公司是深圳的一家上市公司。在经历了两次重组后,公司原有的股权结构被打破,如表3-3所示,××公司的前五大股东已分裂为两大阵营。这种股权结构为公司实质控制权之争埋下了伏笔。

表3-3 ××公司股权结构情况

股东	持股比例(%)	关系
第一大股东A	22.99	一致行动人①,合计持股34.49%
第五大股东E	11.50	
第二大股东B	19.16	
第三大股东C	11.56	一致行动人,合计持股42.22%
第四大股东D	11.50	

早在2003年董事会选举之前,公司的两大阵营为抢夺控制权早已针锋相对。在2003年6月召开的××公司2002年度股东大会上,公司对董事会进行了换届选举,第二、第三、第四股东采取一致行动,不投票给第一、第五股东的董事候选人,致使第一、第五股东无一名董事和独立董事候选人当选(直接投票制下)。为此,第五股东E有限公司以股东大会未采用"累积投票制"等原因为由,对股东大会选举董事的决议是否有效等问题提起法律诉讼。2003年8月,深圳市罗湖区人民法院就此案做出一审判决,认为被告公司2003年6月召开的2002年度股东大会有关董事选举决议因选举中未实行累积投票制违反了我国法律法规的规定,因此该次股东大会有关董事选举的决议无效。

(资料来源:桑士俊,贺琛.关于我国累积投票制的反思[J].财经理论与实践,2010(9).)

讨论问题:
1. 你认为法院的判决是否合理?为什么?
2. 结合案例阐述"累积投票制"的作用。

---

① 一致行动人是指两个或者两个以上的人以协议的方式(不论口头或者书面)达成一致,通过其中任何一人取得对公司的投票权,以达到或者巩固控制公司的目的。

第 4 章

董事会制度

教学目标

1. 了解董事会制度的起源；
2. 掌握董事会的性质、议事规则以及董事的权利义务；
3. 了解董事的分类和独立董事的职能；
4. 把握董事会的单层制与双层制内涵、成因与发展趋势。

基本概念

诚信责任　独立董事　单层制董事会　双层制董事会

学习提示

企业所有权和经营权两权分离之后，随之而来的问题就是股东如何放心地将企业交给管理层经营。由于股东人数众多，受管理成本的限制，只能每年举行几次股东大会，而无法对企业的日常经营做出决策，因此公司需要一个常设机构来执行股东大会的决议，并在股东大会休会期间代表股东对公司的重要经营做出决策，实践中这个机构就是董事会。本章可通过对董事会性质及其与股东大会及经理层关系的解读，加深对公司治理结构的了解。

本章重点：董事会的性质与职能　董事的义务　董事会的模式

本章难点：董事会与股东大会的关系　独立董事的内涵及作用

导入案例

张先生早年经营个体企业时，自己是股东，也是经理，当然无所谓委托中间机构来看管经理。后来企业发展为有限责任公司，除自己外增加了一个股东，便按公司法的要求成立了董事会，作为股东权利的执行机构。但这时候的董事会是没有实质意义的，因为股东太少，两个董事直接由两个股东担任，实际上是股东直接行使权利。后来公司得到进一步发展，股东人数增加为8人，除自然人股东外，还有法人股东，董事会成员已不可能全由股东担任。尤其是最后发展为股份有限公司并上市，股东人数超过10万人，数量众多且分散的股东无法对公司经营进行统一有效的控制，而且不少股东缺乏公司经营所必需的知识和经验，加上他们持股数量有限，参与公司经营活动也很难对公司决策施加影响。所以，到了这时候，真正需要委托代表自己利益的董事，通过董事会来履行自己的股东权利。

点评：

股东如果能够低成本地实施自己的权利，那么实质上就不需要董事会。董事会就是股东的一个代理执行机构，它的设立是为了节约股东行使所有权的成本。

4.1 董事会的性质与职能

4.1.1 董事会的性质

1. 董事会是股东大会的信任托管机构

【推荐文章】

董事会是全体股东利益的代表，代表股东照看好公司，董事们对股东具有法律上的诚信责任。诚信责任可以分成两类：一类是忠诚义务；另一类是勤勉义务。前者是基于一个人的品德和道德情操，后者是基于一个人的能力和工作态度。

忠诚义务指的是董事在履行职责时，必须表现出对股东的绝对忠诚，不懈地维护股东利益，不得将自己的利益置于公司利益之上。如果董事贪污公司资产，化公为私，就侵害了股东的利益，没有尽到自己的忠诚义务；再如一个人兼任于两个公司董事会，其中一个公司要兼并另一个公司，或者两个公司在竞争收购第三方公司，这个人一定要从一个董事会辞职。否则，他不可能对两个公司的股东同时尽到忠诚的义务。

忠诚义务是现代公司法中的核心义务，英美法系和大陆法系国家均在立法及司法判例中确定了董事对公司负有的该项义务。如美国《标准公司法》第830条，日本《商典法》第254条。我国《公司法》第一百四十七条规定："董事、监事、高级管理人员应当遵守法律、行政法规和公司章程，对公司负有忠实义务和勤勉义务。董事、监事、高级经理人员不得利用职权收受贿赂或者其他非法收入，不得侵占公司财产。"我国《公司法》第一百四十八条也规定董事、高级管理人员不得有挪用公司资金、以公司财产为他人提供担保、利用职务便利为自己或他人谋取属于公司的商业机会等行为。

勤勉义务又称注意义务、谨慎义务，其基本含义是指董事必须以一个合理、谨慎的人在相似情形下所应表现的谨慎、勤勉和技能来履行其职责。勤勉义务包括两方面含义。第一，在监督上必须有所作为，必须发现尽可能多的信息。如果不知道应该知道的信息而导致判断失误，就是董事应当承担的责任。如公司财务报表有假，股东被欺骗，董事说报表是会计师做的，没有看、不知有假。这种情况就是董事未尽到勤勉责任。第二，在决策上要谨慎判断，必须考虑所有合理的选择。比如有人提出兼并公司，作为一个董事，不能来了一家买主就卖给它以完成任务，必须邀请其他的买主竞价，否则，董事就是没有尽到勤勉义务。

董事的勤勉义务及其判断标准充满了弹性，具有较大的主观色彩。但以一个理性、谨慎的善良管理人作为标准，以此衡量董事的行为是否与注意事项相符合，已是目前两大法系通行的做法。董事需要注意的事项具体有：①遵守法律、法规的强制性规定；②遵守公司章程；③遵守股东大会决议；④在权力范围内行为；⑤勤勉行使权利的义务。

我国《公司法》增加了有关董事勤勉义务的规定，如《公司法》第一百四十七条在立法上明确了公司董事负有勤勉义务，有一定的进步意义。但是由于我国《公司法》继承了大陆法系立法的抽象性，因此在勤勉义务的规定上仅仅是一个宣告性的条款，即宣告董事负有勤勉义务，并没有像对忠诚义务那样对勤勉义务进行详尽的例举性规定，这样可能导致司法实践中对该标准认定的不一致，导致法律适用、司法执行上的困难。

总之，忠诚义务强调的是代理人与委托人之间的利益冲突。一个决策，一种行为，董事自己得到了好处，但损害了股东的利益，这就是没尽到忠诚的义务。勤勉义务强调的是代理人应有的工作态度和行为方式。董事自己可能也没得到什么好处，但由于工作失误给公司造成了损失，是渎职，就要承担责任。为利己而损公不行，不利己而损公也不行。有些人常以为，只要自己没有假公济私，没有把钱装进自己腰包，就没什么可害怕的。这是不对的。有时，这种界限也不好区分。比如，经理人拿很高的固定工资，但是没有尽职尽责，这叫没有尽到勤勉义务。而给定你干活的质和量一定的情况下，如果多拿了工资，这叫没有尽到忠诚义务。但是实际上这两个情况对股东来说可能是一回事，对你本人来说也是一样的。同样的情况，可以说你拿的工资太高，也可以说你干活没有努力。

诚信责任意味着董事如果不履行对公司的义务，必然对此承担相应法律责任。各国都对董事违反义务应对公司承担的责任做了明确的规定。但是，董事的勤勉义务以善良管理人的注意为标准，如果在管理公司业务过程中已经尽到合理的注意，即使对公司造成损害，也不承担赔偿责任，这就是所谓"业务判断规则"。诚信责任与业务判断规则是对应的，业务判断规则实际是保护董事决策权威的，没有这个规则的话，股东随时都可能起诉。有了这个规则，法院在判决时就需要非常谨慎，除非发现董事有明显的过失，否则会援引"业务判断规则"来免除其责任。

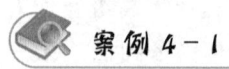

董事不是花瓶　应尽勤勉义务

因深圳市深信泰丰（集团）股份有限公司在年报中存在虚假记载，未披露依法应当披露的重大事项，证监会对该公司和直接负责的主管人员分别做出行政处罚，同时对该公司的董事丁力业做出给予警告并处 3 万元罚款的行政处罚。丁力业不服，向法院提起行政诉讼。北京市第一中级人民法院根据《公司法》《上市公司信息披露管理办法》中关于董事职责的规定，认为丁力业作为公司董事，有责任履行董事职责，督促深信泰丰公司认真履行上市公司信息披露的法定义务，并保证信息披露的真实性、准确性、完整性。没有证据证明丁力业已经履行了董事勤勉尽责的义务，故其应当对上述违法行为承担法律责任。据此，法院依法判决驳回了丁力业的诉讼请求。

（资料来源：http://www.docin.com/p-358890349.html，2018.11.05）

2. 董事会是股东大会休会期间公司最高决策机构

股东大会结束后，需要由常设机构执行股东大会决议、履行日常决策职能，董事会就是股东大会休会期间公司最高决策机构。董事会的权利特征有董事会中心主义和股东大会中心主义之分。这类似于联邦制和单一制。联邦制是在中央和地方的合约中没有明确的权利属于地方，单一制则是在合约中没有明确的权利属于中央。同理，股东大会和董事会之间，那些没有明确的权利属于股东大会的就是股东大会中心主义，剩余权利属于董事会的就是董事会中心主义。

世界主要法律体系国家基本上采用了董事会中心主义。比如美国法律规定："一切公司的权力应当由董事会行使或者在它的许可下行使，公司的业务和事务应当在董事会的指导下进行经营管理，并且它只受到公司章程所明确规定的限制的约束。"德国的相关法律也确认了这一点，德国《股份公司法》第76条规定，董事会本身领导公司。法国的《商事公司法》的第98条明确规定，董事会拥有在任何情况下以公司名义进行活动的最广泛的权力。董事会在公司宗旨范围内行使这一权力，除非法律另有规定。日本的情况基本相同。就是说，股东权利的行使只能按照一定的方式和程序进行，这些方式和程序分别由法律和公司章程、细则、内部规定给予确认，而董事会的权力则是天然完整的。

在我国的《公司法》中，股东的权利、董事会的职权、监事会的职权，甚至经理的职权，均由法律加以确认，但没有明确规定那些没有加以明确的权利（权力）属于谁，显然公司法中列举的公司权力是不可能完整的。因此，权力的确认还是由股东大会这种非常设性机构来完成。这实际上是股东大会中心主义，必然造成效率低下。这就是用管理国有企业的办法来管理所有企业的结果。国有企业本身缺乏自然人股东，所有的股权行使必然要通过明确性的规定来完成。但是，这种情况推广到所有的公司，尤其是股权分散的上市公司中，就会出问题。

3. 董事会是集体行动的执行机构

公司的经营管理权是授予董事会而非某个董事成员的，董事会行使权力的方式是召集各董事开会决议，所以，董事会性质上是一个集体行动的执行机构。《美国标准公司法》第35条规定：除本法令及公司章程另有规定外，公司的一切权力都应由董事会行使或由董事会授权行使，公司的一切活动或者事务都应在董事会的指示下进行。这突出体现了董事会的整体地位。董事会主席不是股东财产的受托人，只是董事会决策过程中的一个召集人。

在西方国家的公司制度中，董事会的牵头人或组织者，也就是董事会主席在董事会的活动中是一定权力的拥有者，但是从理论上讲，作为个人，他并不是股东财产的受托人。也就是说，只有董事会，才是股东大会选举出来并在法律上承担责任的受托机构。公司的董事会主席只是董事会决策过程的一个召集人。作为董事会成员，他可以在董事会上投出自己的一票，但他并不是股东财产的受托人，他不能左右整个董事会的工作。

由此可见，在英美等国，承担法律责任的受托主体是董事会这个集体，而不是某个个人。所以西方的公司法律制度没有"法人代表"这个概念。我国的董事长角色与国际规范有一定差距。我国公司法中的董事长制度，其突出特点是公司代表的"法定单一制"，强调由一个自然人承担法人行为的责任，称"法人代表"，一般由公司的董事长担任。在这种情况下，董事长比其他的董事会成员承担了更主要和更多的法律责任，他也就拥有了更多支配董事会行动的权力。

我国虽然强调董事会的集体决策，强调董事会集体来制约董事长。但是，往往又是董事长作法人代表，承担财产托管的主要责任。这在基本逻辑上或者说在法理上是自相矛盾的。董事长被法律直接规定为公司唯一对外代表人，极有可能导致董事长包揽一切、董事会形同虚设。可以说，我国现阶段存在着的很多"内部人控制"的现象，同"法人代表"的概念，以及董事长作为大股东的代表负责董事会的组成和召集的现实情况，是有很大关系的。

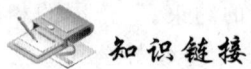 知识链接

董事会的起源

美国董事会坚持一个传统，该传统起源于最早的公司组织形式——合股公司。英国殖民地时期，在殖民地就像在英国本土一样，监督公司管理的人们要定期聚会。在当时，由于上等家具价钱非常昂贵，很少有商人买得起供这些人定期聚会所使用的椅子或桌子，于是，这些人在聚会的时候，就围坐在放在两个锯木架上的一条长木板边上。正是由于他们开会时使用了临时拼凑的桌子，所以他们被称为"木板桌"（the Board）。而这群人的首领，因德高望重而不需坐在凳子上，被称为坐椅子的人（Chair Man）。

美国最早的贸易是由两家英国公司——伦敦弗吉尼亚公司（the Virginia Company of London）和普利茅斯弗吉尼亚公司（the Virginia Company of Plymouth）经营的，这两家公司受两个机构的控制——殖民者管理委员会（负责新大陆日常事务的地方议会，对监督委员会负责）、监督委员会（承担政策和战略等宏观事务，直接向女王负责）。

独立战争后新成立的美利坚合众国开始设计自己的治理模式，美国政府第一任财政部长亚历山大·汉密尔顿是早期的领导者。1791年11月，新泽西州通过了他提出的"建立实用产品协会"的提案，允许该协会从事商品生产，经营帆布、女鞋等。汉密尔顿的这家公司的治理与今天大型公司治理非常接近。协会章程明确规定"公司事务由13名董事管理"。与其同时，该协会又创建一个早期审计委员会；设计了一个与董事会分离的监督委员会，由5个股东组成，他们有权查看公司账目，有权监督公司所有业务。

4.1.2 董事会的职能

在现代企业制度下，董事会履行的是股东的受托责任。为了对公司进行有效管理，董事会必须积极地履行其职能。

1. 董事会职能的具体体现

在企业经营过程中，董事会受托于股东大会，向公司经理层授予经营管理职权，并承担最终责任。因此，财产托管以及由此而来的监管职能是它最主要的职能。与此同时，董事会还需关注公司的发展战略的制定，还需具有战略决策（参谋）职能。董事会具体职能包括以下几个方面。

(1) 选拔与激励经理人。

经理人的选拔和激励是股东委托经理人实施的最重要任务，包括三个方面。第一，对经理人进行选拔。董事会要站在股东的立场上，尽量选拔优秀称职的经理人。第二，对经理人进行考核。有效的考核过程包括三个阶段——在财务年初确立评价目标，在年终考核业绩并评价结果。董事会中的薪酬委员会在比较经理人的实际业绩和年初目标后，将相应的报酬标准提交给董事会讨论通过。第三，解聘经理人。董事会在对经理人的经营活动做出负面评估后，既可以在经理人任期届满时予以解聘，也可以中途解聘经理人。

(2) 确保公司财务安全。

确保公司财务安全是董事会监督的重要目标。董事会要通过财务监督评价公司财务结果，监控公司财务预算控制系统的运作，检查经营中可能出现的财务问题。财务监督的具体职责包括审核批准投资预算、资产处理、股利发放、亏损弥补及选用外部审计师等。

(3) 确保信息披露的真实。

信息披露是资本市场上减少信息不对称问题的最重要机制之一。所有的利益相关者都要求全面真实了解企业的情况，这就要求有严格的信息披露制度。上市公司的董事会应该对公开信息的完整性、真实性及及时性负有责任。董事会中的审计委员会担负公开信息的具体工作。

(4) 参与公司重组决策。

在现代公司的扩张过程中，重组是一个经常使用的手段。但重组过程常常伴随着比较复杂的代理问题，尤其是在公司遭受恶意收购的时候，公司是否应该接受收购要约就是非常关键的问题。这里可能会存在经理人、大股东、小股东利益不一致的情况，并且，小股东可能由于集体行动问题不能清楚地表达自己的意见，那么，董事会这时就应该发挥重要作用，维护所有股东的利益。

(5) 关注经营战略制定。

战略决策功能是指制定公司的发展战略与政策，从而确立公司中长期发展方向。随着公司规模的扩大、业务多元化程度的提高以及其他大股东和公众股东的加入，这时，应该由董事会来主持制定公司的战略发展方向，经理人来负责战略具体政策的制定和实施。

总之，由于各国市场经济体制尤其是证券市场的发育程度不同，公司治理结构的模式不同，因而董事会职能的侧重也有差异。在证券市场发达的国家，对管理层的监督主要依靠相对完善的股票市场和公司控制权市场来完成，董事会的职能更多地偏向于战略决策。而在证券市场不发达的国家，外部监督机制相对较弱，董事会较多地是行使监督职能。但从总体上看，董事会从最初的监督职能开始向强调监督和战略决策并重的职能转变。

2. 各国对董事会职能的具体界定

从各个国家的法律、法规的相关规定来看，不同国家或者不同机构对董事会的具体职能定位是有一定差异的。以下列示了英国董事协会、美国的商业圆桌会议（The Business Roundtable）、美国法律研究院以及中国《公司法》对董事会职能的表述。

(1) 英国董事协会对董事会职能的界定。

英国董事协会认为董事会应该承担四个关键任务，具体内容如下所述。

① 确定公司愿景、使命和价值观念，从而为公司目前的经营和未来的发展提供指导和规则。

② 制定战略和结构，确保公司的组织结构和实际能力适合执行既定的战略。

③ 向经理层授权，并监督评价公司政策、战略和商业计划的执行情况，确保内部控制的有效性。

④ 履行对股东和有关利益相关者的责任，确保公司与股东和利益相关者之间双向沟通的有效性。

(2) 美国商业圆桌会议与法律研究院对董事会职能的界定。

美国商业圆桌会议和美国法律研究院对董事会职能的描述体现了对监督和战略决策的并重。

① 美国商业圆桌会议对董事会职能的界定。

美国商业圆桌会议代表美国大公司对董事会职责的描述有以下几个方面。

A. 挑选、定期评估、更换首席执行官，决定高级管理层的报酬，评价权力交接计划。

B. 审查审批财务目标，决定公司的主要战略以及发展规划。

C. 为高层管理者提供建议与咨询，以影响公司的具体经营业务。

D. 挑选董事候选人并向股东大会推荐候选人名单，评估董事会的工作绩效，召集股东大会，向股东大会报告工作。

E. 评估公司制度与法律、法规的适应性，确保公司章程与制度符合国家的法律、法规。

② 美国法律研究院对董事会职能的界定。

【推荐文章】

美国法律研究院指出，董事会应该履行以下职能。

A. 遴选、评估以及在恰当的时候解雇主要的资深高级管理人员。

B. 以发展的观点监督公司的商业行为，检查公司资源管理是否始终如一（在法律和道德允许的情况下增加股东收益，同时又为公众福利和人道主义事业做出贡献）。

C. 审查与批准董事会和主要高层管理者提出的公司发展计划及行动。在董事会注重的公司准则中，这些计划及行动是董事会与主要高层管理者要考虑的公司变革的重要前提。

D. 执行其他一些职能，如法律规定的职能或者董事会根据公司准则规定的职能。

(3) 我国《公司法》对董事会职能的界定。

我国《公司法》第四十六条规定，董事会对股东会负责，行使下列职权。

① 召集股东会会议，并向股东会报告工作。

② 执行股东会的决议。

③ 决定公司的经营计划和投资方案。

④ 制定公司的年度财务预算方案、决算方案。

⑤ 制定公司的利润分配方案和弥补亏损方案。

⑥ 制定公司增加或者减少注册资本以及发行公司债券的方案。

⑦ 制定公司合并、分立、解散或者变更公司形式的方案。

⑧ 决定公司内部管理机构的设置。

⑨ 决定聘任或者解聘公司经理及其报酬事项，并根据经理的提名决定聘任或者解聘

公司副经理、财务负责人及其报酬事项。

⑩ 制定公司的基本管理制度。

⑪ 公司章程规定的其他职权。

4.1.3 董事会与经理的关系

【迷你案例】

董事会的一项重要职责，就是聘任或者解聘公司的高级经理人员。在现实生活中，整个公司的日常经营管理工作均由经理负责，因此经理享有很大的权力。特别是在股权广泛分散的情况下，高级经理人员往往借机控制公司大权。尤其在美国，80%的大型公司中董事会主席又是公司的内部董事，如果他们在公司上班、支薪，这个问题就更加突出。董事会与经理班子的关系，主要体现在以下几点。

(1) 经理对董事会负责。董事会和经理之间的关系是决策和执行的关系，是领导和被领导的关系。

(2) 董事会主席是董事会的牵头人，在法律上，他实际具有双重身份。作为董事会的成员，他要参加董事会的工作，服从董事会的运行规则，按规定发表意见，进行投票；如果他兼任公司的 CEO，那么作为公司的高级经理人员，他需要服从董事会的决议，执行董事会交代的工作任务。

(3) 董事会的负责人是主席，公司经营班子的负责人是总裁（President）。在美国，由于双方在执行对股东委托尽职的过程中，可能会出现认识上和执行中的矛盾。为避免"一山不容二虎"的情况，就设置了一个职位叫 CEO（Chief Executive Officer），国内翻译为"首席执行官"，它准确的意思是"一把手"，对公司的经营事务负总责。董事会主席和总裁，谁兼任 CEO，就意味着谁对公司的日常经营活动最后拍板负责。

公司的"一把手"只能由董事会主席或总裁两个人之一担任，要么是董事会主席，要么是公司的总裁。一般情况下，CEO 由公司的董事会主席担任，这时总裁就是公司的 COO（Chief Operating Officer），即"首席运营官"，是公司日常运营事务的主要执行者，但不是最后的责任人。也有一些公司是总裁任公司的 CEO，这样，董事会主席相对就比较超脱。需要指出，在某些公司里，有董事会主席、总裁、CEO 三任集于一身的情况。但是，在欧美国家几乎没有见过一个公司里由非董事会主席或总裁的人来任 CEO 的情况。董事长与总经理或首席执行官的两职状态为：美国 93% 的公司兼任；英国 1/3 的公司兼任；中国 28% 左右的公司兼任（1997）。

4.2 董事会的组成及规模

4.2.1 董事及其类别

1. 董事概念

董事即董事会成员，实践中，公司的若干事务必须由某些具有实际权力和权威的人代表公司进行管理，这些人由股东大会选举产生，称为"董事"。董事是由股东大会选举产生的，并组成董事会。董事是公司内部治理的主要力量，对内管理公司事务，对外代表公司进行经济活动。不仅自然人可以担任公司董事，法人也可以担任公司董事。但是在法人担任公司董事时，需要指定 1 名符合条件的自然人作为其法定代表人。董事会中一般设董事长 1 人（也可设副董事长），董事长是董事会权力的集中代表。在中国，董事长为公司的法定代表人。

2. 董事分类

根据董事与公司的关系及其独立性，可以把董事划分为内部董事和外部董事，外部董事中包含独立董事。董事的具体构成如图 4.1 所示。

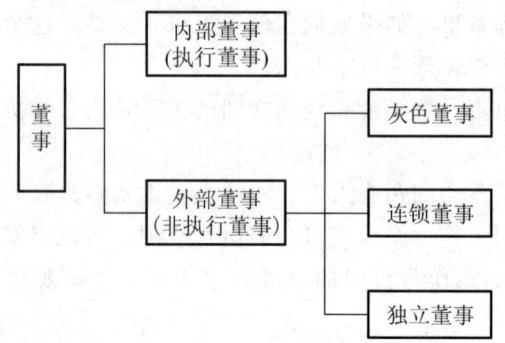

图 4.1 董事分类

（1）内部董事。

内部董事也称执行董事，多由现任公司内部高级管理人员或雇员构成，负责执行股东大会决议，进行公司日常经营决策。内部董事对公司业务和行业背景较为了解，能够为董事会提供重要的决策信息，但由于多由内部成员构成，在公司治理中的监督作用有限。

（2）外部董事。

外部董事也称非执行董事，多由公司内部管理人员和雇员之外的人员出任。外部董事大都具有丰富的专业知识、其他行业或公司的经验和相对独立的判断力，能够促进公司从整体和更加长远的角度考虑问题。外部董事又可分为灰色董事、连锁董事和独立董事。

① 灰色董事，即执行董事亲属、公司顾问、退休执行董事、交叉董事等不具备独立性要求的外部董事。

② 连锁董事，即就职公司中的 CEO 同时服务于外部董事自身的公司的董事。

③ 独立董事，即具备独立性要求的外部董事。

独立董事作为非执行董事的重要组成，各国实践中普遍采用，其主要内涵如下所述。

A. 独立董事的独立性。独立董事的独立是指董事没有与控制权相关的利益，是相对于 CEO 或管理层的独立，而不是相对于股东的独立。要使独立董事关心股东的利益，关心企业的价值，最简单的办法就是让其变为公司的股东。因此，独立董事可以持有企业的股票。当然持股比例不能过高，不能高到有控制权收益，美国法律研究院要求独立董事股份最好在 5% 以下。独立董事今天之所以会遭到公众和媒体的责难，就可能是因为公司利益与独立董事的利益并不一致。在一些美国公司的董事会中，是以津贴的方式支付独立董事的报酬，年津贴在 30 000 美元左右，另有每次会议的车马费 3 000 美元。在这种情况下，独立董事很可能对公司事务只做表面文章，甚至漠不关心。

B. 独立董事的作用。由于独立董事具有超然独立的地位、独立的态度和判断，作为公司治理体系的重要组成部分，独立董事制度在解决"内部人控制"和"大股东剥夺小股东"方面可以起到一定的作用。独立董事通过监督公司经理人员、参与公司战略规划，来强化董事会，设计有效的决策参与机制，确保公司制度的有效运作。独立董事如果达不到某种关心、谨慎和理智的程度，就应该承担某种职责。

C. 独立董事的来源。美国独立董事一般来源于其他公司在任或退休总裁、大学教授、退休的政府高级公务员、律师、会计师等。其中，第一种人士对管理公司具有一定的经验，建议往往中肯实用，是最受欢迎的独立董事人选。而教授和律师之所以受到欢迎，是因为他们是专业人士，公众形象好，又可以为企业提供具有洞察力的分析意见。

D. 独立董事的比例。董事会人员结构的优化要求非执行董事占有适当的比例，这样才能更好地约束公司董事会中的"内部人"行为，提高董事会运行绩效。如果非执行董事比例过低，则其只能充当配角，起不到应有的监督、制衡作用。美国《商业周刊》规定董事会独立性得分条件为：执行董事（内部董事）不超过 2 名，审计、提名、薪酬委员会中没有执行董事，外部董事不直接或间接从公司领取咨询费，以及不存在连锁董事资格等。美国外部董事的比例越来越大，前 500 强公司中 1998 年时的比例为 78%，1/4 的公司只有 CEO 一人为内部董事；内部董事由 1973 年的 38% 下降到 1992 年的 25%。表 4-1 反映了美国七大公司外部董事在董事会中的位置。

2001 年，中国证监会发布《关于在上市公司建立独立董事制度的指导意见》，要求 2003 年 6 月 30 日前各上市公司董事会成员中至少应包括 1/3 的独立董事。其后，国务院国资委也下发文件，在国有控股公司中推行独立董事制度。2005 版《公司法》第一百二十二条、第一百二十三条规定，上市公司设立独立董事，具体办法由国务院规定。

表 4-1 美国七大公司董事会组成人员略表

公司名称	董事会总人数	内部董事人数	外部董事人数	外部董事组成				外部董事比例
				专家董事人数	其他公司现、前任董事长人数	投资机构代表人数	个人投资者人数	
IBM	19	5	14	7	6	1		74%
AT&T	16	3	13	5	7		1	81%
阿莫科	13	4	9	1	6	2		69%
英特尔	13	5	8	5	3			62%
联合技术	12	2	10	5	4	1		83%
DEC	11	1	10	5	5			91%
美国运通	16	4	12	5	4	2	1	75%

（资料来源：陈晓剑，等. 贵公司的董事会构成合理吗 [J]. 中外管理，1999(10).53.）

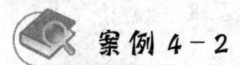

案例 4-2

乐山电力独立董事案例

在对乐山电力 2003 年财务状况出具独立董事意见时,两位独立董事程厚博与刘文波对公司的担保行为、关联交易行为以及负债情况产生了质疑,便于 2 月 12 日聘请深圳鹏程会计师事务所对乐山电力相关财务状况进行专项调查审计。担任过深圳创新投资管理有限公司总经理的程厚博说:"这只是履行一个独立董事的职责,我们需要对自己出具的证明负责任。"

但独立董事的调查行动遭到了乐山电力的拒绝。据报道,乐山电力方面决绝的理由是,独立董事要求专项审计属于重大事项,须报乐山市政府批准。而两位独立董事无法接受这样的理由,他们认为,聘请中介审查账目是独立董事的权利,与当地政府无关。由此,证券市场上首例独立董事调查行动陷入僵局,已经在 2 月 16 日赶到乐山电力的深圳鹏程会计师事务所的人员,并没有踏进乐山电力的大门。与此同时,公司 2003 年度报告也遭到董事会否决,已经预告业绩大增的年报被暂时推迟发布。一个值得探讨的问题是:独立董事的权利有多大,可不可以进行类似的财务调查?

很显然,两位独立董事程厚博与刘文波有权独立聘请外部审计机构和咨询机构对公司财务状况进行调查审计,这是独立董事的特权之一。后来,在媒体的压力和中国证监会成都证监局的关注下,乐山电力做出了让步,允许会计师事务所正式进入公司开展审计。

(资料来源:沈乐平,张咏莲. 公司治理学[M]. 大连:东北财经大学出版社,2015.)

3. 董事会主席

公司是股东拥有的,股东不直接参与经营,所以,选举了一个董事会对公司的经营大计进行谋划、对公司的运营进行监管。董事会的召集人就是董事会主席,英文叫 Chairman,我们国内把它叫作"董事长"。董事会主席负责统领董事会,可以说是对股东承担最多责任的人。当然,现在国外很多大公司,董事会主席又兼任着公司经营班子的首脑。于是,人们提出了怎么区分责任的问题。在这种情况下,在英美国家有些公司里,开始出现这样的设置,设董事长兼任首席执行官,同时又选举另外一个人做"首席董事",英文叫 "Leading Director"。这个 "首席董事",可以负责一个方面的专项工作,也可以负责全盘工作。这样做的目的,是希望董事会能够相对独立。

董事会主席在治理结构上是连接董事会和股东的一个中介。在一年一度的股东大会,或者有特殊事情比如有接管发生而必须召开的特殊会议上,董事会主席必须出席。此外,对相关经济分析师和组织所做的关于公司业绩情况报告,董事会主席也必须要出席听取,并且必须要做好有关协调工作。董事会主席通常被看成是一个责任人,当公司发生变故的时候,董事会主席有责任向公众做出解释。

在董事会事务的管理工作中,董事会主席扮演最重要的角色,其主要职责包括:①设定董事会日程表;②组织选举董事会各委员会的成员和负责人;③对董事会的信息沟通负责。除了主持董事会工作这样的内部角色外,董事会主席还有其外部角色,即董事会主席代表整个公司,以公司首脑的形象与公众和外界进行联络的职能。董事会主席的工作最终决定了董事会的效率。

【拓展视频】

4.2.2 董事会规模及行为

1. 董事会规模

董事会的规模是指董事会成员的多少。在不同国家的公司中,董事会规模是有一定差别的,有些国家的法律法规对此有严格的标准,有些则没有严格的限制。一般而言,初成立公司和规模较小的公司只有较小规模的董事会。随着公司的发展壮大,董事会能力的增强就变得很重要,这时需要聘任新的具有特殊专业知识及能力的董事。随着公司规模的扩张,董事数量也随之增加。然而,迄今为止,尚没有证据表明公司董事会规模与公司资本总额、净资产或销售额成正比例增加。影响董事会规模的因素有以下几点。

(1) 行业性质。比如在美国,银行和教育机构类的公司中董事会人数较多。

(2) 是否发生兼并事件。当兼并刚刚发生时,一般不会大规模解雇董事,此时两个公司的董事合在一起组成董事会,董事会规模达到最大。随着一方渐渐控制了公司,另一方的董事将不得不离开董事会,董事会规模趋于缩小。

(3) CEO 的偏好。为了减少董事会约束,CEO 采用增大或减少董事人数的办法加强对董事会的控制。

(4) 外部压力。随着要求增加外部董事、少数民族董事、妇女董事的社会呼声日渐提高,董事会呈扩张之势。

(5) 董事会内部结构设置等。设置多个下属专业委员会的董事会要比单一执行职能的董事会规模大,因为每一个下属专业委员会要行使职能,组成人数必须达到一定数量(法律规定)。因此,下属专业委员会越多,职能划分越细,董事会人数越多。

董事会成员的数目会对其有效性产生重大影响。因为董事会职能的有效发挥需要集体制定决策,如果人员太少,可能会导致缺乏必要的才能和阅历,从而不能制定出较优的决策;如果人员太多,又会增加决策制定的成本。据一些学者和研究机构对董事会规模的调查研究显示:1935 年,美国 155 家最大公司董事会的平均人数是 13.5 人;1947 年,一项类似的关于 101 家全美大公司的调查,结果是 12.3 人;1985 年,美国 200 家最大公司的董事会规模介于 13～14 人之间。1996 年,英国上市公司的董事会规模平均为 8 人,一些大型公司则平均有 12 人。南开大学公司治理研究中心于 2002 年对中国 931 家上市公司做了调查研究,结果发现董事会的平均规模为 11 人。[①]

我国《公司法》对董事会规模的上下限做出了明确规定:股份有限公司董事会成员为 5～19 人,有限责任公司的董事会成员为 3～13 人。同时,并不是所有的公司都设董事会。股东人数较少或规模较小的有限责任公司,可以设 1 名执行董事,不设立董事会。执行董事可以兼任公司经理,同时为公司法定代表人。

2. 董事会行为

(1) 董事会会议的种类。

董事会会议分为四种类型:首次会议、例行会议、临时会议和特别会议。

① 首次会议就是每年年度股东大会结束之后的第一次董事会会议。国际上规范的做

---

① 李维安,等. 公司治理学 [M]. 北京:高等教育出版社,2005.

法都是每年股东大会上要选举一次董事,即使实际上没有撤换,也要履行一下这样的程序,使其具有新一届董事会亮相的象征性意义。我国公司普遍实行三年一届的董事会选举制度,会议按第几届第几次会议的顺序,淡化了每年度首次会议的意义。

② 例行会议就是董事会按照事先确定好的时间按时举行的会议,内容主要是对日常经营管理进行具体决策,对公司运营保持持续监控。首次会议上就应该确定下来董事会例行会议的时间,比如每个月第几个星期的星期几。这样做能够有效地提高董事会的董事出席率,也能确保董事会对公司事务的持续关注和监控。在每次董事会例行会议结束时,董事长或董事会秘书要确定下一次董事会例行会议的时间和地点。建立一套董事会的例行会议制度,也许是很多中国公司董事会实际运作的一个有效办法。

③ 临时会议是在例行会议之间,出现紧急和重大情况,需要董事会做出有关决策时召开的董事会会议。

④ 特别会议。特别会议也称非正式会议、务虚会、战略沟通和研讨会等。与前三种会议不同,它的目的不是做具体决策,而是提高董事会战略能力,加强董事会与管理层的联系等。这种会议一年或者两年一次,通常不在公司总部等正式场所召开,并且邀请非董事会成员包括外部专家参与,以提升会议的沟通和研讨水平。

(2) 董事会的会议频率。

一个不能定期召开的董事会,处于不能履行其对股东和公司负责的危险之中。董事们不能定期会面,其自身也会遭遇来自法律或者股东诉讼方面的没有履行董事责任的风险。

就正式的董事会会议而言,会议的频率取决于公司的具体情况。有时可能需要天天开会,如发生标购或被标购情况时。即使在平时,可能也有一些需要召开董事会紧急处理的问题。国外优秀公司一般每年召开10次左右的董事会会议。如美国年平均7次,其中大公司(资产总额1.5亿美元以上)8~13次,小公司(资产总额小于5 000万美元)4次。我国《公司法》规定,董事会每年至少召开两次会议,每次会议应当于召开十日前通知全体董事和监事。代表1/10以上表决权的股东、1/3以上董事或者监事,可以提议召开董事会临时会议,董事长应当自接到提议后十日内,召集和主持董事会会议。

(3) 董事会的出席率和表决制度。

董事会会议应有过半数的董事出席方可举行;董事会决议的表决,实行一人一票。董事会做出决议,必须经全体董事的过半数通过。

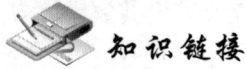

GE公司董事会会议频率

GE公司董事会会议主要可分为董事会全体会议、董事会委员会会议以及外部董事会会议三大类,GE公司董事会规定每年至少举行8次例行的董事会全体会议。在正常情况下,GE公司董事会下属的四个委员会每年分别要召开次数不等的委员会会议,例如审计委员会按规定每年至少召开7次会议,管理发展和薪酬委员会按规定每年至少召开8次会议。GE公司还规定,每年至少要召开3次纯粹由外部董事参加的会议。并且GE公司董事会层面的会议出席率是比较高的,2001年全年董事会全体会议和董事会委员会会议的平均出席率达到93%。

4.3 董事会的模式与运行

从各国公司治理结构的形式来看,董事会形式大致可以分为两类:单层制和双层制。单层制也叫一元制模式,即公司只设董事会,不设监事会。董事会集执行职能与监督职能于一身,对公司运行的监督由董事会下的审计等专业委员会承担,其中监督职能在很大程度上是通过独立董事制度来实现的。所谓双层制,也叫二元制模式,即公司既设董事会,又设监事会,执行职能和监督职能是分开的。董事会负责执行职能,监事会负责监督职能,监事会对董事会有制约作用。监事会的任务,是代表股东大会对董事会会议程序等是否科学、合理进行监督。

董事会运作程序是保障董事会决策科学、合理的一系列董事会会议的制度安排。

4.3.1 单层制董事会

1. 单层制董事会特点

单层制董事会即董事会之外不单设监事会,股东将经营决策权和监督权全部委托给董事会。它基于股权集中度较低的治理结构,主要通过外部治理实现对企业的制衡,属于股东导向型的盎格鲁-撒克逊模式,英、美、加、澳等普通法国家采用这种模式。单层制董事会结构如图4.2所示。

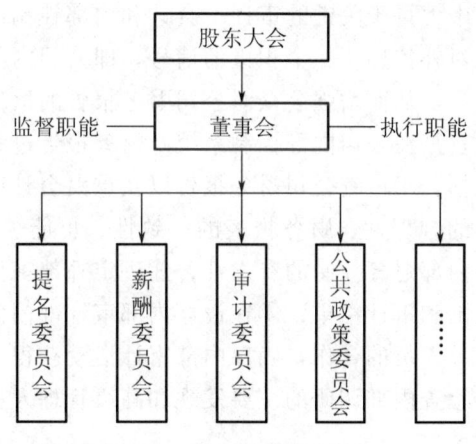

图 4.2 单层制董事会结构

单层制董事会模式特点如下。

第一,董事会内部设立不同的专业委员会。

董事会内部设立审计委员会、提名委员会、薪酬委员会、公共政策委员会等专业委员会,以弥补董事会存在的缺陷。通过设置专业委员会,原本需要董事会所做的初步工作可以在低于董事会的层次上展开,从而使董事会的工作更具有可操作性,同时也使董事会更加集中于那些战略性的事务决策。专业委员会的职责划分一般是由公司章程规定的,但审计委员会职责是由公司法等相关法规规制的。一般而言,专业委员会的设置依公司的规模、性质而有所差异,但在大部分英美公司中,审计委员会、提名委员会、薪酬委员会、公共政策委员会等是常设的。

第二，董事会中独立董事比例较大，公司的监督职能主要由独立董事完成。

董事会由执行董事和独立董事组成，其中独立董事比例很大，有的委员会（如履行监督职能的审计委员会）须全部由独立董事组成。由于独立董事在董事会中占多数，他们不参与决策的执行，比高级管理人员的独立性更强，因此能够从制度上保证董事会履行其监督职能。

第三，公司设置CEO。

单层制董事会多为大型企业设置，传统的董事会董事长—总经理模式把决策和执行相分离，降低了企业的反应速度，难以适应企业在业务、地域上的扩张和企业间竞争的加剧。CEO依附于董事会，负责公司战略管理和日常经营。美国大多数公司由董事长兼任CEO。

2. 专业委员会职能

在众多职能委员会中，审计委员会、薪酬委员会和提名委员会是最为关键的，此类专业委员会的主要职责如下所述。

（1）审计委员会。

审计委员会作为董事会的一个专业委员会，其作用体现在多个方面。从公司内部的角度，审计委员会通过对公司财务控制及其审计程序进行检查，从而帮助董事会履行保证公开发布的财务报告的真实性的义务；同时避免了董事会花费太多的时间处理所有与审计有关的问题，保证董事会集中力量于关键的审计、会计和内部控制问题。从公司外部角度而言，审计委员会的设立也对外传递了一个积极的信号，即公司内部存在专业和规范的机构对会计报告和内部控制负责，从而增强公众对公司财务报告的信任程度。

审计委员会的主要职责是在公司内部控制系统及财务报告过程的有效性方面协助公司董事会规范运作。具体包括：①审查公司财务报告以及重大会计政策的适用性，包括审查会计政策和会计估算选择的合理性、财务报表的一致性、可能被认作异常的重要的事项、重大调整事项等；②检查内部财务控制的有效性；③决定外部审计人员的资格认定和审计服务的质量，以及审计范围和审计结果；④在设立内部审计部门的情况下，评价内部审计程序，保证内部和外部审计人员的合作，确保内部审计活动获得足够的资源支持，并在公司中拥有合适的地位；⑤检查内部调研的主要发现和高级管理人员的反应。

（2）薪酬委员会。

薪酬委员会的主要职责是针对公司高级管理人员（主要是执行董事）的报酬设计薪酬方案。薪酬委员会的建议将提交给董事会进行讨论决定。由于薪酬的确定缺乏一个公认的标准，因此所制定的薪酬方案即使能够通过董事会批准，也有可能面临公司内部和外部的质疑。为减少董事会会议上的争论，减少公司内外部的质疑，薪酬委员会通常遵循以下原则：①把公司业绩当成确定执行董事薪酬最主要的标准，这是股东和管理层都可以接受的一个标准；②在设计执行董事薪酬时应该考虑到执行董事的薪酬水平和整个公司的薪酬框架的吻合性，要充分考虑到执行董事、高级管理人员及员工三者之间的平均薪酬应该存在一种可以接受的某种联系。

从广义上看，薪酬委员会除了为执行董事设计薪酬方案以外，还要对以下内容负责：

分析关于执行董事薪酬的内外部信息；检查付给非执行董事的费用；制定合适的薪酬政策，保证能够招聘到高质量的员工；等等。当然，不同公司薪酬委员会的具体职责需要由该公司董事会进行明确的授权。

（3）提名委员会。

提名委员会的职责是向董事会提出有能力担任董事的人选，并提交股东大会选举通过，同时也包括对现有董事的组成、结构、成员资格进行考察，以及进行董事会的业绩评价，具体包括：①对担任董事的资格条件进行说明；②对董事会下属各专业委员会的组成人员提出方案；③对空缺的董事职位提出候选人名单；④评价董事会业绩，包括评价CEO、评价董事个人及评价董事会全体；⑤对执行董事与外部董事的人选提出方案；⑥处理出资人提出的董事人选提案。

（4）公共政策委员会。

政府公共政策的变化可能对宏观经济的运行产生影响，进而波及企业。因此董事会需要对此变化趋势做出预测分析，以调整公司长期发展战略。公共政策委员会应运而生，其职责一般是监督公司在公共事务方面的责任，提出相应的指导和建议。例如，为公司管理人员提供社会政治环境变动的趋势分析报告，谋划教育捐赠、社会公益捐款等事务；对政府进行院外活动，争取让政府制定出有利于提高企业竞争力的保护条款。

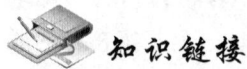

美国董事会制度的发展阶段

第一阶段：内部人控制阶段。在这一发展时期里，董事会成员要么是大股东或其代表，要么就是公司职业经理，他们集决策管理与决策控制于一身，不受约束。1940年出台《投资基金法》等法规后，这种状况开始改变。

第二阶段：外部董事为主阶段。从20世纪70年代开始，董事会结构发生显著变化，即外部董事逐渐替代内部董事。从20世纪80年代开始，这一趋势变成"独立董事开始成为美国大型公司董事会结构中的主体"。20世纪末，上市公司大多数董事都是独立董事。他们既不代表公司管理层，也不仅仅代表出资人（股东），力求体现纽约证交所和纳斯达克市场所规定的"独立性"。

第三阶段：委员会制度阶段。委员会制度建立起来后，董事会的任务首先由各个委员在比较独立的情况下分别讨论和决议，再在董事会全体会议上进行审议。因此，委员会制度实质上是独立董事与公司内部人争夺控制权，独立董事争取自己真正独立，并且提高决策效率的一个手段。

4.3.2 双层制董事会

双层制董事会即在董事会之外单设监事会，独立行使监督职能。它基于股东相对集中、稳定的治理结构，主要通过内部治理实现权力制衡。双层制董事会分为德国模式和日本模式两种。

1. 德国：社会导向型，欧洲大陆模式

德国式双层制董事会结构下，监事会对董事会实施垂直监督，即地位较高的监督董事会（监事会）置于执行董事会之上，对其进行监督。监事会由股东代表和职工代表组成。监事会任命董事、对股东大会负责，董事会对监事会负责。这种董事会模式是社会导向性的，德国、奥地利、荷兰和部分法国公司等均采取此模式，其具体结构如图 4.3 所示。

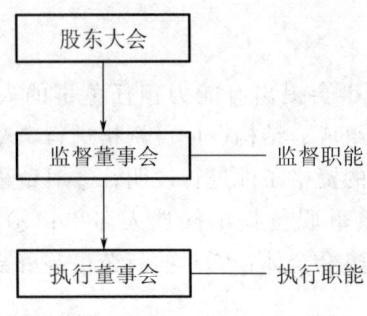

图 4.3　德国式双层制董事会结构

德国式双层制董事会的特点如下。

第一，监督董事会的权力高于执行董事会。在德国公司中，执行董事会和监督董事会虽然同设于股东大会之下，但监督董事会的地位和权力在某些方面要高于执行董事会。监督董事会的权责主要体现在决策和监督，执行董事会的主要职责是执行。执行董事会每年应向监督董事会报告公司的经营政策、长远计划及经济效益的情况，每季度报告经营状况，对公司重大经营状况也应及时报告。所以，尽管监督董事会并不参与公司的实际管理，但对公司的经营方针产生重要影响。双层制董事会的监督董事会是一个实实在在的股东行使控制和监督权力的机构。

第二，监督董事会由股东代表和职工代表共同组成，形成股东与职工双向控制下的监督机制。德国公司的监督董事会一般由 3~21 人组成，其中股东代表和职工代表各占一半。在大多数公司的监督董事中，还包括从公司外部聘请的中立监事，一般是专家、学者、著名企业家或退休的政府官员，他的一票有可能在监督董事会中起决定性作用。监督董事会成员一般要求有比较突出的专业特长和丰富的管理经验。在德国公司"共同决策"的运营模式下，股东代表由股东大会选举产生，但公司章程也可以规定授予某些人或机构一定的任命监事会成员的权力；职工代表则由职工投票选举产生，选举通常有一定的法律程序，并将选举权按一定比例分配给蓝领工人、白领工人和管理人员。

2. 日本：业务网络模式

日本在监督方式上继承了德国的监事会制度，内部监督方式以监事会监督为主。但与德国的垂直监督方式不一样，它属于横向监督方式，即监事会与董事会平级设置，二者均由股东大会选任和罢免，相互之间没有隶属关系，形成所谓业务网络模式，其结构如图 4.4 所示。

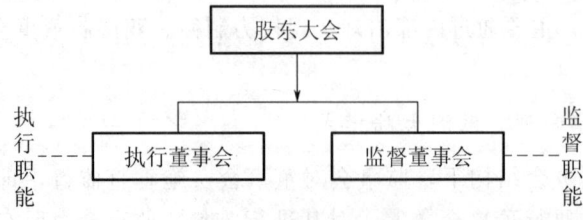

图 4.4　日本式双层制董事会结构

日本式双层制董事会模式特点如下。

第一，董事会兼有决策和执行职能。公司业务的决策和执行，分别由董事会和代表董事（通常兼任社长）负责。董事会是公司的业务决定机构，代表董事为公司的业务执行机构，前者负责公司事项的执行决定，后者负责公司事项的实际执行。《日本商法典》明确规定，董事会既负责决定公司业务的执行，也负责监督代表董事公司业务的实际执行；而且重要资产的处分和受让，巨额借款，经理和其他重要职员的选任和接任，分公司和其他重要组织的设置、变更及废止等事项，董事会不得授权代表董事决定；代表董事向董事会报告业务执行情况，至少三个月一次。

第二，董事会中内部董事居多。大型日本公司董事会往往由20~30名董事组成。但日本公司的董事几乎都是内部董事，决策与执行都由内部人承担。大多数董事都由事业部部长和分公司的领导兼任。此外，董事会也是等级型结构，其中名誉董事长地位最高，一般由前任总经理担任，主要利用其声望与外界进行联系。董事按职位高低依次分为代表董事（通常兼任社长）、常务董事及专务董事。

第三，董事会业务监督与监事会业务监督并行。董事会兼具公司业务决定职能和对代表董事业务执行进行监督的职能，监事会性质使然，当然拥有对公司业务执行情况进行监督的职能。董事会与监事会并行监督，有利于强化监督职能。

第四，按照公司规模分设不同的监事制度。《日本商法典》规定资本额在5亿日元以上，或负债总额在200亿日元以上的大型公司，公司监事人数须为3人以上，其中至少1人为外部监事，全体监事组成监事会，行使监督职能。中小企业可只设1名监事，无须设立监事会。

第五，监事兼具业务检查权和会计检察权。监事除监督有关公司日常经营业务外，还监督包括诸如发行新股、股利分配、公司合并等董事职务行为。

表4-2以佳能、夏普、东芝、丰田四大公司为例描述了日本大公司的董事会构成特征。

表4-2 日本大公司董事会构成

单位：人

	佳能	夏普	东芝	丰田
董事会主席		1	1	1
总裁	1	1	1	1
副总裁	1	1	1	1
高级管理董事	3	4	5	7
管理董事	6	5	8	11
董事	12	15	11	26
法定检察人	3	3	3	5
总计	26	30	30	52

（资料来源：Bol Tricker. coporate Gavernance, Prentice Hall, 1994：20.）

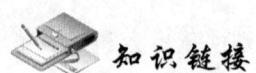

日本公司引进独立董事制度

在2002年《日本商法典》改革以后，又移植了盛行于英、美的独立董事制度。这样，自2002年以来，日本在公司治理结构上形成了与法国等相似的治理模式，即符合条件的公司既可以选择独立董事制度，又可以保持原来监事会制度的自愿选择内部结构的治理机制。根据改革后的《日本商法典》，那些大公司或者被视为大公司的企业如果满足一定的条件，可以有监事会设置型治理结构、重要财产委员会设置型治理结构和专业委员会设置型治理结构三种选择，而小公司只能够选择监事设置型的公司。

4.3.3 我国公司董事会制度特征

我国公司（主要指上市公司）董事会设置兼有双、单层制董事会制度特征。首先，股东大会下设置与董事会平行的监事会。虽然监事会不能任免董事会，但监事会可提议召集董事会，类似于双层制董事会；其次，由于监事会基本上不能有效地监督董事会，不具实质性权力，又类似于单层制董事会制度。尤其是近年来我国公司已经开始引入外部独立董事，更强化了向单层制董事会制度发展的趋势（如图4.5所示）。

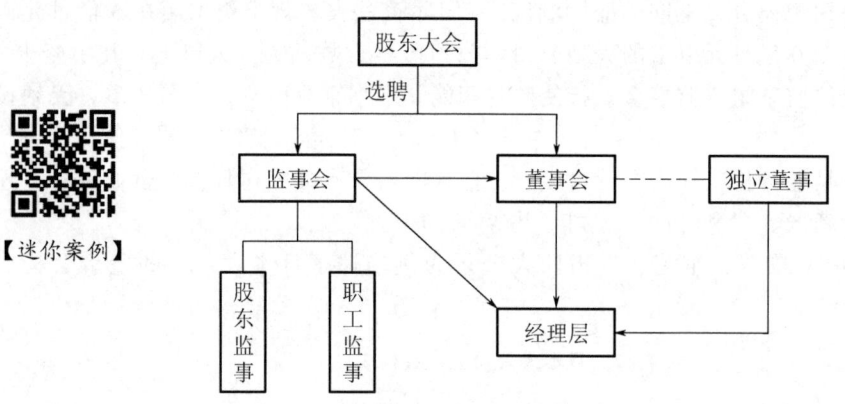

图4.5　我国公司董事会结构

我国公司董事会制度特点如下。

第一，设立董事会专门委员会。我国也开始重视董事会专门委员会在促进良好公司治理方面的作用。2002年1月，中国证监会和原国家经济贸易委员会联合发布的《上市公司治理准则》第五十二条规定：上市公司董事会可以按照股东大会的有关决议，设立战略、审计、提名、薪酬与考核等专门委员会。专门委员会成员全部由董事组成，其中审计委员会、提名委员会、薪酬与考核委员会中独立董事应占多数并担任召集人，审计委员会中至少应有一名独立董事是会计专业人士。

相关法律法规出台后，实践中也给予了积极的响应见表4-3，设置提名、薪酬、战略和审计委员会的上市公司的比例逐年增加，这一方面可能由于政策导向发挥了作用，也可能是由于更多的上市公司认识到专业委员会的设置和有效运行有利于保持董事会的独立性和运作效果，进而维护公司股东（特别是中小股东）和其他利益相关者的利益。

表 4-3　中国上市公司董事会专业委员会的设置状况

年　　度	提名委员会	薪酬委员会	战略委员会	审计委员会
2002	54.10%	79.70%	51.30%	67.50%
2003	59.60%	82.10%	56.60%	75.40%
2004	61.10%	81.40%	57.60%	77.80%
2005	59.60%	81.20%	55.70%	76.40%

（资料来源：李维安．公司治理学［M］．天津：南开大学出版社，2005.）

第二，设置监事会。中国的监事会设置与日本较为相似，同时兼备了德国监事会中职工参与理念（但两国对于职工参与的权限是不同的）。2002 年又借鉴英、美等发达国家的经验，在原来治理机制的基础上，将独立董事制度移植到了上市公司治理结构当中来，形成了兼具监事会制度和独立董事制度的治理结构。

在监事会监督方式上，我国的监事会采取的是日常运行监督与重大事项监督相结合的方式。日常运行监督是指监事会通过列席董事会、查阅董事会报送的有关材料，包括工作类材料、决策类材料、财务类材料、统计类材料等，向有关部门或人员了解情况等方式，对公司日常运作行为进行的监督。在日常运行监督的基础上，监事会一年召开 2～3 次监事会会议，通过会议综合各方面监督情况，并做出必要的反应，使监事会的日常运作监督工作落到实处。重大事项监督一般是指对一些异常情况的监督。监事会在发现企业存在异常情况时，应及时召开监事会会议，必要时应提议召开临时股东大会。而所谓重大监督事项是指各类造成资产损失的行为，公司（包括公司高级管理人员）违法、违规和严重违纪行为等。

监事会应遵循的主要工作原则有：维护出资者权益，确保资产的安全、完整；不干预企业日常的生产经营活动；对监督中发现的问题要及时向股东大会或出资方报告。维护所有者的利益是监事会的使命，是出资者委派监事会的根本目的，监事会的一切活动必须以此为出发点。监事会进行监督一定要有正确的定位，做到有所为而有所不为，才能保证监事会准确履行有关职责。

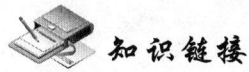

国有企业党委会、董事会及经理层之间的关系

国有企业要通盘考虑党委在"把方向、管大局、促落实"，董事会在"定战略、做决策、防风险"，经理层在"谋经营、抓落实、强管理"中的权责边界划分。落实党委前置事项清单是国企改革首要任务。党组织前置研究讨论重大事项重在把好企业的政治方向、改革方向和发展方向，但不涉及研究具体经营管理事项；董事会、经理层决策则更侧重于保证决策事项的科学性、技术性、可行性，从而既保证党委在决策中把好方向规范，又防止统得过度；既充分体现党委把关定向、总揽全局、协调各方的领导权威作用，又有效避免党委与企业其他治理主体边界不清、权责不明等问题的出现。

本 章 小 结

董事会是现代企业制度发展到一定阶段的产物。在股东越来越多的同时,受股东的管理能力、管理经验与时间、精力等种种客观条件的限制,不可能由所有的股东共同参与公司的日常经营管理。因此公司需要一个常设机构来执行股东大会的决议,并在股东大会休会期间代表股东对公司的重要经营做出决策,实践中这个机构就是董事会。所以说董事会是股东大会的信任托管机构,是股东大会休会期间公司最高决策机构,是集体行动的执行机构。董事会负有诚信责任。

董事会受托于股东大会,向公司经理层授予经营管理职权,并承担最终责任。因此,财产托管以及由此而来的监管职能是董事会最主要的职能。与此同时,董事会还需关注公司的发展战略的制定,并具有战略决策(参谋)职能。董事会和经理之间的关系是决策和执行的关系,是领导和被领导的关系,经理对董事会负责。

董事即董事会成员,董事是公司内部治理的主要力量,对内管理公司事务,对外代表公司进行经济活动。根据董事的来源和独立性,可以把董事划分为内部董事和外部董事,外部董事中包含独立董事。独立董事制度在解决"内部人控制"和"大股东剥夺小股东"方面可以起到一定的作用。董事长是董事会权力的集中代表。在中国,董事长为公司的法定代表人。

从各国公司治理结构的形式来看,董事会形式大致可以分为两类:单层制和双层制。单层制也叫一元制模式,即公司只设董事会,不设监事会。董事会集执行职能与监督职能于一身,对公司运行的监督由董事会下的审计等专业委员会承担,其中监督职能在很大程度上是通过独立董事制度来实现的。所谓双层制,也叫二元制模式,即公司既设董事会,又设监事会,执行职能和监督职能是分开的。董事会负责执行职能,监事会负责监督职能,监事会对董事会有制约作用。监事会的任务,是代表股东大会对于董事会会议程序等是否科学、合理进行监督。

复习思考题

1. 为什么需要董事会的诚信责任?
2. 如何理解董事会的核心地位?
3. 简述独立董事的作用。
4. 试比较德国、日本和中国三个国家监事会制度的异同。

 案例讨论题

案件一:未经股东同意董事会有权决定转变经营投资吗?

2006年1月,宋某等20人成立了一家房地产公司,选举竹某等5人为董事会成员。由于达不到预期

的经营效益，竹某等5位董事会成员在未经另外15名股东同意的情况下，于2008年12月，决定抽出一半资金转向投资经营家用电器。事后，有10名共占40%股份的股东表示坚决反对。

就公司董事会是否有权决定转变经营投资，有两种意见。第一种意见认为公司董事会可以转变经营投资。因为《公司法》第四十六条规定："董事会对股东会负责，行使下列职权：……（三）决定公司的经营计划和投资方案；……"，故作为本案公司决策机构的董事会有权做出转变经营投资的决定。另一种意见则认为公司董事会无权决定转变经营投资方向。

（资料来源：程成，http://www.110.com，2011-09-02.）

讨论问题：

1. 你认为该案例产生分歧意见的根源是什么？
2. 你赞成哪种观点？为什么？

案件二：罢免公司总经理的董事会决议效力的审查

李建军系上海佳动力环保科技有限公司（以下简称佳动力公司）股东，并担任总经理职务。佳动力公司股权结构为：葛永乐持股40%、李建军持股46%、王泰胜持股14%。三人共同组成董事会，由葛永乐担任董事长，其余二人为公司董事。公司章程规定：董事会行使包括聘任或者解聘公司经理等权力；董事会须由2/3以上的董事出席方为有效；董事会对所议事项做出的决定应由占全体股东2/3以上的董事表决通过方为有效。2009年7月18日，经葛永乐电话召集，佳动力公司召开董事会，会议经葛永乐、王泰胜表决同意通过了"鉴于总经理李建军不经董事会同意私自动用公司资金在二级市场炒股，造成巨大损失，现免去其总经理职务，即日生效"的决议。决议由葛永乐、王泰胜及监事签名，李建军未在决议上签名。李建军提起诉讼，要求撤销上述董事会决议。

上海市黄浦区人民法院经审理认为，虽然本案董事会决议在召集、表决程序上与《公司法》及公司章程并无相悖之处，但董事会形成的罢免原告总经理职务决议所依据的"未经董事会同意私自动用公司资金在二级市场炒股造成损失"的这一事实存在重大偏差，在该失实情况基础上形成的罢免总经理决议，缺乏事实及法律依据，其决议结果是失当的。故判决对董事会决议予以撤销。

一审判决后，佳动力公司提起上诉。上海市第二中级人民法院经审理认为，聘任和解聘总经理是公司董事会的法定职权，只要董事会决议在程序上不违反公司法和公司章程的规定、内容上不违反公司章程的规定，法院对解聘事由是否属实不予审查和认定，其对董事会的决议效力亦不构成影响。本案适用《公司法》第二十二条，认定董事会决议在召集程序、表决方式上均无任何瑕疵，不符合应予撤销的要件。2010年6月4日，法院判决：撤销原判，对李建军原审诉请不予支持。

（资料来源：林晓镍、顾继红、何云，http://www.110.com，2011-08-17.）

讨论问题：

你如何看待一审和二审的判断结果？

第 5 章

经理人激励性报酬机制

教学目标

1. 理解管理者权力的内涵；
2. 掌握经理人激励性报酬设计的基本原理；
3. 了解经理人长期激励性报酬的构成及其实践；
4. 熟悉股票期权的原理及其设计方法。

基本概念

管理者权力　参与约束　激励相容约束　经理人激励性报酬　股票期权

学习提示

经理层是公司治理结构的重要环节，而经理人的激励性报酬，则是公司治理机制中最重要的内容。经理人长期激励性报酬的核心思想，是希望通过让高管人员一定形式的股票持有，将收入与股票价值变化挂钩，使高管人员在经营过程中可以把自己的利益尽可能地与股东利益相一致，以最大限度缓解代理问题。本章涉及股权激励理论的基础——委托代理理论的基本原理，涉及股权激励的操作方法。因此，要理论紧密联系实际，加深对这一解决公司治理问题最重要机制的理解。

本章重点：激励性报酬的原理　长期激励性报酬构成　股票期权的设计

本章难点：激励性报酬设计的理论前提及基本模型

褚时健1979年担任玉溪卷烟厂厂长后,卧薪尝胆,披荆斩棘,以非凡的胆识和能力,使这家破落的地方小厂成长为每年利税数百亿元的大型企业集团。"这不是卷烟厂,这简直就是印钞厂"。20世纪90年代初,玉溪卷烟厂利税就已达200亿元,稳坐中国烟草业第一把交椅,并跃升为世界第五大烟草企业。被称为老板、老爷子的烟厂厂长褚时健身兼专卖局局长、烟草公司经理,有着说一不二的权威。但与之不相称的是,褚时健任职17年,玉溪卷烟厂利税总额800亿元,而其个人全部收入只有玉溪卷烟厂利税总额的十万分之一——约80万元,即玉溪卷烟厂每创造1亿元的利税,褚时健所得只有1 000元。加上红塔山352亿元的品牌价值,收入比降至694元。"红塔山"造就了多少百万富翁、为多少人解决了吃饭问题,已数不可数。这种巨大落差使他心里不平衡,再加上缺乏有效的监督机制,褚时健辉煌的人生之路偏离了航向,因为贪污174万美元,1999年1月,他被判无期徒刑,此时,他已经是71岁的老人了。

点评:

经理激励性报酬是解决代理问题的重要手段。"褚时健事件"发生后,社会各界高度关注"五十九岁现象",国家相关部门和决策层迅速开始正视国有企业第一把手长期存在的收入过低的问题。褚时健的继任者字国瑞,年薪加上奖金超过100万元,褚时健当时一生的收入也比不上。

5.1 经理人相关概念

5.1.1 经理人的定义

经理人是指对公司资产的保值增值负有责任,受雇于公司资产所有者,在公司日常运作中独立地行使业务执行和管理权的经营管理者。经理人是公司治理结构的核心组成部分。经理人有两大职责:一是负责统筹和规划公司的业务经营,制定公司的经营策略并有效地执行;二是负责协调公司经营过程中各个部门之间的沟通和衔接,使各部门员工更有效率地工作。前者注重"经营",而后者则关注"管理",对于一名经理来说,二者缺一不可。

经理层是指在公司治理结构中由公司高层管理人员组成的、控制并领导公司日常事务的行政管理机构,它由公司总经理、副总经理、总工程师、总会计师等共同组成。这一机构的最高负责人是总经理,由董事会聘任,对董事会负责。

5.1.2 经理人的权利和义务

经理人受董事会的聘任,承担公司日常经营管理工作,必须拥有一定职权,同时也要承担一定的责任。

1. 经理的权利

世界各国的公司法对经理人的职权都有一定的规定。经理人员的主要职权是:执行董事会的决议、主持公司的日常业务活动、经董事会授权对外签订合同或者处理业务,任免其他管理人员等。

依照我国《公司法》,经理人具有以下职权:①主持公司的生产经营管理工作,组织实施董事会决议;②组织实施公司年度经营计划和投资方案;③拟订公司内部管理机构设置方案；④拟订公司的基本管理制度；⑤制定公司的具体规章；⑥提请聘任或解聘公司副经理、财务负责人；⑦决定聘任或解聘公司管理人员（应由董事会决定聘任或者解聘的除外）；⑧董事会授予的其他职权。

以上为经理的法定权利，或者说基本权利。除此之外，如公司章程对经理的职权另有规定的，则从其规定。

2. 经理的义务

与经理权利相对应的是其按照《公司法》和公司章程规定所应该承担的义务：①经理应当遵守公司章程，忠实履行职务，维护公司利益，不得利用在公司的地位和职权为自己谋取私利；②不得挪用公司资金或将公司资金借贷给他人，不得将公司资产以个人名义或以其他个人名义开立储蓄账户，不得以公司资产为本公司的股东或为其他个人债务提供担保；③不得自营或为他人经营与其所任职公司同类的营业或从事损害本公司利益的活动；④除依法规定或经股东大会同意之外，不得泄露公司机密；⑤经理在执行职务时违反法律法规或公司章程的规定，给公司造成损害的，应当承担赔偿责任。

5.1.3 经理人管理者权力特征

1. 管理者权力内涵

两权分离后，出资者作为股东拥有所有权，经理人作为管理者拥有经营权，这就是管理者权力的由来。管理者权力是管理者影响/实现关于董事会或者薪酬委员会制定薪酬决策的意愿的能力（Finkelstein，1992）；是排他性利用企业资产，特别是利用企业资产从事投资和市场运营的决策权（周其仁，1997）。管理者权力涉及管理者的组织地位、信息控制、个人财富以及对董事会的任命。因此，管理者权力既包括剩余控制权，也包括合约控制权。管理者权力是影响职业经理人人力资本作用充分发挥的重要因素，也是衡量代理问题程度的重要标准。

2. 管理者权力类型

（1）强管理者权力。

一般而言，在英美市场型治理模式和国有企业里，职业经理人管理者权力很大。如在英美等国的上市公司，由于股权过度分散，缺乏终极控股股东，所有权和经营权得以真正分离，经理人因此也具有较大的管理者权力。一些经理人利用权力控制了薪酬的发放，以至于经理人薪酬激励由解决代理问题的措施变成了代理问题本身（Bebchuk、Friedb & Walker，2002）。在国有企业，由于终极控股股东（委托人）是全体人民，无法真正行使股东权利，在双方博弈后，股东（或其代表董事会）会把其拥有的名义控制权转移给管理者，即管理者既拥有合约控制权，也拥有剩余控制权。因此，经理人拥有很大的管理者权力。上述两种情况下，由于两权分离带来的代理问题非常明显，出现所谓"内部人控制"现象（钱颖一，1999）。

【迷你案例】

（2）弱管理者权力。

与股权分散及委托人虚置的企业不同，在终极控股股东为自然人的治理结构前提下，家族企业"两权分离"名不符实，作为所有者的企业创建人或者其家族继任者拥有绝对的控制权，成为企业的核心，环绕着这个核心的是与企业主有血缘关系的管理层，甚至包括更低级的管理人员和工作人员。职业经理人无法融入企业的核心团队，只能屈居家族成员之下，严重缺失管理者权力，不仅缺乏剩余控制权，甚至缺乏合约控制权。在这种情况下，职业经理人即使拥有某种信息优势，他（她）的"机会主义"行为也难以得逞，其信息优势也就变得毫无价值，因信息不对称而引起的所谓"代理问题"在这种情况下是微不足道的。这时，出现的反而是股东侵害经理人利益的问题——薪酬福利待遇低、劳动强度大、能力遭压抑、归属感缺乏等现象。这种因管理者权力的缺失而导致的家族企业控股股东对职业经理人利益的损害称为"企业内剥夺"。

5.2 激励性报酬的原理

激励性报酬是与业绩相关的报酬，是与委托人所期望的业绩目标相联系的。有了激励性报酬，经理就会格外关心怎样实现预先设定好的业绩目标，从而激发工作积极性，使自己的行为尽量接近所设计的目标。这样，代理问题就会最大限度地得以克服。

5.2.1 激励性报酬的基本假设

激励性报酬基于委托代理理论。该理论认为股东和经理之间是一个委托代理关系。股东是工作任务的委托人，经理是工作任务的代理人或者执行者。激励性报酬的基本假设如下所述。

1. 委托人和代理人之间存在信息不对称和目标冲突

由于经理在一线工作，因此掌握很多股东不了解的专有信息，但他出于私利，不会将信息透露给股东，不会让股东轻易判断自己的工作情况；同时，股东希望经理认真工作，努力完成工作任务，但经理有可能偷懒，追求自己个人效用目标的最大化，于是产生双方利益不一致。为了防范经理以损害股东利益为前提来追求自己的个人目标，委托人需要设计某种契约激励代理人尽可能按照委托人的意志行事。

2. 代理人的行为不易直接被委托人观察到（虽然有些间接的信息可以利用）

由于股东和经理可能在不同的地方工作，因此，股东无法时时刻刻观察到经理的工作过程并进行监督。

3. 契约的设计目标是在满足代理人参与约束和激励相容约束条件的同时，最大化委托人的利益

所谓参与约束，指的是代理人接受契约要比不接受契约好，委托人设计的契约必须使代理人的收益至少不低于代理人在外部市场上的机会收入或保留效用，因此可称个人理性约束。所谓激励相容约束是指代理人干得好要比干得不好有更多的收入，这样才有动力。当代理人满足了参与约束和激励相容约束时，委托人利益的最大化表明委托人成功地以一定的代价激励代理人按照自己的目标行事。

在上述假设下，委托代理理论给出了两个基本观点：第一，在任何满足代理者参与约

束和激励相容约束而使委托人预期效用最大化的激励合约中,代理人都必须承受部分风险;第二,如果代理人是一个风险中性者①,那么,可以通过使代理人承受完全风险(即让其成为唯一的剩余索取者)的办法以达到最优效果。

5.2.2 激励性报酬设计基本模型

激励性报酬设计的目的就是调动经理的工作积极性,使经理在追求自己利益的同时,能够最大限度地实现股东期望的目标。因此,激励性报酬设计的关键问题是如何将经理人的物质报酬与其为企业的发展所做出的努力联系起来。

1. 经理人努力程度与工作任务产出之间的关系

由于经营管理过程中的努力水平难以观测,人们一般借助最终结果——经理的贡献(工作产出)来推测经理的努力程度。但企业业绩一般不仅有赖于经理的"人为",还受"天意"的种种影响,所谓"谋事在人,成事在天"。所以,经理人的努力程度与工作产出之间存在如下关系

$$Q = \alpha e + \mu$$

其中,Q 为工作产出,e 为经理努力程度;α 为经理工作的边际生产率,即多投入一单位的努力可以多生产出来产品的数量;μ 为随机因素的影响(期望为 0,方差为 σ^2),σ^2 代表着超出经理个人控制范围之外的种种影响产出的因素,σ^2 越大,意味着产出受随机因素的影响越大。

2. 激励性报酬的结构

激励性报酬也称分成报酬,是将经理的报酬与所实现的产出水平相联系的报酬形式。按照分成报酬的原则把激励性报酬写成如下形式

$$w_0 + \beta Q = w_0 + \beta \alpha e + \beta \mu \qquad (0 \leqslant \beta \leqslant 1)$$

其中,w_0 为固定工资;βQ 为浮动工资,为产出 Q 的 β 倍。μ 虽然影响总收益,但对经理因付出努力而带来的收益没有影响,可以忽略不计。

在激励性报酬方式下,经理会更加努力地工作,因为他的收入多少实际上与工作的产出高度相关。

3. 激励性报酬设计的约束因素

如果企业完全借助业绩来认定经理的努力程度,会使经理承担过多的风险因素。在经理风险规避的情况下,这种安排有很大的风险成本。安排不当很难吸引经理人员参与,或支付过多的风险成本。因此,报酬合同的设计需要考虑如何在给予经理保险(不让其承担过多的风险)和激励(让其自愿选择努力)之间进行权衡。如何对经理人进行激励,实际上是"给多少"和"如何给"的问题。

(1) 参与约束。

经理努力工作是有成本的,我们将之写成 $C(e)$。经理在考虑自己如何工作、如何投入自己的精力的时候,实际上是根据下式——经理的收入函数决策的,即经理要追求

---

① 风险中性是针对风险厌恶而言的,风险中性者承担风险的意识比风险厌恶者强。

$$\text{Max}(w_0+\beta\alpha e+\beta\mu)-C(e)$$

我们进一步假设，如果不接受这个工作任务，他在其他岗位上工作最高收入能够给他带来大小为 $\bar{u}$ 的效用。总之，只有满足于下式，经理才会认真工作

$$\text{Max}(w_0+\beta\alpha e+\beta\mu)-C(e)\geqslant\bar{u}$$

这就是所谓参与约束。参与约束实际上是"给多少"的问题——企业为了吸引人才和留住人才，经理人从企业得到的预期效用水平不能低于他在市场上的保留效用水平。保留效用实际上就是该经理人在一个企业工作的机会成本，它等于该经理人在其他工作机会中所能得到的最高报酬。如果经理人市场比较完善、充分的话，经理人在各种工作机会上得到的报酬就会比较一致，其保留工资也就是该经理人的身价。因此，参与约束主要由市场竞争来决定。

（2）激励相容约束。

股东还要考虑满足激励相容约束，即要让经理的利益最大化与股东的利益最大化一致起来，而不是相互矛盾，即达到所谓"双赢"。什么样的努力水平是使股东和经理同时实现效用最大化的努力水平？

我们可以把股东的目标函数表述为

$$P=(\alpha e+\mu)-W$$

其中，$(\alpha e+\mu)$ 为经理人的工作产出；W 为经理人的工作报酬，即激励性报酬 $w_0+\beta\alpha e+\beta\mu$。$P$ 就是经理人的工作产出减去付给经理人的报酬。股东追求的目标是

$$\text{Max}[(\alpha e+\mu)-W]$$

于是，所谓"激励相容"就是要找到这个方程和反映经理人效用函数的方程之间的联立解，只有达到这个解 e^*，双方才会同时达到满意的效果。

激励相容实际上是"如何给"的问题——给定报酬标准，经理人如何得到这些报酬。报酬制度的政策目标不一样，经理人的对策就不一样。在任何给定的报酬合同下，经理人总会选择对自己有利的行动。激励相容就是要使得经理人有积极性、自觉地为企业的目标奋斗。由于经理人具有股东难以看到的私人信息和私人行动，使得股东无法强制、只能诱导经理说真话或者是不偷懒。所以，激励相容主要由信息结构决定的。

总之，衡量一个激励政策的正确与否，就是看该激励政策下经理人的对策是不是能实现这个政策所希望达到的目标。旨在使经理人的努力和企业目标相一致的薪酬合同不仅要满足经理人的参与约束，而且要满足他们的激励相容约束。

5.2.3 激励性报酬设计原则

从上述模型中，我们可以推演出几个与激励性报酬设计相关的结论来说明激励强度。激励强度依赖于产出对努力的敏感程度、代理人的风险规避程度、外生因素的不确定性、努力的痛苦程度及管理者权力大小等因素。

（1）最优激励强度与经理的边际生产力成正比。即产出对经理努力的敏感程度 α 越大，经理越容易增加努力程度，力求为公司创造更多的价值，激励性的合约也就更有效。高层管理人员的努力对利润的影响一般比较大，对他们的激励应该强一些。

（2）最优激励强度与经理人的风险规避程度成反比。即对于给定的激励强度，经理人越是风险规避，其承担的风险就应该越小。说明如果经理人非常害怕风险，则为了满足经

理的参与约束，需要提高没有风险的固定收入部分，降低具有风险的可变收入部分。胆小的人只能当工人，需要在经理的报酬结构上体现这一点。

（3）最优激励强度与企业利润的风险程度或者测量利润的难度成反比。即经理可控制范围之外的影响因素越小，也就是 σ^2 水平越低，公司的产出越取决于经理的努力程度，激励性合约就越容易产生效力。如果随机项对公司产出的影响非常大，激励合约往往容易失效。从节约激励成本角度考虑，需要提高固定收入部分，降低可变收入。①

（4）经理增加努力程度时的成本函数形式会影响经理对激励性合约的敏感程度。经理人努力工作时的成本系数越高，说明努力工作时付出的代价越高。此时激励强度应该降低。因为当努力的成本系数较高时，说明经理人害怕努力工作，则为了让其好好工作所支付的报酬就要提高。因此，为了企业实现利润最大化，最好让经理人选择低的努力水平以换取激励成本的节约。②

（5）最优激励强度与管理者权力成反比。由于管理者权力大小不同，具有不同权力的管理者其货币性补偿和权力收益的结构也会发生变化。权力较大的管理者能够设计薪酬组合，依靠权力为自己取得高额的权力收益，从而不会十分在意企业给予的、相比之下逊色的货币性补偿，也就不会为了获得年度报酬，持股额等货币性报酬而努力奋斗；权力较小的管理者则恰好相反，他们获取的权力收益有限，不能满足自身需要，只能偏重货币性补偿，对货币性补偿的取得渠道和方式更加关注，于是，货币性补偿的判定标准便成为权力较小的管理者行为选择的参照物。

报酬的合同设计需要确定合理的业绩指标

以经理的贡献来推测经理的努力程度，必须明确用什么衡量经理的贡献或者说用什么指标度量其业绩，是利润指标还是销售指标？如果是利润指标，是短期利润指标，还是长期利润指标？是用股票市场价值还是产品市场份额？不同的考察指标将导致经理的努力方向不同。为了企业的健康发展，需要经理做出多维努力和贡献：不仅看到眼前，还要顾及长远；不仅要青睐市场份额还要重视企业利润。因此，要综合考虑不同指标的特点，规避单方面指标带来的负面影响，如强调利润指标有可能引发降低研发费用、减少培育品牌费用等竭泽而渔的手段；而强调市场份额指标则可能出现不顾利润水平的价格战、广告战等舍本逐末的做法。总之，要综合考虑不同业绩指标的特点，规避单方面指标带来的负面影响。

5.3　经理人报酬结构及其发展趋势

一般来讲，经理人报酬激励主要分成三种：第一种是基于固定工资和年度奖金为主要形式的年度薪酬制度，这是一种保险性质的短期激励措施；第二种是带有激励性质的、通过建立有效的剩余索取权的配置机制来实现股东和经理利益捆绑的长期激励薪酬制度，包括股票期权等；第三种为福利制度。

---

① 财务部门拿固定工资，销售部门拿浮动工资就是基于这一原理。
② 对于企业管理来说，将合适的人安排在合适的岗位上，可节约一笔激励费用。

5.3.1 经理人报酬结构

1. 基本工资

在传统报酬体系下，工资和年度奖金是高管人员报酬的主要组成部分。工资是一个事先预定好、在一年中完成支付的部分。工资通常根据在职时间、竞争条件、消费水平、业绩等因素定期调整。这是与业绩变化无关的薪酬，相当于经理的身价。基本工资作为经理人雇佣合同的重要组成部分，保证了厌恶风险的管理层在任期内的固定收入。而且，经理人员的福利大都是以基本工资水平为基准来确定的，因此，基本工资每增长一点都会对其各种福利产生正面影响。

2. 年度奖金

年度奖金是基于会计基础业绩的年度报酬。年度奖金的数额不定，一般由公司董事会决定，采用一次性支付。年度奖金所体现的是对高管人员本会计年度或上一会计年度对公司所做贡献的回报，评定时依据有关会计年度的公司业绩。年度奖金可以明确地按照某些公式来计算，也可以仅根据当年业绩进行估算。无论哪一种情况下，其依据都来自三个方面的考虑：一是公司经营业绩；二是高管人员的贡献；三是经理市场报酬的一般水平，以及高管人员以前的工作经验与报酬状况等。很显然，工资和年度奖金都属于短期的激励性报酬，它们都只和公司现期或上期的业绩挂钩，与公司的未来发展缺乏直接的联系。

3. 长期激励性报酬

长期激励性报酬的形式即股票报酬的形式。高管人员取得了股票形式的报酬，他就可以根据一定的条件而成为企业的股东，这样，他就可以享受公司股票增值所带来的利益增长，并相应承担了一定的风险。长期激励性报酬包括股票期权、股票增值权、虚拟股票、限制性股票等。

4. 福利

法定公司补贴，是指公司需支付的社会保障、法定福利和法定离职补偿等。公司自愿补贴，是指公司资源提供给个人的退休计划、人寿保险、意外险和其他公司自愿提供的福利计划（包括养老金）；特殊津贴，包括年度健康检查、公司公车、俱乐部会员资格、额外假期、移动电话、房屋补贴、低息贷款等年度现金价值。

5.3.2 经理激励性报酬制度的发展及变化特征

1. 早期激励以基本工资和年度奖金激励为主

20世纪初，最早建立现代高管人员报酬制度的是美国的一些大型工业企业。这些企业开始用奖金制度为它的最高管理者计算激励性报酬。在企业经营形势和客观环境较好的时候，高管人员报酬的数目相当可观。比如，1928年，当时钢铁业巨头之一伯利恒钢铁厂的首席执行官就获得了190多万美元的奖金，如果不算税收并折合到20世纪90年代初的价值水平，约合2 500万美元。在汽车行业，高管人员报酬制度的演化主要与企业之间的激烈竞争有关。比如，为了应对来自福特汽车公司的竞争挑战，通用汽车公司建立了以部门为利润中心的管理格局,同时也采用了按年度业绩来计算和分配的奖金制度。对于中高管人员来说,这些奖金可以达到工资的2~3倍。通用汽车公司的激励性奖金制度后来被各家公司所效仿。第二次世界大战后,这一套做法在西方发达国家的企业中开始迅速普及。到了20世纪60年代,以年度分配为基础来确定的短期激励性报酬制度已经很普遍了。到了20世纪70年代,美国大型公司高管人员报酬主要还是短期激励,有大约六成的公司按年度提成奖金,诸如限制性股票等形式的长期性激励只占到高管人员报酬的15%。

2. 20世纪80年代后出现长期激励性计划

20世纪70年代之后,高管人员报酬制度发生重大突破,这就是长期激励性报酬的出现和制度的确立。从这个时期开始,高管人员的报酬结构有了极大的变化,以长期激励性报酬为主体的报酬制度取代了以基本工资和年度奖金为主体的传统报酬制度。并且,过去是单纯地以股票形式发放的长期激励性报酬,后来发展到长期激励性报酬也可以用现金来支付。最初,报酬是用累积的每股收益作为业绩测评指标,后来已经进化到了采用各种指标综合而准确地反映企业真实的价值增长。

到20世纪80年代中期,美国最大的200家公司中大约有60%以上都建立了不同形式的长期激励性报酬制度。20世纪90年代,美国CEO(首席执行官)的平均报酬得到大幅上升,从1992年的350万美元,增长到2000年的1 470万美元。这一增长的大部分来自股票期权的价值增长。在1996年《财富》杂志评出的全球前500家大型工业企业中,有89%的公司已向其高管人员发放了以股票期权为主要形式的长期激励性报酬。① 在1997年美国收入最高的10名CEO的收入构成中,长期激励性报酬占总收入的比重基本都在96%以上。表5-1是1997年美国公司收入最高的前10名CEO的排名情况。

表5-1 1997年美国排名前10名的CEO及其收入

单位:万美元

CEO	所在公司	工资+奖金	长期服务补偿	总计	长期服务补偿所占比例(%)
圣福德·威尔	旅行者集团	745.3	22 327.2	23 072.5	96.8
罗伯特·戈祖塔	可口可乐	405.2	10 778.1	11 183.2	96.4
理查德·斯格拉希	南方保健	1 339.9	9 339.1	10 679.0	87.5
雷·伊兰尼	西方石油	384.9	9 765.7	10 150.5	96.2
尤金·艾森伯格	纳波斯工业	167.5	8 287.2	8 454.7	98.0
约瑟夫·克斯伯特	科特斯设计	58.4	6 625.8	6 684.2	99.1
安德鲁·格罗夫	英特尔	325.5	4 895.8	5 221.4	93.8
查尔斯·麦考夫	HBO	172.5	4 968.4	5 140.9	96.6
飞利浦·波塞尔	摩根斯坦利惠添	1 127.4	3 953.3	5 080.7	77.8
罗伯特·沙皮罗	蒙桑托	183.4	4 749.1	4 932.6	96.3

(资料来源:宁向东. 公司治理理论[M]. 北京:中国发展出版社,2006.)

---

① 宁向东. 公司治理理论[M]. 北京:中国发展出版社,2006:118.

20世纪90年代后期，这种趋势有增无减。1998年，迪士尼公司总裁艾斯纳工资加奖金总计576万美元，但股票期权则给他带来了5.7亿美元的收入；通用电气公司的CEO韦尔奇1998年的总收入高达2.7亿美元，其中股票期权所获占96%；1999年思科公司CEO钱伯斯年收入1.217亿美元，其中靠行使其290万股票期权就获得了1.207亿美元；2005年雅虎CEO梅塞尔基本年薪为1美元，但600万股票期权价值估计9 200万美元，加上奖金，总薪酬达1.1亿美元；2008年，居全美CEO薪酬榜首的黑石集团CEO史蒂芬·施瓦茨曼总报酬达7.02亿美元，其中，工资和奖金只有230万美元，占总报酬比例不足1%……根据高管薪酬追踪机构Equilar公布的2011年100家上市公司高管的年薪排行榜，苹果CEO蒂姆·库克以3.78亿美元的年薪高居榜首，其薪酬总收入包括工资、额外收入、奖金和一次性股票奖励。其中股票奖励所占份额最大，为3.762亿美元。这些股票会在未来十年内解禁，一半解禁于2016年，另一半则为2021年。①

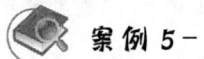

案例 5-1

【阅读资料】

2011年苹果CEO蒂姆·库克的年薪意味着什么？

2012年4月，美国高管薪酬追踪机构Equilar公布了2011年100家上市公司高管的年薪排行榜，苹果CEO蒂姆·库克以3.78亿美元的年薪高居榜首。3.78亿美元是个什么概念？《纽约时报》给出了以下一组数据或许能很好诠释。3.78亿美元相当于：迪士尼CEO罗伯特·艾格12年的年薪，他去年年薪是3 140万美元；花旗集团CEO潘迪特25.4年的年薪（以其2011年报酬计算）；通用电气CEO伊梅尔特33.5年的年薪（以其2011年报酬计算）；相当于苹果在中国的供应商与代工生产商——富士康1名员工60 919年的工资，富士康一个工人每天报酬约为17美元。至少相当于苹果公司在得克萨斯州首府奥斯汀一家新企业园区的全部投资；相当于苹果公司2011年广告预算的40%；能买757 515台售价499美元的iPad；能买1 899 497部售价为199美元的iPhone 4S手机。

（资料来源：苹果CEO蒂姆·库克年薪3.78亿美元. 中新网，2012-04-01.）

3. 长期激励性报酬的形式越来越多

随着高管人员报酬制度中长期激励性报酬所占比例不断增长，根据企业的特点和战略目标的实现，长期激励性报酬形式的选择也更有针对性、更加细化，品种也越来越多。比如，有些公司授予高管人员的是股票期权，另外一些公司授予高管人员的则是限制性的股票；有的公司使用一种影子股票，还有的对会计业绩比较看重，往往会授予业绩股票等长期业绩计划等。在20世纪90年代，高管人员报酬形式空前复杂，加上各种变体，形式不下十种。而且，同一家公司的高管人员报酬就可能包含2~3种形式。

此外，高管人员报酬中现在还较多地采用了福利计划和给高管人员某种形式的津贴。在发达市场经济国家，由于社会保障体系比较发达，因此，高管人员在一般性的收入之外，还会关心公司为他们所提供的福利和津贴的水平与种类，比如养老金、伤残保险、医疗保险等。也就是说，这些福利以及津贴已经成为高管人员报酬中不可或缺的形式。

---

① 苹果CEO蒂姆·库克年薪3.78亿美元. 中新网，2012-04-01.

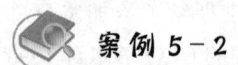

案例 5-2

韦尔奇的退休福利

有着全球第一 CEO 之称的美国通用电气前董事长兼首席执行官杰克·韦尔奇，在他退休前，没有人清楚地知道他的财产收入状况，只能猜测他的身家。然而，随着他那场家喻户晓的离婚官司，他的财产被公之于众，他的财富也不再是隐私。

从通用电气退休后，虽然韦尔奇个人的总资产高达 9 亿美元，但是仍然用通用电气的公款——比如通用电气为韦尔奇报销 4 处住宅里的电器、汽车、卫星电视费用；各类体育赛事等娱乐活动的昂贵门票也在报销之列；韦尔奇还享受着位于曼哈顿隶属通用电气的豪华公寓的使用权，一套豪华办公室的使用权和秘书服务，甚至连日常食品、酒水、订阅报纸杂志等费用韦尔奇也不用自己掏腰包。

另外，文件还将韦尔奇的其他退休福利公之于众，众多通用电气投资者还震惊地发现这位 CEO 退休之后还能拿到巨额款项，退休金是每年 1 000 万美元，外加 2 200 万通用电气的普通股股票。韦尔奇乘坐的通用电气商务飞机每月的平均费用就高达 30 万美元。

（资料来源：马秀琴. 财富惹的祸——杰克·韦尔奇退休后的财富隐私. Finance.sina.con.cn，2006-04-29.）

4. CEO 与员工的差距越来越大

根据《商业周刊》1991 年对美国最大的 365 家股份公司的调查结果，这些大型公司的 CEO 们的收入水平在 20 世纪 80 年代的 10 年中增加了 212%，是普通工人收入增长率的 4 倍，是普通工程师的 3 倍。而到了 1996 年，CEO 仅现金报酬就是普通工人平均报酬的近 90 倍，若加上其他已实现报酬（包括股票期权带来的资本利得），则 CEO 的总报酬是普通工人总报酬的 210 倍。2002 年的一项统计甚至表明，美国公司 CEO 与工人平均报酬差距在 20 年中从 42 倍升至 400 倍。[①]

【阅读资料】

据伊奎勒公司统计，标准普尔 500 种股票指数上市企业 CEO 2009 年薪中值为 102.5 万美元，是官方数据中美国私有行业普通员工平均年薪 4 万多美元的 25 倍。与此同时，首席执行官 2008 年包括奖金分红和股票期权在内的薪酬总额中值达 750 万美元，是私有行业普通员工平均薪酬的 187 倍，是奥巴马总统 40 万美元基础年薪的大约 19 倍。[②]

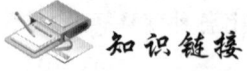

金融危机后美国高管薪酬变化

2008 年金融危机爆发以来，在国外，一些银行业高管依然享受高薪的现象成为众矢之的，特别是一些接受政府救助的企业仍在发放高额奖金，引发舆论的广泛谴责，要求限制高管薪酬的呼声日益高涨。2009 年 2 月 5 日，美国政府宣布了对华尔街的"限薪令"，凡是获得政府救助的金融企业，高管最高年薪不得超过 50 万美元。随后英、法、德等欧洲国家也采取了类似措施。

---

① 宁向东. 公司治理理论［M］. 北京：中国发展出版社，2006：123.
② CEO 工作比总统值钱 19 倍？美高管薪酬遭遇法律暗礁. 新华网，2010-09-01.

5.3.3 经理薪酬的国际差距

不同国家和地区在企业经理的激励报酬方面都有其各自的特点。

首先，各国报酬总量不同。其他国家的大型公司的 CEO 报酬水平与上述美国大型公司高管人员报酬水平的差距很大。据 20 世纪 90 年代末期的统计，比如，在日本，具有可比性的大公司的 CEO 的平均收入是其工人平均收入的 17 倍；而在法国和德国的同类公司中，这一指标是 24 倍。但在美国，仅 20 世纪 90 年代初期，差距就达到了 109 倍。[①]

其次，各国报酬结构不同。从 20 世纪 80 年代开始，与股票价格相联系的长期激励性报酬在美国大型公司中盛行，但在中小型公司和其他国家的大型公司中，类似的发展却远远没有美国大型公司那样迅猛。在欧洲大陆和日本的公司中，较少有美国大公司那种给高层管理人员支付长期激励性报酬的措施，而支付给管理人员的奖金也与公司其他雇员的奖金不相上下。在法国，由于许多大型公司是国有的，所以，高层管理人员的收入制定就更为谨慎，数量也较为有限。

再次，即使是在美国本土的中小型公司，它的高管人员报酬在水平和结构上也与大型公司有所不同。美国中小型公司管理者的收入主要构成是工资，有的公司会支付高管人员奖金，但奖金的计算主要参照当年的利润或收益率等会计指标。用同一时期和同样规模的资料做比较，美国中小型公司高管人员的收入依然高于他们在日本和欧洲的同行。据美国 Tower, Perrin, Forster and Crosby 公司的一份调查报告显示，1990 年销售额在 2.5 亿美元的美国公司，其高管人员平均收入是每年 60 万美元。而德国和日本同类公司中高管人员最高的收入只有这个数额的 1/2 或 2/3。

另外，在美国的高管人员报酬制度中，尽管其他高管人员也都有着与 CEO 相同的各种短期和长期的激励性报酬形式，但在数量上存在着比较大差异。

5.3.4 我国高管薪酬状况

1. 上市公司高管薪酬状况

【阅读资料】

2014 年度，上市公司高管共获得薪酬近 146 亿元，同比涨幅为 8.9%，大部分上市公司高管的薪酬水涨船高。从上市公司高管薪酬总额来看，排在前十位的上市公司及其薪酬总额分别为中国平安（8 966 万元）、万科 A（8 703 万元）、平安银行（8 366 万元）、中信证券（6 424 万元）、中兴通讯（5 956 万元）、新华保险（5 900 万元）、民生银行（5 479 万元）、方大特钢（4 916 万元）、招商银行（4 613 万元）、广发证券（4 405 万元）。其中，中国平安高管以 8 966 万元拔得头筹，万科 A、平安银行的高管薪酬总额也在 8 000 万元以上。从行业分布来看，金融业成为毫无争议的金领行业。数据显示，在 2014 年上市公司高管报酬总额排行榜上，前十名里有 7 家企业隶属金融行业。[②] 上市公司高管个人薪酬方面，从董事长这一职位的薪酬排行来看，方大特钢董事长钟崇武年薪达到 2 038 万元，

---

① 宁向东. 公司治理理论 [M]. 北京：中国发展出版社，2006：128.
② 2014 年上市公司高管薪酬前 100. 中商情报网，2015 - 05 - 06.

【阅读资料】

继上年度夺魁之后，本年度蝉联了"打工皇帝"这一称号。紧随其后的是已经退休的华远集团董事长任志强，他所获报酬为1 302万元。中国平安的马明哲、万科的王石和蓝思科技的周群飞分列三至五位。而从CEO这一职位来看，除兼任总经理的周群飞外，万科的郁亮在所有CEO中排名第一，年薪达966万元。平安银行的邵平、TCL的薄连明紧随其后①。表5-2描述了2014年上市公司高管薪酬水平前十强的情况。

表5-2 2014年上市公司高管富豪前十名

名次	公司	职务	高管	年薪（万元）	所属行业
1	方大特钢	董事长	钟崇武	2 038	钢铁
2	华远地产	离任董事长	任志强	1 302	房地产
3	中国平安	董事长	马明哲	1 090	金融保险
4	万科A	董事长	王石	1 046	房地产
5	蓝思科技	董事长兼CEO	周群飞	1 036	电子电气
6	万科A	CEO	郁亮	966	房地产
7	平安银行	CEO	邵平	865	金融保险
8	TCL	CEO	薄连明	724	电子电气
9	方正证券	董事长	雷杰	722	证券
10	格力电器	董事长兼CEO	董明珠	720	电子电气

（资料来源：同花顺iFinD统计数据，2015-05-06.）

值得注意的是，2014年上市公司"穷庙富方丈"——即公司业绩下滑，高管薪酬却上涨的情况依然存在。两市一共有兴化股份、潞安环能、广宇发展等16家上市公司的高管薪酬出现100%的涨幅，但公司业绩却出现下滑②。

高管的全部薪酬由固定薪酬、短期激励、长期激励和福利组成。固定薪酬与承担的职责大小挂钩。由于高管的决策影响企业的长期发展，长期激励计划往往是高管薪酬的重要组成部分。股票期权和业绩股票仍是最流行的高管长期激励工具，其中CEO偏重于股票期权，高管偏重于业绩股票。长期激励额度，一般占现金薪酬的30%~40%。

2. 国企高管薪酬状况

根据2013年上市公司年报，A股上市公司中披露总经理薪酬的央企（广义概念即经营性质属于中央企业，控制人类型包括国资委、银监会、保监会、证监会、中央国家机关、中央国有企业以及大学）共计323家，这些家上市央企总经理的人均薪酬达到77.3万元，同比上涨了4.33%，高出A股高管平均薪酬（44.8万元）约四成，与职工薪酬差距有12倍之多。

---

①② 上市公司高管薪酬水涨船高 穷庙富方丈现象仍存. 网易财经，2015-05-06.

分行业来看,在收入过百万的央企总经理中,制造业、金融业、房地产业和批发零售业占比较多,过百万总经理薪酬中有近三分之一出身制造业,其中以电子设备制造业最多;其次是金融业和地产业。能源类央企的薪酬也格外引人关注。Wind 数据统计,69 家能源类上市公司高管 2013 年度报酬总额超过 1 000 万元的上市公司共有 13 家,包括中国神华、中国石油、中国石化、冀中能源、兖州煤业、昊华能源、永泰能源、上海能源等。其中,中国神华以 1 839 万元的高管年度报酬总额位列第一位。前三名高管报酬总额超过 300 万元的上市公司共有 10 家,中国石油、冀中能源等位列其中①。

从央企高管个人薪酬表现来看,2013 年中集集团总裁麦伯良以 869.7 万元的年度薪酬,夺取了央企总经理薪酬之冠。不仅如此,麦伯良还居于所有已披露的当年总经理薪酬的上市公司首位。麦伯良 2012 年也曾以 998 万年薪居央企总经理之首,连续两年蝉联央企"打工皇帝"称号。事实上,麦伯良年薪已连续 4 年超过 500 万元。2010 年至 2013 年中集集团净利润分别为 28.51 亿元、36.59 亿元、19.30 亿元和 26.34 亿元。②

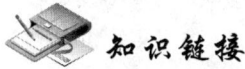

我国限薪令

2009 年 2 月 10 日,我国财政部印发了《金融类国有及国有控股企业负责人薪酬管理办法(征求意见稿)》(以下简称《办法》),民间称之为"中国版限薪令"。据《办法》规定,国有或国有控股的金融企业负责人最高年薪为税前 280 万元人民币。

2009 年 9 月 16 日,人力资源和社会保障部等单位联合下发了《关于进一步规范中央企业负责人薪酬管理的指导意见》,主要从适用范围、规范薪酬管理的基本原则以及薪酬结构和水平、薪酬支付、补充保险和职务消费、监督管理、组织实施等方面,进一步对中央企业负责人薪酬管理做出了规范。

2015 年 1 月 1 日起,新"限薪令"《中央管理企业负责人薪酬制度改革方案》正式实施,重点对行政任命的央企高管人员以及部分垄断性的高收入行业的央企负责人薪酬水平实行限高,以此来抑制央企高管获得畸高薪酬,缩小央企内部分配差距,使得央企高管人员薪酬增幅低于企业职工平均工资增幅。首批改革涉及 72 家央企的负责人,包括中石油、中石化、中国移动等组织部门任命负责人的 53 家央企,以及其他金融、铁路等 19 家企业。

5.4 长期激励性报酬的构成及其实践

从实践中看,高管人员长期激励性报酬的形式主要有三种类型:一是股票期权及其相关或衍生类型,包括股票期权、股票增值权、账面价值股票、业绩股票、虚拟股票、影子股票;二是期股类型,包括股份期权、延期支付计划;三是现股类型,包括限制性股票、员工持股和管理者收购。股票期权是长期激励性的重点,理解了股票期权的设计原则,其他长期激励性报酬形式的理解就迎刃而解了。

---

①② 央企高管平均薪酬称霸 A 股,能源类企业最惹眼 [N]. 北京青年报,2014 - 08 - 25.

5.4.1 股票期权

1. 基本概念及其性质

股票期权指的是在高管人员的报酬合同中,给予高管人员在某一期限以一个事先约定的固定价格来购买公司股票的权利。如果高管人员在这个期限之中达到了事先规定的某些条件,比如在若干个连续交易日中使股票价格达到了既定的水平,则他就可以按事先规定的条件行使购买股票的权利。这时,购买股票的价格与市场价格之间的差额,就是高管人员的收入。股票期权是最常见的高管人员长期激励性报酬形式。

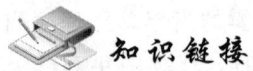

期 权 合 约

期权是一种衍生性金融合约,其持有人有权在将来的某一时期内以合约中确定的价格购买或者出售一定数量的特定标的资产,但却没有必要购买或者出售的义务,赋予持有人有权购买一定数量特定标的的资产的期权,成为看涨期权;赋予持有人有权出售一定数量特定标的资产的期权,称为看跌期权。

股票期权本质上是一种选择权,持有本公司股票的高管人员在指定的期限内可以购买,也可以放弃公司在他的报酬合同中安排的股票购买权利。这主要取决于公司股票市场价格的变动。如果股价高于事先约定的价格水平,则购买股票有利可图,购买股票的价格与市场价格之间的差额,就是高管人员的收入。相反,如果股票价格的水平并不尽如人意,高管人员就应该放弃行使这种权利。

显然,高管人员做得越好,公司股票的市场价格就可能会越高,高管人员从行使股票期权中获得的利益就越大。相反,如果高管人员做得不好,或者是总也达不到事先规定的行使股票期权的条件,或者是公司股票的市场价格始终低于在事先规定的认购期限中的价格,无论是哪一种情况发生,高管人员行使认购期权都无利可图,他就只能放弃使用认购期权。由此,一方面,高管人员和股东的利益在一定程度上取得了一致;另一方面,高管人员又承担了一定的经营风险。

2. 股票期权授予对象及数量

(1) 授予对象。

在股票期权计划中,激励对象的选择通常是由公司董事会决定的。国外公司一般规定只有公司的董事、高级管理人员、技术骨干和对公司发展做出重大贡献的职工在为公司服务了一定的年限之后才能获得股票期权。美国很多公司向一般员工也提供股票期权计划,但这种期权计划是非法定期权计划,而非期权激励计划。美国还规定,如果高管人员拥有该公司10%以上的投票权时,则未经股东大会批准,不能参加股票期权计划,只能持有非法定股票期权,否则他的行权价必须高于或等于授予日公平市场价格的110%,目的是防止控制性股东对中小股东利益的剥夺。

中国证监会2006年实施的《上市公司股权激励管理办法(试行)》和2008年5月《股权激励有关事项备忘录》中规定,股权激励计划的激励对象包括上市公司的董事、高级管理人员、核心技术(业务)人员,以及公司认为应该激励的其他员工,但不应包括独立董事和监事。对于持股5%以上的股东及其关联人员能否成为激励对象需要股东大会做出决定。

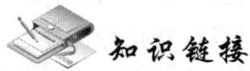

激励性股票期权和非法定股票期权

激励性股票期权又称法定股票期权。此类期权可享受税收上的优惠，但它必须符合美国《国内税收法则》的相关规定。这种期权的持有人只要符合持有的条件，在行权时则无须纳税，在出售行权得来的股票时才需就售出价高于行权价的部分缴纳资本利得税，但公司则得不到任何纳税扣除。

非法定股票期权的实施条款不受国内税收法则限制，可以由各公司自行决定。这种期权的持有人在行权时需要就股价大于行权价的部分与其他不同报酬一并缴纳个人所得税（薪酬税），在出售时还需就售价高于行权日股票市价的部分缴纳资本利得税，但公司在行权年度可以得到等于持有人纳薪酬税时的税基（即行权日股价大于行权价的部分）金额的纳税扣除。

(2) 授予数量。

董事会薪酬委员会在确定股票期权计划数量时，主要考虑股票期权计划的总量和每一个受益人所获得的股票期权数量。

① 从总量上来看，期权的数量确定应该考虑激励力度、股东利益、公司价值和股权结构等因素，综合考虑合理的比例。

从美国的实践来看，股票期权在公司总股本中所占的比例呈现逐年上升的趋势，20世纪70年代大多数公司股票期权计划允许受益人购买的全部股票期权数量一般占公司总股本的3%。到了20世纪90年代，则上升到10%，计算机公司高达15%，某些中小企业的经营者甚至持有总股本的20%~30%。一般而言，新上市高科技公司留存的股票期权比较多，因而授予的数量也较多，上市时间较长的公司则较少，如1998年亚马逊公司授予的期权数为1 600多万股，占同期总股本的10%左右，而通用电气公司同期授予的期权仅有498万股，占总股本0.2%。

我国《上市公司股权激励管理办法（试行）》规定，上市公司全部有效的激励计划所涉及的标的股票总数累计不得超过公司股本总额的10%。股本总额是指股东大会批准最近一次股权计划时公司已发行的股本总额。

② 从受益人个人获得数量来看，一般由薪酬委员会根据被授予人员的职位、工作年限，参考同行或竞争对手的一般标准而加以确定。从法律层面上来看，各国上市公司对个人获授期权数量的上限都有明确或隐含的限制，如美国税法规定，如果授予某个激励对象的法定激励期权价值超过10万美元，则其超过部分不能享受激励期权的税收优惠待遇。

我国《上市公司股权激励管理办法（试行）》规定，任何一名激励对象通过全部有效的股权激励计划获授的股票总数累计不得超过公司股本总额的1%，实际上也就是希望个人获授期权数量不得超过期权总量的10%。

3. 股票期权授予时机

要使得股票期权对公司高级管理人员进行长期激励，就要发挥其约束和激励两方面的最大效果，为了避免经理人过度关注从股市上获利，而不在提升企业业绩上下功夫，就需要在涉及股票期权方案时选择恰当的时机授予股票期权。

股票期权授予时机和授予频率是相对应的,通常有以下三种授予方式。

(1) 连续或定期授予。这种方式用于公司吸引受益人继续工作或达到一种长期所有权的目标,因为每隔一段时间授予股票期权,能够保持不断有股票期权可以得到执行,被授予者总是能够持有公司一定比例的股权,能够使所有权达到一个相对稳定的水平。这种方式可以在提升管理人员或聘用时采用。

(2) 一次性授予股票期权。一般用于业绩评比时对被授予人的奖励,通常以整个部门、小组或全体员工的业绩为依据来授予,这种方式在每年一次的业绩评定、目标达成或公司周年纪念日时实施。

(3) 聘用时授予股票期权。此种授予时期往往难以确定个人业绩,所以主要在吸引人才时采用。

从以上三种方式看,国外股票期权激励机制的设计方案中,其股票期权的授予是持续不断的,这样安排可以对股权激励设置一定的流通障碍,既能防止高管人员到期一次性套现出局的现象,又能在一定时期内兑现股票期权获授者的收益,从而形成一定的激励机制。但由于授予认购期权的时期不同,因此依据市场价格所确定的行权价格也可能差别很大,从而对期权持有人心理产生一定的不良影响。

连续授予需要公司对企业未来有一个明晰的预期,这一点对中国上市公司是比较困难的,所以,我国上市公司更多采用的是一次性授予、分期行权的方式。

4. 股票期权授予股票来源

授予股票期权的股票来源主要有发行新股、留存股票账户和回购股票三种形式。

5. 股票期权行权时间、价格及方法

(1) 行权时间。

为了使股票期权能在较长时间里发挥作用,防止或减少短期行为。股票期权计划必须列明经理人获得股票期权的时间表(如图 5.1 所示)。主要包含以下因素。

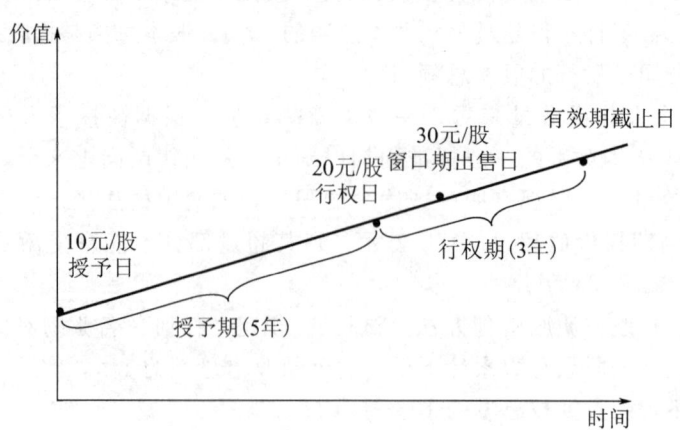

图 5.1　股票期权时间表

① 授予期。从期权授权日到最早可以行权日的这段时间称授予期,又称等待期。股票期权在授予后并不能立即行权,获授人只有在股票期权等待期结束后才能获得行权。等

待期一般为3~5年。

② 行权期。行权开始到行权结束这段时间称行权期。进入行权期后，大部分公司规定期权持有者并不能一次执行完所有的期权，而应分年度地进行，每年只能执行一定的比例。行权的授予时间表可以是匀速也可以是加速的。行权期一般为3~5年（在我国，行权期满后，往往还设有1~2年的禁售期）。

③ 窗口期。为避免股票期权的受益人对股票价格进行操纵，公司董事长和高管人员只能在窗口期内行权或出售该公司股票。美国证券交易法规定，窗口期是指从每季度收入和利润等指标公布后的第3个工作日开始直至该季度第3个月的第10天止。

④ 有效期。为了敦促经理人努力工作，争取在规定时间内使公司的股价达到一个比较高的水平，股票期权都设定有效期，即从经理人取得股票期权之日起到期权生效之日止的整个时间跨度，这个期限也称期权的寿命周期，从美国的实践来看，期权的有效期都在5~10年之内。

（2）行权价格。

行权价格是期权计划中确定的期权持有者未来行使期权购买股票的价格，行权价格与股票市场价格之间的价差是股票期权制度的激励所在。期权的行使价格可以分为以下三种。

① 现值有利法，即行使价低于当前股价。这种行权价格实际上给受益人提供了优惠，违反了期权制度的本义，而且公司原有股东的权益被稀释，所以一般不被股东大会所接受。

② 等现值法，即行使价等于当前市价。这种行权价格较符合期权制度本义，多被采用。

③ 现值不利法，即行使价高于当前股价。这种行权价格有利于股东而不利于经理人，会使经理人产生冒险行为，给公司经营带来更多风险。

从各个国家期权实践来看，通常规定期权的行权价格不能低于股票期权授予日的公平市场价格。不同的公司对公平市场价格的规定不同，有的规定是授予日最高市场价格与最低市场价格的平均价，有的规定是授予日前一个交易日的收盘价。

（3）行权方法。

期权认购一般有三种方法：现金行权、无现金行权和无现金行权并出售。

① 现金行权。个人支付行权费用以及相应的税金、以行权价格执行期权、购入股票。此方式对经理人的约束较强，但给经理人造成现金支付压力。

② 无现金行权。个人不需以现金来支付行权费用，而是采用以出售部分股票获得的收益来支付行权费用，并获得部分股票的方法。此方法比较折中，多为国外上市公司采用。

③ 无现金行权并出售。即个人决定对部分或全部可行权的股票期权行权并立刻出售，以获取行权价与市场价的差价带来的利润。这种方法对经理人最为有利，但无法实施禁售期，对经理约束不利。

在美国，无现金行权的方式有多种，如股票互换、经纪人同日销售等，有些股票期权还允许提供已经拥有的公司股票或者预扣期权股票的方式，以支付相应的税收。在中国，一方面我们的金融产品不够丰富，无现金行权的方式缺乏基础；另一方面，我国上市公司股票期权计划中，一般要求行权后有禁售期，只能采取现金行权方式。

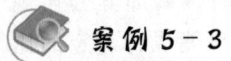

案例 5-3

股票期权的授予与行权

假如甲先生受聘为某上市公司的高管人员。那么，在他就职的 2005 年 1 月 1 日，公司授予他在从 2010 年后的 3 年中，以 2005 年 1 月 1 日公司股票价格 10 元购买该公司 100 万股普通股的权利。这样，在 2010 年后，甲先生就要根据当时的市场价格情况决定是否行使这个权利。

如果到了 2010 年后，连续三年中，该公司的市场价格都低于 10 元，则甲先生不会行使他的股票期权，他为该公司服务这几年在期权方面的收益就是零。同时，他个人的声誉也会受到非常大的影响。相反，如果在 2010 年 7 月 1 日，该公司股票的市场价达到了 20 元，甲先生决定行使他的认购期权计划。我们最简单地假定他可以全部行使，再假定他没有任何的交易费用，他在每一股股票上收获 10 元，在 100 万股股票上他得到了 1 000 万元的收入。不过，这 1 000 万元的收入只是账面上的收益，并不是现金上的收益。因为一般的股票期权计划要求行权之后有一年的锁定期，锁定期内是不能出售的。我们再假如时间又过了一年，他所持有公司的股票全部可以出售了。如果在 2011 年 9 月 18 日，公司股票的市场价达到了 30 元，甲先生出售了他所持有的该公司全部股票，每一股他赚到了 20 元钱，总共得到了 2 000 万元。如果甲先生与他所在的公司没有签订其他长期激励性报酬方面的合约，那么，这 2 000 万元就是他为该上市公司服务 6 年来在长期激励性报酬方面所得到的全部收入。而该上市公司也借此捆绑了甲先生 6 年。

（资料来源：根据相关资料整理。）

公司的期权授予计划因其涉及公司股权方面的变化，所以是公司的重要文件，它的制定与实施要经过公司股东大会的批准。一般来说，授予计划的结束是自动的，但新授予计划的执行则必须要股东大会讨论通过才能实行。在股东大会讨论高管人员认购期权的时候，参与这一计划的有关人员通常不能在股东大会上投票。在公司期权授予计划的制定方面，公司董事会具有较大的权力。很多细节，实际上都是由董事会决定并向股东大会提议的。

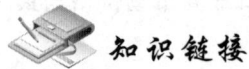

股票期权激励的负面因素

在承认股票期权激励制度先进性的同时，也必须正视股票期权潜在的负面影响：第一，股票期权激励机制的广泛运用，不仅加大了高管人员与普通员工之间的报酬鸿沟，而且诱导少数上市公司的高管人员过分关注股票价格的波动，甚至不惜采取激进的会计政策以抬高股价；第二，股票期权激励机制有可能滋生"报喜不报忧"的氛围，使高管人员不能及时、如实地向投资者报告公司的经营状况。如甲骨文公司的 CEO 劳伦斯·埃里森因在 2001 年行使股票期权赚取了 7.06 亿美元后才准许公司发布业绩预警，而备受投资者和监管部门的质疑和责难；第三，股票期权激励机制可能使董事会将太多时间精力耗费在薪酬事务上，忽略了对公司财务报告系统真实性、可靠性的监督，客观上使高管人员产生伪造账册，掩盖真相，通过股票期权牟取暴利的动力。

5.4.2 其他长期性报酬激励模式

如前所述，除股票期权激励外，其他长期性报酬激励类型还包括股票期权的相关或衍生类型、期股类型以及现股类型，具体内容如下所述。

1. 股票期权的相关或衍生类型

(1) 股票增值权。

股票增值权是指公司授予激励对象的一种权利，如果在规定的期间内，公司股票价格上升或公司业绩上升，经营者就可按一定比例获得这种由股价上升或业绩提升带来的收益，收益为行权价与行权日二级市场股价之间的差价或净资产的增值，激励对象不用为行权支付现金，行权后由公司支付现金、股票或股票与现金的组合。

股票增值权不是真正意义上的股票，没有所有权、表决权、配股权，只是一种度量工具。例如，某个经理人员拥有本公司 1 000 股股票增值权，在该股票增值权到期时，其收益达到 25 元每股，这时，公司可选择付给该经理人员 25 000 元现金或等值股票。

我国在境外上市的企业大多使用股票增值权，这是因为中国境内居民投资或者认购境外股票仍存在一定的外汇限制。一般公司会委托第三方在境外行权后，将股价和行权价的差额转为人民币，转入员工的个人账户。交通银行在 H 股上市时对高管的激励就是用的股票增值权。

股票增值权由股票期权变化而来的，是股票期权的一种相关形式。这种方式不以公司股份总额的增加为前提，因此，对公司的可流通股份不会形成"扩容"。其不足是，对经理人员的约束程度较低。

【迷你案例】

(2) 账面价值股票。

账面价值股票具体分为购买型和虚拟型两种：①购买型是指激励对象在期初按每股净资产值实际购买一定数量的公司股份，在期末再按每股净资产期末值回售给公司；②虚拟型是指激励对象在期初不需支出资金，公司授予激励对象一定数量的名义股份，在期末根据公司每股净资产的增量和名义股份的数量来计算激励对象的收益，并据此向激励对象支付现金。账面价值股票是与证券市场无关的股权激励模式，激励对象所获收益仅与公司的一项财务指标——每股净资产值有关，而与股价无关。这就避免了证券市场的反复无常、股票的市场价格常常由不可控因素决定不断波动的缺点。账面价值股票主要适合非上市公司操作。

(3) 业绩股票。

业绩股票是公司用普通股作为长期激励性报酬支付给高管人员，但具体股权转移要由高管人员是否完成公司事先规定的业绩指标来决定。比如，在年初确定一个较为合理的年度业绩目标，如每股盈余（Earning Per Share，EPS）的增长率达到 3%。如果激励对象年末达到预定的目标，则公司授予其一定数量的股票或提取一定的奖励基金购买公司股票。业绩股票的流通变现通常有时间和数量限制。业绩股票是一种奖金的延期发放，但弥补了一般意义上的奖金缺点，具有长期激励意义。另一种与业绩股票在操作和作用上相类似的长期激励方式是业绩单位，它和业绩股票的区别在于业绩股票是授予股票，而业绩单位是授予现金。业绩单位相当于非上市公司的干股。

【迷你案例】

(4) 虚拟股票。

虚拟股票是指公司授予激励对象一种"虚拟"的股票，激励对象可以据此享受一定数量的分红权和股价升值收益。如果实现公司的业绩目标，则被授予者可以据此享受一定数量的分红，但没有所有权和表决权，不能转让和出售，在离开公司时自动失效。在虚拟股票持有人实现既定目标条件下，公司支付给持有人收益时，既可以支付现金、等值的股票，也可以支付等值的股票和现金相结合。虚拟股票是通过其持有者分享企业剩余索取权，将他们的长期收益与企业效益挂钩。

【迷你案例】

虚拟股票与期权模式的特性和操作方式比较相似。如同样需要公司在计划实施前与每一位参与者签订合约，约定虚拟股票的数量、兑现时间表、兑现条件等。但与股票期权不同的是，员工不拥有在未来按某一固定价格购买公司股票价格的权利，只是一种账面上的虚拟股票。虚拟股票在高科技企业（如IT业）中采用较多。

(5) 影子股票。

影子股票是西方国家很多公司向高管人员提供长期激励性报酬的一种形式。影子股票并非是真正的股票，而是借助于股票来衡量业绩股以发放的长期激励性报酬。其特点是：高管人员在被决定给予股票报酬时，报酬合同中会规定，如果在一定的时间内公司的股票升值了，则高管人员就会得到与股票市场价格相关的一笔收入。这笔收入的数量是依照合同中事先规定的股票数量来计算的，而这笔股票的数量一般与高管人员的工资收入成比例。也就是说，通过影子股票的形式向高管人员发放报酬，要借助于股票，但又不实际发放股票。因此，用于作为参照物的股票被称为影子股票。用影子股票来提供长期激励性报酬时，计算报酬大小的原理基本相同，但是，影子股票是不需要高管人员花钱去购入的。影子股票不同于虚拟股票，前者是以合同的形式参照股票的价值给予经营者既定收入，后者是经营者持有"股票"，参照股票价值的未定性收入。

2. 期股类型

股份期权模式是中国特色的"股票期权"激励模式。在2006年之前，由于我国绝大多数企业不能在法律上解决股票期权问题，因此，采用股份期权的变通做法，典型的有"北京模式"和"上海模式"两种。

股份期权具体做法是：企业出资人与经营者达成一份书面协议，允许经营者在任期内按既定价格用各种方式获得本企业一定数量的股份，先行取得所购股份的分红权等部分权益，然后再分期支付购股款项。购股款项一般以分红所得分期支付，在既定时间内支付完购股款项后，取得股份的完全所有权。如分红所得不足以支付本期购股款项，以购股者其他资产充抵。

3. 现股类型

(1) 延期支付计划。

延期支付计划指公司为激励对象设计一揽子薪酬收入计划，其中有一部分属于股权激励收入，股权激励收入不在当年发放，而是按公司股票公平市价折算成股票数量，存入公司为管理人员单独设立的延期支付账户，在一定期限（多为5年）后或该高管退休后，以公司股票形式或根据届时股票市值以现金方式支付给激励对象。激励收入来源于计划执行时与激励对象行权时的股票差价收入。这实际上也是管理层直接持股的方式，资金来源于管理人员的奖金。延期支付实现了有偿授予与逐步变现，以及具有风险权力等的特征，具有明显的激励效果。典型的有国企股权改革中的"武汉模式"。

(2) 限制性股票。

限制性股票指上市公司按照预先确定的条件，无偿赠予或以较低的价格授予激励对象一定数量的本公司股票，是真实股票的授予。激励对象只有在工作年限或业绩目标符合股权激励计划规定条件时，才可出售限制性股票并从中获益。限制性股票一般安排有禁售期限，在禁售期限到期或行权授予之前经理人离开企业，限制性股票会作废①。限制性股票在具体实践中又细分为折扣购股型和业绩奖励型两种，前者是指根据期初确定的业绩目标，以低于二级市场上的价格授予激励对象一定数量的本公司股票。激励对象需要自筹资金购买公司股票。后者是指当激励对象满足规定的激励条件时，上市公司从净利润或其超额部分中按比例提取激励基金，设立激励基金专门账户，从二级市场上购买公司股票，并将该股票按分配方法授予激励对象，该种方式下激励对象无须任何购股资金。限制性股票来源有三种：一是新股发行，二是从大股东处购买，三是从二级市场回购。

【阅读资料】

限制性股票与股票期权的本质区别在于股票期权是未来预期的收益，没有股利收益，而限制性股票是现实持有的，经理人自赠予之日起到出售股票之日止，都享有包括股利和投票权在内的股东权利。同时，股票期权的价值是股票的凸函数，限制性股票的价值是股票的线性函数，因此，前者可能会使厌恶风险的经理人接受某些风险性投资项目，而后者则有可能使其拒绝此类项目。

限制性股票在美国使用的频率仅次于股票期权，尤其是 21 世纪以来使用限制性股票作为经理人股权激励的公司越来越多。其主要原因是"安然事件"和"世通事件"所引发的美国金融市场和上市公司监管政策调整，在一定程度上打击了上市公司对股权期权的积极性，一些传统的成熟行业，如电信、制造业等由于收益和赢利增长水平比较平稳，开始直接使用限制性股票作为激励工具。即使还使用期权的公司，也减少了期权授予量，而将其与限制性股票配合使用。限制性股票一般适用于成熟企业。

 案例 5-4

微软由股票期权计划转为限制性股票激励

【迷你案例】

微软曾经是世界上最大的股票期权使用者，也是第一家用股票期权奖励员工的企业。微软为董事、高管层和员工制订了股票期权计划，该计划提供激励性股票期权和限制性股票期权。微软员工的主要收入不是来源于薪水，股票升值才是主要的收益补偿。公司故意把薪水压得比竞争对手低，创立了一个低工资高股权的典范，微软雇员拥有股票的比率比其他任何上市公司都要高。在全球 IT 行业持续向上的时候，微软用这种方法吸引并保留了大量行业内的顶尖人才，大大提高了公司的核心竞争力，使公司持续多年保持全行业领先地位。但是，随着网络泡沫的破灭，美国股市也一蹶不振，使得股票期权计划的激励效果大打折扣，而且实施股票期权的高成本问题也开始进入公司决策层的视野。

2003 年 7 月 9 日，微软宣布对员工的薪酬制度进行重大的变革，运用了 17 年的股票期权奖励制度宣告被取消，取而代之的是向员工发放限制性股票。从当年 9 月份开始，该公司将直接向其全部 54 000 名员工发放限制性股票。这些股票的所有权将在 5 年内逐步转移到微软员工手中。同时，微软的 600 多名

---

① 我国对上市公司使用限制性股票的业绩条件和禁售期限比美国要严格得多，在《上市公司股权激励管理办法（试行）》、《国有控股上市公司（境内）实施股权激励试行办法》等法规中有明确规定。

高层管理人员将不再享有股票期权,而是股票奖励。所谓限制性,是指微软的员工必须将公司以奖励的方式发放的股票保留5年,5年后还在微软任职,就有权卖出这些股票。微软的600多名高层管理人员也将和其他员工一样执行限制性股票奖励制度。

微软称公司在未来的财务报告中将计入与发放限制性股票有关的支出,此外,还将重新发布以往的财务报告,以反映所有与股票相关的奖励成本,其中包括期权。微软先前曾估计,如果采用新的会计规则,将期权成本当作费用扣减,其截至2002年6月份的财政年度的净收益为53.5亿美元,将原来报告中的78.3亿美元减少了24.8亿美元,降幅高达32%。

这充分显示出,在行业出现大幅衰减时,不仅公司盈利出现滑坡,而且公司吸引人才、鼓励人才的成本也会大为增加。高股票期权的高成本压倒了其激励性时,不仅难以达到预期的效果,而且会适得其反,导致公司业绩进一步下滑。这就需要考虑用其他更适合的股权激励模式。

(资料来源:马永斌.公司治理与股权激励[M].北京:清华大学出版社,2011.)

(3) 员工持股和管理者收购。

员工持股计划是指让激励对象持有一定数量的本公司的股票,这些股票是公司无偿赠予激励对象或者是公司补贴激励对象购买的,或者是激励对象自行出资购买的。激励对象在股票升值时可以受益,在股票贬值时受到损失。

管理者收购计划是指公司管理层或全体员工利用杠杆融资购买本公司的股份,成为公司股东,与其他股东风险共担、利益共享,从而改变公司的股权结构、控制权结构和资产结构,实现持股经营。

5.4.3 我国经理人长期激励的实践

1. 我国股权激励实践

20世纪90年代后期,随着国有企业改制的深入,股权激励在我国进入一个新的历史阶段。

上市公司或非上市公司希望通过建立一种长期激励机制完善公司治理,提升企业竞争力,形成中国特色的股票期权制度。

(1) 我国在国企改制过程中,针对非上市公司的特点,主要采取了期股、延期支付计划以及员工持股计划和经理人融资收购等股权激励方式。如期股激励方式中有上海模式、武汉模式、北京模式(存量划出,增量实现)、沈阳模式(管理者承债式期股)等。武汉中商、武汉中百和鄂武商等则采取了延期支付计划。

(2) 近几年来随着资本市场的发展,在上市公司中也开始实施股票期权、股票增值权、虚拟股票、业绩股票、限制性股票等股权激励的国际惯例。如上海贝岭、银河科技等公司均采取了虚拟股票激励机制;东方创业、天通股份、天大天才等上市公司实施了业绩单位奖励;万科实施限制性股票等。

国外的期权计划一般是免费授予的,但我国的一些企业会要求经理人在获得期权计划奖励时向企业交纳一笔抵押金,如经理人达不到业绩要求,放弃行权,抵押金就归企业所有。这种约束对经理人来说是比较强的。

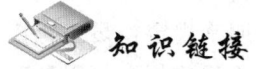 知识链接

我国职工持股制度

20世纪80年代末至90年代初，我国出现以上市为目的的职工持股浪潮。1992年国家体改委等颁布《股份有限公司规范意见》规定，定向募集公司内部职工认购的股份，不得超过公司股份总额的20%；社会募集公司的本公司内部职工认购的股份，不得超过公司向社会公众发行部分的10%。此后，我国各地陆续出台职工持股的法规和政策。1994年6月，国家体改委通知各地方、部门立即停止审批定向募集股份公司（已发行者1996年下令新股发行三年后才可流通）。1998年，中国证监会发通知停止上市内部职工股的发行。

2．我国股权激励面临问题

（1）股票来源问题。

在美国，实施股权激励的公司兑现股权或其期权奖励的股票来源主要有三种：一是增发新股，即公司在发行新股时预留一部分，作为股票期权的股票来源；二是回购股份，即公司发行后又从二级市场回购的并暂时冻结在留存账户上的股票，前两种途径形成的股票属于已经发行但不在外流通、不由股东持有的股票，属于库存股；三是向激励对象定向增发。

2006年之前，限于法律、法规系统中对股权激励没有任何规范性条款，我国上市公司股权激励制度的发展严重滞后。其中，原《公司法》禁止公司回购本公司股票并库存；而且，《公司法》一直采取的是法定资本制而不是授权资本制，这就不允许公司在发行新股时预留股份而库存，阻断了上市公司实施股权激励的股票来源，使得股票来源成为我国上市公司股权激励中最大的难点之一。

2006年一系列法律法规的相继出台，为上市公司的股权激励初步扫清了障碍。证监会的《上市公司股权激励管理办法（试行）》规定企业可以通过以下方式解决股票来源：一是向激励对象发行股份（定向增发），二是回购本公司股份，三是法律法规允许的其他方式。同时，新的《证券法》和《公司法》也相应做出调整，允许上市公司回购本公司的股票奖励给员工且无须注销，这样就大大缓解了股票来源问题。

目前，我国上市公司股权激励实践中股票来源主要有如下方式：回购股票、申请定向发行额度、大股东转让部分股票、以其他名义回购等。

（2）购股资金来源问题。

在美国，上市公司的高管人员在行权时，公司会为其提供贷款资助或提供贷款担保。而且市场上存在为上市公司管理层提供过渡性股权融资的投资公司和信托公司，有着多种便利的金融安排。所以，行权资金来源问题对于美国上市公司的高管人员并不是问题。

但是，我国上市公司股权激励的资金来源存在问题。《上市公司股权激励管理办法（试行）》第十条明确规定，上市公司不得为激励对象依股权激励计划获取有关权益提供贷款以及其他任何形式的财务资助，包括为其贷款提供担保。同时，银行的相关规定也明确表示不得向居民提供贷款用于购买股票。

（3）税收条件问题。

美国对股票期权制有相应的税收政策，使其相当于资本收益、投资所得，比一般个人收入纳税额要低。

中国现在还没有明确的期权制的税收政策。财政部和国家税务总局在 2005 年 7 月 1 日起实施的《关于个人股票期权所得征收个人所得税问题的通知》中明确规定：员工行权时，其从企业取得股票的实际购买价（行权价）低于购买日公平市场价的差额，是因员工在企业的表现和业绩情况而取得的与任职、受雇有关的所得，应按"工资、薪金所得"使用的规定计算缴纳个人所得税。

本 章 小 结

经理人是公司治理结构的核心组成部分。经理人管理者权力大小决定于股权结构及股东性质，股权集中结构下，管理者权力较小；股权分散及股东为国有的情况下，管理者权力很大，出现"内部人控制"现象，为代理问题埋下祸根。

激励性报酬基于委托代理理论。该理论认为股东和经理之间是一个委托代理关系。基本假设如下：①委托人和代理人之间存在信息不对称和目标冲突；②代理人的行为不易直接被委托人观察到，因此，股东无法时时刻刻观察到经理的工作过程并进行监督；③契约的设计目标是在满足代理人参与约束和激励相容约束条件的同时，最大化委托人的利益。在上述假设下，委托代理理论给出了两个基本观点：第一，在任何满足代理者参与约束和激励相容约束而使委托人预期效用最大化的激励合约中，代理人都必须承受部分风险；第二，如果代理人是一个风险中性者，那么，可以通过使代理人承受完全风险（即让其成为唯一的剩余索取者）的办法以达到最优效果。

激励性报酬的激励强度原则是：第一，最优激励强度与经理的边际生产力成正比；第二，最优激励强度与经理人的风险规避程度成反比；第三，最优激励强度与企业利润的风险程度或者测量利润的难度成反比；第四，经理增加努力程度时的成本函数形式会影响经理对激励性合约的敏感程度；第五，最优激励强度与管理者权力成反比。

经理人报酬结构是基本工资、年度奖金、长期激励性报酬和福利。早期激励以基本工资和年度奖金激励为主，20 世纪 80 年代后出现长期性激励计划，之后长期性报酬在总报酬中的比例越来越大，成为各国最主要的激励机制。

长期性股权激励中，股票期权是最重要的形式，指的是在高管人员的报酬合同中，给予高管人员在某一期限以一个事先约定的固定价格来购买公司股票的权利。如果高管人员在这个期限之中使股票价格达到了既定的水平，则他就可以按事先规定的条件行使购买股票的权利。这时，购买股票的价格与市场价格之间的差额，就是高管人员的收入。

其他相关的长期性报酬包括股票增值权、账面价值股票、业绩股票、虚拟股票、影子股票、股份期权、延期支付计划以及限制性股票、员工持股和管理者收购。

我国在国企改制过程中，针对非上市公司的特点，主要采取了期股、延期支付计划，以及员工持股计划和经理人融资收购等股权激励方式。近几年来随着资本市场的发展，在上市公司中也开始实施股票期权、股票增值权、虚拟股票、业绩股票、限制性股票等股权激励的国际惯例。我国股权激励虽解决了股票来源问题，但仍面临购股资金来源问题以及股票期权的税收条件问题。

复习思考题

1. 阐述经理人管理者权力与股权激励的关系。
2. 阐述经理人激励性报酬设计的基本模型。
3. 如何理解股票期权是激励约束机制的重要实现形式?

TCL 的账面价值股票激励模式

TCL 即 The Creative Life——意为创意感动生活。是 TCL 集团股份有限公司的简称,创立于 1981 年,是全球性规模经营的消费类电子企业集团之一,旗下拥有三家上市公司:TCL 集团、TCL 多媒体科技、TCL 通讯科技。2011 年 TCL 全球营业收入 608.34 亿元人民币。

TCL 虽名为国有企业,但国家投入却很少,限于历史条件,戴上了国有或集体的"红帽子"。1996 年,总经理李东生开始考虑公司的改制。对 TCL 而言,改制的关键是摆平国家、地方和企业团队的利益关系。

1997 年,李东生与惠州市政府签订了为期 5 年的授权经营协议,核定当时 TCL 集团的净资产为 3 亿多元,每年企业净资产增长不得低于 10%;如果增长在 10%~25%,管理者可获得其中的 15% 的股权奖励;增长在 25%~40%,管理层可获得其中的 30%,增长在 40% 以上,管理层可得其中的 45%。因此,在充分考虑到地方、国家利益的前提下,这个能够充分调动经营者团队积极性的方案得到广东省政府、财政部、国税总局的认可。

整个 20 世纪 90 年代,TCL 的年平均增长速度是 50% 以上,2000 年是 35%,2001 年为 19%。此方案使得当地政府不仅从 TCL 集团中获得了相当比例的分红,而且税收从 1 亿元增加到了 7 亿多元。2002 年授权经营协议到期,TCL 的经营者们也因经营业绩突出而连年得到股权奖励。如此累计,惠州市政府所持国有股从 100% 下降到 58%。

2002 年 4 月 16 日,TCL 集团股份有限公司在惠州正式成立,通过引入战略投资者,一方面,进一步强化了公司的规范化运作,使得地方政府的干预受到了投资者(包括飞利浦、东芝、住友等)的制约,形成了对管理层有利的经营环境;另一方面,也有利于企业的国际化运营,通过股份合作了解跨国经营的基本套路(产品、技术、市场等),为企业下一步的国际化运作打下良好的基础。

2004 年 1 月 7 日,TCL 集团正式吸收合并"TCL 通讯"整体上市,至此,翻越千山万水,李东生设计的"阿波罗登月计划"终于达到预期目的,此次改制,彻底改变了国有股一股独大的局面,员工加管理层持股达到了 25.24%,持股比例与国有几乎平行,加上上市后流通股占有一定的比例,在多元股权框架下,管理层具有了较大的影响力,只要争取少部分流通股东,管理层及其股东就可以成为实际控制股东。

TCL 改制成功与其规范操作密不可分。改制所有操作过程都符合国家的政策要求,没有越线违规。TCL 的股权改革不仅不钻政策空子,为了保障"100 年有效",李东生和他的团队宁愿吃眼前亏:按广东当时的惯例,用于购买本公司股份的奖金可以不交税,但为了避免将来或以漏税嫌疑而股权不保,TCL 集团的员工奖励购股全部交税;而且,管理层全部以自然人身份购股,没有匿名,也是其安全、规范、可以得到法律保护的做法。

总之,TCL 集团股权激励模式的总体特征是:存量资产归属于原股东,用增量资产的一部分对经理人进行股权激励。这是与当时国有企业进行"国退民进"的改制结合在一起的,这种股权激励时至今日已经很少直接用于解决国有企业国有股的退出问题,但是,这种做法在很多非上市的民营企业中有着很广阔的应用前景。

(资料来源:马永斌. 公司治理与股权激励 [M]. 北京:清华大学出版社,2011.)

讨论问题:

1. 试分析 TCL 集团改制成功的关键因素。
2. 结合案例阐述账面价值股票激励模式的特征。

第6章

资本结构与公司融资决策

教学目标

1. 理解 MM 理论的公司治理含义;
2. 把握股权代理成本和债权代理成本的内涵;
3. 了解最优企业家/经理人持股比例的含义;
4. 掌握不对称信息下的融资决策。

基本概念

MM 定理 资本结构 代理成本 最优持股比例 融资顺序理论

学习提示

资本市场的不完备和信息不对称,使得公司的融资问题实际上成为影响公司治理的重要因素。一个企业的资本结构中股权占多少,债权占多少,将导致内部人(企业家/经理人)拥有不同的控制权。内部人持股比例既影响企业家或经理人的工作积极性,也影响外部股东或债权人的投资积极性。本章分析融资过程中内部人与外部股东或债权人的利益冲突如何影响企业的实际价值,旨在做出代理成本最小的融资决策,构建最佳资本结构。本章仍然要从交易费用的角度来理解。

本章重点:最优资本结构的形成 企业家/经理人持股比例 融资顺序理论

本章难点:交易费用对资本结构的影响 非对称信息对融资决策的影响

本来银行业界已形成的"潜门槛"早就限制了绝大多数中小企业的贷款之路,加之2008年国际金融危机的冲击,使广大中小出口企业更是"险上加霜"。有数据显示,截至2008年年底,58.2%的民企老总坦承企业"资金紧张",比2007年提高了近15个百分点;67.2%的民营企业家是靠自筹资金,近半数老板认为从银行贷款很难。北京德佑应用技术公司上半年向银行申请贷款,并以自住房屋作为抵押。但银行对公司资质和房价评估的审核手续花了半年之多,最终贷款的落实还是停留在纸面上。从银行角度看,多数中小企业资本金不足、产品不定型、市场反应不明,担保抵押难以到位。不仅如此,受外部大环境影响,我国中小出口企业的盈利能力急剧减弱。如果其盈利能力无法覆盖贷款成本,对银行来说,就意味着资产质量的恶化和潜在的大量坏账,这是目前银行在对中小企业进行贷款时最大的担忧,这也进一步加剧了中小企业尤其出口型中小企业的融资困局。

点评:

由于现实中的资本市场的不完备,存在信息不对称,好的投资项目不一定能募集到资金。同时,不同融资方式代表不同的控制权安排,产生了不同的融资成本。因此,对于一个企业来讲,如何以最低的成本筹集资金,是企业经营中的一个重要问题。

6.1 企业融资方式

现实中企业主要有三种融资方式:一是内源融资,即通过企业折旧或留存收益作为发展资金;二是股票融资或称权益融资,它借助释放控制权来融资;三是债权融资,即出资人获得固定收益,但正常情况下不拥有企业的控制权。但是,如果企业违约不能够偿还债务时,债权人可以申请企业破产清算。后两种方式又称外源融资。

6.1.1 内源融资

内源融资是指在公司内部通过提取折旧或留存利润而获得的资金来源。它是公司发展初期最主要的融资手段,同时也是成熟公司在一般情况下首先会考虑使用的一种融资方式。

内源融资包括提取折旧和留存利润两种方式。

1. 提取折旧

折旧来源于重置损耗的固定资产的价值,并不会增加公司的资金规模,只是资金形态的转变。其数量取决于公司折旧资产的多少和折旧策略。如采取"加速折旧"的方式,内源融资的潜力就比较大。

2. 留存利润

经营活动中创造的利润扣除股利后的剩余部分,可以增加公司的资金总量,其数量大小取决于公司可分配利润的数额和股利政策,如"剩余股利政策"下公司可以最大限度地进行内源融资。

内源融资是在公司既定股利政策下自然完成的，不需要花费直接融资费用，成本较低。另外，内源融资决策通常在资本市场上会增加公司的市场价值，并且具有延迟纳税的作用，可以达到增加股东财富的目的。同时，由于留存利润是同股同权，是在原有股权基础上均等完成的，因此这种权益融资又不会改变公司原有的股权结构。

6.1.2 债权融资

债权合约的种类繁多，从时间上区分有短期债权和长期债权。

1. 短期债权融资

（1）商业信用。它指在商品交易中以延期付款方式或预收货款进行购销活动而形成的公司之间的借贷关系，表现为应付票据、预收账款和应付账款等。商业信用属于伴随着商品交易而自然形成的融资方式，成本很低，但一般期限较短，如果公司之间缺乏信用，会导致资金拖欠。

（2）银行贷款。这是公司根据贷款合同向银行借入的款项，并通常附加一些信用条件，其利率水平会随着公司的类型、信用风险、贷款金额和贷款期限的不同而有所不同。与其他融资方式相比，银行借款具有贷款数额和借款时间弹性较大的优点，但是同时会给公司带来较大的财务压力和融资风险。

（3）协议融资。它一般是指公司在市场上以协议方式，采取向投资者出售某些货币市场工具（如商业票据、信用证、银行承兑汇票和无担保贷款等）进行融资。

（4）短期融资券（商业本票）。它是公司为了筹借短期资金而发行的无担保短期期票。一般由大型公司或金融机构发行，投资者主要是其他公司和金融机构。由于信用高、风险低、变现能力强，所以短期融资券利率水平一般低于短期借款。

2. 长期债权融资

（1）长期借款。它指公司向金融机构以及其他单位借入的期限在1年以上的各种借款，主要用于小额固定资产投资和流动资产长期占用，具有借款成本低的特点以及税盾的效用，但财务风险高、限制性条款多。

（2）债券。它指债务人为了筹措长期资本而发行的，约定在一定期限内还本付息的一种有价证券（实际上就是一种合约或长期应付票据），是公司融资的一种重要方式。发行债券涉及的投资比较多，信息不对称情况比较明显，所以受到的限制条件要比银行借款严格，可能会限制公司财务安排的灵活性。债券融资的规模在各国也有程度不同的限制。对债券还可以按照结算货币或者是发行国家和地区率分类，如扬基债券、武士债券与龙债券等。此外，债券还可以按照有没有抵押、有没有担保，以及是公开发行还是私募发行的来划分。如，所谓垃圾债券就是指投资价值低劣的、公开发行的债券。

还有一种介于债券和股权之间的特殊债券，即可转换债券。可转换债券是这样一种债务合同：在债务到期前或到期日，债权人可以选择是否按照事前约定的转换比例将到期的债权转变为股权。这种债券兼具债权和股权双重属性，是一种混合型的债券。对个人投资者而言，可转换债券是一种兼顾收益和风险的理想的投资工具。当投资者并不清楚发行公司的发展潜力及前景时，可先投资于这种债券。待发行公司经营实绩显著，经营前景乐观，其股票行市看涨时，则可将债券转换为股票，以受益于公司的发展。可转换债券对于投资者来说，实际上多了一种投资选择的机会。

总之，一方面由于债权融资有固定的到期日，公司必须按期还本付息，所以财务风险较大。另一方面，由于公司债务的利息支出属于正常的经营成本，允许税前扣除，可以获得减免所得税的优惠，因此债权融资的成本低于股权融资，可以利用财务杠杆效应提高股东收益；同时，债权持有人只是债权人而不是所有者，可以保持原股东的控制权。最后，发行可转换债券及可以提前清偿债权融资的情况下，还可以增加债券融资双方选择的灵活性和多样性，方便调整公司的资本结构。

6.1.3 股票融资

由于股东权益是公司的永久性资本，只有在破产清算时才需要偿还，因此，股票融资对于保证公司对资金的最低要求，促进长期稳定经营具有重要意义。股票融资分为普通股融资和优先股融资。同时，可根据表决方式的不同设置类别股份。

1. 普通股

普通股由于没有固定的利息负担，公司又可以自行制定股利政策，实际上不存在还本付息的压力，而溢价发行又可以为公司带来更多的自有资本。但是，由于普通股投资的风险比较大，所以投资者要求的投资回报也比较高，加之股利是从税后利润中支付的，所以对公司来说，实际成本也比较高。另外，增发普通股势必造成股权分散，降低对公司的控制权，新股东对公司盈余的分配也会降低每股收益，导致股价下降。

2. 优先股

与普通股相比，优先股具有优先分配股利和优先分配公司剩余财产的权利，因而具有债券的某些特征。为了实现股权融资，增加公司的永久性资本，公司可以根据投资者不同需要以及公司面临的市场环境设置不同的优先股，在实现融资的同时维持对公司的控制权，调节现金余缺或改善公司的资本结构。

3. 类别股份

根据股东表决方式的不同，股票有同股不同权的情况，即双类股。也就是说，同样是企业发行的股票，有的有投票权，有的没有投票权。在上市而又不想失去对企业的控制权时，企业家更喜欢这种融资合约。比如，企业家自有本金500万元，外部融资规模为1 000万元，自有本金约占全部股本的33%。但是，由于企业家并不愿意丧失对企业的控制权，就可以规定所融资的1 000万股票没有投票权，自己持有的33%的股票有100%的投票权。如果投资者愿意接受，这并没有什么不妥。但投资者也可能不愿意接受，或者是接受一些特别设计条款等。因此，双类股可以根据不同的情况灵活处理。

目前在美国，普通股通常是有投票权的，而且同股同权。但是，历史上的一些普通股并不是这样的。比如，福特汽车公司最初上市时，它发行的股票是没有投票权的，只有福特家族持有的股票才有投票权。但是投资者愿意购买，因为他们信得过福特家族，所以即使没有投票权，股息分红就足以让他们满意。现在也有一些公司发行的股票没有投票权，其中以欧洲的公司居多。如爱立信公司股票的投票权就集中在爱立信家族的手里，它在美国发行的股票就没有投票权。当然，由于信赖需要一定的条件且有一定的风险，所以，一般来说,没有投票权的股票价格相对较低。

6.2 资本结构与财务成本

资本结构在公司财务里是非常重要的一个概念。简单地说,资本结构就是股权和债权的比例,以及不同的股权、不同的债权的内部比例。它一方面是企业过去融资和盈利的结果,另一方面又是企业未来进行融资的前提。因为当企业进行融资时,投资者需要了解企业的负债和股东权益状况。如果企业的负债比例非常高,投资者就会担心给企业贷款难以收回,不愿向企业放新贷,使得企业债务融资比较困难。因此,现代企业融资结构(资本结构)理论主要解释的问题是:企业能否用负债代替股本来增加其价值?如果可以,企业应当举债多少最佳?

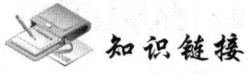

企业账面价值与市场价值

衡量资本结构通常使用的指标是负债率和债务权益比。负债率等于企业债务除以总资产。债务权益比是企业的债务与股本之比。这两个指标都存在如何确定分母数值的问题。因为无论是确定企业的总资产还是股本价值,都有一个是使用账面价值还是市场价值的问题。账面价值是指会计报表上记载的价值,属于对资产和股本的后向度量,表明的是过去的状态;市场价值是市场上对于这些资产和股本的定价,属于对资产和股本的前向度量,表明的是人们预测企业未来能盈利多少。按资产的账面价值计算,就是当初购买此资产时支付了多少钱;按照市场价值计算,实际上就是这个企业现在的股市价值是多少。两者相差可能很大,一个公司的负债率按照账面价值计算,可能是90%,但是如果按照市场价值计算的话,可能就只有30%。根据账面价值,它发行1元股票就等于1元;但是按照市场价格可能涨到50元。显然,市场对公司前景的预期越好,两者之间的差别越大。

6.2.1 资本结构的经验数据和国际比较

1. 美国公司融资活动特征

美国大公司的融资特点主要是通过内部留利来支持投资。一般来说,外部融资比例不到20%。换言之,美国企业的投资资金80%是依靠内部留利予以满足的,只有不到20%的资金是依靠外部融资来解决。而在外部融资中,以借钱为主,发行股票为辅。而且在大部分的年份里,美国的公司净股权的发行为负。股票净发行为负是指企业发行的股份少于购进的股份,比如,某公司当年发放了5 000万美元的股份,可是这个公司买回来了价值5 500万美元的股份,相抵后净发行就是负500万美元。美国公司很多年份的股票发行是负发行。如1999年,非农业、非金融业、制造业的投资的80%是内部留利,这些行业公司的净借款是283亿美元,股票的净发行为负1 140亿美元。[①]

另外,股票融资主要集中在高风险、高增长的行业,如IT行业。还有一些大型的、一体化的企业主要是以外部融资为主,尽管有时也会回购股票。如著名的化工企业

---

① Myers, Stewart. Capital Structure. Journal of Economic Perspective [J], 2001, 15 (2): 61-102.

EXXON 公司在 1980—1999 年期间（1999 年与美孚公司合并），共花了 290 亿美元回购其股票。

采用债务融资方式的，相对集中在公用事业、运输、电信、不动产等行业。与股票发行会出现负的净发行一样，美国的很多公司也出现负的净负债。也就是说它借给别人的钱比别人借给它的钱还要多。它持有的其他公司的债券超过其他公司持有的它的债券，像美国药业公司、福特汽车公司等。又如，微软公司在 2000 年的长期负债是 0，它持有 240 亿美元的现金和债券资产。无形资产高的企业的负债率也很低。如宝洁公司基本上没有什么负债。无形资产多的企业负债率一般比较低，原因在于缺乏资产抵押，投资者不愿意借钱给这样的公司。此外，高成长机会的企业的负债率也低。

2. 资本结构的国际比较

由于各国的环境、历史和文化背景不同，公司在融资方式的选择上存在明显的国别差异。从美国和其他发达国家公司资金来源结构的横向对比中，可以发现各国在融资方式上的差异（见表 6-1）。

表 6-1　美、日、德三国公司资金来源结构对比（占融资总额的百分比%）

来源 \ 国别	美国 （1944—1990 年平均数）	日本 （1970—1985 年平均数）	德国 （1970—1985 年平均数）
内部资金	75	34	62
外部资金	25	66	26
来自股票市场	13	7	3
来自金融机构	12	59	23
其他	0	0	12

（资料来源：李扬. 我国资本市场的若干问题探讨［J］. 中国证券报，1997-12-15.）

从美国、日本、德国三国公司融资结构的对比中可以看出，美国公司的资金来源主要为内源融资，在其外源融资中，证券融资占到了相当的比重，这与美国证券市场极为发达有直接关系；德国公司的内源融资比重较高，这与美国公司类似，但在其外源融资结构中，德国公司外部资金来源主要为银行贷款；日本公司外源融资的比重高达 66%，其主要是来自银行的贷款，证券融资的比重只有 7%，银行贷款在公司总资金来源中占到了 59% 的份额。可见，从外部融资的来源看，美国公司主要依靠证券融资，银行等金融机构贷款也占了不小比重，日本和德国公司的外部资金来源主要为银行贷款。与各国公司融资方式的差别相联系，不同国家在银企关系、公司的股权结构、公司治理和市场约束等诸多方面表现出了明显的差异。

在此，值得关注的是公司的资本结构与公司的治理结构之间的关系。如果公司的目标是创造股东价值最大化，那么融资结构与公司价值最大化又有什么样的关系？

6.2.2　MM 定理

对融资结构理论做出开拓性贡献的是美国经济学家莫迪格里安尼与米勒（Modi Gliani & Miller，以下简称 MM）。1958 年 6 月 MM 在《美国经济评论》发表了《资本成本、公司财务和投资理论》的长篇论文；1963 年 6 月在同一刊物又发表了《税收和资本成本：修正的模型》，开创性地提出了现代融资结构理论的 MM 定理，这一理论包括无税 MM 定理和含税 MM 定理。

【人物介绍】

1. 定理内涵

定理 1：如果资本市场足够完善，给定企业的资产和发展机会，企业的价值与企业的融资结构无关；或者说，企业的融资成本和企业的融资方式没有关系。这被称为无关性定理。[①] 其含义是，不管企业发行股票也好，借债也好，向银行贷款也好，还是向公众借债也好，都不会影响企业的融资成本。

理解这一命题的关键是要理解企业的融资成本和企业价值之间的关系。

企业融资成本包括债务融资成本和股票融资成本。债务的融资成本是企业所支付的利息。股票的融资成本是股东所要求的股息（回报率）。因此，企业的总融资成本就应该是投资者对于企业所要求的平均回报。这一平均回报等于债务融资和股份融资成本的加权，即等于债务的成本-利息率乘以债务占资产的比例，再加上股票的融资成本-股息乘以股票占资产的比例。可以用下面的公式来表达：

$$\gamma_0 = \frac{B}{(B+S)} \times \gamma_B + \frac{S}{(B+S)} \times \gamma_S \qquad (6-1)$$

其中，γ_0 表示企业的平均融资成本（预期回报）、γ_S 表示股票的融资成本、γ_B 表示债券的融资成本、B 表示债务价值、S 表示股本价值。

企业价值则是企业未来净收益的贴现加总。显然，企业未来的净收益只取决于所投资的项目。好的项目带来的净收益较高，将使企业价值增加；不好的项目则因带来净收益较少甚至是负值，将导致企业价值的降低。

如果资本市场是完善的，即信息完全且不存在套利空间，那么企业的价值就会等于投资者的平均期望回报。因为，当金融市场非常完善的时候，比如投资项目的盈利信息在买者和卖者之间非常透明，值一分钱的货只能卖一分钱，一分钱也只能买到值一分钱的货，这时市场上不会存在贱买贵卖的机会，即所谓的套利空间。因此，投资者购买企业的债券或股票时，只会支出与企业价值相等的价格（低了，企业不会卖）；而企业在出售债券或股票时，也只能按照企业价值来出售（高了，投资者不会买）——企业的融资成本将始终等于企业价值。换句话说，式(6-1)中的 γ_0 与 B、S 的大小没有关系。

MM 认为套利行为将最终导致市场均衡，当市场达到均衡状态时，负债企业与无负债企业的价值以及他们的资本成本相等，即企业价值和资本成本在均衡条件下独立于融资结构。

定理 2：股权的融资成本会随着债务融资成本下降而上升，随着债务权益比上升而上升。[②] 其含义是，如果企业在债务融资成本较低时希望增加债务融资规模，将不会降低企业的总融资成本，因为，此时股权的融资成本将会上升，抵销了债务融资成本下降的好处。

债务融资成本不同于股权融资成本，即 $\gamma_B \neq \gamma_S$。由于投资者购买企业的股票需要承

---

① 企业的市场价值取决于按预期收益率进行资本化所得到的预期收益水平，与资本结构无关。
② 负债企业的股本成本等于同一风险等级中无负债企业的股本成本加上一定的风险报酬。

担更多的风险,所以,股票的期望回报率肯定要高于债权人要求的回报,即股票融资的成本一定高于债务融资的成本。因此,债务融资 B 和股权融资 S 的大小肯定会导致企业的平均融资成本 γ_0 不同。但实际上,当我们把公式(6-1)写成下式:

$$\gamma_S = \gamma_0 + \frac{B}{S} \times (\gamma_0 - \gamma_B) \qquad (6-2)$$

由式(6-2)的含义可知,股东的回报率取决于三个因素:一是项目的预期回报,二是债务回报的高低,三是债务-权益比。

第一个因素项目的预期回报等于企业价值,为投资项目的净收益所决定。因此可得出两个结论:一是其他因素不变,企业价值越高,股权的融资成本就会提高;二是股权的融资成本会随着债务融资成本下降而上升,随着债务权益比上升而上升,如图6.1所示。

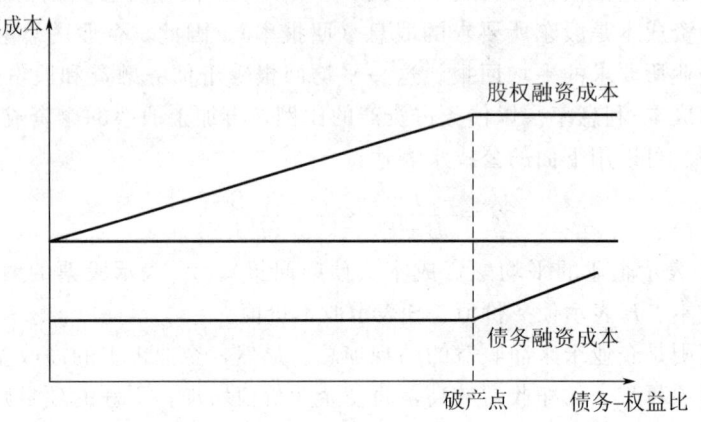

图 6.1 企业的融资成本

首先,企业如果偏好债务筹资,债务比例相应上升,企业的风险随之增大,会导致股东所承担的风险更加集中,要求预期回报就会提高。这样,任何通过增加债务融资降低融资成本的可能,都因提高了股东的风险而被股东要求更高的回报率予以抵销,导致总融资成本不变。

图6.1的水平线表示企业融资的平均成本。平均成本线下方的折线表示债务融资成本,假定利息是不变的,所以债务融资的平均成本在破产之前是不变的,呈水平状。这样,在破产点之前,随着债务权益比的提高,可以发现股权的融资成本在不断提高,如平均成本上方曲线所刻画。如此,一方面是债务权益比在提高;另一方面是股权的融资成本在提高,根据公式(6-1),企业将保持平均成本不变。

其次,一旦过了破产点,随着债务权益比的提高,企业破产的可能性增大,债权人会要求风险补偿,也就是说债权人要求回报必须提高,导致债务融资成本提高。而此时,当企业破产的可能性提高时,一部分风险由股东转向债权人,股权的预期回报就会相对下降,因此,股权的融资成本就会下降。二者相抵,总的融资成本保持不变。

总之,企业以不同的方式筹资只是改变了企业的总价值在股权者和债权者之间分割的比例,而不改变企业价值的总额。

在市场上,资本结构的无关性是通过投资者的套利实现的。如果两个企业的收入流相同,但市场价值不同,在企业和个人能以相同的利率借入资金,且借款能力没有限制的情况下，投资者就可以通过调整个人的负债来购买市值被低估的股票，或者出售市值被高估的股票，直到市场价值相等为止，此时，不再有套利的空间。

2. 定理评价

MM 定理假定市场无交易成本，企业和个人可以相同的利率借入资金，这在实际经营环境中无法得到满足。

第一，企业和个人在市场上存在着相当大的差别，如企业借款的交易费用一般低于个人借款，个人借款要负无限责任，而企业借款仅负有限责任；另外，不同行业的企业、同一企业在不同发展阶段的融资成本都是不同的；借款额度不同，其费用也不相同（比较大宗的借款平均费用低于小额借款）。

第二，市场交易成本的存在影响融资成本，如企业和银行的关系可能会影响企业的债务融资成本，与证券监督管理委员会的关系可能会影响企业的股票融资成本。交易成本使投资的套利转换证券所得到的收益可能不足以补偿其交易费用。

第三，由于交易成本的存在，股东与经理、股东与债权人的利益冲突而形成的代理成本将给企业价值产生重要影响。比如，经理和股东之间的利益冲突将导致企业选择那些能给经理人带来最大利益的项目，而不一定是企业价值最大化的项目；在债权人和股东的冲突中，股东会选择风险程度较高的项目，并不一定以企业价值最大化为目标。理论和现实的出入并不一定说明理论是错误的。问题在于进行理论研究需要前提假设。MM 定理的前提假设是资本市场是非常完善、充分竞争的，没有必要考虑公司治理结构对公司的融资成本的影响。也就是说，若资本市场是完善的，任何形式的治理结构都将会是一样的（知道"钱往何处去"，就可确定"钱从何处来"）。因为在完善的资本市场下，融资合同可以解决所有的公司治理问题。这一点也是科斯定理的必然结论（MM 定理可以看作是金融市场中的科斯定理）。

现实中的资本市场是不完善的，所以，公司治理问题必将影响公司价值和公司的融资成本。以下分析为什么不同的融资方式和不同的治理结构会对公司的融资成本以及公司的价值有所影响。

6.3 代理成本与资本结构

针对 MM 定理的局限性，詹森和麦克林（Jensen and Meckling，1976）提出代理成本及其权衡是资本结构的决定因素。

6.3.1 代理成本内涵

1. 代理成本定义

【阅读资料】

在企业经营活动中，企业中存在的不同行为主体如股东、债权人、企业家/经理人、一般雇员等，其利益有时会发生冲突。对于企业融资活动来说，主要的利益冲突可归为两类：一是外部股东和企业家/经理人之间的利益冲突；二是股东和债权人之间的利益冲突。所谓代理成本，简单地说是指因有关各方的利益冲突而发生的费用。主要包括以下三个部分。

(1) 委托人的监督支出：测度和观察代理人的行为，委托人通过预算约束、薪酬政策和运营规则等手段来"控制"代理人行为的努力。

(2) 代理人的管束支出：代理人花费某些费用以便向委托人保证他不会伤害委托人的行为。

(3) 剩余损失：代理人的决策与最大化委托人福利的那些决策发生分歧，而导致的委托人福利损失。

2. 股权代理成本

股权代理成本就是由于外部股东与企业家/经理人之间的利益冲突引起的费用，主要包括以下三个方面。

(1) 股东利益最大化与企业家/经理人利益最大化行为之间差别造成的福利损失。

由于企业家/经理人没有持有企业的全部股份，使得他的努力带来的企业盈利增加不能全部为自己获得，但要承担这些努力的全部成本；或者，企业家/经理人在职消费的成本由全体股东承担，但其好处由企业家/经理人自己独享。即存在收益的外部性和成本的外部性。因此，在选择项目时，企业家/经理人可能更愿选择那些能给自己带来好处的项目，而不是追求那些能实现企业价值最大化的项目。结果将导致企业市场价值下降，进而影响到出售股份/债券的收益。

设想有一个企业主管理的企业，价值20万元，企业主拥有100%的股份，没有人和他分享股权，因此，不存在企业主和外部股东之间的矛盾。假如现在该企业有一个需要投资50万元的项目。投资后，可以得到的收益为80万元。因此，这个项目上马后，企业的价值就会达到100万元。但是，企业主没有足够的钱来投资，需要进行外部融资。如果他计划把总资产的一半股份出让，市场对这一半的股份的定价将是多少？会不会是企业价值的一半即50万元呢？

如果买股票的人足够理性的话，可能不会出资50万元。因为他会认识到，如果自己买下这一半的股份，企业主努力工作的积极性就会降低，而乱花钱的积极性就会提高，因为在所有权都是自己的情况下，投资所发生的成本和收益都是由企业主自己来承担；而当所有权稀释后，成本和收益就不完全由企业主自己来承担。因此，同样是50万元的投资，投资收益可能就不能达到80万元了，而可能只有60万元。这样，企业的价值也就只是80万元，低于原来的100万元。企业价值减少的20万元被我们称为股票的代理成本。

这就是典型的外部化问题。一旦有一半的股权给了别人，50%的收益就外部化了。此时，在企业主个人看来是最优的决策，在企业整体看来却可能不是最优的，二者之间的差额形成了代理成本。成本同样也有外部化问题，致使企业主节约成本的动力也变小了。这样，企业主所拥有的股份越少，偷懒的积极性就越大，乱花钱的积极性就越高，企业的价值就越低。这一关系如图6.2所示。

从图6.2我们可以看出，如果企业主持有100%的股票，企业的价值是100万元；如果企业主持有50%的股票，这个企业就会值80万元；如果企业主不占有任何股份的话，即企业的股份全部都为外部股份的话，这个企业只值30万元。随着企业主持有的股份降低，企业的价值也在降低。

(2) 企业家/经理人的保证成本。

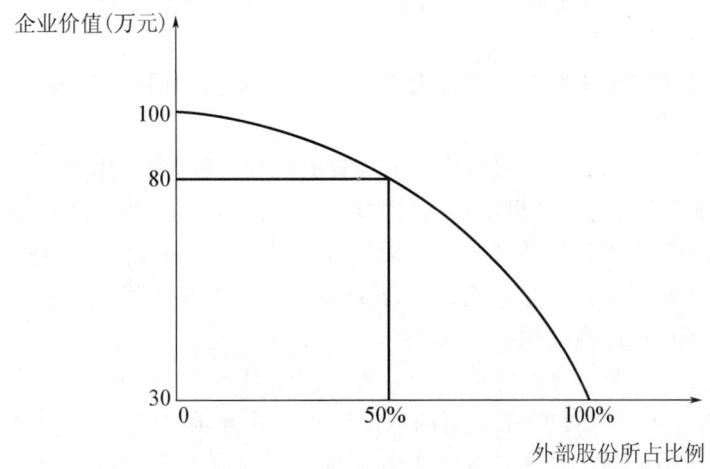

图 6.2　外部股份和企业价值

企业家/经理人通过花费资源向外部股东保证他会限制自己的活动，这种活动会给企业造成成本，被称为"保证成本"，它们通过合同保证让公共会计师审计财务报表，通过明确的保证机制防范企业家/经理人的胡作非为，以及通过合同对企业家/经理人的决策权施加限制，这些限制会给企业带来成本，因为在限制企业家/经理人损害股东利益肥了自己的同时，它们也限制了企业家/经理人充分利用某些获利机会的能力。

（3）监督、激励成本。

为了确保企业家/经理人能够根据全部所有者的利益经营企业，外部股东就会采取一些措施进行监督，如控制企业管理活动的开支，约束企业家/经理人的开销，建立相应机制监督他们的经营行为。所有这些活动都需要支付一定的费用。如果希望进行监督的股东认识到企业家/经理人与他们的利益有分歧，他们对股份支付的价格将反映监督成本以及企业家/经理人利益分歧效应。此外，为了使得经理人的利益与股东利益一致，企业所有者还需向经理人提供股票期权、绩效股等股权激励，这些长期激励措施与工资、福利、津贴等短期激励措施一起共同构成对经理人的激励成本。

代理成本是由企业家/经理人承担的。因为理性的外部投资者能预料到企业家/经理人（内部人）的行为，他们愿意支付的价格会随着内部人持股比例的下降而下降，所以，代理成本实际上是由企业家/经理人承担的。比如，从图 6.2 可以看出，企业的实际价值是 100 万元，每股 5 元。如果企业家/经理人准备卖出 50% 的股份，投资者只愿意出 40 万元（估值 4 元/股），如果企业家/经理人准备卖掉全部股份的话，这时投资者只愿意出价 30 万元（估值 1.5 元/股）。这表明，企业家/经理人在出让股份时，自己来承担代理成本。

由此，我们可以得到两个结论：一是外部股票占比越大，代理成本就越高，企业也就越不值钱；二是外部股份越分散，监督成本就越高，代理成本也就越高，企业也越不值钱。如何才能降低企业的代理成本？从融资的角度看，一个可行的办法就是负债。

3. 债权代理成本

负债可以降低股票的代理成本，是由于给定企业家/经理人的财富约束和投资额，债务融资越多，对股票融资的需求就越小，企业家/经理人自己可以占有的股份就越大。由此股票融资的代理成本也就越小，企业的价值就越大。但是，债务融资也会产生代理成本。

债权代理成本就是由于股东和债权人之间的利益冲突而引起的费用，主要包括以下三个方面。

（1）由于债券对公司投资决策的影响而导致的债权人机会财富的损失。

企业家/经理人借债时，如果投资项目成功了，偿债后的收益全部是企业家/经理人和其他股东的；如果投资项目失败了，在有限责任的情况下，企业家/经理人和其他股东只需以自己的出资为限来承担责任，超过其出资部分的债务不必偿还。这将鼓励企业家/经理人和股东选择那些风险高的项目。

假定现在有 A、B 两个项目可供选择，投资成本都是 50 万元。A 项目可以带来无风险收入 55 万元，B 项目则可能有 50% 的概率获得 100 万元的收入，50% 的概率获得零收入。从社会最大价值的角度考虑，应该选择 A 项目，因为 A 项目可以无风险地赚取 55 万元，而 B 项目预期收益只有 50 万元。但是，在债务融资的情况下，从股东的角度看，他可能愿意投资 B 项目，而不是 A 项目。因为投资 B 项目，股东有 50% 的概率获得 50 万元，即投资 B 项目成功的话，收益 100 万元，扣除借款 50 万元，还有 50 万元（假定利率为零）。这样，预期收益就是 25 万元。但是，如果企业家/经理人投资 A 项目的话，固然可以没有风险地获取 55 万元，但还贷 50 万元后，股东就只获得 5 万元了。二者相比，股东一定会选择 B 项目，而不是 A 项目。

于是，就出现了股东与债权人之间的利益冲突：股东希望投资风险大的，债权人喜欢投资安全的。从而也就产生了债务融资的代理成本。例如，按照我们前面的计算，不考虑其他因素，从社会最优的角度看，应该投资 A 项目，但是企业股东喜欢投资 B 项目，由此产生的代理成本为 5 万元，即应该选择能带来 55 万元收益的项目而最终选择了预期价值为 50 万元的项目。

（2）债权人的监督、约束支出。

原则上，通过在债务契约中加进各种各样的保证条款，债券持有者可以限制那些导致债券价值降低的管理行为。但要使债权人完全免受管理行为的损害，这类条款就必须非常详尽，还要监督这些条款的执行，而这种监督几乎是无法进行的。这构成了债权人监督和约束成本。

（3）破产和重组成本。

一般来说，当公司不能支付债务时，公司就要破产。此时股东失去了剩余索取权，而其他损失都落到债权人身上，包括清算和重组的会计成本、法律成本等。此外还有间接成本，如破产阴影对客户的影响。

债务融资的代理成本仍由股东来承担。如果债权人是理性的话，他会事先预料到企业家/经理人（股东）的这种行为，将采取措施，比如提高利率等来补偿自己。因此，借债的代理成本最后仍然要由股东来承担。

债务合同签订得再细致、再完美，也不可能让企业家/经理人和其他股东像没有贷款时那样选择项目。一般来说，企业的负债率越高，债务融资的代理成本就越大。具体讲，如果企业没有债务的话，债务代理成本当然为零；如果企业有 100% 的债务的话，这时企业最愿意冒险，由于投资者也知道这一点，因此，所要求的利率会很高，对企业家/经理人的监督和控制也会很严格，从而导致代理成本很高。如图 6.3 所示，横轴表示负债比例，纵轴表示代理成本，曲线表示债务融资的代理成本。我们看到，随着负债比例的加大，债务融资的代理成本也在不断上升。

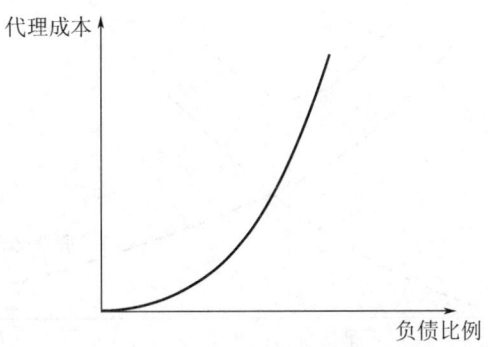

图 6.3　负债比例和债务代理成本

总之，如果没有信息不对称和交易成本，这些利益冲突都可以通过合约来解决，不会形成代理成本，自然也不会影响企业的价值。但由于交易成本的存在，这些利益冲突的存在将给企业价值产生重要影响。比如，经理和股东之间的利益冲突将导致企业选择那些能给企业家/经理人带来最大利益的项目，而不一定是企业价值最大化的项目；在债权人和股东的冲突中，股东会选择风险程度较高的项目，并不一定以企业价值最大化为目标。因此，企业的实际价值可以理解为交易成本为零时的价值减去代理成本后的价值。既然融资过程中利益冲突会影响企业的实际价值，人们自然希望寻求一种可以使代理成本最小的资本结构。

国有股权的代理成本

国有股权的代理成本是指国家作为所有者为激励和监督管理者的行为所付出的代价和由此产生的损失。主要包括：第一，监督成本。国家作为行政管理者的行政监督行为和作为股权所有者的股东监督行为带来的成本。由于二者常发生利益冲突，因此，监督成本很高、收益却很低。第二，激励成本。国企管理者的高报酬带来的成本。第三，剩余损失，即因监督失效引起的"内部人控制"造成的福利损失，包括过度在职消费等损害股东利益的行为。

6.3.2　最优代理成本

综合考虑借债的代理成本和募股的代理成本，我们的问题就变成——如何使总代理成本，包括股票的代理成本和债务的代理成本之和变得最低，或者说企业的价值变得最高？换句话说，最优的融资比例在何处？我们借助图 6.4 思考这一问题。

如图 6.4 所示，最上方的曲线是总代理成本曲线，由股票融资的代理成本和债务融资的代理成本相加而成，这条曲线的最低点意味着总代理成本最低。据此，我们可以确定最优的负债比例以及相应的募股比例。在这一最低点之前，由于借债少，募股多，股票融资产生的代理成本较高，因此，总代理成本较高。在这一最低点之后，由于负债高，募股

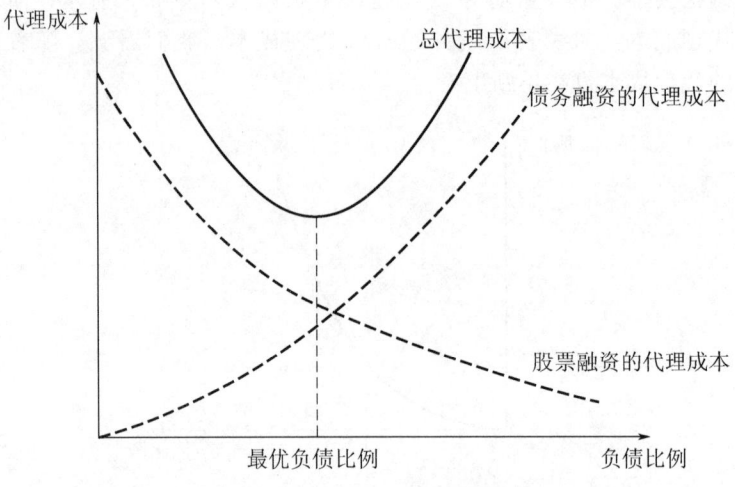

图 6.4 最优负债比例的确定

少,这样债权人的风险加大,债权人对企业的限制会更多,导致总代理成本上升。

上述结论可以帮助我们解释现实中的某些现象:为什么一些实物资产少的公司(如咨询公司)的负债不会很高?因为这些企业没有办法让债权人相信自己到时会还钱。因此,债权人在给企业贷款的时候会附加很多限制。这样,这些企业的贷款成本就很高,即使付出较高的利息,也可能得不到贷款。但是,对于像钢铁公司这类实物资产丰裕的企业,它的负债比例就会高一些,因为它有物质资产做抵押,债权人的限制少,所以债务的代理成本比较低。

另一种现象是为什么 IT 类的高风险行业需要风险资本来孵化?由于 IT 企业的实物资产(电脑设备等)贬值比较迅速,难以成为高额贷款的担保,所以,这类企业往往难以得到银行贷款。但是,有些投资者认为 IT 行业有很好的盈利前景,如果能够控制企业家/经理人的道德风险,收回投资成本并获利是很有可能的。因此,在现实中我们会看到,风险资本家在很大程度上介入到企业的经营和管理中来(Hart,2001)。

6.4 控制权与融资合同

对外融资意味着企业家/经理人(内部股东)将一部分控制权转移给外部投资者。企业家/经理人拥有控制权收益,货币收益为全体股东所有。因此,存在企业家/经理人与外部股东的最优持股比例,以保障内部股东既能得到股权激励,又能得到外部股东的监督、控制。

6.4.1 货币收益与控制权收益

控制权收益指的是通过控制企业得到的非货币形态的私人好处,如名誉、地位、在职消费等;货币收益指的是货币形态的收益。企业家/经理人不仅可以从企业经营中获得货币形态的收入,还会从控制企业过程中获得非货币形态的好处。由于控制权收益只能为企业家/经理人在控制中所有,注定了企业家/经理人利益与外部投资人利益的矛盾:前者希望控制权收益大的项目;而后者希望货币收益大的项目。下面举例说明。

1. 情况Ⅰ：正常经营

假设有 A、B 两个项目，在正常经营情况下其货币收益和控制权收益见表 6-2。

表 6-2 A、B 项目的货币收益与控制权收益及其企业总价值（一）

单位：万元

项目 收益	A	B
货币收益	80	50
控制权收益	20	30
总价值	100	80

（1）社会选择。

最优选择是 A 项目（总价值 100 万元＞B 项目总价值 80 万元）。

（2）企业家/经理人选择。

如果企业家/经理人持股比例等于 1/3，他选择的 A 项目的个人收益是 80 万元×1/3＋20 万元＝46.7 万元；他选择 B 项目得到的个人收益也是 50 万元×1/3＋30 万元＝46.7 万元。如果他持有的股份大于 1/3，他从股份里得到的货币收益比例增加了，这时，他自然会选择 A 项目。

因此，只要企业家/经理人的股份不小于 1/3，企业家/经理人的利益和其他股东的利益就是一致的，企业家/经理人的最优选择与社会的最优选择也是一致的。

但有些情况下，企业家股份即使超过 1/3，其利益与外部投资者利益也未必一致，如以下情况Ⅱ。

2. 情况Ⅱ：破产清算或亏损经营

假设有 A、B 两个项目，在破产清算或亏损经营情况下其货币收益和控制权收益见表 6-3。

表 6-3 A、B 项目的货币收益与控制权收益及其企业总价值（二）

单位：万元

项目 收益	A	B
货币收益	50	0
控制权收益	0	30
总价值	50	30
	破产清算，经理失业	亏损经营，无现金流

（1）社会选择。

最优选择是 A 项目（清算后得 50 万元）。

（2）企业家/经理人选择。

如果企业家/经理人持股等于 1/3，选择 A 项目得 16.7 万元（50 万元×1/3）；选择 B

项目得 30 万元，故企业家/经理人不选择 A 项目。

企业家/经理人持股除非超过 60%（50 万元×0.6＝30 万元），否则将选择 B 项目。

6.4.2 控制权的相机安排

企业家/经理人究竟持有多少股份才合适？控制权应该如何安排，按照代理成本理论，企业家/经理人持有的股份越多，他与外部股东的利益就越一致。但是当把控制权这一因素加以考虑时，问题就不那么简单了。根据上述情况 I 和情况 II，在不考虑债务融资且外部股东只有一个人的假设条件下，见表 6-4，我们可对企业家、经理人持股比例与控制权安排做如下分析。

表 6-4 企业家/经理人持股比例与控制权安排

项目	持股比例	小于 1/3	34%～50%	50%～60%	大于 60%
情况 I	项目 A 项目 B	投票选择	自觉选择	自觉选择	自觉选择
情况 II	项目 A 项目 B	投票选择	投票选择	无法投票选择 其他手段阻止	自觉选择

（1）当企业家/经理人的股份过少，货币收益小于其控制权收益时，便没有积极性做出社会最优的决策，但此时外部股东可以发挥监督作用，以确保决策最优。

① 如果企业家/经理人持股比例小于 1/3，无论哪种情况出现，其控制权收益大于货币收益，会选择 B 项目，因此与外部投资者的利益是冲突的，但全体股东投票决策可以保证社会最优 A 项目的实现。

② 当企业家/经理人持股比例在 34%～50%之间时，如果出现的情况是 I，企业家/经理人肯定选择 A 项目，这也是社会最优选择，但在情况 II 下存在利益冲突，需要投票决策保证社会最优的实现。假定企业家/经理人持股 40%。此时如果出现情况 II，尽管选择项目 A（破产清算）只会给企业家/经理人带来 20 万元的好处，而选择 B 项目持续经营则可以非企业家/经理人带来 30 万元的好处。但是，由于企业家/经理人只持有 40%的股份，因此也只有 40%投票权，最终的选择是由持有 60%股票的外部投资者来决定。显然，外部投资者将选择 A 项目，这也是社会最优的选择。（这个例子可以解释债务合同。对债权人来说，一般情况下是不干预企业经营的，但是，当有征兆显示企业会资不抵债时，企业的经营就由债权人说了算。）

（2）当企业家/经理人股权很大，其货币收益大于控制权收益时，会自觉采取社会最优的行动。

如果企业家/经理人的持股比例大于 60%，即使外部股东不投票，也可以保证最后的选择是社会最优选择。因为在持股比例高于 60%时，无论出现何种情况都将保证企业家/经理人与外部利益股东利益时一致的。在情况 I 下，A 项目带给企业家/经理人的收益大于 80 万元×60%＋20 万元＝68 万元，B 项目则是 50 万元×60%＋30 万元＝60 万元，因此，企业家/经理人将选择社会最优 A 项目。在情况 II 下，项目 A 带给企业家/经理人的收益大于 30 万元（50 万元×60%）；B 项目带给企业家/经理人的收益则只是 30 万元，因此，企业家/经理人将最终选择社会最优 A 项目。

（3）在某一个持股比例区间，企业家/经理人货币收益小于控制权收益，会做出不利于企业整体利益的决策，而外部股东的比例又制止不了企业家/经理人的这种行为，会出现持股比例坏区间。

如果企业家/经理人持股比例在 50%～60% 之间，则会出现两种结果。假定企业家/经理人持股比例在 55%，在情况 I 下，企业家/经理人和股东之间没有利益矛盾，可以保证最后的选择是社会最优的选择（80 万元×55%＞30 万元）；在情况 II 下，企业家/经理人选择项目 A 得到的好处是 50 万元×55%＝27.5 万元，而选择 B 项目得到的好处是 30 万元，因此，企业家/经理人就会与其他股东发生利益冲突，并且这时外部股东因股权比例过小而没有办法通过投票来改变企业家/经理人的决定。因此，最终的选择将是项目 B。此时，外部股东必须求助于其他手段才能阻止企业家/经理人选择 B 项目。

由此可得出如下结论：企业家/经理人持股的最优比例可能是非单调的，如图 6.5 所示，可能会出现一个"下上界"（在本例中是 50%）和"上下界"（60%），某些中间区间可能不是社会最优的（50%～60%）。一般来说，"坏区间"的下界首先与外部股东的分散程度以及股东人数有关；外部股东分散程度越大（本案例外部股东只有 1 人），"坏区间"就越大，有可能不再是 50%～59%，而是 40%～59%，因为在外部股权分散的情况下，外部股东投票率相对较低。其次与投票的规则有关，本案例是一股一票和简单多数。如果公司章程规定在情况 II 下，决策需要有 2/3 的票数通过，企业家/经理人持有的 55% 的股份就不会起作用。再比如，入股规定企业家/经理人在情况 II 出现时，无论持有多少都不能参加投票（回避制），则企业家/经理人持股比例对最优决策是没有影响的。在实践中，如果发生与股东之间的利益相冲突的关联交易时，就可以规定不允许大股东投票。

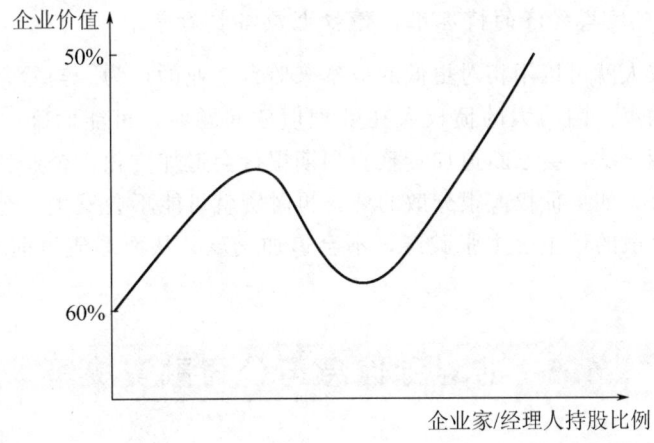

图 6.5　企业家/经理人持股比例与企业价值

现实中，外部股东常常不愿意企业家/经理人（或控股大股东）持有 50% 以上的股份，不少企业家/经理人在首次私募时把企业家/经理人的股份减低到 49% 以下，否则，其他大股东就不愿意介入,其原因就是避免持股"坏区间"的出现。

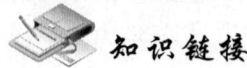

国外经理人最优持股比例的研究

美国经济学家 Morck Shleifor Vishny(1988)检验了控股股东持股比例与公司盈利能力的关系,发现在 0~5%的区间内,企业盈利能力随大股东持股比例上升而上升,但之后盈利能力开始下降,对此现象的一个解释是,在开始时企业家/经理人持股比例上升有助于减低代理成本,但当持股比例超过一定点之后,企业家/经理人获得了完全的控制权,更有可能追求控制权收益,而这种控制权收益是不能被小股东分享的。

6.4.3 合理的股权结构与债权结构

1. 外部股权不能太分散

如果股权太分散,在股权分散的情况下,单个股东很难获得足够的投票权来监督经理,或者说监督企业家/经理人的成本非常高昂;监督成功后,收益也要分摊在众多的股东上,会打消单个股东监督的愿望,于是就会出现股东之间的"搭便车"问题。因此,至少得有一些大股东来担负起监督企业家/经理人的责任。

2. 股权也不能过分集中

股权集中,出现大股东,可能对中小股东带来损害。一般而言,若外部股东是大股东,往往不会给中小股东带来损害;若内部股东是大股东,可能会给中小股东带来损害。通过其掌握的控制权可以获取控制权收益,对控制权收益的追求会导致与小股东利益的冲突。在我国,最重要的控制权收益就是通过关联交易牟取巨大的私人利益。所以,股权需要适度集中。

3. 在监督具有规模经济的情况下,债权也应当相对集中

这样,大债权人就可以用相对更低的成本来监督企业的行为。当然,债权集中也有可能导致债务的软约束。因为大的债权人在处理债务问题时,可能面临一个投鼠忌器的问题,为了收回先期贷款,会不断追加贷款。预期银行会追加贷款,企业就可能没有积极性提高效率了;相反,如果债权人很分散的话,再融资就可能不会发生,企业就有更大积极性改进效率,如分散的债主会主张破产,不会追加贷款,从而形成事前对企业家/经理人的硬约束。

6.5 非对称信息与公司融资决策

MM 理论依赖于一个重要假设,即信息是完全且对称分布的。然而,现实中作为企业内部人的企业家/经理人却掌握着外部投资者不知道的关于企业的某些重要私人信息,比如企业资产和投资项目的质量,企业家/经理人的经营能力与勤勉程度和诚实态度等。这就容易导致阿克罗夫的"柠檬问题":当只有企业家/经理人掌握着关于企业质量的私人信息并有夸大其企业质量的倾向时，而外部投资者就只能对该企业给出一个市场平均的价值评价；结果，高质量的企业被低估甚至由此而放弃融资活动和投资活动，同时却有大量低质量企业进入到资本市场当中。鉴于此，优质的企业家或企业家/经理人就有动力向市场显示其项目的真实质量。

逆向选择与柠檬市场

逆向选择是在签订契约之前，委托人不知道代理人的类型，也就是说，代理人已经掌握某些委托人不了解的信息，而这些信息可能对委托人是不利的。处于信息优势的代理人可能采取有利于自己的行动，而委托人则由于信息劣势而处于对己不利的选择位置上。

逆向选择问题的现代经济学分析发端于阿克洛夫的"柠檬市场"即旧车市场模型。在旧车市场上，卖者知道车的真实质量，而买者却不知道（买者要在购买车辆使用一定时间之后才会发现车的真实质量）。因此，在买车的时候，买者是根据自己对车市上所卖车质量的平均估计（主观概率）来支付价格的。也就是说，如果买者对市场上旧车的平均质量估计下来认为是 4 000 美元，而一辆实际价值 6 000 美元的好车也只能获得 4 000 美元的平均价，好车、坏车一个价。因此，那些拥有好车的卖者就会退出市场，只有真实价值不足 4 000 美元的坏车会留在市场上。买者预见到这种情况就会进一步降低愿意支付的平均价格，这样就会有更多的车退出市场。如此循环往复，最后只有最差的车在旧车市上成交。极端的情况是整个市场都会消失。

6.5.1 企业家/经理人持股比例的信号显示问题

利兰和派尔（Leland & Pyle，1977）考察了存在两类不同投资项目的前提下，一个拥有优质项目的公司的风险厌恶型经营者如何向外部传递项目状况以区别于劣质项目，进而减少资金筹措成本，提出了所谓企业家/经理人持股的"信号显示"模型。

1. 基本思想

企业家/经理人通过保留持有的企业股权比例向外界传递了他对企业前途的信心。因为企业家/经理人越是对自己的项目有信心就越有动力持有企业股份。因此，企业质量高的企业家/经理人持有较多的企业股份，外部融资的债务-权益比例较高。

2. 内涵

因为企业家/经理人大多数都是风险规避者，只有投资项目的真实收入大于承担的风险，他们才会有信心进行投资。从而就使得企业家/经理人所持有的股权比例向外传递了关于项目质量的信号。结果，外部投资者对特定项目的价值评价正相关于内部人的持股比例。

企业家/经理人个人的持股比例实际上是企业家/经理人在企业中的赌注。企业家/经理人可以通过借款的办法提高自己的"赌注"比例，例如，如果项目需要投资 400 万元，企业家/经理人只有 100 万元的资金，如果能够通过借款达到 200 万元，企业家/经理人的股权比例就可以提高到 50%。企业举债越高，企业家持股比例越高，预示着企业的质量越好。因此，举债融资给市场传递的信号一般是一个"好消息"。

3. 意义

市场上的投资认为项目质量是经营者拥有股份的函数，企业家拥有股份越多、持股比例越高，预示着项目的价值越高。在信息不对称的情况下，企业家/经理人只有持有更大的股份，才能说服其他的投资人，自己的企业确实物有所值。

6.5.2 债务融资比例与企业价值的信息传递

与利兰-派尔模型不同，罗斯（Ross，1977）关注内部经营者如何一边选择融资结构，一边向外界传递信息，提出了所谓"激励—信号显示—融资均衡模型"，即通过债务融资的比例传递企业价值的信息。

1. 基本思想

增加债务会增加企业破产的概率，因此，较高的债务融资比例（杠杆）就显示了较高的企业质量，但是为了防止低质量的企业模仿高质量的企业，因此要加大经理的破产成本。

2. 内涵

（1）企业破产的可能性是与负债率相关的，负债率越高，破产的可能性越大。给定破产可能性，高质量的企业可以承担较高的负债比例。或者说，优质的企业往往会具有较高的债务—权益比。因为增加债的发行就增加了企业破产的风险，从而使得增加债的发行可以用来显示该企业具有更高的质量。

（2）如果企业破产了，企业家/经理人是要受到惩罚的，他失去了控制企业所带来的货币和非货币的好处，在经理市场上也更不容易找到工作。所以他是不愿企业破产的。

（3）这种信号显示功能往往需要在企业家的报酬安排中增加破产处罚的力度，以防止不诚实的模仿行为，从而使债务融资比例成为可靠信息。债务比例之所以能传递信息，是因为企业家/经理人要承担破产成本。

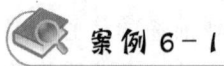
案例 6-1

企业负债可传达"好"的信息

假如市场上有很多企业，投资者知道有些企业好，有些不好，但并不知道哪些好，哪些不好。因此他愿意支付的价格是平均价格。比如有两家企业，一家值 1 000 万元，另一家值 2 000 万元，但不知道哪一家值 1 000 万元，哪一家值 2 000 万元。因此他对每一家企业都只愿支付 1 500 万元。但是我们知道，给定负债水平，越是好的企业破产的可能性就越低。假定有一家企业有 95% 的可能性现金流在 1 000 万元以上，另一家企业有 50% 的可能性现金流在 1 000 万元以上，那么显然前一家企业好于后一家企业。如果前一家企业负债为 1 000 万元的话，它只有 5% 的可能性破产；而后一家企业如果负债达 1 000 万元的话，就有 50% 的可能性破产。在存在负债硬约束前提之下，只有企业价值高的前一家企业才会大胆举债。因此，可根据负债水平判断企业价值。

3. 意义

负债率的不同成为市场区别企业好坏的一个重要标准；越是企业发展前景看好的企

业,债务融资水平就越高;越是企业发展情景不被看好的企业,债务融资水平就越低。投资者可以凭借企业债务融资比率来判断企业预期市场价值的高低,即企业质量的高低,从而确定自己的投资组合。

6.5.3 融资顺序理论

前面介绍了外部融资的最佳债务—权益融资比例,却没有明确讨论企业对外部融资工具的选择是否存在先后顺序问题。迈耶斯(Myers)等人的研究弥补了上述不足。

1. 基本思想

由于外部人处于信息劣势,这导致他们对投资对象的风险评价过高,从而要求过高的投资佣金。为了避免让渡过多的利益给外部投资者,内部人将优先采用内部融资,而非外源融资,即便寻找外源融资,也将首先考虑债务融资,最后才会考虑股权融资。这一理论称为"啄序融资理论"(The Pecking Order Theory)。

2. 内涵

(1) 在股价被高估的情况下,即使净现值为负的项目,企业也有积极性从股市上募集资金;相反,如果企业的价值被低估,即使净现值为正的项目也不愿意从股市募集资金。理性的外部投资者预期到企业的机会主义行为,会把发行股票当作一个企业价值被高估的"坏消息"。结果是,发行新股必然导致股价的下跌。

(2) 由于理性的投资者把发行新股当作一个"坏消息",真正的好企业(即价值没有被高估的企业)总是尽量避免用发行股票的办法筹集资金。因此,企业应该根据融资工具对信息的敏感程度来决定最优的融资顺序,这就需要首选内源融资(比如企业留利)来支撑有价值的项目开发,因为企业的内部资金是现有股东的财产,如何使用不会向资本市场传递任何有关企业融资项目的消息。如果内部的资金不够,应该考虑使用固定利率的债券,即债务融资。债务融资收益也是相对固定的,所以对消息也不敏感。如果还存在资金缺口,再用优先股来融资;最后是使用普通股来融资。这就是最佳的融资顺序。

(3) 这一理论也意味着:第一,企业在发行股票时不应该支付红利,这可以向投资者传递经理看好投资前途的信心。平时也应该限制红利的发放,这可以积累比较多的内源资本。第二,如果企业要发行股票,也应该在投资者信息劣势较小的时候发行,如集中在年度报告或者是期中报告出来之后。因为利润报告出来之后,外部的信息更为完善,股票市场的价格对新股发行就不会那么敏感。相反,如果企业要在下周公布业绩报告,这周就发行新股,那市场投资者肯定会把它当成一个坏消息。第三,信息问题越是严重的企业,即内部和外部信息越是不对称的企业,越是要依靠内部融资。有些企业投资者了解得多一些,有些了解得少一些。投资者了解得少的企业,外部融资就越困难,越是要依靠内部融资。

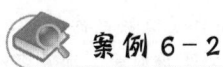

企业家/经理什么时候愿意发行股票?

假定经理代表企业现有股东的利益(包括自己的利益),那么什么时候愿意发行股票?显然只有在企业价值被市场高估时才愿意发行股票。假定企业现在的真实价值是 100 万元，发行在外的股票是 100 万股；新项目需要的投资为 100 万元，投资的现值为 120 万元，因此这个项目应该投资。但是，现在假定企业的股价被高估，每股的市场价格为 2 元。如果企业发行 50 万新股，获得 100 万元的现金，企业的总价值将为 220 万元（原来的价值 100 万元，加上新投资价值 120 万元）。这样，新股东付出 100 万元的现金，得到的只是 220 万元×33.3％＝73.3 万元的价值，另外的 26.7 万元被老股东拿走了。相反，如果企业的价值被低估，假定每股的市场价格是 0.5 元，企业发行 200 万股筹集到 100 万元的资金，那么，新股东出资 100 万元，得到的价值却是 220 万元×66.7％＝146.7 万元，老股东的价值从 100 万元下降到 73.7 万元。显然，在股价被高估的情况下，即使净现值为负的项目，企业也有积极性从股市上筹集资金；相反，如企业价值被低估，即使净现值为正的项目也不愿意从股市筹集资金。

经验研究也证明了这一点。实际上，如本章第 1 节所述，西方的企业上市之后也主要是使用内部资金为项目融资，即使进行外部融资，也主要是以债务为主（Myers，2001）。根据一些学者的调查，股票融资会产生负面影响结论符合西方企业融资的实际状况。据 Asquith 和 Muffins（1986）的研究，在上市公司宣布发行增发新股时，股价平均下降 3％。一般来说，当企业增加股票融资时，它的股市价格就会下跌；当它增加债务融资时，它的股票价格就上升。当它债转股时，股价就下跌；当股转债时，股票价格就上升。

3．意义

（1）不对称信息可能导致这样一种社会成本，即由于投资者的低估可能导致企业放弃一个正净现值（NPV）大于零的投资机会。比如，企业发行证券融资 1 000 万元来支撑开发一个项目，但是这些证券的真实价值是 1 200 万元，因此，只有那些净现值大于 200 万元的项目才能被实施，而一个净现值 150 万元的项目就将被企业放弃。

（2）MM 理论认为，在完善的资本市场中，任何净现值为正的项目都会得到投资，而任何净现值为负的项目都不可能得到投资，投资决策与融资手段无关。现在我们看到，在存在信息不对称的情况下，如果外部投资者不了解项目的好坏，融资方式可能影响到投资本身能否进行的问题。特别是，如果企业没有足够的内部资金，由于担心发行股票带来股价的下跌，企业可能不得不放弃一些有利可图的投资项目。

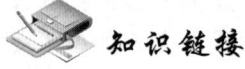

为什么我国企业热衷于上市、发行新股？

我国的许多企业，无论是国有的，还是民营的，都非常热衷于发行股票，热衷于上市；上市公司的再融资，也热衷于配股、增发，股权融资倾向表现明显。上市公司资产负债率一般维持在 50％左右。难道我国的投资者不够理性吗？不是，我国股权融资体制的缺陷导致了上市公司把上市当作圈钱敛财的工具。具体诱因如下：

第一，经济原因。新股发行的市盈率较高，而上市公司支付的股利绝对额偏低，因此，股利报酬率不超过 1.5％，远远低于银行贷款和债券融资成本。

第二，政策导向。在 1997 年以前，由于对上市公司配股融资的比例、间隔和条件没有明显的规定，配股融资成风。随着 1997 年、1990 年和 2001 年配股政策的不断放松，配股融资又开始回暖。而到了 2000 年之后，允许上市公司增发新股后，增发新股融资又开始风行。

第三，制度原因。在我国，上市资格和发行额度是一种"壳资源"。因此，无论是发行股票还是买股票的，他们真正关心的并不是企业本身的价值，而是上市资格和发行额度所包含的"壳"资源的价值。

这种"壳"资源的价值可以理解为经济学所讲的"租",它来自政府对资源的垄断。所以,我国的股票市场是一个"寻租场",大家都在"寻租"。但是,必须认识到,随着市场自由化的加快,这个"租"将变得越来越小,股票的价值终究会回到企业的价值。

本 章 小 结

现实中企业主要有三种融资方式:一是内源融资,即通过企业折旧或留存收益作为发展资金;二是股票融资或称权益融资,它借助释放控制权来融资;三是债权融资,即出资人获得固定收益,但正常情况下不拥有企业的控制权。但是,如果企业违约不能够偿还债务时,债权人可以申请企业破产清算。后两种方式又称外源融资。美国等西方国家企业以内源融资为主,外源融资中以债券融资为主。

资本结构就是股权和债权的比例,以及不同的股权、不同的债权的内部比例。MM定理认为,如果资本市场足够完善,给定企业的资产和发展机会,企业的价值与企业的融资结构无关;或者说,企业的融资成本和企业的融资方式没有关系。MM定理的前提假设是资本市场是非常完善的,任何形式的治理结构都是一样的。因为在完善的资本市场下,融资合同解决所有的公司治理问题,这一点也是科斯定理的必然结论。所以,MM定理可以看作是金融市场中的科斯定理。

但是,现实中的资本市场是不完善的,所以,公司治理问题必将影响公司价值和公司的融资成本。股权代理成本就是由于股东与企业家/经理人之间的利益冲突引起的费用。债权代理成本就是由于股东和债权人之间的利益冲突而引起的费用。既然融资过程中利益冲突会影响企业的实际价值,人们自然希望寻求一种可以使代理成本最小的资本结构。

对外融资意味着企业家/经理人(内部股东)将一部分控制权转移给外部投资者。因此,存在企业家/经理人与外部股东的最优持股比例,以保障内部股东既能得到股权激励,又能得到外部股东的监督、控制。

优质的企业家或经理人有动力向市场显示其项目的真实质量。资本结构和融资工具可以当作外部投资认同企业价值的真实信号:一是企业家或经理人自己持股的比例可以承载企业价值的信息;二是债务融资可当作企业价值的信息;三是最优的融资顺序要由融资工具对信息的敏感程度来决定,即对信息最不敏感的融资工具应该先使用,而最敏感的融资工具要到万不得已时才用。因此应按照留存收益—债权—股权的顺序融资。

复习思考题

1. 如何理解MM定理是金融领域的科斯定理?
2. 阐述代理成本与"最优资本结构"的关系。
3. 如何构建经理人最优持股比例?
4. 阐述"融资顺序理论"及其对我国企业融资的积极意义。

 案例讨论题

国美融资与股权之争

1987年，黄光裕怀揣仅有的4 000元钱只身来京，艰难起步，在北京创立了第一家国美电器店，经营进口家电产品，由此揭开了国美电器辉煌的发展史。2004年6月，国美电器（0493）在香港上市，成为知名的大型上市公众公司。2008年12月，黄光裕在自信心的膨胀下，利用关系企业炒买炒卖自家股票，高位套取现金数十亿元，涉嫌经济犯罪，被拘留调查，国美出现危机。

2009年1月，陈晓接任董事局主席一职，开始掌舵国美。为应对国美危机，在陈晓的主导下国美引入美国贝恩资本解决资金链断链的危险，2009年6月22日，国美电器宣布，与贝恩投资达成投资协议，贝恩以18.04亿港元认购国美的七年期可换股债券，初始转换价为1.18港元/股。另外，国美还将向其他符合资格的现有股东提出公开发售，以每100股现有股份获发18股新股，认购价为每股0.672港元。此次融资方案将为国美带来不少于32.26亿港元的资金，缓解国美的资金饥渴。

作为国美电器新引入的战略投资者，贝恩投资此次除认购18.04亿港元（合15.9亿元人民币）的可转股债券外，还负责包销价值约12.56亿元人民币的国美新股。通过这两种方式，贝恩资本将获得国美电器扩大的已发行股份的9.8%～23.5%（取决于现有股东认购新股的比例），成为紧随黄光裕夫妇之后的第二大股东。国美创始人黄光裕所持股权比例也因此由35.98%降至32.47%。同时，贝恩还将得到国美董事会3个非执行董事的席位。

在贝恩投资入股国美电器8个多月后，2010年5月11日在年度股东大会上，作为大股东的黄光裕对贝恩资本提出的三位非执行董事（竺稼、Ian Andrew Reynolds、王励弘）投了反对票，但以职业经理人陈晓为首的董事会一致同意推翻股东大会结果，重新任命了三位董事。同时，陈晓带领团队转危为安后开始觊觎控制权，在国美内部通过股权激励等方式加强了自己的控制力，并且拥有早年黄光裕主政时期国美董事局获得股东大会批准的"配发、发行及买卖国美股份的一般授权"，因此通过计划增发股票、疏远黄光裕等方式谋求国美去黄化。这引起了黄光裕的忧虑，担心其股份被稀释，丧失对国美的控制权。因此，黄光裕方从8月4日起要求召开临时股东大会，要求罢免陈晓董事局主席职务，同时收回对董事会增发20%股份的一般授权来进一步稀释陈晓手中的股权。至此，黄光裕与陈晓矛盾公开激化并愈演愈烈。

9月28日晚，国美电器董事会特别股东大会公布投票结果——撤销配发、发行及买卖本公司股份之一般授权，黄光裕保住了大股东的位置，但黄光裕提出的罢免陈晓董事局主席职务动议以约3个百分点的劣势未获通过；黄提出的委任邹晓春、黄燕虹作为国美的执行董事的决议案超过半数反对也未获通过，而贝恩系的三大董事全部得以留任。

（资料来源：根据相关资料整理。）

讨论问题：
1. 贝恩资本的进入给国美的公司治理带来什么样的影响？
2. 用此案例解释企业家/经理人最优股权比例。

第7章 证券市场与控制权配置

教学目标

1. 了解证券市场的效率性及其对公司治理的影响；
2. 掌握公司并购的方式及其操作步骤；
3. 理解接管防御与控制权争夺的内涵；
4. 理解"卖空机制"的公司治理含义。

基本概念

证券市场效率　控制权配置　敌意接管　接管防御　卖空机制

学习提示

证券市场在公司治理中扮演着重要角色，它可以激励经理不断追求公司价值最大化。如果证券市场是有效率的，则公司价值最大化体现为股票价格的最大化。如果经理不能最大化公司股票价格，他们就可能被董事会解雇，或者在公司被接管后被人代替，或者遭受"卖空"压力而面临"下课"威胁。公司被接管意味着控制权的转移，同时也会引起以接管防御为表现的控制权争夺。显然，健全的证券市场是公司治理的必要内容，也是控制权配置（控制权转移与争夺）得以实现的前提。

本章重点：证券市场的效率性　公司兼并　接管防御　卖空机制

本章难点：卖空机制与公司治理

盛大是中国最大网络游戏运营商，2004 年在纳斯达克上市。在盛大的发展中，并购是其扩大企业规模的重要手段。2005 年 2 月 18 日，盛大宣布，盛大与其控股股东已通过二级市场交易，持有新浪公司 19.5％的股份，并根据美国证券法的规定，向美国证券交易委员会（SEC）提交了收益股权声明 13—D 文件。在这份文件中，盛大坦言购股目的是战略投资，并意欲取得实质性所有权，进而获得或影响新浪的控制。针对盛大的敌意收购，新浪急聘摩根士坦利为财务顾问，迅速制定了抵御收购的"购股权计划""毒丸计划"：一旦新浪 10％或以上的普通股被收购，购股权的持有人（收购人除外）将有权以半价购买新浪公司的普通股，使收购者的股权得以充分稀释。美国东部时间 2 月 22 日，新浪宣布董事会已采纳了股东购股权计划，由此成功地阻止了盛大的收购并控股的企图。但是新浪股权高度分散仍然是面临恶意收购的致命缺陷。

点评：

利用证券市场进行并购和反并购是公司外部治理的重要方式。在发达完善的证券市场里，经营业绩优良的企业可以通过并购取得被收购企业的控制权，从而可迅速拓展成长空间。但当并购行为属于恶意接管时，就会引起接管防御。"毒丸计划"是接管防御的重要手段。

7.1 证券市场的功能及其效率性

证券市场作为资本市场的重要组成部分，是资金调节和分配的枢纽，是控制权配置的载体。证券市场的有效性是证券市场功能发挥的前提。

7.1.1 证券市场对公司治理的作用

1. 证券市场具有融资功能

证券市场是证券发行和买卖的场所。在一个有效的证券市场，经营业绩优良的企业能够吸引较多的发展资金，从而提高企业的市场价值；同时，证券市场的融资功能还可造就控制权配置主体，即企业通过发行股票、债券等扩大资本规模，可以壮大控制另一家企业的资本实力。

2. 证券市场具有反映功能

反映功能是指一个有效率的证券市场，可以准确地用股价来反映公司的经营情况，表示出公司的价值。第一，在有效的证券市场中，公司股票的市场价格提供了公司管理效率的信息，反映了公司经营者的经营水平。出资者通过对公司市场价格的观察和预期，可以评价公司经营者的管理水平，降低了代理成本中的监督成本。第二，公司的股价波动会给经营者带来相当的压力，促使经营者尽职尽责，并通过努力工作用良好的经营业绩来维持股票价格。第三，合理的证券市场价格为控制权配置的顺利进行奠定了基础，使得控制方能准确评价被并购方的价值，从而发掘控制权配置的可行性，决定应该控制何种企业。

3. 证券市场具有纠正功能

纠正功能是指如果证券市场具有足够的流动性，公司控制权就会由效率低的所有者转向估价比较高的收购者,这样就会对公司治理低效的情况加以纠正。证券市场对公司治理产生影响的实质是公司控制权争夺,主要通过并购来实现。并购除能实现协同效应外,还能强制性地纠正公司经营者的不良表现。在有效的市场中,当企业存在经营不善、公司的股价下跌时,并购可使得外部力量强制介入公司经营和控制,使得经营者面临解聘的威胁,为此,经营者会不断改进公司的经营管理。为股东的利益努力工作,改善公司经营效率,以避免恶意收购的发生。

7.1.2 证券市场效率

证券市场在公司治理体系中的作用大小,直接由它的效率水平决定。最早提出证券市场效率性概念的学者,是美国芝加哥大学财务学教授尤金·法玛(Eugene Fama),他在1965年明确提出了"市场有效性假说",这个假说长期以来一直作为研究证券市场时的基本假定存在着。

1. 证券市场有效性的概念

证券市场有效性指的是,如果企业是一个公开上市交易股票的公司,如果证券市场是充分有效的,则企业的价值是可以通过股票的市场价格得到反映的。在这里,"有效的"证券市场就是一个隐含的假定,其含义是指当证券市场的交易者在得到与企业价值有关的信息之后,会立即进行行动,而所有投资者都进行这样的行动,则在市场上该股票价格将正确地反映所有这些与企业价值有关的信息。

也就是说,如果"市场是有效的",则企业的"真实价值层面"和"市场价值层面"就具有一个即时的、同步的变化关系。市场的"有效性"客观上意味着当企业的真实价值发生变化的时候,企业的市场价值同步变化。

2. 有效市场的三种类型

在现实的情况中,企业的真实价值是与投资者所掌握的股票价格中的信息数量有关的。按照投资者所掌握的信息状况,可以把市场的有效性分为三种:弱式有效、半强式有效和强式有效。

(1) 弱式有效。

证券市场是"弱式有效(Weak Efficiency)"的,是指这个市场上的股票价格已经完全反映了它过去的历史价格信息,人们无法通过分析股票的历史价格和交易活动来预测未来股票价格变化趋势。即股票价格的技术分析(RSI、MACD)失去作用,但基本分析(企业经营状况、主营业务市场前景等)可能帮助投资者获利。

(2) 半强式有效。

证券市场是"半强式有效(Semi-strong Efficiency)"的,是指证券价格已经包含了所有可以公开利用的信息,这些信息包括了证券价格变化过程的信息,公司财务报告信息、经营情况信息和其他可以公开利用的信息,甚至包括公开渠道可以获得的行业信息、宏观经济形势和政策方面的信息。即市场中利用技术分析和基本分析都没有作用,但内幕消息可能帮助投资者获利。

(3) 强式有效。

证券市场是"强式有效(Strong Efficiency)"的,是指股票价格已经充分反映了所有关于公司营运信息,包括已公开的和内部未公开的信息。没有任何方法能帮助投资者获得超额利润。

我们知道,公司的内部人或管理者总是会掌握一些未经披露的信息,有信息方面的优势,他们是可以利用这些信息牟取私人收益的。如果管理者或内部人的这些行动不能得到有效的抑制,证券市场的功能就会大打折扣。一般投资者由于预见到内部人或管理者的行为,他们要么在投资行为上比较保守,要么就是在股价估价方面进行折价,以便有效地保护自己。这样,公司的股票价格就不能反映公司的真实投资价值。为了防止这种情况出现,在发达证券市场上,有严格的限制内部交易的法则;以维护投资者的信心。

除了抑制内部人交易之外,强式有效市场的另外一个特征是职业投资者(比如各种基金的管理者)能否持续不断地建立起打赢市场的投资组合。研究者已经发现,这基本是不可能的。1995 年 6 月,在 *Journal of Finance* 杂志上,普林斯顿大学的伯顿·麦基尔 (Burton Malkiel) 发现,从 1971 年到 1991 年长达 20 年时间的观察期来看,共同基金并不能战胜大市,获得超过市场指数的超额收益。

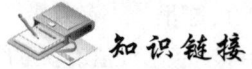 知识链接

无效的证券市场

尽管证券市场的有效性是多数情况下我们愿意接受的假定,但是,即使在纽约证券交易市场这样一个接近强式有效的市场上,也常常存在一些违背效率假说的情况。比如,在公司 IPO 之后和公司收益公告之后,价格并不立即将所有公开信息快速地加以反映。我们以收益公告为例。研究者们发现,在出乎意料的负面收益公告之后,平均而言,股价将在 90 天里呈现向下漂移的倾向;同样,如果是出乎意料的好收益公告,股价也会向上漂移 90 天。

另外,国外的学者们也发现了其他一些与"市场有效"假说不相符合的现象,包括"日历效应"(即一月份股票的收益率显著高于其他月份),"星期一效应"(即星期一的收益率明显比一周中其他日子为低),以及"规模效应"(即小市值股票的收益显著高于大市值股票),等等。目前,学者们还在努力探究为什么会有这样的情况。

在中国的证券市场上,学者们也发现了很多违背有效证券市场假说的现象。这不仅包括很多关于证券市场效率类型的检验,也包括了一些有规律的特定违背现象。比如,一些学者使用事件研究法证实了中国证券市场是弱式无效的证券市场。另外一些学者也检验出我国证券市场上存在着显著的周末效应,即星期五的收益率是一周之中最高的(在一个有效的市场中,股票收益率的变化不应在一周之内呈现出明显的变动规律)。相类似的还有假期效应。这些效应是具有说服力的无效证券市场的证据,它预示了股价的可预测性。

不过,无效证券市场特例的存在,并没有影响人们努力建立有效证券市场的决心。而目前大家一致认为,建设有效证券市场的关键,是要保证信息的"充分披露"。证券市场的有效性不是建立在信息披露的形式上,而是建立在信息披露的实质内容方面。通过会计师、媒体、财务分析师和其他中介机构的努力,投资者将得到相关、可靠和及时的信息,而这将从根本上保证证券市场的有效性。

3. 各国有效市场实践

在证券市场具有效率性的情况下,最大化公司的基本价值与最大化公司的股票价值是一致的,证券市场就成为一个能够改善公司治理的工具。

研究发现，美国的纽约证券交易所（New York Stock Exchange，NYSE）至少是一个半强式有效的证券市场，甚至它还通过了一些强式效率的检验。在这个市场上，投资者已经几乎不能运用技术分析来获得收益，多数只能采用多元化投资的方式来分散风险，获得与大势相接近的收益。如美国最大的报业集团要收购道琼斯，在消息宣布前，道琼斯的股票没有任何异常变化，宣布的第二天就涨了50%多。微软收购雅虎也类似，这说明这两家公司在密谋收购前，没有将收购的消息泄露，市场上没有人知道，这对大家都是公平的。

而英国的伦敦证券交易所（London Stock Exchange，LSE）则是一个弱式有效的市场。在这个市场上，机构投资者有机会利用它们的信息分析优势，运用基础分析从各类公开信息以及企业预测报告中得到投资收益。当然，无论每个市场的现状如何，建立一个强式有效的市场一定是这个市场的发展目标。因为只有那样，公司的股票价格才能充分反映公司的经营状况，证券市场才能够在公司治理体系中扮演重要的角色。

我国证券市场仍然处于弱有效市场与半强势有效市场之间，最多是半强势有效市场，因为我们的市场中仍然充满了内幕消息和内部操纵现象。

我国的信息披露制度

我国证券市场的信息披露，主要是通过对信息披露的内容和行为进行强制性规定来予以保证，与此相关的主要法律法规有：《证券法》《上市公司证券发行管理办法》（证监会制定，2006年施行）、《首次公开发行股票并上市管理办法》（证监会制定，2006年施行）、《公开发行股票公司信息披露实施细则（试行）》（证监会制定，1993年施行）。

我国上市公司信息披露包括三类：①上市信息披露，如对一级市场的招股说明书和对二级市场的上市公司公告书，上市阶段的信息披露在公司完成上市以后即告结束。②定期信息披露，如年度报告、中期报告。公司年度报告基本上包括了所有最重要的、正式的应披露信息，是上市公司主要的信息披露方式。③临时信息披露。如重要事件公告、收购与合并公告等，后两类信息披露在上市公司运营期间长期存在。

7.2 公司并购、剥离与控制权转移

控制权转移作为控制权配置的重要形式，是以证券市场为依托而进行的产权交易。其主要形式为公司并购、剥离。通过公司并购和剥离，公司控制权由效率低的所有者转向效率高的所有者，这样就会纠正公司治理低效的情况。

7.2.1 控制权转移的内涵及其意义

1. 公司并购内涵及其意义

（1）公司并购内涵。

公司并购也称接管（前者侧重形式，后者强调目的）。它指在市场机制作用下，企业通过产权交易获得其他企业的产权，并获得其控制权的经济行为，包括合并和收购。合并

【迷你案例】

指两个或者两个以上的企业合二为一,收购指一个企业收购另一个企业的全部或者部分资产。

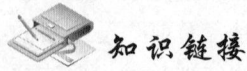

我国《公司法》对公司并购的定义

《中华人民共和国公司法》第九章第一百七十二条规定,公司合并可以采取吸收合并或者新设合并。一个公司吸收其他公司为吸收合并,被吸收的公司解散。两个以上公司合并设立一个新公司为新设合并,合并各方解散。

(2) 公司并购意义。

公司并购的主要动机是增加并购后企业的价值,形成协同效应(Synergy Effects),包括以下几项。

① 规模经济效应。公司并购可以通过产量的提高和单位成本的降低而实现企业的规模效益。兼并给企业带来的内在规模经济在于:通过兼并,可以对资产进行补充和调整,如横向兼并可实现产品单一化生产,降低多种经营带来的不适应;纵向兼并可将各生产流程纳入同一企业,节省交易成本。兼并的外在规模经济在于:兼并增强了企业整体实力,巩固了市场占有率,能提供全面的专业化生产服务,更好地满足不同市场的需要。

② 财务协同效应。财务协同效应指的是在企业并购发生之后,通过将收购企业的低资本成本的内部资金,投资于被收购企业的高效益项目上,从而使并购后企业资金使用效率更为提高。例如1987年飞利浦·莫利斯公司对大众食品公司的收购。飞利浦·莫利斯公司是从事烟草经营的企业,但是烟草业规模由于"无烟社会"运动的发起而逐渐缩小。因而将其资金投向食品工业,这为食品公司提供了成长的机会,对于食品公司而言,新产品的开发是其发展壮大的重要来源。这一成功的兼并使资金流向了更高回报的投资机会,在合并后的企业中形成了显著的财务协同效应。

③ 管理协同效应。管理协同效应主要指的是并购给企业管理活动在效率方面带来的变化及效率的提高所产生的效益。如果两个公司的管理效率不同,管理效率高的公司兼并管理效率低的公司,可使得管理资源得到有效的转移和增加,形成管理协同效应。

2. 公司剥离内涵及其意义

(1) 公司剥离内涵。

与公司并购相对应的行为是公司剥离,即依照法律规定、行政命令或经公司决策,将一个公司分解为两个或两个以上的相互独立的新公司,或将公司的某个部分予以出售的行为。公司剥离主要由部门出售、股权分离和持股分立三种方式。

① 部门出售。部门出售是指将公司的某一部分出售给其他企业。部门出售的主要目的是取得一定数量的现金收入,或是为了调整企业的经营结构,以集中力量做好企业有能力做好的业务。美国的相关研究表明,出售资产的公司和收购与自己有关行业的公司,会造成股票价格提高,但收购与自己行业无关的公司,股票价格不会提高。

② 股权分割。股权分割又称资产分割，是将原公司分解为两个或两个以上完全独立的公司。分立后的企业各有自己独立的董事会和管理机构，原公司的股东同时成为分立后的新公司的股东。股权分立的动机与部门出售相似。但股权分立后，别的公司不会经营该分割出的单位，因此，不会出现公司重组中的协同效应。在不同的管理手段下，该经营单位作为一个独立的公司有可能比原来经营得更好，股权分割就可能获得经济效益。但应该注意的是，股权分割也是有成本的，相对于一个独立的公司，分成两个独立的公司又有新的代理成本。

③ 持股分立。持股分立是在将公司的一部分分离为一个独立的新公司的同时，以新公司的名义对外发行股票，而原公司仍持有新公司的部分股票。持股分立与股权分割的不同之处在于：在股权分割时，分立后的公司相互之间完全独立，在股权上没有任何联系；而持股分立的典型情况是，持股分立的新公司虽然也是独立的法人单位，但原公司继续持有新公司的部分权益，原公司与新公司之间存在着持股甚至控股关系，新老公司形成一个有股权联系的企业集团。

(2) 公司剥离意义。

公司剥离的主要意义是提高资源利用效率，具体包括以下几点。

① 改变公司的市场形象，提高公司股票的市场价值。一般来说，市场并不总是能够正确地认识和评价一个公司的市场价值。特别是对一些集团公司来说，由于实行多元化经营，其业务范围往往涉及广泛的领域，使得市场投资者以及证券分析人员对其所涉及的复杂业务可能无法做到正确的理解和接受，因此可能会低估其股票的市场价值。

② 调整经营战略，提高资源利用效率。任何一个公司都是在一个动态的环境中经营的，经济发展和技术进步是经济环境变化的主要原因。一个公司为了适应经营环境的变化，其经营方向和战略目标也要随之做出调整和改变，而剥离则是实现这一改变的有效手段。

③ 满足公司现金需求，甩掉亏损包袱。有时公司需要大量现金来满足主营业务扩张或减少债务负担的需要，通过出售公司部分非核心或非相关业务的方式来筹集所需的资金，不失为一种有效的选择；同时，剥离利润水平低或正在产生亏损的子公司或部门，可以避免对整个公司利润增长的影响。

④ 消除协同效应，弥补并购决策失误。有时一个公司的某些业务对实现公司整体战略目标来说可能是不重要的，或这些业务不适合公司的其他业务的发展，这时就会产生所谓的负协同效应，即 1+1<2。在这种情况下，尽快剥离这些不适宜的业务，对整个公司发展来说可能是一个较好的选择。有些并购并不能实现预期的目标，收购后剥离可以弥补并购决策失误。

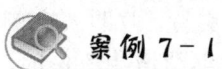
案例 7-1

IBM 剥离个人计算机业务

2004 年 12 月 8 日，IBM 与联想达成了出售其 PC 业务部的协议，包括 IBM 所有笔记本、台式电脑业务以及相关专利、IBM 深圳合资公司（不包括其 X 系列生产线），以及位于日本大和与美国罗利的研发中心；联想可以在 5 年内使用 IBM 品牌，而 IBM 的全球金融部和全球服务部将分别成为联想在租赁和金融服务、授权外包维护服务方面的首选供应商。根据协议，联想向 IBM 支付 12.5 亿美元，其中现金支付 6.5 亿美元，另外 6 亿美元则以联想集团 18.9% 的股票作价。同时，联想承担 IBM 的 5 亿美元债务，其实际交易额达到 17.5 亿美元。2005 年 5 月 1 日，联想正式宣布完成收购 IBM 全球 PC 业务。IBM 漂亮转身为 IT 行业软件服务供应商。

时隔 7 年，IBM 公司 CEO 彭明盛才透露，当年他已看出 IT 行业将出现大的变化，如云计算，未来的重点将是服务和软件，而不是硬件。而从经营角度看，IBM 的 PC 业务受到来自戴尔等强大的价格压力，利润已经趋薄。出于精细的战略性考虑，彭明盛决定在其仍盈利的时候就将 PC 业务卖掉。

（资料来源：IBM 剥离 PC 业务："自我毁灭"的艺术.谋思网，2012-07-25.）

7.2.2 公司并购方式及其过程

1. 公司并购方式

（1）协议收购。

所谓协议收购，是指并购双方通过谈判达成股权转让的协议，从而完成公司控制权的转移。一般来说，协议收购基本上是"善意收购"而不是"敌意接管"。在协议收购的过程中，并购双方一般在友好的气氛下，通过协商来决定并购的具体安排，如决定采用何种收购方式（现金、股票或混合收购方式）、收购价位、资产处置、人事安排等，经过反复协商之后达到双方都可以接受的协议，最后经双方董事会批准和股东大会以特别会议的形式通过后予以执行。

多数上市公司的收购是以协议收购完成的，在中国尤其如此，这是因为大多数中国上市公司拥有比例较多的非流通股，未经控股大股东同意，很难实现并购。这也是为什么中国资本市场敌意接管较少的重要原因。

（2）集中竞价收购。

所谓集中竞价，就是指通过在股票二级市场上购买上市公司的流通股股票的办法获得公司控制权的收购方式。由于二级市场股票交易的方式是集中竞价方式，所以这种收购方式就被称为集中竞价收购。一般来说，集中竞价常常是收购方对目标公司出其不意的袭击，大多数的竞价收购是敌意并购。

（3）要约收购。

如果被收购企业的董事会拒绝了并购提议，则收购公司公开地向目标公司全体股东发出"要约"，承诺以某一特定的价格在某一有效期限内收购全部或一定比例的目标公司股份。要约收购是一种场内公开交易行为，事先并不需要征求对方意见，因而通常被认为是一种典型的"敌意接管"行为。

【迷你案例】

要约收购可分为自愿要约收购和强制性要约收购，前者是指收购方自愿发起要约收购报告书；后者则指收购方发出要约收购书并非自愿。根据我国《上市公司收购管理办法》第二十四条的规定，通过证券交易所的证券交易，收购人持有一个上市公司的股份达到该公司已发行股份的 30% 时，继续增持股份的，应当采取要约方式进行，发出全面要约或者部分要约。我国规定要约收购期限不得少于 30 天，不得多于 60 天（出现竞争要约除外）。

2. 公司并购过程

(1) 寻找并购对象：价值发现与估价。

并购所依据的是公司重组计划，以及与之相伴随的价值实现。因此，必须区分企业资产价值与企业价值。价值发现过程首先从公司估价开始。

① 企业价值的表现形式。

企业价值有两方面含义：一是企业的资产价值，包括用企业的原始账面价值减去折旧的方式得到的资产净值，以及用今天购买同样的资产所要支付的价值计算所得的资产重置价值；二是企业价值，即企业未来所创造的价值在今天的折现值。

购买一个企业，不仅要考虑企业的资产价值，更要考虑"企业价值"。企业并不仅仅是由资产构成的。企业既包含了资产，也包含了附着在资产上的其他多方面的软性因素，这些因素和资产一道，共同为投资者创造价值。购买企业的人，他所要买的，就是企业资产在未来各个年度创造价值的能力。也就是说，一个包含1 000万元资产的企业，对于他的所有者来说，可能并不值1 000万元，也可能大大超过1 000万元。资产价值并不一定等于"企业价值"。

企业的资产价值和"企业价值"之间一般是有差距的，这种差距甚至可能会非常之大。由于企业价值与资产所有者的经营能力有很直接的关系，因此，对于不同的产权所有主体来说，同样的资产，其价值是不同的。对于有能力的潜在购买者来说，企业的价值对他来说可能非常高；而对另外一个人，可能就不值那么多的钱。于是，每个所有者都会根据自己的经营能力来评估资产的可能收益，进而判断"企业价值"的大小。

② 价值发现与估价。

收购团队须对目标公司进行价值评估，以便发现有价值增长潜力的企业。其方法为：假如市场上一个上市公司的损益表和资产负债表体现出了亏损。在一个对行业竞争和企业管理都非常有经验的人眼里，这些资料可能意味着"低效率"。因为这个行业是充满机会的，该公司之所以取得这样的业绩，是因为其管理者水平太低，或者是没有尽职。一个有效的管理者是不可能容忍公司所有重要的经营指标这样大幅度下滑的。而如果更换另外一个管理团队，则利用现有的公司资源，会创造更高的价值。

公司估价的方法很多，一般使用折现现金流模型。通过价值估价，做出新的资产负债表和损益表，如果在新管理团队控制下未来可能实现利润，新表无疑意味着更高的经营收益性，因此，也就意味着更高的企业价值。比如，针对同一家公司的企业价值，做管理改善前后两张损益表，改善前（旧表）净收益为负，改善后（新表）净收益为正。新表和旧表之间的差别，就是它们代表着同一家企业在不同经营战略和不同管理下的未来收益的可能性。也就是说，如果把公司的控制权从与旧表对应的经营团队手里转移到与新表所对应的经营团队手里，扣除掉转移成本、整合费用和资本成本，净收益仍为正值，则一定意味着为股东创造了价值。

毫无疑问，上述行为就是价值发现。投资银行家和靠公司收购盈利的战略投资者，平时所最为关注的，就是这样一个价值发现工作。这是对市场和行业的理解与分析。投资银行家常常能赚到巨额收益，就是基于对行业的把握和理解。

(2) 筹集并购资金：债权融资与股权融资。

当一个收购团队发现了有价值的目标公司之后，便开始筹集收购资金。它可以凭借自己的资源，找到商业银行、保险公司、投资银行、养老基金，或杠杆收购基金，进行权益融资或者债务融资。融资工具主要包括以下几种。

① 信贷。以库存或应收账款等高流动性资产作抵押，风险较低，故银行介入较多，利息也偏低。利率为基率加1%～1.5%，期限为1～3年。

② 优先债。因时间较长，故利息要略高于信贷。优先债券的债权人可优先从现金以及资产出售的价款中优先受偿，而且以固定资产抵押使得金融机构风险较低，因此这样的债权人一般是不愿承担财务风险的商业银行。此外，也有一些要求担保品的信用机构提供此种贷款，但利率要比商业银行高。优先债利率为基率加1%～2%，期限为5～10年。

③ 次级债。次级债券一般是没有担保，或在某种情况下可转换为普通股的债权。由于期限较长，融资多由基金、创业投资公司、养老金、保险机构等提供，或者由证券公司牵头发行高收益债券（亦称垃圾债券）。这部分债务并无实质抵押资产，主要基于对企业未来现金收益流量的计算而定，故风险大于一般信贷，利息也明显加高。在次级债权中，有的依据持有人对利率的要求，又设计了排列顺序，有的投资机构接受较低的顺序，但要求求偿权较优先的条件，有的则要求利率高而愿接受求偿权较后的条件。次级债利率为基率加3%～7%，期限为5～10年。优先债权和次级债券的差别在于风险承担的大小。

④ 股本金。这主要是指通过发行股票（包括向社会公众公开发行和定向募集等形式），以及通过增发新股，以新发行的股票交换目标公司的股票，或者发行新股取代收购方和被收购方的股票，从而取得对目标公司的控股权。

从西方发达国家的并购经验看，与权益融资相比，债务融资是公司收购过程中更主要的融资方式。这包括向金融机构贷款，发行债券和卖方融资等。

(3) 实施收购：以杠杆收购为例。

杠杆收购指的是一个公司主要通过借债来获得另一家公司的产权，又从后者的现金流中偿还负债的兼并方式。杠杆收购的交易中，筹资结构会发生变化。公司在杠杆收购中引起的负债，主要由被兼并公司的资产或现金流量来支持和偿还，其次才是投资人的投资。杠杆收购的一般举债结构，可分为次级债权和优先债权。如果公司清算，次级债权的求偿权位于优先债权之后，求偿权在次级债权之后的一般为优先股，其次为普通股。

在杠杆收购过程中，常由投资银行先借给收购者一笔"过渡性贷款"去买股权，取得控制后，安排由目标公司发行大量债券筹款，来偿还贷款。由于公司负债率过高，而使信用评级低下，因而发行利率一般达15%左右，也因风险过高而被称作"垃圾债券"。若后来"垃圾债券"卖不出去则很麻烦，目标公司需尽快出售资产还款。至于垃圾债券在次级债券中的求偿顺序，视具体情况而定。

在杠杆收购中，常常需要另设一家控股公司，再由此公司去合并目标公司。因此自然控股公司所借的过渡性贷款，就需要目标公司再融资以新的长期债务来替代，而在会计上，控股公司是目标公司的母公司，一旦两家公司合并后，通过资本重复部分的消除，使得目标公司的股本与控股公司相同,但是目标公司的负债会再加上控股公司的负债。当然投资银行会愿意提供风险高的过渡性贷款。除了利率高,还可赚取安排融资的高额手续费。

实际上进行两家公司合并的时间,与取得过渡性贷款及再融资的时间并没有一定的先后关系,一般控股公司在取得过渡性贷款并完成交割后就合并。

20世纪80年代美国流行的杠杆收购,通常是通过投资银行安排过渡性贷款,买方只要出极少部分的自有资金,即可买下目标公司。目标公司以其本身资产为担保,向外界机构举债,并且还通过投资银行安排,大型高利率的垃圾债券及商业本票来偿还过渡性贷款。在新的资本结构里,股东占相当小的比例。

在杠杆收购的实际操作中,买方常常先设立一家"纸上公司"来收购目标公司,这家"纸上公司"的资本结构即为过渡性贷款,同时利用公司法中的公司合并,将目标公司与"纸上公司"合并。

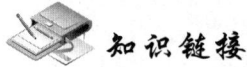

美国并购浪潮中的"杠杆收购"

在美国20世纪80年代中后期开始的第四次并购浪潮中,杠杆收购是最主要的收购方式。从收购资金的结构看,收购发起人自己投入的股权资本,约占收购资金的10%;专门为收购而发行的次级债券、可转换债券和优先股股票(也可以被称为"垃圾债券"),约占收购资金的30%;其他为对公司资产有最高清偿权的一级银行贷款,约占整个收购资金的60%。

在实际操作中,一般是由购买企业先成立一家专门用于收购目标公司的公司,再由投资银行等向购并企业提供一笔"过渡性贷款"用于购买目标企业股权。取得成功后,以这家收购公司的名义举债和发行债券,用于收购的债务融资,通常以目标公司的资产做担保。然后依照公司法使两者合并,将收购公司因购并的负债转移到目标公司名下,再通过经营目标公司偿债、获利。

(4) 并购后整合:确保管理协同。

相对于公司收购而言,控制权的取得并不一定会导致为股东创造价值。与收购同样重要的,是改善被收购企业的公司治理和完成对被收购企业的整合。也就是说,企业在完成并购、取得被收购方的控制权后,更重要的是要对企业的资产、财务、管理和制度等方面进行改革和整理,以确保管理协同效应的发挥。整合是决定并购成败的关键。整合被收购公司的基础是要确定企业恰当的经营战略。作为整合基础的战略管理,核心是"定位",包括确定:①目标客户是谁;②产品和服务的种类有哪些;③用什么方式提供产品和服务。对于一个企业来说,它的核心任务是要为股东创造价值。为了使"创造价值"不至于成为一句空话,变"蒙着打"为"瞄着打",就必须要在上述三个方面有一个比较清晰的认识。只有企业在对这三个问题的回答上能够成竹在胸,才能保证公司的内部决策与企业的价值创造这个基本目标相一致,实现股东价值。

【迷你案例】

在企业战略目标及实施细节相对比较清楚之后,整合的内容就是企业组织形式的调整和结构的变动。这通常包括对资产的分析和剥离,对财务结构的重新安排,对人员的合理分流等。通过重新配置资源,可以使企业形成新的、完整的生产经营体系,使企业资本更充实、负债更合理、财务更健全、生产成本更低、运行更有效率,从而最终实现为股东创造价值的目标。

德鲁克关于成功并购的五大法则

1981年,德鲁克在《华尔街日报》撰文所阐述的五大法则包括:第一,收购必须有利于被收购公司;第二,必须有一个促成合并的核心因素;第三,收购方必须尊重被收购公司的业务活动;第四,收购后一年之内,收购方必须能够向被收购方提供上层管理;第五,在收购的第一年内,双方公司的管理层均应有所上升。

7.3 敌意接管与接管防御

7.3.1 敌意接管

1. 概念

敌意接管是不经目标公司董事会同意而强行在证券市场上收购该公司的股份,从而实现对该公司控制的并购行为。它分为两种情况:一是收购者首先与目标公司的董事会或管理层进行联络,提出收购建议。如果被收购企业的董事会拒绝了并购提议,收购者便在证券市场上向目标公司的股东发出一个"要约",表明自己将在指定时间里以一定的价格收购全部或部分公司股票,进行公开收购;二是收购者事先不与目标公司经营者协商,而突然直接提出公开要约收购。以谋求目标公司的控制权。敌意接管的收购价格一般高于市场价格,有一个溢价。如果有足够多的公司股东同意卖出目标公司的股份,潜在收购者就会夺取公司的实际控制权,收购就将胜利完成。

2. 敌意接管的股权控制方法

敌意接管成功的关键在于股权控制。收购者不一定需要购买到50%以上的公司股份,就可以完成公司控制权的转移。在很多情况下,由于公司具有非常好的代理权争夺机制,潜在收购者可以把要约收购和代理权争夺巧妙地结合起来,从而做到只收购少量公司的股份,但通过征求代理投票权的办法获得多数表决权,实现对目标公司的控制。

公司收购的历史表明,在很多情况下,收购到多数股权往往是不现实或不可能的。控制权的转移在很大程度上取决于"中立股东"的支持与否。尤其是在收购与反收购双方势均力敌的情况下,能否争取到中立股东的支持是决定收购活动成败的关键。也正是这样一个原因,在很多时候,潜在收购方在发出要约之前会在私下里与有一定规模的中立股东,特别是持股数量比较大的股东,如各种基金公司接洽,以便争取到他们在股东大会上对潜在收购方提案的支持,争取表决权上的优势。

3. 敌意接管的后果

当潜在收购者完成了整个接管过程,并取得了对公司的控制权之后,接管过程常常伴随着经理人员的更迭。收购者通常会根据他们的新战略方案,更换新的董事会成员和经理人员。而当经理人员和董事预见到公司被接管之后的可能结果，他们就会采用各种办法防止公司被收购、被接管。在美国，从 20 世纪 80 年代初期开始，公司控制权争夺中的对抗空前激化。正是在日趋激烈的控制权争夺中，出现了一系列防止公司被收购和接管的防御机制。

7.3.2 接管防御

被接管意味着目标公司董事和管理层的职业失败。因此，他们会采用各种方法增加收购者的并购成本，对敌意接管行为进行有效的防御和阻击。目标公司的反收购行为分为两类：预防性措施和主动性措施。

1. 反收购的预防性措施

反收购的预防性措施是目标公司为了降低潜在敌意收购获得成功的可能性，在敌意收购之前就采取的反收购措施。

（1）毒丸计划。

所谓毒丸计划，实际名称为"股权摊薄反收购措施"，是指公司的股东或董事会可以授权发行特别权证，该权证载明当本公司发生突变事件时（比如针对控制权的收购要约），权证所有人可以按照非常优惠的价格将特别权证转换为普通股票（意味着以低于市场的价格向恶意收购者之外的股东增发股票），或是企业有权以特别优惠的价格赎回特别权证，从而提高收购者的收购成本，或稀释其在目标公司的权益。对于管理者来说，毒丸计划是保护他们的最有力的工具。从另一个角度考虑，"毒丸"却减少了股东的财富。

（2）"驱鲨剂"条款。

目标公司管理层习惯把收购人叫做"鲨鱼"，相应的就把公司章程中反收购条款成为"驱鲨剂"条款。具体来说，即修改公司章程等合法手段来防止敌意并购。例如，在美国，反接管条款有如下内容。

① 董事会轮换制。即公司章程规定董事的更换每年只能改选 1/4 或者 1/3 等，这意味着即使收购者拥有目标公司绝对多数的股权，也难以获得目标公司董事会的控制权。

② 绝对多数条款。即在公司章程中规定，包括控制权转移在内的公司所有重大交易活动，必须取得 2/3 甚至 90% 股东的同意方可进行。

③ 公平价格条款。它指在某一特定时期内要约并购者支付的最高价，有时还要求该价格必须超过目标公司的会计收益或账面价值所决定的水平。

④ 股东持股时间条款。股东在股权取得一定时间后才能行使董事提名权，以维持公司管理层和经营业务的稳定。

⑤ 考虑投票权结构配置。不同的投票权结构会对并购者产生不同的潜在影响，如对董事选举采取累计投票制度，相应地也会影响公司控制权市场的竞争状况。

⑥ 董事会改选及董事资格限制条款。董事会改选即在公司董事会中建立董事分年度改选的制度。这类制度规定：每次股东大会只改选一部分董事，比如选举 1/3，而每个董事任期为三年。这样，就可以有效地防止收购方持股占优势时对董事会的"大换血"行动，即使失去控制，也要持续相当长的时间，这样就可以相对保持对公司的控制权；董事

资格限制条款指的是在一些公司里,对董事的任职资格做出详细规定,从而增加收购方提出合适的董事候选人的难度。

(3)"金保护伞"。

金保护伞是指按照控制权变动条款,在公司被接管以后,对被解雇的高管人员进行一次性报酬及其他收益的补偿。随着美国20世纪80年代并购活动的深入,大公司逐渐成为敌意接管的对象,即便是《幸福》杂志评选出的世界500家大公司也开始越来越多地使用这种雇佣合同。到20世纪80年代中期,《幸福》杂志评选出的世界500家大公司中的25%已经在雇佣合同中对最高层的管理者使用了金保护伞条款。金保护伞对那些拟在收购完成之后对目标公司进行人员重组的敌意收购者来说具有一定的阻碍作用。但是,在某些极端的情况下,金保护伞条款却造成了"失败的报酬"这样一种现象。典型的例子就是1985年,阿特丽斯公司根据该条款对公司的6位负责人支付了共计2 350万美元的报酬,其中一个负责人拿到了270万美元的报酬,而实际上他在公司只工作了13个月。在多数情况下,这种支付的金额估计不到全部收购费用的1%,因此,金保护伞条款并不是一种非常有效的接管防御措施。

2. 反收购的主动性措施

当预防性措施没有能够阻止收购方发起敌意收购时,目标公司就需要针对敌意收购实施反收购的主动措施,具体包括如下所述内容。

(1)"绿色邮件"。

"绿色邮件"也称"绿邮讹诈",指的是目标公司通过私下协商的方式,从某些股东手中溢价购回大量本公司股票,以消除大股东进行敌意接管的威胁。通常这种回购还需要签订一份协议,规定股票被全部购回的股东不再企图进一步接管公司。因为收购者支付的金额是由目标公司来支付,并最终由股东承担,并且首先受益的是管理层,因此这种类似"贿赂"的反收购措施往往会遭到来自股东尤其是中小股东的反对,甚至是诉讼。

(2)"白衣骑士"。

"白衣骑士"指的是目标公司更加愿意接受的买家。当目标公司遇到敌意收购者收购时,可以寻找一个具有良好合作关系的公司,比收购方所提要约更高的价格提出收购。这时,收购方若不以更高的价格来进行收购,则肯定不能获得成功。这种方法即使不能驱赶走收购方,也会使其付出较高昂的代价。如果防御成功,充当"白衣骑士"的友好公司一般不会分拆公司,也不会辞退现有的管理人员。但是目标公司可能会因为给予友好公司过多的优惠而遭到来自收购者以及原有股东尤其是中小股东的诉讼。

(3)"帕克曼式"防御[①]。

"帕克曼式"防御又称"反噬防御",指当敌意收购者提出收购时,目标公司针锋相对地对收购者发动反收购,从而达到抵御收购的目的。采取此策略须冒向对方股东支付大量收购资金而造成财产不敷的风险,一般只有资金实力雄厚和融资能力强盛的公司,才会采取这一手段。

---

① "帕克曼式"防御起源于20世纪80年代英国和美国流行的电子游戏,在这种游戏中,程序设计的电子动物相互疯狂争斗,期间每一个没有吃掉敌手的动物都将遭到毁灭。

(4)"焦土战术"。

"焦土战术"指目标公司通过使自身丧失原本吸引敌意收购方的"亮点"或主动使自己陷入困境,从而使得敌意收购者对自己丧失兴趣。其主要方式包括以下两种。

① 出售"冠珠"。它指将公司最有价值的资产出售或者抵押出去,如将引起敌意收购者兴趣的特定优良资产、专有技术或销售网络等处理掉,从而消除收购的诱因。

② 虚胖战术。即大量举债买入一些无利可图的资产,故意进行一些低效率的长期投资,使目标公司短期内资本收益率大幅减少,将公司债务安排在收购后立即到期等。这样,就可以使公司的盈利能力下降,从而降低敌意收购人对公司的兴趣。

这种防御方式本身的自伤性特点很可能会遭到来自中小股东的反对,另外,对公司的高管的形象十分不利,容易给社会造成为保存自己的私利而不择手段的印象。

(5)资本结构变化。

资本结构变化主要指通过调整目标公司的资本结构以增强公司抵抗收购的能力,其形式包括:①增加负债比例,用尽借款能力;②增加向股东支付的股利,从而减少现金流量;③增发股票;④回购股票。

(6)诉讼。

目标企业的经营者为了阻止公开收购,经常提起诉讼。因为一旦提出诉讼,收购者就不能继续执行要约。而从提出诉讼到具体调查、审理,往往需要一段时间,这就给目标公司赢得了时间。

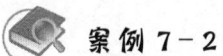

案例 7-2

"可口可乐"收购"汇源"失败

可口可乐 2008 年 9 月 3 日收购汇源三大股东汇源控股、达能及 Gourmet Grace 股份,分别为 38.45%、20.96% 和 6.37%,共计约为 66%。三方可分别获得大约 75 亿港元、41 亿港元、12.5 亿港元的股份出让款。但于 2008 年 9 月 18 日遭到商务部禁止,原因在于违反《反垄断法》,属于"排他、限制性垄断":第一,可乐碳酸饮料的支配地位对果汁饮料产生传导效应(可乐碳酸饮料在中国市场占 51%);第二,对中国果汁市场控制力明显加强(可口可乐的美汁源、酷儿占 7.8%,汇源占 12%);第三,挤压国内中小企业的生存空间。

(资料来源:根据相关资料整理。)

7.4 "卖空"机制

投资者在证券市场买卖股票,有两种盈利方式:一种是"做多",另一种就是"卖空"。"卖空"交易不仅可以盈利,对公司治理也发挥着重要作用。

7.4.1 "卖空"机制内涵

所谓"卖空"交易,是指投资者在高价卖出他们并不拥有的股票,然后再在低价上补进等量的股票,从而获得差价收益的交易行为。与"作多"实行的"低价买入,高价卖出"的盈利方式不同,"卖空"属于"高价卖出,然后再低价补入"的获利方式。

"卖空"是基于对公司前景看淡的交易，是进行公司估价的结果。如果投资者认为某种股票目前估价过高，未来的行情会看跌，在这种情况下，就存在着通过"卖空"获利的机会，即先通过信用交易的方式将估价过高的股票卖出，然后再于低价位上补回，以获得买卖价差。参与"卖空"的人，虽然在卖出的时候没有股票，但是，他们迟早是要补入股票的，他们是公司的潜在投资者。

当然，如果股价不降反升，投资者就会遭到损失，这是"卖空"交易的风险。必须认识到"卖空"交易无论是对于投资者还是对于证券市场都存有风险。这是因为，毕竟在投资者进行卖空的时候，他并不拥有他所"卖出"的股票。由于投资者并不拥有这些股票，他们需要从拥有股票的人那里借入，而最终归还股票是要按现价购买。当投资者信息有误或判断错误的时候，如果股价连续走高，并且交易清淡的时候，很难预测什么时候才能完成交易、止住损失。因此，对于个别投资者有风险的卖空交易对于市场整体来说也存在着巨大的风险，"卖空"交易的风险会比单纯"做多"的风险要大，会加剧市场上的投机风气，引起证券市场的不稳定。

世界上很多著名的证券市场都允许"卖空"交易，纽约证券交易所就是世界上最大的卖空市场。在亚洲，新加坡证券市场、中国香港和台湾地区的股票交易所，也都允许"卖空"交易。

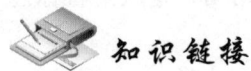

"卖空"交易的两种基本形式

投机性"卖空"：投机性"卖空"是指投资者预期股票价格即将下跌，因此向证券商借入股票，以较高的现时价格出售，等待市场价格下跌到一定价位时，投资者再以较低的价格买入证券，归还给证券商。投资者一前一后都不拥有该笔股票，但却从股票的价差中获得了利润。

对冲性"卖空"：投资者因担心所持有的股票或者以股票为基础证券的衍生证券的价格下跌、给所持有的头寸造成损失而进行的"卖空"交易，以便将所持有头寸的风险对冲掉。对冲性"卖空"可以发生在同一股票上，也可以发生在相关性很强的股票间，或者在股票和以股票为基础证券的衍生工具间。

7.4.2 "卖空"机制对证券市场的意义

"卖空"作为二级市场上股票炒作行为，促进了证券市场对公司治理作用机制的发挥，成为现代公司运作和资本市场不可或缺的一个部分。"卖空"交易的意义是重大的。

1. 促进市场有效性

有效市场要求价格能够完全充分地反映市场上买方和卖方的信息，但是缺乏"卖空"的市场机制使得预期股票价格即将下跌而本身没有证券的投资者无法表达这种预期，限制了股票市场上的供给数量，造成了股票市场上的供求力量的明显悬殊，使得股票价格很容易出现虚高现象。

"卖空"机制的存在客观上能产生一种"价格发现"机制，促使股票市场中的股票价格接近实际价值，在一定程度上促进股票市场价格有效性的实现。"卖空"机制的存在使得那些不拥有股票的投资者有可能表达自己对这些股票实际投资价值预期，从而使得整个市场的股票供给和需求力量得到匹配，这些大规模的股票供给和需求力量、大规模的交易量及由此衍生的价格竞争将会大大提高股票定价的有效性。而且"卖空"交易行为实际上反映了市场对股票未来价格的评价，从而使得价格所反映的信息更加充分。

2. 减小市场波动

如果证券市场仅限于现货交易，仅可以"做多"，市场将呈单边运行，即投资者买进股票的力量长期压倒卖出股票的力量（因为只有买入才能赚钱），这样，容易导致市场在供求上的关系严重失衡，出现股价暴涨暴跌的现象。

在证券现货市场中引入"卖空"机制，可以增加相关证券的供给弹性，从而可减少证券市场的大幅波动，起到稳定市场的作用。当证券市场上某些股票的价格因为投资者的过度追捧或者是恶意炒作而变得虚高的时候，市场中理性的投资者或者投机性"卖空"者就会通过"卖空"这些价格虚高的股票。这样，这些股票的供给量会明显增加，这一方面缓解了市场上对这些股票过度追捧导致的供不应求的紧张局面，抑制了股票价格泡沫的继续生成与膨胀；另一方面，"卖空"行为还向市场上其他的投资者及时传递了一种股价可能虚高的信号，促使虚高的市场重新趋于理性。同时，当这些虚高价格的股票因为泡沫破灭而价格下跌时，先前"卖空"这些股票的投资者因为到期需要交割，会重新买入这些"卖空"的股票，从而增加了市场对这些股票的需求，避免泡沫破灭后市场对这些股票的过度反应导致的价格急剧下跌，从而起到了稳定市场的效果。

3. 增加市场流动性

股票市场上的"卖空"行为一方面增加了市场上股票的供应量，降低了投资者由于市场供应不足而不得不以较高价格购入股票的风险。同时"卖空"者的对冲行为又增加了市场的需求量，使得投资者能在固定的价位卖出大量的股票。

"卖空"机制的存在活跃了市场的交易行为，扩大了市场的供求规模，从而有利于提高市场的流动性。尤其是在采取做市商制度的市场上，"卖空"机制对流动性的作用就更加明显。当不允许"卖空"的时候，做市商一般不会持有空仓，而会持有大量的证券存量，这大大提高了做市商的做市成本，做市商为市场提供流动性的能力会被大大削弱。但如果允许进行"卖空"，做市商的做市成本就会下降，而且可以进行交易的空间也会扩大，从而大大提高其弥补市场短暂性供需不平衡的能力，从而达到提高市场流动性的目的。另外，"卖空"交易一般采用的都是保证金交易的形式，投资者只需要缴纳所"卖空"证券价值一定比例的现金就可以进行交易，这大大降低了投资者的交易成本，客观上有利于提高市场的流动性。因此，"卖空"机制的存在创造了对允许"卖空"股票的供给和需求，使得投资者的潜在需求得以满足、潜在供给得以消化，提高整个证券市场的换手率，增加了整个市场中的交易量和交易额。

7.4.3 "卖空"机制对公司治理的作用

投资者的"卖空"交易，从表面上看是一种市场行动，但在一个相对健康有效的证券市场上，"卖空"机制就有可能成为激励和约束经理人的机制，使其能够为实现股东利益而努力工作。"卖空"机制对于公司治理的意义主要体现在以下过程中。

【推荐文章】

1. "卖空"的负面信息会对经理人形成压力

"卖空"机制迫使投资者更加关心企业的负面信息,由此对企业的经营者形成压力,使其检省自己的所作所为,进而纠正自己的错误决策并管理腐败行为。

(1) "卖空"的负面信息成为公司治理的影响因素。

在没有"卖空"机制的市场上,投资者在二级市场上获利的唯一机会是低价买进,高价卖出,也就是说,只有在利好的消息下投资者才可以赚钱。于是,整个市场的注意力会集中于各种利好消息,而为了托市,有关机构甚至还要不断"释放"利好消息,以保证市场的信心。相比之下,因为不具备盈利机会,企业的利空消息就少有人关心了。这不利于对企业经理人形成约束。有了"卖空"交易,投资者会更加关心有关企业的负面信息,并从提前获知这些信息的过程中获利;没有股票的人可以"先卖出,再补入"获得盈利,有股票的人也可以采用同样的操作手段减少损失。于是,负面的信息既成为大家有利可图的信息来源,也成为公司治理的影响因素。

(2) "卖空"可以成为股东表达不满的手段。

当股东认为他们所持有的股票会因为经理人错误决策或管理腐败行为而影响企业价值,进而股票的市场价格会下跌的时候,在没有"卖空"机制的情况下,如果他们不想继续持有公司的股票,他们只能简单地"用脚投票",卖出公司的股票。但是,在有"卖空"机制的情况下,如果他们对公司的改组还有期望,他们就可以继续持有公司的股票,同时采用"卖空"的操作手法,高价卖出,低价买进,一方面减少损失,另一方面也向董事和经理传递出不满的信号。

(3) "卖空"可强化董事会的监督作用。

"卖空"机制可使董事会根据股价下跌的信号,增加对经营者的关注度,对经营层施加压力,促其扭转危局。

当上述机制都失效之后,接管机制就会发挥作用。而在有"卖空"机制的市场上,接管活动的成本会比没有"卖空"机制的市场更小。

2. "卖空"会激励经理人维护自己的经济利益

从经营者自身利益来讲,"卖空"机制也会对他们实际经济利益造成损失。经营者报酬是激励和约束经营者的最重要的手段之一,在经营者报酬的种种形式中,长期激励性报酬是主要的内容。而很多长期激励性报酬的形式,比如股票期权、股票升值权等,其价值都是与股票的市场表现有关的,在市场交易以"空头"为主的气氛中,经营者行权、实现其收入的难度会大大增加。这将迫使经理人为防止股价下滑、竭力提升股票的市场价值而尽心工作。

"卖空"交易的负面影响及其防范措施 【阅读资料】

由于"卖空"行为存在"逼空风险"(庄家利用"卖空"机制对股票市场进行比以往更加嚣张的炒作)和国际游资炒作等不利股市健康发展的负面因素。世界上很多交易所也制订了一系列防范"卖空"交易负面影响的措施。比如,一些交易所对"卖空"交易的参与者的身份进行限制,交易所会按照一定的标准精心选择和调整可进行"卖空"交易的名单。一般来说，在发展中国家和地区的交易所，并不是所有股票都可以进行"卖空"交易。比如在香港联交所《可进行卖空的指定证券名单》中，目前就只有190多只股票可以进行"卖空"交易。

在很多交易所中，还规定了"卖空"交易的保证金水平，并且这个水平还会随着股市的整体情况进行调整。比如，在"卖空"交易较多、股市低迷的时候，交易所会大幅提高保证金数量，起到托市的作用。在2001年2月，中国台湾地区股市不断走低，市场监管当局就将股票"卖空"的保证金从"卖空"价格的120%提高到150%，以稳定市场。

另外，在一些证券市场上，还设立"卖空"者"强制买进"的政策。比如，在新加坡交易所，就有这种强制买进的规定。交易所会在第四个交易日后代"卖空"者强制买进股票。当然，也有些交易所定期公布"卖空"数额，让投资者了解市场的供求情况，加强信息的流动，减少因市场信息不充分而引起的市场波动。

总之，通过这些手段，证券市场的组织者和监管者都是期望在有效规避"卖空"交易风险的同时，尽最大可能来利用"卖空"机制的正面影响力，充分发挥其公司治理和公司控制的作用。

7.4.4 我国证券市场的"卖空"交易

世界"卖空"市场实践表明，"卖空"并没有加大市场的投机程度，相反却有助于使股市趋于稳定。由于种种原因，我国曾一度严禁"卖空"交易，这就使我国的资本市场对于上市公司的约束力量处于与西方国家完全不同的情况。因此，2008年起我国开始有限度地开放"卖空"禁令。

1. "融资融券"业务与我国"卖空"交易

2008年10月5日，我国证监会宣布启动"融资融券"试点。"融资融券"又称"证券信用交易"，是指投资者向具有上海证券交易所或深圳证券交易所会员资格的证券公司提供担保物，借入资金买入本所上市证券或借入本所上市证券并卖出的行为。包括券商对投资者的融资、融券和金融机构对券商的融资、融券。融资是借钱买证券，证券公司借款给客户购买证券，客户到期偿还本息，客户向证券公司融资买进证券称为"买空"；融券是借证券来卖，然后以证券归还，证券公司出借证券给客户出售，客户到期返还相同种类和数量的证券并支付利息，客户向证券公司融券卖出称为"卖空"。

目前，证券公司融资融券业务正在按照"试点先行、逐步推开"的原则进行，根据证券公司净资本规模、合规状况、净资本风险控制指标和试点方案准备情况，择优批准首批符合条件的试点证券公司。之后，将根据试点情况，在总结经验，完善办法的基础上，逐步扩大试点范围。为适应我国证券市场多样化、差异化的实际情况，试点单位的范围兼顾不同类型和不同地区的证券公司。试点期间，只允许证券公司利用自有资金和自有证券从事融资融券业务，且只能针对沪深300指数中的股票做空。同时，抓紧进行转融通业务[①]的设计和准备。试点工作取得成效后，融资融券业务将成为我国证券公司的常规业务。

2. "卖空"交易对完善我国公司治理机制的意义

完善的证券市场是实施公司治理外部机制的载体。以融券业务为形式的我国"卖空"

---

① 转融通业务，是指由银行、基金、保险公司等机构提供资金和证券，证券公司作为中介将这些资金和证券提供给融资融券客户。

机制的实行,对促进我国股票市场的价值回归、完善我国证券市场,进而确保公司治理外部机制的正常运转发挥着重要的作用。

(1) 改善我国股市"单边市"和"高估值"的问题。对于我国的股票市场来说,由于"卖空"机制的长期缺失,造成了市场供需存在内在的不平衡,投资者买进股票的力量长期压倒卖空股票的力量,使得中国股市呈现单边市场的局面,多头力量持续占优。单边市的结构缺陷使投资者的行为产生异化,投资者会产生明显的追涨行为,导致我国股市投机氛围浓厚。在可以卖空的市场机制下,当股票供不应求,股价被高估时,投资者可以通过做空来获利,从而改变过去只能通过股价上扬获利的单向盈利局面,减少了多头的力量,增加了空头的力量,使供不应求的局面得以扭转,因此市场高估的现象也能够得到有效的纠正,大小非的不合理高价减持、新股发行上市首日被爆炒的现象等股市目前很多现实问题就会迎刃而解。因此,引入卖空机制可使我国的证券市场成为真正的具有投资价值的资本市场。

(2) 减小中国股市的波动。跟欧美、日本等成熟股票市场相比,中国股票市场还处于不断完善的新兴市场阶段,市场波动幅度一直很大,系统性风险较为突出。就目前中国股票市场的实际情况来说,由于只存在追涨的投机方式即单边做多,缺乏追跌的投机方式的平衡,就加剧了股市的波动。因此要削弱股市的波动性,就有必要建立"卖空"机制,让股票价格和指数合理有效的反映市场投资者对未来预期和评价。

(3) 抑制"庄家""庄股"的诞生。由于有"卖空"机制的存在,总有一批投资者在专门寻找业绩和股价被高估的股票进行卖空。一只没有业绩支撑的股票,仅依靠庄家的拉抬,是不可能被做成"庄股"的。当引入"卖空"机制以后,使得庄家搜集筹码然后拉升股价获利的难度加大,有效地抑制了"庄家""庄股"现象。

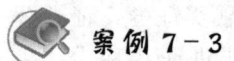

辉山乳业暴跌幕后资本市场的"清道夫"

3月24日,在香港上市的辉山乳业股价暴跌近91%,创下港交所史上最大跌幅,董事长杨凯承认公司资金链断裂。暴跌的导火索,是去年12月16日,著名中概股狙击手浑水公司发布了一份长达47页的研究报告。报告指出,辉山乳业至少从2014年开始,便发布虚假财务报告,称辉山乳业是一家骗子公司,公司价值接近于零。浑水公司再次得手。

2010年11月10日,浑水突然向在美国上市的大连绿诺环境工程科技有限公司发难。在一份长达30页的研究报告中,浑水公司列举系列证据,直指绿诺欺诈。同年12月3日,纳斯达克向绿诺发出退市通知,批评其未能回应市场质疑。同月9日,绿诺遭到摘牌,浑水公司一战成名。后来浑水公司先后出手中国高速、东方纸业等,都引发了这些公司的股票大跌,一时被称为中概股猎手。

浑水的调查逻辑很清晰,因为造假是一个系统工程,上市公司要造假需要对整个信息链进行造假,基本上不可能做到完全自圆其说。通过公开信息发现逻辑矛盾,然后再实地考察,并找竞争对手和行业专家深入解剖。这套先逻辑后调研的打法,保证了浑水公司基本弹无虚发。"苍蝇不叮无缝蛋",被浑水公司盯上,大概率的情况是公司本身的确出现了问题。

无利不起早,没有实质性的利益,浑水公司当然是不会去趟"这个得罪人的浑水"的,这就要从股市的做空机制说起。

众所周知,中国股市是不允许做空的。做空的办法,就是你手里没有股票,但是你也可以先卖然后再买。没有股票怎么还能卖出股票？这是因为你可以从证券公司那里借股票卖出，然后等股价跌了之后再把股票买回来，把股票还给证券公司，你赚的就是这中间的差价。比如辉山乳业股价是100元，浑水公司事先做了充分的市场调研，发现了辉山乳业存在巨大的财务问题，于是从证券公司借来1万股，并把这1万股卖出去就得到了100万。这个时候再对外披露辉山乳业存在的问题，做空辉山乳业的股价，当股价大幅下跌之后，比如跌至每股10元钱。这个时候，浑水公司再用原来卖出股票赚到的100万现金其中的10万元就可以买回1万股辉山乳业的股票。最后把这1万股股票还给证券公司，这一出一进，净赚90万。

浑水公司的盈利模式并非一家独创，在美国等国外资本市场类似浑水公司这样的机构，数不胜数。套路都是一样的，寻找"问题公司"，卖出该公司股票，建立仓位，然后发布做空报告，在公司的股价下跌中获得盈利。整个过程中同样存在着一条脉络清晰的利益链，包括律师事务所、审计机构、会计事务所、研究机构和对冲基金等等。

公司上市本来就是更健康更透明的募集公司的发展资金，并不是用来圈钱更不是用来骗钱的。股民购买公司股票，实际上是公司的股东，只是大小不同罢了。但并不是所有的公司都抱着给股东创造利益的信念上市的，跑到股市圈钱为主要目的的不在少数。面对复杂的公司财报，以及蓄意的欺骗信息，普通股民的信息研判能力不足以防范这些风险。

做空机制以及浑水公司的出现，恰恰起到了这样的风险防范作用，使得虚假信息的深度挖掘和披露成为真正有利可图，甚至可以赚大钱的事。有了浑水公司这样的"清道夫"存在，这些公司的造假者都会掂量掂量自己的造假能力，能不能逃过"浑水公司"们的法眼。这正是资本市场上的制衡。

那如果浑水公司作假恶意中伤其他公司怎么办？他们随时面临着来自同行的竞争，一方面调研出了问题可能会吃官司，偷鸡不成蚀把米。另一方面调研研判如果经常出问题，将失去口碑，也就没有竞争力了。

浑水公司官网显示，创立至今总共做空了23家公司，粗略估算，每年平均发布约3家公司的研究报告。那么，作为市场的制衡清道夫，中国的"浑水公司"在哪里呢？

（资料来源：张是之，微信公众号，经济学家看世界，2017-03-30.）

本 章 小 结

证券市场在公司治理体系中扮演着重要的角色，具有融资功能、反映功能和纠正功能。证券市场在公司治理体系中的作用大小，直接由它的效率水平决定。证券市场效率分为弱式有效市场、半强式有效市场和强式有效市场。当然，也存在无效的资本市场。

控制权转移指的是公司并购与公司剥离。公司并购指在市场机制作用下，企业通过产权交易获得其他企业的产权，并获得其控制权的经济行为。实际上是有能力的投资者纠正管理不善公司的行为。并购过程包括价值发现与估价、收购过程中的融资以及收购后整合。

控制权争夺指的是敌意接管引起的接管防御。如果被收购企业的董事会拒绝了并购提议，则潜在控制者往往会在证券市场上向目标公司的股东发出一个要约，进行公开收购，这也就是所谓的"敌意接管"活动。接管防御是指一系列防范外部人收购的机制，包括并购成为事实之前实施的毒丸计划、"驱鲨剂"条款、"金保护伞"等措施，以及并购成为事实之后的"绿色邮件"、"白衣骑士"、"帕克曼式"防御、"焦土战术"以及资本结构变化、诉讼等防御手段。

> 所谓"卖空"交易,是指投资者高价卖出他们并不拥有的股票,然后再在低价上补进等量的股票,从而获得差价收益的交易行为。卖空机制下,投资者关注公司的负面信息,在给上市公司形成压力、维持市场应有的流通量以及反映股票的真实价值方面,都具有不可置疑的作用。一个相对健康有效的证券市场上,卖空机制就有可能成为激励和约束企业董事和经理人的机制,使其能够为实现股东利益而努力工作。2008年,我国启动融资融券试点,开始了对卖空的解禁。卖空机制对促进我国股票市场的价值回归、完善我国证券市场,进而确保公司治理外部机制的正常运转将发挥重要的作用。

复习思考题

1. 如何理解证券市场在公司治理中的作用?
2. 如何通过股票市场价格来判断证券市场的效率?
3. 企业有哪些防止敌意接管的策略?如何有效使用这些策略?
4. 如何理解"卖空机制"的公司治理含义?

案例讨论题

反并购策略案例——广发 VS 中信

2004年9月1日,中信证券股份有限公司(下称"中信证券")召开董事会,通过了拟收购广发证券股份有限公司(下称"广发证券")部分股权的议案。9月2日,中信证券发布公告,声称将收购广发证券部分股权。一场为期43天、异彩纷呈的收购和反收购大战,就此拉开了帷幕。

广发证券在全国各地拥有78家证券营业部,其中广东47家。中信证券本身的营业部主要分布于北京、上海、江苏、广东和山东,若能收购广发证券,则中信证券在东南沿海各省市的竞争力将大幅提高。此外,广发证券的投行部门也颇具实力,2002年,股票发行总家数、总金额分别名列第1位和第2位,国债承销在证券交易所综合排名第7位。2003年,股票发行总家数名列全国同业第4位。收购可以大大加强中信证券的综合实力。同时,广发证券的人才和市场声誉也是一笔巨大的无形资产,对中信证券具有极大的吸引力。另外,中信证券发现广发证券的价值相对低估,通过收购广发证券能够提高自身的业绩。当时,中信证券的股价虽然比最高点损失惨重,但股价仍为7元左右。而广发证券的转让价格均接近其每股净资产,约为1.2元。两家公司的股价之比高达6倍左右,中信证券的市盈率高达150倍,PS比率(股价/每股销售收入)也高达18倍,分别是广发证券对应估值比率的8倍左右。

由于中信证券的收购公告未与广发证券管理层充分沟通,广发证券内部视其为"敌意收购"。9月3日,广发证券员工陈情广东证监局,表达了反对中信证券并购的立场和态度。9月6日,有关网站刊出了《广发证券员工强烈反对中信证券敌意收购的声明》,这份署名为"广发证券有限公司2 230名员工"的声明称,坚决反对中信证券的敌意并购,并将抗争到底。

9月4日,由广发证券员工集资组建的深圳吉富创业投资股份有限公司(下称"深圳吉富")成立。9月6日,中信证券发布拟收购广发证券部分股权的说明,称收购不会导致广发证券重大调整,不会导致广发证券注册地、法人主体、经营方式及员工队伍的变更与调整。9月10日,深圳吉富以每股1.16

元的价格率先收购云大科技持有的广发证券 3.83% 股权。9 月 15 日,深圳吉富按每股 1.20 元的价格受让梅雁股份所持有的广发证券 8.4% 的股权,此时,深圳吉富共持有广发证券 12.23% 股权,成为第四大股东。

面对广发证券的抵抗,9 月 16 日,中信证券再一次重拳出击,向广发证券全体股东发出要约收购书,以 1.25 元/股的价格收购广发证券股权,使出让股东的股权在评估值基础上溢价 10%~14%,以达到收购股权 51% 的目的。

9 月 17 日,原广发证券第三大股东吉林敖东受让风华高科所持有 2.16% 广发证券股权,增持广发证券股权至 17.14%,成为其第二大股东。9 月 28 日,吉林敖东再次公告受让珠江投资所持广发证券 10% 股权,至此,吉林敖东共持有广发共计 27.14% 的股权。同日,原广发证券第一大股东辽宁成大公告,受让美达股份所持有的广发证券 1.72% 的股权,至此辽宁成大共计持有广发证券 27.3% 的股权,继续保持第一大股东地位。此时,辽宁成大、吉林敖东与深圳吉富共同持有广发证券 66.67% 的股权,三者构成的利益共同体的绝对控股地位已不可动摇。

10 月 14 日,因无法达到公开收购要约的条件,中信证券发出解除要约收购说明。至此,历时 43 天的反收购大战,以广发证券的成功画上了圆满的句号。

(资料来源:根据网上资料整理。)

讨论问题:
1. 中信证券收购广发证券的目的是什么?
2. 广发证券使用了哪些反收购手段?你如何评价?

第 8 章

机构投资者与公司治理

教学目标

1. 掌握机构投资者的含义、种类和特点；
2. 了解机构投资者参与公司治理的发展历程及其机理；
3. 了解国内机构投资者状况及促使我国机构投资者参与公司治理的途径。

基本概念

机构投资者　共同基金　养老基金　投资公司　参与治理

学习提示

资本市场的投资者可以分为机构投资者和个人投资者。对于机构投资者来说，当其所持股票占上市公司全部流通股票的比例较小时，它们可以在该上市公司经营管理不善时"用脚投票"，但是当其所持有的该公司股票数量庞大时，机构投资者就开始改变其被动接受上市公司经营不善的现实情况，转而采取主动策略，积极参与公司治理。逐渐地，机构投资者在公司治理的舞台上真正从幕后走到台前，从而成为公司外部治理的一个重要因素。

本章重点：机构投资者的种类　机构投资者的特点　我国机构投资者在公司治理中作用

本章难点：如何发挥我国机构投资者在公司治理中的作用

导入案例

苹果公司前十大股东不是共同基金就是养老基金等机构投资者。最大的股东是富达基金（Fidelity），第二大股东是先锋集团（Vanguard）。如果苹果公司不能为美国大众带来良好的回报，人们会将自己的退休金从上述基金中转移出来，对它们进行惩罚。所以，是希望自己的投资有高回报的美国民众决定了苹果的生产基地应位于中国或其他国家。

点评：

美国是当今世界机构投资者类型最丰富、参与公司治理最为积极的国家。20世纪80年代以后，随着机构投资者在公司持股规模的扩大以及由此导致"用脚投票"成本的攀升，机构投资者在公司治理中的角色发生了从"被动持股者"向"积极投资者"的重大转变。

8.1 机构投资者的类型和特点

8.1.1 机构投资者的含义及类型

1. 机构投资者含义

机构投资者是指用自有资金或者从分散的公众手中筹集的资金专门进行有价证券投资活动的法人机构。与机构投资者所对应的是个人投资者。一般来说，机构投资者投入的资金数量很大，而个人投资者投入的资金数量较小。

机构投资者又有狭义和广义之分。狭义的机构投资者主要有各种证券投资基金、证券中介机构、养老基金、社会保险基金及保险公司等。广义的机构投资者除上述机构外，还包括各种私人捐款的基金会、社会慈善机构甚至教堂宗教组织等。

2. 机构投资者类型

由于经济体制、法律制度环境的差异，各国机构投资者范畴不尽相同，但基本包含在以下八种类型之中。

（1）证券投资基金。

证券投资基金是一种利益共存、风险共担的集合证券投资方式，即通过发行基金单位，集中投资者的资金，由基金托管人托管，由基金管理人管理和运用资金，从事股票、债券等金融工具投资，并将投资收益按基金投资者的投资比例进行分配的一种间接投资方式。证券投资基金在美国称共同基金，是其主要的机构投资者之一。

（2）保险公司。

保险公司作为销售保险合约、提供风险保障的公司，利用其手中持有的大量闲置资金，投资证券市场达到增值保值的目的。目前，中国的保险基金已经入市，成为中国证券市场一支不可忽视的生力军。

（3）社保基金。

社保基金即社会保障基金，包括社会保险基金、社会救济基金、社会福利基金等。其中，社会保险基金是社会保障基金中最重要的组成部分。目前，我国社会保险基金分为养老保险基金、失业保险基金、医疗保险基金、工伤保险基金和生育保险基金等；其中养老保险基金数额最大，在整个社会保险制度中占有重要地位。作为机构投资者的社保基金指的是国家把企事业职工交的社保费用中的一部分资金交给专业的机构管理，以实现保值增值。目前，中国的社保基金已经被批准投资于证券市场。养老基金是美国公司治理参与最积极的机构投资者。

（4）券商。

券商即证券公司、证券经营公司，是专门经营证券业务的机构。它具有证券交易所的会员资格，可以承销发行、自营买卖或自营兼代理买卖证券。世界各国对证券公司的划分和称呼不尽相同，美国的通俗称谓是投资银行，英国则称商人银行。以德国为代表的一些国家实行银行业与证券业混业经营，通常由银行设立公司从事证券业务经营。日本等国和中国一样，将专营证券业务的金融机构称为证券公司。

（5）财务公司。

财务公司是大型企业集团投资成立的，为本集团提供金融服务的非银行金融机构。财务公司经营的金融业务，大体上可以分为融资、投资和中介这三大块，在这里财务公司作为一种机构投资者，特指它的投资业务，即投资于本国的证券市场。

（6）企业年金。

企业年金源于自由市场经济比较发达的国家，是一种属于企业雇主自愿建立的员工福利计划。在中国，年金是指企业及其职工在依法参加基本养老保险的基础上，自愿建立的补充养老保险制度，是多层次养老保险体系的组成部分，由国家宏观指导、企业内部决策执行。这一部分资金规避风险的意识很强烈，在完全的市场化运营的条件下，为了维护企业年金基金的安全性，国家对基金的投资范围做了严格的限制，主要投资于低风险低收益的债券、银行票据等，投资股票等权益类产品及投资性保险产品、股票基金的比例，不高于基金净资产的 30%。

（7）信托公司。

信托公司以信任委托为基础、以货币资金和实物财产的经营管理为形式，融资和融物相结合的多边信用行为。信托财产具有独立性，信托依法成立后，信托财产即从委托人、受托人以及受益人的自有财产中分离出来，成为独立运作的财产，这部分资金也会投资证券市场。

（8）合格的境外机构投资者。

合格的境外机构投资者（Qualified Foreign Institutional Investors，QFII）是一国在货币没有实现完全可自由兑换、资本项目尚未开放的情况下，有限度地引进外资、开放资本市场的一项过渡性的制度。这种制度要求外国投资者若要进入一国证券市场，必须符合一定的条件，得到该国有关部门的审批通过后汇入一定额度的外汇资金，并转换为当地货币，通过严格监管的专门账户投资当地证券市场。2002 年 11 月，中国人民银行和中国证监会联合发布了《合格境外机构投资者境内证券投资管理暂行办法》，其中将合格境外机构投资者定义为：符合有关条件、经中国证监会批准投资于中国证券市场，并取得国家外汇管理局额度批准的中国境外基金管理机构、保险公司、证券公司以及其他资产管理机构。

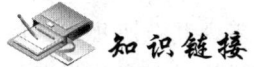

美国机构投资者的主要类型

美国的机构投资者主要包括共同基金、养老基金、保险公司及商业银行四大类。

1. 共同基金

共同基金，即是结合众人的金钱，交给投资理财专业经理人进行投资、规划与执行。这种方式在投资理财观念及环境成熟的欧美地区，是极受欢迎的投资工具，时至今日，共同基金得到了包括银行信托部、保险公司、养老基金等诸多机构投资者的青睐。在美国平均有43%的家庭投资于共同基金。美国已成为世界上基金业最发达的国家，基金资产在规模上已超过银行资产。截至2010年年底，美国市场上资产规模最大的15只共同基金总资产之和超过1.4万亿美元。成立于1946年的美国富达投资集团（Fidelity Investment Group）是目前全球最大的专业基金公司。目前已经由纯粹的共同基金公司发展成为一个多元化的金融服务公司，向客户提供包括基金管理、信托以及全球经济服务在内的全面服务。富达公司旗下有362只共同基金，其中259只为股票型投资基金。富达投资集团的分支机构遍布全球15个国家和地区。目前为全球1 200多万位投资者管理的资产高达1万亿美元，占美国共同基金总额的1/8，备受投资者和基金市场的关注。

【阅读资料】

2. 养老基金

养老基金被认为是四类金融机构中受限制最少的一种机构投资者，养老基金比其他类型的机构投资者持有更多的公司股票，可以持有的股票份额是全部上市公司股票总额的25%以上。因此，从资金量和证券占有量上看，它们是机构投资者的主体，同时也是机构投资者中最沉默、持仓时间最长的部分。此类机构投资者受资金来源主体的限制，投资目的以获取长期稳定的收益为主，由此决定了此类机构投资者参与公司治理的积极性。

【阅读资料】

3. 保险公司

美国的保险公司由州一级进行管理，而各州的法律都对保险公司投资于股票的额度进行限定，共同点是都规定了保险公司在股票上的投资只能是其总资产的20%，而且只能将其中的一小部分（例如，纽约州规定是总资产的2%）投资于一家单个公司的股票，并规定财产和灾害保险公司不能控制非保险公司。因此，保险公司在机构投资者中基本上是被动的投资者。

【阅读资料】

4. 商业银行

美国的商业银行分为国民银行及州立银行。早在1863年美国颁布的《国民银行法》赋予了国民银行有限的权力，却没有包含让其持有股票的权利，特别是1933年通过的《格拉斯-斯蒂格尔法》（Glass-Steagall Act）强制性地将商业银行的活动与投资银行的活动分开，从而使商业银行不能从事证券业务。后来，美国对银行的管制逐步放松，才使一些大的银行获得了证券交易商的资格或开始从事证券中介经纪业务。银行可以通过它们持有股票的公司来规避《格拉斯-斯蒂格尔法》的一些限制，后者被准许购买一家非银行企业超过5%的有表决权的股票，但要求这些股票的持有者必须是被动的投资者。

8.1.2 机构投资者的特点

机构投资者作为资本市场中一个重要的市场主体，经过从早期"消极股东"到20世纪80年代以来"积极股东"的发展历程，形成了自己的特点，具体表现如下所述。

1. 投资理念长期化

个人投资者的投资行为大多是短期的，缺乏对公司长远发展的考虑，证券的短期价值是个人投资者在证券市场投资时的主要考虑因素。一旦股票的价格差所产生的收益达到个人的满意度，个人投资者就有可能做出买、卖股票的决策。机构投资者因其持股规模一般较大，其短期内的买入与卖出必然会对证券市场造成后续影响，因此机构投资者的投资行为都较为稳健，倡导价值投资理念，追求的是具有中长期投资价值的股票。因此，机构投资者特别关注公司的经营稳定性和上市公司的未来业绩。

2. 投资行为专业化

个人投资者专业化投资知识及投资实力有限，难以理性地投资发展前景好的企业，也难以谋划合理地制定投资组合策略，一旦其所投资的公司出现经营困难，不易迅速找到风险分散途径。而机构投资者因特别重视对行业及其公司基本面的研究，集合了众多专业化的投资人才，从而易于选择行业发展前景好、基本面好的上市公司作为它们的投资对象。且能利用其雄厚的人才及资金实力，灵活地运用各种风险规避工具，实施分散投资策略，从而有效规避非系统风险。

3. 信息处理规模化

完美资本市场条件下，信息是无价值的，投资者不能获得任何超额报酬。但是，在实际证券资本市场中，信息的传递与收集对于投资者能否获得超额报酬至关重要。相应地，投资者要想利用信息获得收益就必须承担信息的收集与处理成本，而且这部分信息仅仅是公开可得的，考虑到公司内部信息的传递成本，个人投资者无疑面临极大的劣势。相对于个人投资者，机构投资者具有专业化的投资知识、技能和经验，其对信息的处理会更加快捷、高效，其所承担的信息成本也相对较低。

4. 投资方向股权化

相对于债权类投资，股权类投资具有高流动性和收益性的特点，机构投资者重视基础分析，强调价值投资，追求长期的资产收益，因此机构投资者对股权投资更为偏好。特别是随着股东积极主义的兴起，股权投资能赋予机构投资者更大的权限来对上市公司施加影响，确保其经营策略符合机构投资者的意愿。

8.2 机构投资者参与公司治理的机制分析

8.2.1 机构投资者参与公司治理的作用和机制

1. 机构投资者参与公司治理的作用

（1）克服分散股东"搭便车"的问题。

机构大股东的存在有利于缓解股权分散所造成的"搭便车"问题，可以在一定程度上强化公司内部的监督机制，因为机构股东持股量较大，在参与公司治理方面具有规模经济效应，他们可以从公司市值的提升中获得收益以弥补其参与成本。因此，相对于个人投资者而言，机构投资者可以充当有效的监督者。机构投资者参与公司治理可以显著减少公司的非必要开支、限制经理人员的报酬水平、防止恶意收购和对公司管理者设立可置信的威胁等。

(2) 减少控股股东的机会主义行为。

由于制度的不完备性,控股股东可能会利用自己的私人信息侵占其他股东的利益,导致中小投资者利益受损。在我国,恶性分红、大股东占用上市公司资金等控股股东侵害中小投资者利益的事件屡屡发生。资本雄厚的机构投资者在公司治理中能够形成与控股股东的抗衡,减少控股股东的寻租行为,维护中小投资者的利益。

(3) 降低公司股权融资成本。

一方面,机构投资者的自身特征及行为模式能够有效地降低投资者与公司管理层、控股股东之间的信息不对称,进而降低股权融资成本。机构投资者拥有信息加工和信息处理的专门技术和专门人才,能够形成信息生产中的规模经济。而且作为相对知情的交易者,机构投资者这一资本市场的重要参与主体,能够通过其理性的市场交易行为,将其私有信息传递到股价中,促进股价对企业真实价值的反映。另一方面,机构投资者作为股东持有公司的股份,不断地高调扮演"积极股东"的角色参与公司治理、影响企业的经营决策,有利于抑制来自控股股东和管理层的代理问题,可以降低代理成本,进而降低股权融资成本。

(4) 影响公司战略与经营决策。

机构投资者大量持股,能够监督和约束管理层与控股股东等内部控制人,使其关注企业的长期价值,进而对公司战略和经营决策产生深刻的影响。研究发现,机构所有权与多元化战略、资本支出水平、盈余管理、股利政策、资本结构等多方面的企业战略和经营决策存在显著的相关关系。Bushee(1998)、Wahal 和 McConnell(2000)实证发现机构投资者对企业的研发费用和资本支出发挥着显著的监督作用。而机构所有权与企业的多元化战略间存在负相关关系(Pamlmer et al., 1987)或正相关关系(Hill&Hansen,1991)。机构投资者与企业盈余报告质量之间存在显著的正相关关系(Velury 和 Jenkins,2006)。而大量的实证研究也表明,机构投资者能够更好地发挥对企业控制人的监督,影响企业的股利决策。

2. 机构投资者参与公司治理的机制

(1) 内部机制。

机构投资者参与公司治理的内部机制主要是通过股东大会和董事会来进行。

① 股东大会。作为持股比例较高的股东,当对公司绩效或治理状况不满时,机构投资者有权召集或参加股东大会,向上市公司提出建议,就其重大经营决策和治理状况发表建议。可以通过发出股东提案、代理投票权方式在股东大会上对公司管理层和控股股东施加压力,往往有良好的收效。

② 董事会。通过推举董事会成员,机构投资者一方面可以参与公司在人事、财务及发展战略等方面的重大决策;另一方面,能够对管理层进行监督,有助于提高监督效率,降低代理成本;此外,机构投资者还通过董事会监督其他大股东,抑制大股东的寻租行为以及管理层与大股东之间的合谋行为。

(2) 外部机制。

机构投资者参与公司治理的外部机制主要是股权流动的市场机制,主要包括股价机制与公司控制权市场机制。

① 股价机制。机构投资者通过对公司股价的理性分析，采取有利于自己的行为，包括更换公司管理层、出售股票等。这些行为会对管理层产生威胁，约束其机会主义行为。

② 公司控制权市场机制。一方面，当公司绩效差或治理状况不佳时，机构投资者有可能抛售股票，市场上潜在的收购者收购其抛售的股票，一旦收购者达到控股额度，完成对目标公司的收购可能性更大，从而使在位管理层面临被更换的处境。另一方面，机构投资者可以通过委托投票权的争夺来获得董事会的控制权，从而达到替换公司管理者或者变更公司战略的目的。

（3）内外机制与企业价值的提升。

机构投资者通过股东大会、董事会、公司控制权市场机制等积极参与公司治理，有助于克服分散股东"搭便车"的问题，减少控股股东的寻租行为，实现机构投资者对中小投资者利益的保护；同时，机构投资者作为金融中介，其投资行为在资本市场上具有信息传递效应，而且由于具备信息优势，有利于提高上市公司的信息披露质量，有利于降低公司内部控制人与投资者之间的信息不对称，产生了降低股权融资成本的经济后果。机构投资者大量持股，监督和约束管理层与控股股东等内部控制人，关注企业的长期价值，对公司战略和经营决策也产生了深刻的影响。在此基础上，机构投资者积极参与公司治理能够提高公司的价值，实现价值效应。

总之，通过公司治理的内外部机制，机构投资者能够影响公司经营决策、抑制控股股东侵占行为、降低股权融资成本，从而提升企业价值。机构投资者参与公司治理的作用机理如图8.1所示。

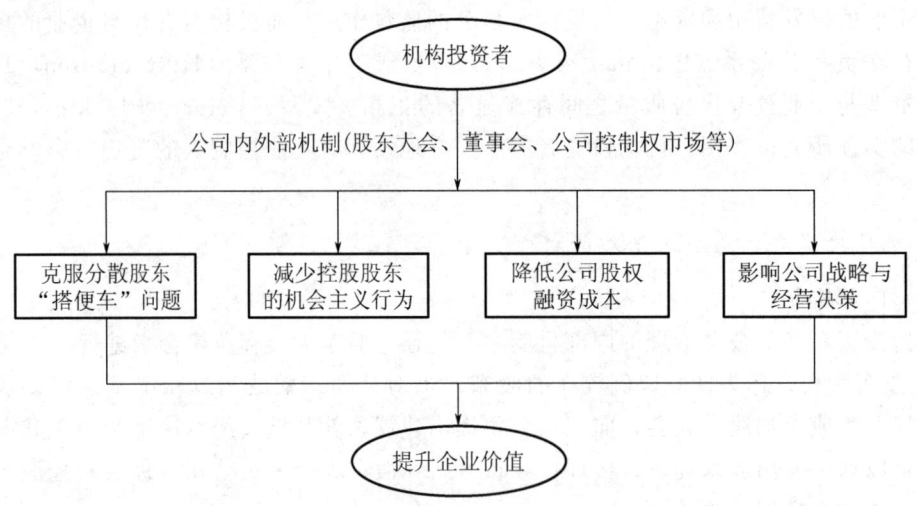

图 8.1　机构投资者参与公司治理的作用机制图

8.2.2　机构投资者参与公司治理的途径

从股东积极主义发展较成熟的美国实践来看，机构投资者作为股东参与公司治理的作用方式多种多样，机构投资者参与上市公司治理的具体方式主要有以下几种。

1. 私下与经理人员和董事会进行沟通

从机构投资者参与公司治理的具体实践来看，一般来说，机构投资者在对所投资公司的业绩或治理状况不满并打算采取积极行动时，首先会与公司董事会和管理层进行私下沟通，表达自己的意见。当私下沟通没有达到预期目标时，机构投资者才会考虑将有关分歧公开，在公司召开股东大会之前公开表明自己的立场和提案内容，以引起广大中小投资者的重视。管理层之所以愿意与机构投资者沟通，一方面是因为随着机构投资者力量的壮大，机构投资者的提案通过率不断提高，公司管理层不能忽视机构投资者的需求；另一方面，也表明管理层愿意与机构投资者合作，采取措施提高公司业绩，管理层的这种沟通意愿往往能够得到市场的积极响应。

2. 向管理层提出公司治理建议

早在1942年，美国证券交易委员会就设置了股东提案这一治理机制，即由股东提交要求管理层采取某些特定措施的报告。1987—1993年，仅五家最大的养老基金（TIAA-CREF、CalPERS、CalSTRS、SWIB、NYCRF）[①] 就递交了266份提案，占这一时期股东提案总数的18%。股东提案的投票结果与提出者的身份、提案内容、公司的所有权结构和业绩有关。平均而言，机构投资者提案所获赞成票数是个人提案的1.75倍。股东提案虽然仅仅是建议性的，但当股东提案获得的支持率较高时，机构投资者与公司经营者的谈判就有了坚强的后盾。随着机构投资者力量的壮大，提案通过率不断提高。

3. 定期公布目标公司名单

定期公布目标公司名单是大的机构投资者普遍采用的参与公司治理的积极方式。大机构投资者通过在媒体上定期公布目标公司名单，以此向目标公司管理层施加压力。早在1987年，CalPERS就已经在《华尔街月刊》等媒体上定期公布目标公司名单。在确定目标企业时，机构投资者是以一系列股票或会计收益为标准，其中股票收益率和资产收益率是两个最主要的指标，也就是说，经营业绩或市场业绩较好的企业就有可能成为机构投资者的目标。机构投资者普遍认为良好的公司治理将在未来提高企业业绩并给投资者带来收益，所以，它们积极行动的指向常常是公司治理问题。

4. 股东诉讼

股东诉讼是机构投资者或其他股东针对公司管理层严重损害公司利益的行为，所采取的一种极端方法。但是，基于股东诉讼高昂的诉讼费用和旷日持久的诉讼过程令大多数机构投资者望而却步，机构投资者很少采取股东诉讼的方式来行使股东权利。股东诉讼除以上缺点以外还容易被少数人滥用或操纵。美国于1995年专门颁布了《私人证券诉讼改革法》，对传统的股东集团诉讼的规则进行改进。目的在于防止少数"职业原告"对集团诉讼的滥用和律师对诉讼的操纵，同时鼓励机构投资者提起诉讼来维护广大投资者的利益。

5. 征集委托投票权

在20世纪80年代早期，大多数机构投资者没有考虑投票反对管理层的问题。从20

---

① TIAA-CREF为美国全美教师保险及年金协会的简称，CalPERS为加州公共雇员退休基金的简称，CalSTRS为加州教师退休基金的简称，SWIB为威斯康星州投资委员会简称，NYCRF为纽约州共同退休基金的简称。

世纪 80 年代后期起，许多旨在保护管理层的反接管机制以牺牲股东利益为代价。这使得机构投资者开始关注反接管行动是否忽视了股东利益。当管理层把"毒丸计划"作为防御敌意接管的一个主要机制时，包括 CalPERS 在内的机构投资者认为公司应该把股东利益放在最优先的地位。LENS 基金在 1991 年发起了一场竞选运动。LENS 基金与目标公司 Sears 展开了委托投票权争夺。尽管 LENS 基金在董事席位的争夺中失败，但迫使 Sears 公司减少了董事会内部董事的数量，把董事人数减少到 10 人。1992 年为了再次阻止 LENS 基金负责人进入董事会，Sears 公司再次减少了董事会规模。这反映了委托投票权机制作为公司治理战略的重要作用。机构投资者通过争夺委托投票权介入公司治理有多重动机，除了上述限制反接管机制外，最主要的有五类：一是谋求公司合并，二是实现公司重组，三是改变公司经营方针，四是派遣董事，五是改组董事会。机构投资者借助委托投票权加强了自己对公司决策和管理的影响，增强了在公司治理中的作用。

6. 机构投资者联合行动

在英美等发达资本市场上，机构投资者所持有的上市公司股票已经超过半数，但是由于法律对机构投资者持股比例的限制，机构股东仍未能实际取得上市公司控制权。对一家机构投资者而言，按照法律规定，其在一家上市公司的持股通常不会超过该公司对外发行股票的 10%，单一机构投资者持股比例较低而一家上市公司往往存在多家机构投资者。在这种情况下，机构投资者要想在公司治理方面发挥影响力的话，采取联合行动是十分必要的。机构投资者采取联合行动的导火线通常是众人皆知的公开危机或者股价的持续显著下跌。20 世纪 90 年代初，美国证券交易委员会（SEC）对代理权规则进行原则性调整，于 1992 年颁布《股东交流监管规则》(*Regulation of Communications Among Shareholders*)，规则的变动使得机构投资者之间更容易形成联盟向公司管理层施加影响，大大降低了机构投资者监督治理的成本，从而提高了机构投资者发挥股东积极主义作用的热情。

总之，从私下协商到在股东大会上发出股东提案，从通过媒体公开公司治理欠佳的公司名单到针对严重的利益损害行为提出股东诉讼，从征集委托投票权到机构投资者之间的联合行动，机构投资者参与治理的方式表现各异，作用、效果也各不相同。采取各种方式的动机不同，成本、收益也各不相同，机构投资者往往通过总体考虑目标公司的状况、所涉及问题的性质、公司管理层的反应、公司股权结构以及自身持股比例和影响力等多种影响因素来选取合适的方式。

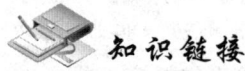

美国机构投资者参与公司治理的历程

1. 早期的机构投资者"用脚投票"

机构投资者并不是一开始就积极参与公司治理活动。事实上，20 世纪 80 年代以前，由于实力不足、流动性偏好及法律体制等原因，美国机构投资者奉行"华尔街准则"，对公司的经营与治理漠不关心。它们只是消极股东，并不直接干预公司的行为，并且非常倾向于短期炒买炒卖以从中获利。因此，早期的机构投资者在公司治理中的作用是微弱的。

以美国资本市场为例，早期的机构投资者由于所持股票占上市公司全部流通股票的比例较小、投资高度分散化，由此导致两个直接后果：第一，由于分散持股，加之持股上限的限制，机构投资者持有单一公司的股票份额很小，基本无法做到有效控股；第二，持股分散化导致机构投资者的证券组合中股票种类极多，并且由于持股须分散到不同行业不同企业，因而机构投资者由于缺乏时间、精力和专业知识，几乎没有可能深入了解每一家公司。机构投资者分散投资的间接后果是，被投资公司根本没有把它们视为本公司的股东，而只是当作短期买卖的股市炒手，因而从未考虑在公司董事会为机构投资者留一席之地。因此早期的机构投资者在公司治理中的作用是微弱的。

2. 资本市场的发展促使机构投资者积极参与公司治理

到了20世纪90年代，大部分机构投资者都放弃了"华尔街准则"——用脚投票，在对公司业绩不满或对公司治理问题有不同意见时，他们不再是简单地把股票卖掉以"逃离劣质公司"，而是开始积极参与和改进公司治理。

促使机构投资者从被动变为主动的一个基本原因是，机构投资者在美国股票市场所占份额越来越大，这是资本市场发展的结果。在20世纪60年代以前，美国股市主要是散户持股，机构投资者在股市的控股比例不超过13%，由于散户很难行使法律赋予的监督权，股市对企业的经营业绩只能做事后的被动反应；70年代以后，美国的机构投资者在股市的控股比例不断上升，80年代初达到34%，90年代末达到48%，机构投资者随之成为左右资金市场的关键力量。一些大机构投资者持有几百只股票，并且持有量很大；如果出现公司治理问题就抛售股票，机构投资者就会遭受很大损失。许多机构投资者开始通过私下沟通、代理投票和提出股东议案等方式把其对公司治理问题的关注传达给管理层，甚至采取积极干预的办法，向董事会施加压力，迫使董事用更换总经理，彻底改变公司的根本战略和并以确保新战略的迅速实施。当然，相关法律、法规的放松也为机构投资者参与公司治理提供了外部环境。这样，机构投资者，尤其是养老基金，就从被动的投资者变为主动的所有者，成为公司治理的一个重要参与者。

8.2.3 影响机构投资者股东积极主义的因素

1. 内部因素

（1）投资规模。

机构投资者本身的投资规模越大，积极监督的收益越高，消极监督的收益越小。因为，投资规模越大，机构投资者信息收集、整理加工的成本越低，其利用媒体对公司施加影响的能力也越强；另外，投资规模越大，选择其他行为如退出的成本就越高。一个大量持有的机构投资者如果对某公司的治理现状或绩效不满而抛售股票，可能引起股票价格大规模下降或者要耗费很长时间才能出售股票，流动性成本很高。因而，投资规模大的机构投资者相对于小股东而言，有更强的动机来积极参与或试图改变公司治理。

（2）投资风格。

不同机构投资者在构建投资组合的过程中，往往因组合资产的多样化水平、变动程度不同，交易量对当期盈余的敏感度不同，而形成千差万别的投资理念和风格。有的机构投资者偏好多样化的投资，频繁变动投资组合内的资产，注重短期的投资收益；有的偏好均衡投资，不轻易变动投资组合，注重长远的价值回报，投资者还可根据对风险的态度划分为稳健型投资者、中庸投资者和激进投资者。一般而言，执行长期投资策略的机构投资者更倾向于积极参与公司治理。如果机构投资者实行的是指数化投资策略，也就是投资者不会根据预测股票市场的未来走势来构建投资组合，而是通过严格跟踪一组股票指数的总收益业绩来设计投资组合，希望赚取市场平均收益率，因此投资者不会由于某家企业公司治理出现问题或业绩不佳而出售投资组合中的股票。实行指数化战略的机构投资者也有较大的积极性监督所投资公司。

(3) 利益关联。

机构投资者参与公司治理的积极性与机构投资者是否与拟投资公司之间存在利益关联有关。这里的利益关联是指机构投资者与目标公司间存在其他业务关系（或者潜在业务关系）。机构投资者为避免这些业务受到损失（或潜在的损失）而放弃对公司的积极监督。利益关联的表现形式多种多样，例如银行同时向公司提供银行服务；基金管理部门同时为公司管理其他信托业务，如雇员储蓄计划、养老金计划等；基金管理机构是银行的一个业务部门或附属公司，银行的信贷部门同时又向公司提供商业贷款；投资银行公司提供各类投资银行服务，如企业融资、证券经纪、财务顾问等服务；保险公司向公司提供各类保险服务等。存在利益关联的机构投资者因担心失去与公司的其他业务机会而不愿监督公司，更不愿利用股东权力反对公司管理层。因此，有利益关联的机构投资者如证券公司、保险公司参与公司治理的积极性相比而言较弱，而公共养老基金是较积极的治理主体。

2. 外部因素

(1) 法律与监管环境。

从英美机构投资者参与公司治理的经验来看，法律和监管环境的发展对机构投资者参与公司治理的积极性起到了非常重要的影响。如美国的机构投资者 20 世纪 80 年代前由于受 1933 年的《格拉斯-斯蒂格尔法》、1940 年的《投资公司法》等重大法规的限制而保持了消极行为，直到 20 世纪 80 年代末和 90 年代初，美国放宽或取消了对机构投资者的一些限制，为机构投资者积极参与公司治理提供了必要的条件，如 1988 年美国联邦政府决定鼓励养老基金参加所投资公司的投票选举；1992 年，美国证券交易委员会新规则允许持股人之间互相自由地联络，互通消息，这样就大大降低了机构投资者收集"选票"的成本，更容易取得对公司的控制权。美国机构投资者的股东积极主义由此兴盛起来。

(2) 投资对象层面的因素。

机构投资者的监督积极性受投资对象公司层面的因素影响。机构投资者普遍偏好于规模大的公司及公司治理水平高的公司。机构投资者对公司董事会特征和股权结构等治理特征有一定的倾向性，倾向于投资信息披露程度高的公司。公司信息环境是吸引机构投资者持股的重要诱因，当公司透明度下降时，机构会对其股票进行抛售。一般来说，董事会独立性越强，信息披露度越高，机构投资者监督积极性越强。

(3) "股东至上主义"的股权文化。

股权文化是指公司具有的尊重并回报股东的理念。它包括公司重视听取并采纳股东的合理化意见和建议，努力做到不断提高公司经营业绩，真实地向股东汇报公司的财务及业务状况，注重向股东提供分红派现的回报等。这就要求加强对企业家的监督和约束，保障出资人的权益。20 世纪 80 年代后期，发达国家资本市场上针对经营不善公司的敌意接管逐渐减少，但是公司治理依然问题重重，公司的企业家机会主义行为有增无减，客观上需要一个主体替补敌意收购留下的空白，加强对企业家的监督和约束，保障出资人的权益，而机构投资者正好可以填补这个空白。

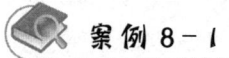
案例 8-1

加州公共雇员退休基金

在美国，机构投资者参与公司治理的活动最早是由加州公共雇员退休基金（CalPERS）于 1986 年首先发起的。CalPERS 是美国最大的养老基金，麾下 1 500 亿美元的资产分布在 1 800 家企业。但它在基金界老大的地位不仅仅是因为其名下有一笔数额庞大的资产，更因为它擅长"攻击"业绩不佳的上市公司，迫使其厉行改革。

CalPERS 早在 1984 年就组织创设了机构投资者委员会作为机构之间的结算中心，并负责提供经营不善的投资对象的有关信息。到 1993 年中期，该委员会成员的总资产已达 6 000 亿美元，为了给积极股东行动创造良好的外部条件，CalPERS 还积极参与政府公共政策的制订和有关的立法过程，1992 年美国证券交易委员会修改委托投票法案的有关规定，其直接起因就是 CalPERS 于 1989 年提出的动议。该法规的修改为机构投资者参与积极股东行动清除了法律上的障碍。

机构投资者采取积极股东行动时选取目标公司的标准基本是统一的，但是在不同时期的侧重有所不同，CalPERS 都是在其证券组合中选取目标公司。1987—1988 年期间，主要以公司治理结构为选择依据；1989—1993 年期间，则主要以公司股价市场表现为首选标准；1986 年秋，CalPERS 从其证券组合中选出了 47 家未经股东授权即实施了"毒丸计划"的公司，再从中筛选出 10 家机构持股较多（超过 60%）的公司，然后对这些公司采取行动，要求其取消"毒丸计划"；1987 年秋，CalPERS 进一步拓展了其选择标准，把向袭击者支付"绿邮讹诈"以及股东投票体制不健全的公司也纳入其中，1988 年，由于选择标准开始侧重于公司业绩，选取目标公司的过程更趋复杂，CalPERS 按照 5 年中股票回报率对公司排序，选出最差的 250 家，然后剔除内部股东持股比重较高的公司，最后选出约 12 家目标公司，CalPERS 根据公司治理结构不合理之处向这些公司发难，其主要改革建议包括要求公司设立股东咨询委员会、调整董事会成员，以及修改企业家薪酬计划等。

（资料来源：叶丽雅．假账丑闻不断　美国养老金不堪重负，2002-08-02．）

8.3 我国机构投资者的公司治理参与实践

8.3.1 我国机构投资者的主要类型

我国的机构投资者大体上经历了由券商（证券公司）为主到证券投资基金为主的发展过程。目前我国资本市场中的机构投资者主要有基金公司、证券公司、信托投资公司、财务公司、社保基金、保险公司、合格的境外机构投资者（QFII）等。

1. 证券投资基金

证券投资基金是共同基金在国内的正式称谓，主要的投资标的为股票、期货、债券、短期票券等有价证券。作为我国机构投资者的主力军，在证券市场中的作用不容忽视。我国证券投资基金的发展历程如下所述。

（1）试点阶段。

国务院证券监督管理委员会于 1997 年 11 月 14 日颁布了《证券投资基金管理暂行办法》，从此中国基金业的发展进入规范化的试点发展阶段。1998 年 3 月，经中国证监会批准，新成立的南方基金管理公司和国泰基金管理公司分别发起设立了两只规模均为20亿元的封闭式基金——基金开元和基金金泰，由此拉开了中国证券投资基金试点的序幕。在试点的第一年——1998年，我国共设立了5家基金管理公司，管理封闭式基金数量5只，募集资金100亿元，年末基金资产净值合计107.4亿元。1999年，基金管理公司的数量增加到10家，全年共有14只新的封闭式基金发行。在封闭式基金成功试点的基础上，2000年10月，中国证监会发布了《开放式证券投资基金试点办法》。2001年9月，我国第一只开放式基金——华安创新诞生，使我国基金业实现了从封闭式基金到开放式基金的历史性跨越。此后，开放式基金逐渐取代封闭式基金成为中国基金市场发展的方向。到2002年，开放式基金已达13只，管理的资产为420亿元，占基金资产份额已由2000年的14.6%升至2002年的34.5%。

（2）快速发展阶段。

2004年6月实施的《证券投资基金法》，为我国基金业的发展奠定了重要的法律基础，标志着我国基金业的发展进入了一个新的发展阶段。这一阶段的特点为：①基金产品差异化日益明显、基金的投资风格也趋于多样化。除传统的成长型、混合型和指数型基金外，纯债券基金、成长收益复合型基金、上证180指数增强基金、具有WTO概念的优势企业基金纷纷问世。②开放式基金取代封闭式基金成为市场发展的主流。自2004年开放式基金的资产规模首次超过封闭式基金的资产规模后，开放式基金取代封闭式基金成为市场发展的主流。截至2014年年末，我国公募基金规模为1 897只，其中开放式基金为1 763只（包括股票型基金、混合型基金、债券型基金、QDII基金及货币型基金），占比为92.94%，封闭式基金为134只，占比为7.06%，开放式基金中股票型基金占比最高，为39.6%，上述基金份额总数为42 011.9亿份，同比增长34.7%。①

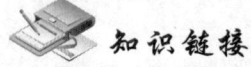

开放式基金和封闭式基金

开放式基金和封闭式基金共同构成了基金的两种基本运作方式。开放式基金，是指基金规模不是固定不变的，而是可以随时根据市场供求情况发行新份额或被投资人赎回的投资基金。封闭式基金，是相对于开放式基金而言的，是指基金规模在发行前已确定，在发行完毕后和规定的期限内，基金规模固定不变的投资基金。开放式基金不上市交易，一般通过银行申购和赎回，基金规模不固定，基金单位可随时向投资者出售，也可应投资者要求买回的运作方式；封闭式基金有固定的存续期，期间基金规模固定，一般在证券交易场所上市交易，投资者通过二级市场买卖基金单位。在西方国家一百多年的基金发展史中，一直是封闭式基金独占鳌头，直到20世纪80年代后才让位于开放式基金而居次席。我国封闭式基金起步于20世纪90年代初，但发展一直很缓慢。

2. 证券公司

证券公司是中国出现得最早的一类机构投资者，其发端甚至早于证券交易所的成立。证券公司的传统业务主要有一级市场承销、二级市场经纪、资产管理等三大块。证券公司

---

① 文瑞咨询公司《2015年中国互联网行业基金研究报告》。

利用承销业务为企业上市筹资服务,通过经纪业务和资产管理业务活跃市场,并从中获取一定的利润。证券公司的资产管理业务主要包括自营业务和客户资产委托管理。自营业务成为证券公司的主要利润来源。除了自营之外,券商一般开展资产受托业务。所以,券商作为机构投资者在资金流向方面的引导将不局限于自有资金的部分,通过相应的调查研究,发表有关的投资报告,券商在市场的影响力有所提高。更为重要的是,综合类券商是发行人的中介机构,或承销或推荐上市,与发行人的紧密联系,使其在培育机构投资力量方面发挥了一定的作用。近年来,证券公司在解决了各种历史遗留问题后,综合实力和抗风险能力已大大增强。截至2009年年末,全国证券公司的数量为106家,全部证券公司的总资产为2万亿元,净资产为3 900亿元。

经过前十年的砥砺发展,证券公司的规范运营已经形成,对证券公司的监管也由较低级的合规监管过渡到较高级风险指标监管,与此同时,资本市场的不断深化和创新对证券公司提出了新的要求。2008年6月3日,《证券公司集合资产管理业务实施细则》和《证券公司定向资产管理业务实施细则》出台,标志着证券公司进入集合理财市场和基金公司形成竞争对手。2010年3月17日颁布的《关于证券公司开展融资融券业务试点工作的指导意见》标志着证券公司的创新业务开始加速。截至2015年年末,全国125家证券公司总资产为6.42万亿元,净资产为1.45万亿元,托管证券市值33.63万亿元,受托管理资金本金总额11.88万亿元。①

3. 三类企业

1999年7月,中国证监会《关于进一步完善股票发行方式的通知》允许股本4亿元以上的公司采取向法人配售和对公众上网发行相结合的方式发行新股,允许国有企业、国有控股公司和上市公司三类企业以"战略投资者"和"一般投资者"的身份参与新股的申购与配售,实现新股发行方式的重大变革。同年9月,《关于法人配售股票有关问题的通知》明确三类企业所开设的股票账户既可用于配售,又可用于二级市场股票的投资。2000年4月,证监会进一步放宽企业向法人配售新股的限制。上述通知相继为三类企业松绑,据测算,三类企业及其他法人可能给股市带来的新增资金约为1 000亿元,数量上超过基金、券商所形成的资金扩张。另外一个突出的变化是上市公司的证券投资显著增长,上市公司之间的交互持股现象增加,1999—2000年,来自资本市场的投资收益有的甚至占到公司利润的大部分。三类企业已成为资本市场上不可小觑的新军。

此外,投资性企业集团也是当时资本市场上的重要力量。所谓投资性企业集团是指拥有相当的资金实力,专门从事或主要从事权益性投资业务,进行资本经营与生产经营并重的企业集团。作为重要的机构投资者,进入21世纪,上海久事集团、首创集团在资本市场中叱咤风云。在二级市场上运作比较突出的机构还有新疆德隆、哈里等投资性公司,以致形成"德隆现象"和"哈里现象"。尽管投资性企业集团与三类企业的外延并非同一,在东部沿海地区私营投资性企业集团的实力也相当雄厚,但从整体意义上看,国有控股投资集团仍是其中的主力军。

---

① 中国证券业协会《2015年度证券公司经营数据》。

4. 保险公司

1999年12月27日国务院允许保险公司在控制风险的基础上，在二级市场买卖已上市的证券投资基金和在一级市场配售新发行的证券投资基金，从而开辟了中国保险资金间接进入股市的先河，突破了保险资金原先的银行存款、买卖政府的债券、金融债券为主的资金运作格局，成为资本市场上又一新兴的机构投资者。1999年入市之初，保险资金的入市比例规定在保险公司总资产的5%以内。2000年，保险资金入市比例进一步提高，新华人寿、泰康人寿、华泰财产和平安保险公司的入市资金比例获准提高到10%，太平洋保险公司的入市比例提高到15%。平安、泰康人寿、华安财险和金盛人寿投资证券和基金的限额由10%提高到15%。友邦保险上海分公司由5%提高到15%，新华人寿和华泰财险由10%提高到12%，中国人寿由5%提高到10%。根据2000年证券投资基金中报显示，平安保险、中国人寿保险、太平洋保险已分别成为17家、16家和11家基金的前十大持有人。①

2004年10月，保险资金原则上可直接入市，到2005年，随着一系列配套文件的出台，保险资金直接入市进入实质性操作阶段，2006年保险资金直接入市比例由1%提高至3%，后来上调至5%，而权益类投资上限合计为20%不变。截至2008年12月底，保险资金规模总计已达3.06万亿元人民币，包括中国人寿、中国平安在内的13家保险公司共持有250家上市公司大约520亿元的流通市值，约占沪、深A股流通市值的1.16%。②

2012年10月，中国保监会发布《保险资金参与金融衍生产品交易暂行办法》等相关规定，继续为险资投资股市"松绑"。保险资金投资股票和基金比例上限调整为保险公司上季末总资产的25%，购买股票上限可达到20%；同时允许保险公司委托有关金融机构投资；保险资金在股指期货、金融衍生品等方面投资也开始放行。截至2014年12月，全国保费收入突破2万亿元大关，保险业总资产超10万亿大关，保险业增速达17.5%，是2008年金融危机后最高的一年。同年资金运用余额9.3万亿元，其中股票和证券投资基金1.03万亿元，占比11%。③ 由于我国的保险市场处于迅速增长期，保险资金保值增值的需求强烈，可以说，随着投资经验的积累以及我国证券市场的日渐成熟，保险资金的入市必将会对证券市场和保险公司自身的发展起到越来越大的推动作用。

5. 社保基金

2000年8月，为了给社会保险基金提供战略储备，弥补今后人口老龄化高峰时期的社会保障需要，国务院设立"全国社会保障基金"，同时设立"全国社会保障基金理事会"，负责管理和运营全国社会保障基金。2001年12月13日，《全国社会保障基金投资管理暂行办法》出台，规定社保基金投资基金、股票的比例最高可达总资金量的40%。2002年，社保基金入市资金仅为12.66亿元，而到2008年年底，21家社保基金组合共持有A股流

---

① 中国机构投资者的构成分析 [J]. 人民日报海外版，2002-01-19.
② 根据Wind资讯数据库相关资料整理。
③ 中国保险监督委员会《2014年保险统计数据报告》。

通市值达 102 亿元,占 A 股流通市值的 0.23%①。根据全国社会保障基金理事会公布的 2015 年全国社会保障基金理事会基金年度报告披露,截至 2015 年 12 月底,全国社保基金会管理的基金资产总额为 19 138.21 亿元,其中直接投资资产 8 781.77 亿元,占比 45.89%;委托投资资产 10 353.44 亿元,占比 54.11%。基金负债余额 1 171.7 亿元,主要是投资运营中形成的短期负债。基金权益投资收益额 2 294.61 亿元,投资收益率 15.19%。基金自成立 15 年来累计投资收益额为 7 907.81 亿元,权益年均投资收益率 8.82%②③。可以想象,随着我国社会保障制度的逐步完善,社保基金将会成为 A 股市场不可低估的一支力量,其政府背景和稳健的投资取向也会对稳定市场起到重要的作用。

6. 合格的境外机构投资者

合格的境外机构投资者(Qualified Foreign Institutional Investors,QFII)机制是指外国专业投资机构到境内投资的资格认定制度。为了学习境外投资者先进的投资和管理理念,以及实践加入 WTO 的承诺,我国《合格境外机构投资者境内证券投资管理暂行办法》于 2002 年 11 月 5 日正式出台,开始有序、稳妥地对境外投资者开放国内证券市场。2009 年 9 月外汇管理局又制定了《合格境外机构投资者境内证券投资外汇管理规定》,将单家 QFII 机构的额度上限由 8 亿美元提高到 10 亿美元,并对一些相关的监管制度进行了完善。截至 2012 年 3 月,我国已批准了来自 23 个国家和地区的 158 家境外机构(包括资产管理公司、保险公司、主权基金、养老金、捐赠基金以及商业银行和证券公司)的 QFII 资格,其中 129 家 QFII 累计获批投资额度 245.5 亿美元。QFII 持股市值约占 A 股流通市值的 1.09%。④ 2012 年 4 月,国务院批准新增合格境外机构投资者(QFII)投资额度 500 亿美元,总投资额度达到 800 亿美元。⑤

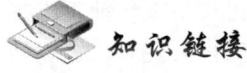

瑞银为我国首家 QFII

北京时间 2003 年 7 月 9 日上午 10 时 17 分,在京城著名的东方君悦大酒店浮碧厅,来自国内外的 40 多家媒体与瑞银高管共同见证了历史性的一刻:QFII 第一单的指令此刻正在发出,10 点 19 分左右,也即指令发出的 2 分钟后,首单买入的四支股票(宝钢股份、上港集箱、外运发展、中兴通讯)全部确认成交,备受瞩目的 QFII 正式登上中国证券市场大舞台。

总之,随着入市限制的逐步放宽,券商、证券投资基金、保险公司、社保基金、QFII 等的相继入市,我国证券市场上机构投资者持股比例逐年上升,逐步取代个人投资者成为市场的主体力量(如图 8.2 所示)。根据中国证券登记结算公司的统计,2005—2008 年,其登记存管已上市 A 股公司的流通市值分别为 3 119 亿元、2.4 万亿元、9.1 万亿元和 4.49 万亿元,其中,包括证券投资基金、全国社保基金、QFII、保险公司、企业年金、证券公司以及一般机构在内的各类机构投资者持有的流通市值比分别为 37.83%、42.52%、

---

① 根据 Wind 资讯数据库相关资料整理。
② 全国社会保障基金理事会基金年度报告(2015 年度)。
③ 全国社会保障基金理事会网站:http．www．ssf.gov.cn/tjsj/201001/t20100115-2573.html。
④⑤ 中国证券网站:http．www，cnstock.com. 2012-04-03。

48.71%和54.62%[①]，呈逐年上升趋势，而个人投资者持股比例却逐年下降。证券投资基金作为我国机构投资者的代表，在政府的大力支持下，经过这些年的发展，像ETF、LOF、货币基金、指数基金等世界主要基金品种也均已在我国市场出现。

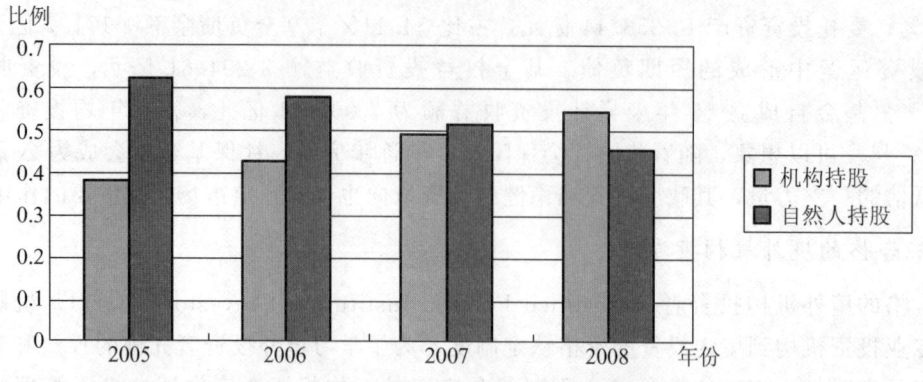

图8.2　持有流通A股的投资者的结构变化

由于股权分置改革带来的限售股解禁，2006年开始中国证券投资者结构开始发生变化，一般法人占比逐步提升。根据Wind数据统计显示，2006年以来，个人投资者和专业机构投资者的持股市值（占流通市值）占比均呈明显下降，一般法人的持股市值占比显著提升到一半左右。截至2015年第三季度，中国股票市场个人投资者、一般法人、专业机构投资者持股的流通市值占比例分别为41.58%、51.71%、6.71%，相较2006年，个人投资者和机构投资者占比已分别下降28个百分点和18个百分点，一般法人占比上升了47个百分点。由于限售股解禁一般采取承诺3～5年逐步解禁的方式，因此到2009年之后占比基本趋于稳定在全流通市值一半略多的水平。[②]

从结构变化来看，曾经占比超过80%的公募基金的占比从2010年以来呈现快速下降态势，而保险公司的占比从2009年的4.08%快速上升到2015年第三季度的41.38%，成为超越公募基金的又一重要力量。这主要得益于保险监管部门对保险公司投资管制的逐步放开。此外，社保基金、QFII和券商集合理财也有明显的增长，但增长的幅度还比较有限。其他财务公司、基金管理公司（自营）、企业年金、信托公司、阳光私募、银行参与市场的比例基本没有明显变化，券商自营的占比明显下降，2015年3Q占比数据的提升主要因为救市。[③]

8.3.2　我国机构投资者在公司治理中的作用

1. 早期的机构投资者没有发挥应有的功能

从投资策略上讲，国内机构投资者的投资策略基本上是被动投资，很少通过执行一种以公司治理为导向的积极投资而盈利（在很多基金的招募说明书中也有类似表述，如"不谋求对上市公司的控股，不参与所投资公司的管理"等）。机构投资者通过基本分析、数据分析及财务状况来选择投资对象，一旦对目标不满时便采取抛售股票的方式来"用脚投票"；甚至通过联手坐庄的炒作方式赚取低买高卖的差价，而漠视公司治理结构的建设和治理机制的完善。与美国公司治理中机构投资者发出的越来越响亮的声音相比，我国的机

[①]　数据来源：中国证券登记结算统计年鉴2005—2008。
[②][③]　申万宏源：中国证券投资者结构分析报告——中金在线；Wind资讯数据库。

构投资者多是沉默的,并没有像美国的机构投资者一样成为公司治理提高和完善的主力军。不仅如此,这些机构投资者还成了我国证券市场中的违法者和违规者,成了市场操纵者的代表。

首先,证券投资基金和证券公司并没有成为证券市场中的稳定力量,部分投资基金在操作中违法、违规,甚至是几家基金联合操纵几只股票,最后把广大中小投资者套牢。尤其是在2001年以前,中国证券市场明显由"交易者"主宰,股价的升降中主要因素是"炒作",其背后是庄家联合坐庄等行为。多数上市公司股票均因坐庄炒作而高于其真实价值(这一点可从当时中国股市市盈率远远高于其他国家市盈率以及A股市盈率远远高于B股、H股和N股市盈率这两个方面反映出来),公司股票的价格和公司的实际业绩相背离。表面上看,坐庄行为起到了活跃市场的作用,但1996年、1997年机构对大盘进行透支炒作,直接后果是1997年下半年到1999年的两年熊市调整,妨碍了资本市场资源配置、价格形成与发现的功能;随着出货阶段的到来,中小机构和众多的散户深套其中。同时,由于违规坐庄行为通常涉及商业银行的资金往来,而资本市场中股票价格的扭曲随之放大银行的运营风险,直接影响到金融和经济的安全。

其次,三类企业也未发挥应有的积极作用。有一种理论认为,三类企业入市的目的、动机和方式将不同于证券投资基金和证券商,证券投资基金和证券商入市的主要目的是取得证券投资收益,而企业是否入市则取决于是否能有效提升其实业投资效率,股票投资收益至多是其主业利润的补充。但纵观前几年中国的资本市场,企业尤其是民营企业非常活跃,并购活动非常频繁,并购者和战略投资者的进入并没有有效地改善公司的治理水平。这些战略投资者完全违背了战略投资的原则,投机本性显露无遗,主要体现在持股时间越来越短。例如,最初发行的首钢、三九医药的战略投资者都在1年以上,而后发行的公司其战略投资者持股期越来越短,普遍缩短为6个月,一般法人配售的持股期只有3个月。另外,还体现在到期就抛售,对市场造成较大冲击。宝钢股份向证券投资基金和一般法人投资者配售的近94亿股股票上市日的股票价格走势就充分说明了这一点。三九医药配售给部分战略投资者的新股上市也同样引发很大的抛盘。且经过一段大幅震荡,价格节节走低。虽然机构投资者持有三九医药部分股票上市时的价格波动和宝钢股份的走势并不完全一致,但机构的共同操作倾向是抛售。民营企业借壳上市的主要方式是通过收购上市公司的国家股或法人股股权,得以控制上市公司。民营企业收回投资的主要方式是:第一,与国有大股东盘剥上市公司和中小股东的手法一样,通过关联交易、担保、借款等方式侵吞财产,四砂股份和棱光股份就是很好的例子;第二,通过在二级市场操纵上市公司的股价,从中获利收回投资成本。有的公司通过第二种方式收回成本之后,突然发现这种方式是一种获取暴利的方式,所以干脆以收购公司炒作股票为公司的主业。

通过以上分析,可以发现这些企业无论是作为战略投资者还是并购者进入市场,对证券市场的稳定和实现资源配置功能都没有起到人们预期的作用,其在公司治理改进中的表现更是不尽如人意。当机构投资者在中国的市场上选择了坐庄炒作时,带来的结果自然是其腰包的鼓胀和在公司治理中的"沉默"。自身定位的不准确和投资理念的倾斜理所当然地导致了它们无法在公司治理中发挥应有的作用。

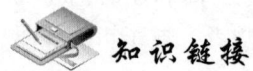

老 鼠 仓

老鼠仓（Rat Trading）是指基金从业人员在用公有资金拉升股价之前，先用自己个人资金在低位建仓，待用公有资金拉升到高位后个人仓位率先卖出获利。股票拉升后，大量底部埋仓的老鼠仓蜂拥出货，券商又在高位接盘。这样的结果就是券商亏损累累，老鼠仓赚得钵满盆满。这便是当今券商被掏空的主要形式。

老鼠仓就是一种财富转移的方式，是券商中某些人化公家资金为私人资金的一种方式，本质上与贪污、盗窃没有区别。在全国人大常委员会第四次会议上，首次提请审议的《刑法修正案（七）（草案）》对基金公司内部披露信息、获取不义之财等交易行为予以严厉打击，2009 年 11 月 5 日，深圳证监局公布，景顺长城基金经理涂强、长城基金公司基金经理韩刚、刘海涉嫌利用非公开信息买卖股票，证监局已启动稽查提前介入程序。

2. 机构投资者参与公司治理初露端倪

随着我国证券市场的发展，近年来，我国的机构投资者正以崭新的面貌出现在证券市场。金鑫基金参与北大方正股权之争，标志着我国机构投资者参与公司治理得开始。特别是 2002 年以来，随着我国资本市场中机构投资者数量的增加、规模的扩大，以及投资者教育活动的开展、法律法规的健全和投资者觉悟的提高，投资理念开始改变，机构投资者在资本市场中的地位不断提高，在公司治理中的作用也显现出来，机构投资者参与公司治理的行为初露端倪。比如，2000 年深万科系列使中小股东利益在 B 股增发问题上得到保障，业务重组方案渗入公司经营思路转换中；2002 年中兴 H 股风波在信息获取、股东沟通、决议底线等方面限制了国有大股东不顾其他股东利益的行为；2003 年招行 100 亿元转债风波使控股股东调整了融资方案等。上述事件大大改变了资本市场对机构投资者的态度，传递出了一个积极的信号：我国机构投资者在纠正经理层和大股东的不当行为、维护其他股东利益方面开始发挥积极的作用。

【迷你案例】

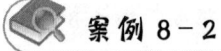

金鑫基金与北大方正的股权之争

方正科技是一家股权分散且全部流通的上市公司，大股东持股比例较低（截至 2002 年 12 月 31 日，前三大股东持股比例分别为北大方正占 5.01%，金鑫基金占 2.62%，虹兴仓储占 1.69%），致使其大股东经常发生变动。

2001 年，上海高清数字视频系统有限公司联合南大科技园、东大科技园、北京申易通三家股东在二级市场上不断买入方正科技的股票，最后一致行动向方正科技的大股东北大方正发难，挑起股权争夺。截至 2001 年 10 月 25 日，上海高清等持有 1 866 万股方正科技的股票，占方正科技发行总股本的 5% 以上。同日，上海高清等发出举牌公告，要求方正科技董事会召开临时股东大会，提出包括修改公司章程、增选 10 名董事等九项提案。随后，为了进一步取得第一大股东的地位，上海高清多次增持股票，并一度登上第一大股东的地位。截至 2001 年 11 月 21 日，上海高清等共持有方正科技 2 426 万股，占其上市总股本的 6.5%。随后，方正科技决定于 2002 年 1 月 22 日召开临时股东大会，对上海高清提出的九项议案进行投票表决。此时，上海高清等公司和北大方正分别持有方正科技股份的 6.5% 和 7.2%，并且由于方正科技的股权非常分散,双方在股权争夺中都无胜算的把握。

金鑫基金在事件发生前持有较多股份,截至 2001 年 6 月底,金鑫基金共持有方正科技 560.26 万股,7 月达到 1 120 万股,占总股本的 3%。所以金鑫基金的态度基本可以决定谁是股权争夺的赢家,从而为金鑫基金参与公司治理提供了一个有利的机会。金鑫资本认为北大方正控制方正科技更有利于方正科技的发展,于是在 2001 年 8 月 28 日召开的方正科技股东大会上,基金代表人对上海高清等所提议案提了弃权票,最终保住了北大方正科技的控制权。所以,在这一事件中,机构投资者通过用手投票的方式维护了自己的利益,标志着我国机构投资者参与公司治理的开始。

(资料来源:孙蕾. 机构投资者参与公司治理法律问题研究 [M]. 北京:人民出版社,2014 - 09.)

机构投资者的作用之所以发生上述变化,是因为我国资本市场已经具备了机构投资者参与公司治理的必要性和可行性。

首先,解决国内上市公司治理中的"内部人控制"问题需要机构投资者的介入。我国上市公司基本上脱胎于国有企业,改制的"路径依赖"导致国有股和法人股一直占绝大多数。这一现状导致以下问题悬而未决:股权结构过于集中;董事会机构性质不明,权责不清,独立性不强;监事会形同虚设,"内部人控制"现象严重。上市公司的治理已经成为一个紧迫和严重的问题,直接影响公司的经营状况和业绩,从而影响其股票价格,这当然会引起包括机构投资者在内的社会各个方面的广泛关注。

其次,包括基金在内的机构投资者正面临着转变投资理念、开辟新的投资途径的任务。随着证券市场的规范,机构投资者再像过去那样操纵股市的可能性已经不存在,特别是近年来中国证券市场大幅震荡和长期低迷的市场环境,对习惯于持续大牛市的机构投资者形成了严峻的挑战,参与公司治理、通过提升公司价值以获取长期回报不失为当前机构投资者"战胜市场"的新途径。

最后,以证券公司、基金公司为代表的机构投资者拥有人才、资金和政策优势,也为机构投资者参与公司治理提供了可能性。

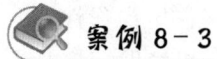

案例 8 - 3

中兴通讯增发 H 股事件

2002 年 8 月 20 日,中兴通讯临时股东大会上,大股东与流通股股东就 H 股发行计划针锋相对,股东大会表决时曾一度中断。有机构投资者表示,如果公司以 15 港元的价格发行 H 股,他们不能接受,他们认为这是中兴通讯在贱卖公司的财产,将导致现有股东的股东权利全面摊薄,侵害现有股东的权利。他们的心理价位是 30 港元。以汉唐证券为代表的流通股机构投资者要求进行两次表决:到场所有股东表决和流通股股东表决,但是最终未能成事。在众多基金和中小股东的强烈反对声中,该计划仍以 90% 以上的赞成票通过。不过,虽是大局已定,汉唐证券、申银万国、长盛基金等数十家机构投资者又联名上书证监会要求审慎看待中兴通讯发行 H 股,保护中小投资者的利益。

机构投资者的这次发难并不是完全没有效力,事实上,中兴通讯新闻发言人曾表示:"中兴这一次感受到的基金经理们的压力之大是前所未有的,中兴不能不考虑他们的态度,希望用股本转增方案补偿此前中兴暴跌给中小股东带来的损失。"中兴事件是大股东与流通股之间的博弈,传递出了一个积极的信号,机构投资者开始在公司治理中发挥作用。

(资料来源:董春华. 浅析机构投资者在改善公司治理结构中的作用. www.studa.com, 2003 - 03 - 26.)

8.3.3　充分发挥我国机构投资者的治理作用

虽然我国机构投资者开始在公司治理中发挥积极的作用,但是与美国公司治理中机构投资者发出的越来越响亮的声音相比,我国的机构投资者所发挥的作用还是微弱的,并没有像美国的机构投资者一样成为公司治理水平提高的主力军。因此我们有必要学习和借鉴美国机构投资者参与上市公司治理的经验,促使我国机构投资者在公司治理中发挥更大的作用。为此,应从以下几个方面入手。

1. 明确"制衡"和"补位"的公司治理职能

独特的制度环境决定了我国上市公司代理问题的特殊性,即,不仅普遍存在大股东对中小股东的利益侵占(剥夺问题),而且在国有股东监管缺位的情况下还存在管理层对公司和股东的利益侵占(代理问题)。这种状况决定了我国的机构投资者要想在公司治理中发挥作用,就必须能有效地抑制这两种公司治理问题的发生。因此我国的机构投资者需要明确两大公司治理职能:一是实现对控股大股东的有效"制衡";二是在国有公司"内部人控制"的情况下,对国有股东进行"补位"来实现对"管理腐败"行为的监督。

【迷你案例】

2. 提高法治水平,完善外部政策环境

与海外发达市场相比,中国证券市场面临着上市公司质量不高、法规制度不完善、信息披露透明度不强、司法救济制度不健全等问题。因此,加快立法进程、规范机构投资者的投资行为是当务之急。目前,我国基本形成了以《公司法》《证券法》《中华人民共和国证券投资基金法》(简称《证券投资基金法》)《中华人民共和国信托法》(简称《信托法》)为核心,行政法规和部门规章为补充的证券法律体系,特别是《证券投资基金法》的出台,对机构投资者的规范运作提出了更严格要求。

但是目前我国的法律体系还不够完善,一些法律或规章的操作性不强,因此。有必要加快法制建设步伐,对法律进行必要的修改和完善;主管部门要根据法律制定操作性较强的行为规范和准则,规范各类基金管理公司、信托投资公司的内控制度和治理结构及机制,树立机构投资者的良好信誉和社会责任,从而发展一批"投资部门设置完整、内控机制健全、专业人才充足、投资理念科学"的专业化机构投资者。建立完善的法律体系后,要加强执法力度,做到有法必依、执法必严、违法必究。

要大力发展公司债券等固定收益类产品,继续引导和鼓励上市公司增加分红,推动上市公司积极回报股东。要制定鼓励各类长期资金投资股票市场的政策措施,努力提高保险资金、社保资金、企业年金等机构资金的入市比例,协调完善与市场投资相关的税收政策,为机构投资者的健康发展创造良好的外部环境。

另外,要形成良好的公司治理文化。为此必须提高上市公司的质量,推进上市公司治理机制的改革和完善,包括继续完善独立董事制度、强化信息披露等,为机构投资者进行长期投资并参与公司治理提供扎实的市场基础。

同时,还要加强培育规范的会计师事务所、审计师事务所、律师事务所等各类市场中介机构,为机构投资者加强对上市公司的财务监督提供翔实的信息披露。

3. 顺应机构投资者的发展规律，培育多元化投资主体

从美国的经验看，不同类型机构投资者的资金来源、入市顺序和发展规律都不一样。鉴于此，发展我国的机构投资者，不仅要在存量上调整和扩充现有机构投资者的规模，更要在增量上全方位引入全新的机构投资者：一是培育更成熟的机构投资者，扩充现有证券投资基金的规模，大力发展开放式基金；二是培育新的机构投资者，积极推动公益基金入市，使之成为主流的机构投资者；三是通过多种方式，引入更多的合格境外机构投资者，进一步优化机构投资者队伍，规范投资行为。

（1）培育更成熟的机构投资者。

成熟的机构投资者应该具有三个特征：一是专业。只有在未来发展起更多"投资部门设置完整、内控机制健全、专业人才充足、投资理念科学、投资目标清晰"的专业性的机构投资者，才能够更好地促进市场发展。二是理性。只有当市场中有了一批对上市公司基本面变化真正敏感的投资人，这个市场才会更趋理性。三是守法。中国证券市场未来的机构投资者应该是守法的机构投资者和内控机制更完善的机构投资者。"守法"运作文化的形成还有赖于一整套完整的内控机制来支撑。

（2）培育新的机构投资者。

发展机构投资者不仅要在存量上对现有机构投资者进行大规模扩容，而且要在增量上全方位引进新的机构投资者。从美国经验看，养老基金和保险基金具有持股周期长、追求长期稳定收益的特征；而从国内资金结构的演化方向看，随着社保改革的深入，公益基金的潜力巨大，在条件成熟的情况下，应逐步增加包括养老基金、保险基金、社保基金及退休基金等在内的各类社会公益基金的投资比例。

（3）通过多种方式，引入更多的合格境外机构投资者。

我国从 2003 年开始引入合格境外机构投资者（QFII）。因为这些合格境外机构投资者来自发达国家或地区成熟的资本市场；因此将其引入将会带来新的投资理念，有助于我国资本市场的发展，也有助于国内机构投资者的学习和效仿，从而向国际上先进的机构投资者靠近。从我国经济发展的前景来看，我国证券市场面临着发展机构投资者的大好时机，在这种情况下，一些国际上知名的机构投资者纷纷把目光投向了中国证券市场。不过，目前对进入中国证券市场的外国机构投资者要求的条件较高，应该适当降低门槛，通过多种方式，引入更多的合格境外机构投资者。

（4）探索建立合格投资者制度，提高投资者服务水平。

随着市场体系的完善和产品的丰富，一些新的投资产品在交易机制和风险特征上与传统的产品都有较大的差异，对投资者的风险控制意识和风险承担能力提出了比较高的要求。要借鉴成熟市场的经验，积极探索合格投资者制度，逐步建立不同类别的投资者、不同风险程度的投资产品与不同的监管要求相协调的制度安排。督促机构投资者牢固树立客户利益至上的经营理念，在强化责任意识、认真履行受托义务的同时，最大限度地维护与实现好客户的合法权益。

4. 按照循序渐进的原则，引导机构投资者逐步参与公司治理

引导机构投资者参与公司治理，应该基于中国证券市场的现实情况，既要促进国内资本市场的发展和完善，又要保证国内资本市场的稳定。必须坚持循序渐进的原则，分阶段实施。

在具体做法上，先是涉及一般性的公司治理，主要是股权转让、关联交易、信息披露等方面的财务评价等；然后是着重于监督公司内部的治理结构和机制以及管理决策等。在机构投资者参与公司治理的领域里，我国机构投资者目前关注的重点可以主要放在上市公司的投票权问题、董事会结构问题、内部人控制问题、大股东滥用控制权从事某些关联交易和进行担保的问题、中小股东保护问题、信息披露问题、资产重组问题、公司收购中的反收购措施的正当性问题，以及股东、董事、经理层及各利益相关者之间的关系协调等问题。在机构投资者参与公司治理的对象选择上，重点放在一些绩效差但有潜质可挖的上市公司。在机构投资者参与公司治理的方式上，应该主要通过股东大会这种正式途径来参与公司治理。

本 章 小 结

机构投资者是指用自有资金或者从分散的公众手中筹集的资金专门进行有价证券投资活动的法人机构，包括证券投资基金、保险公司、社会保障基金、券商、财务公司、企业年金、信托公司和QFII等。

机构投资者作为资本市场中一个重要的市场主体，经过早期"消极股东"到20世纪80年代后"积极股东"的发展历程，形成了自己的特点：投资理念长期化、投资行为专业化、信息处理规模化以及投资方向股权化。

机构投资者对公司治理的作用机理体现在：通过内部机制和外部机制，克服分散股东"搭便车"问题、减少控股股东的机会主义行为、降低公司股权融资成本、影响公司战略与经营决策。

机构投资者参与公司治理的途径有：私下与经理人员和董事会进行沟通、向管理层提出公司治理建议、定期公布目标公司名单、股东诉讼、征集委托投票权以及机构投资者联合行动。

影响机构投资者股东积极主义的内部因素包括投资规模、投资风格及利益关联；外部因素包括法律与监管环境、投资对象层面的因素以及"股东至上主义"的股权文化的盛行。

我国的机构投资者总体来说是沉默的，并没有像美国的机构投资者一样成为公司治理提高和完善的主力军。证券投资基金、证券公司、三类企业（国有企业、国有控股企业、上市公司）等是我国的主要机构投资者，但是，这些机构投资者以前不但没有发挥应有的功能，还成为我国证券市场中的违法者和违规者，成了市场操纵者的代表。

随着我国证券市场的发展，近年来，我国的机构投资者正以崭新的面貌出现在证券市场。特别是2002年以来，随着我国资本市场中机构投资者数量的增加和规模的扩大，以及投资者教育活动的开展、法律法规的健全和投资者觉悟的提高，投资理念开始改变，机构投资者在资本市场中的地位不断提高，在公司治理中的作用也显现出来，机构投资者参与公司治理的行为初露端倪。

借鉴海外经验，发挥机构投资者在公司治理中的作用体现在：第一，明确"制衡"和"补位"的公司治理职能；第二，提高法治水平，完善外部政策环境；第三，顺应机构投资者的发展规律，培育多元化投资主体；第四，按照循序渐进的原则，引导机构投资者逐步参与公司治理。

复习思考题

1. 机构投资者有哪些特点？
2. 为什么机构投资者要参与公司治理？
3. 机构投资者参与公司治理的途径有哪些？
4. 如何学习和借鉴美国经验，发挥我国机构投资者在公司治理中的作用？

美国机构投资者炮打"司令部"

"一只500磅重的大猩猩会坐在哪儿？"这并不是一个"脑筋急转弯"的问题，而是美国的一句谚语，答案是："它想坐在哪儿就会坐在哪儿！"

近来，在很多美国大型上市企业如可口可乐、花旗集团、苹果电脑等公司管理层的眼里，重量级的机构投资者——掌管约1670亿美元资产的"加州公共雇员退休基金"（California Public Employees' Retirement System, CalPERS），就是一只很难缠的"500磅重的大猩猩"，它的屁股往股东席上一坐，往往就是公司麻烦的开始。

作为全美最大的养老基金，CalPERS近年来频频扮演"改革先锋"角色。在购买了大量公司股份并成为大股东后，CalPERS就开始旗帜鲜明地向所投资公司的企业治理"开炮"，他们前一段时间最辉煌的战果是：与迪士尼公司创始人之侄罗伊·迪士尼（Roy E. Disney）联手，在2004年3月3日召开的迪士尼年度股东大会上，令现任董事长兼CEO迈克尔·埃斯纳（Michael Eisner）颜面丢尽，被迫辞去了董事长职务。

日前，CalPERS又准备故伎重演，被列入"炮击黑名单"的企业多达十余家，其中已经被正式曝光的除上述几家公司外，还包括美国运通公司、强生公司、军火商洛克希德·马丁公司、通信商南贝尔公司以及电脑外设制造商利盟公司等多家知名企业。

1. "推翻"可口可乐

上周末，CalPERS通过全美最大的共同基金经理人代理投票顾问机构——机构股东服务公司（Institutional Shareholder Services, ISS）发表声明称：在4月21日召开的年度股东大会上，他们将提出不应由同一人同时担任可口可乐的董事长与CEO职务的提案。同时，他们将不支持可口可乐公司现任的六名审计委员会董事连任，这其中也包括著名的"世界第二富豪"沃伦·巴菲特。CalPERS表示，反对他们连任的原因是该六人委员会批准可口可乐公司的会计师事务所从事与审计无关的业务，如税务建议、规划、并购咨询等。CalPERS认为，这将影响到会计师事务所的公正性。

2. "欲拔"花旗

4月20日即将召开股东年会的花旗集团也被CalPERS"搅局"。本周初，拥有接近2 670万股花旗股票的该基金公开表示：将反对花旗现任董事长桑福德·威尔（Sanford Weill）、CEO查尔斯·普林斯（Charles Prince）以及其他六位董事留任。该基金认为，威尔应该为花旗集团在财务方面的一些不当行为遭调查招致巨额的费用损失、投资研究部门和投资银行部门之间存在利益冲突等问题承担全部责任。威尔不但应该"下课"，而且应该找一位真正的独立董事来担任花旗董事长。CalPERS的提议得到了美国第二大养老基金——纽约州共同退休基金（New York Common Retirement Fund）的支持。该基金的资产约1 200亿美元，共持有近2 200万股花旗股票。本周二，纽约州共同退休基金发表声明说：威尔、普林斯的表现令花旗董事会的独立性和公正性大打折扣……

3. "刀捅"苹果

本周四,"唯恐天下不乱"的 CalPERS 又狠狠捅了苹果公司一刀。2003 年,在 CalPERS 的支持下,一项要求在苹果年度财报中把股票期权作为开支处理的提案正式出台。苹果公司却一直在反对该提案。他们争辩说由于给雇员的报酬很大一部分是股票期权,把股票期权作为开支会降低公司的利润。他们还称,准确地评估股票期权的价值是很困难的,而且为了留住工程师和其他中级雇员不被竞争对手挖走,股票期权是必须要给的。眼见苹果公司对自己的要求无动于衷,掌握苹果公司 148 万股权的 CalPERS 在 4 月 15 日威胁说,它将拒绝支持任何一位苹果董事会成员。

4. "找碴儿"乐而不疲

安然等重磅企业丑闻近年来横扫欧美金融市场,给投资者带来巨大损失,企业的治理问题特别是董事长是否公正独立日益成为投资者关注的焦点,维护股东权益之风也随之甚嚣尘上。最近,越来越多的美国机构投资者对其投资的企业治理加强了监管,但对企业来说,这意味着庞大的改革压力。很多公司高层也被迫纷纷下马。投资者普遍相信,好的企业治理能够给公司带来好的业绩,从而提高股东的投资回报率。

以 CalPERS 为代表的政府养老基金由于连年亏损,也不得不调整投资策略,开始更直接地介入被投资公司的管理中。对 CalPERS 的做法,业界也存在不同的看法,很多人拍手称快,认为机构投资者对被投资公司施加压力是期盼已久的事情,但也有人对此表示担忧,他们觉得公司一般都不喜欢外来投资者过分就企业治理指手画脚,担心 CalPERS 的举动会引发公司的强烈抵触。CalPERS 则表示,要带头维护投资者的权益,并要用自己的举动,使改善企业治理成为美国各行各业上市公司的浪潮。

(资料来源:陈晓刚. 美国机构投资者炮打"司令部"[N]. 中国证券时报:国际版,2004-04-19.)

讨论问题:

1. 美国机构投资者为什么要"炮打'司令部'"?你对他们的行为有何评价?
2. 美国机构投资者在参与公司治理的过程中是否存在问题?如存在,你对此有何建议?

第 9 章

私募股权基金与公司治理

教学目标

1. 领会私募股权基金的含义；
2. 区分私募股权基金与其他基金的差别；
3. 理解私募股权基金对公司治理所发挥的作用。

基本概念

私募股权基金　董事会控制　对赌协议　财务监督　退出机制

学习提示

私募股权基金是基金的一种，但是不同于我们经常听到的证券类投资基金，也和曾经在国际资本市场上鼎鼎大名的"老虎基金""量子基金"等对冲基金不同，更不同于慈善类基金会的基金。它是通过私募而不是向公众公开募集的形式获得资金，对非上市企业进行权益性投资的基金。在企业上市之前的创业及成长阶段，私募股权基金对完善公司治理发挥着重要的作用。

本章重点：私募股权基金的概念　私募股权基金的治理机制

本章难点：对赌协议的激励约束机制

【阅读资料】

弘毅投资是联想控股有限公司旗下专事并购投资及管理业务的子公司,2004 年由联想总部单独出资 3 800 万美元成立。至 2012 年 11 月,弘毅投资通过五期美元基金和两期人民币基金的募集,集结了包括高盛、新鸿基、淡马锡等投资机构在内,分布全球的 17 个著名投资人。截至 2011 年年末,弘毅投资管理的资金超过 450 亿元人民币,被投资企业资产超过 11 200 亿元人民币。

弘毅投资作为专业化运作的并购投资公司,以"增值服务、价值创造"为核心理念,采取"先收购、再重组、后上市、胜利退出"的策略,主要投资于成熟行业中的成型企业。通过借鉴联想多年经营及改制的成功经验和为合作企业提供增值服务,弘毅帮助合作企业在各自行业中建立领先地位,最终实现社会、企业和投资者多方共赢。弘毅投资自 2003 年运作以来,先后在金融、建材、医药、汽车零部件和家居等多个行业 60 余家企业进行了投资。

与之相伴的是丰厚的投资回报:2005 年 4 月,弘毅投资宣布成功投资中联重科,进入后帮助企业完成改制,并重组了董事会,得到资本市场的认可;2006 年 6 月投资林祥新能源,当年年底林祥新能源在纳斯达克上市,短短 6 个月价值增加 4~5 倍;2005 年年中投资先声药业,2007 年 4 月先声药业登陆纽约交易所主板。2007 年 8 月,弘毅投资以 8.7 亿元人民币将石药集团收归旗下,一下子冲在了中国本土私募股权基金的最前线。

点评:

在私募股权投资的四道环节——"融、投、管、退"中,联想最看重投后管理。弘毅投资认为投资是两个事情:一个是价格实现,另一个叫价值创造。价值创造就体现在"管"的环节。这种管理是以治理为前提的管理,私募股权机构只有介入董事会,参与公司治理,才能帮助企业实现管理水平的提升。因此,私募股权基金是否参与投资企业的公司治理,是其能否实现效益、顺利退出的前提条件。

9.1 私募股权基金概述

9.1.1 私募股权基金的类型及特点

1. 私募股权基金的含义

私募股权基金(Private Equity,PE)作为基金的一种,主要通过私募而不是向公众公开募集的形式获得资金,对非上市企业进行权益性投资,即将每一单位的投资额最终兑换为被投资对象的股权,然后通过各类方法使得被投资企业快速发展,实现股权的快速多倍增值,同时在交易实施过程中考虑了将来的退出机制,即通过上市、并购或管理层回购等方式,出售所持股份获利。但也有少部分私募股权基金投资已上市公司的股权,这种投资方式被称为 PIPE 方式,英文全称为 Private Investments in Public Equity。私募股权基金在金融市场的位置如图 9.1 所示。

【阅读资料】

私募股权基金所涉及的业务主要涵盖企业首次公开发行(Initial Public Offerings,IPOs)前各阶段的权益类投资,即初始阶段(种子期)、成长阶段(孵化期)、快速发展阶段(扩张期)、稳定发展阶段(稳定期)及首次公开发行前期(Pre-IPO)等阶段的投资,也包括 IPOs 之后企业成熟阶段的投资。

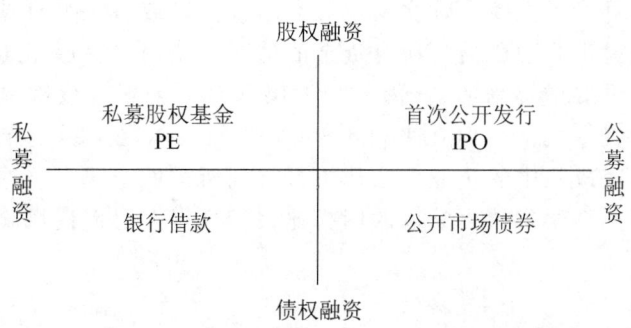

图 9.1　私募股权基金在金融市场上的位置

2. 私募股权基金的种类

根据所投资阶段的侧重点不同，可将私募股权基金分为风险投资基金、夹层资本及并购资金。

(1) 风险投资基金。

风险投资基金（Venture Fund）主要指对企业在种子期和孵化期的创业投资，在投资后对这些企业进行管理上的指导和干预，通过实现企业的上市来使自己获利退出。风险投资尤其是种子期的创业投资成功的概率较小，PE 对于创业投资业务投入的注意力会比较少。为了保证投资的回收，PE 的创业投资业务有时候会通过购买企业提供的可转换债券向企业注入资金，当项目失败时，有些 PE 会从创业投资者那里获得专利技术作为补偿。

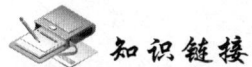

非正规风险投资——天使投资

天使投资又称为"非正规风险投资"。与风险投资相似，天使投资也是向非上市企业，特别是种子期的创业企业进行非控股性投资的非公开权益资本。不同的是，风险投资是机构行为，而天使投资则是个人行为；风险投资投的是他人的钱（主要是机构投资者的资本），而天使投资家投的是自己的钱。天使投资的循环阶段为：投资—管理—退出，而风险投资的循环阶段为：融资—投资—管理—退出。

(2) 夹层基金。

夹层基金（Mezzanine Fund）指的是为成熟期企业提供的发展资金。从事这种业务的 PE 所投资的对象，通常是具有一定规模和影响力的企业。这样的企业并不一定缺乏融资渠道，但通常是在经营方面陷入了困境。此时，PE 为企业带来的不仅是资金，也为企业带来了有效的管理和丰富的人脉资源。这种业务可能是在友好的气氛中和平完成，也有可能是来自 PE 的强行收购。

夹层基金一般偏向于采取可转换公司债券和可转换优先股之类的金融工具，是指在风险和回报方面，介于优先债权投资（如债券和贷款）和股本投资之间的一种投资资本形式。对于公司和股票推荐人而言，夹层投资通常提供形式非常灵活的较长期融资，这种融资的稀释程度要小于股票融资，并能根据特殊需求做出调整。而夹层融资的付款事宜也可以根据公司的现金流状况确定。

夹层基金通常用于那些接受后续风险资本的公司，或者在杠杆收购（LBO）时银行的高级贷款不能提供收购所需的所有资金的情况下使用（夹层基金是杠杆收购，特别是管理者收购的重要融资来源）。因此，夹层基金向公司发放次级贷款，在资本结构顺序中位于银行贷款之下，但在来自 LBO 基金的股本之上。夹层资本也提供大量的成长资本。当一家成长中的企业无法从银行得到所需的全部资金时，它往往要向夹层贷款人求助。因此夹层贷款人索取的回报比银行高得多，但比风险投资公司和 LBO 基金低得多。

（3）并购基金。

并购基金（Buyout/Buyin Fund）是专注于对标的企业进行并购的基金，其投资手法是，通过收购目标企业股权，获得对目标企业的控制权，然后对其进行一定的重组改造，持有一定时期后再出售。并购基金选择的对象主要是成熟企业，且注重获得目标企业的控制权。在我国，很多并购基金喜欢做未上市公司的 Pre-IPO，通过注入资金帮助企业上市。在国外，并购基金也经常出现在 MBO（管理者收购）和 MBI（管理层换购）中，并购基金的大宗业务是收购上市企业，实现上市企业的退市。

在国外，狭义的私募股权基金主要指对已经形成一定规模的，并产生稳定现金流的成熟企业的私募股权投资部分，即创业投资后期的并购基金和夹层基金。因此把并购类的基金作为狭义的私募股权基金来对待，区别于风险投资。但是，本章定义的私募股权基金既包含并购类基金，也包含风险投资类基金。

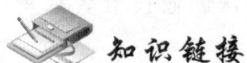

国内外并购类私募股权基金差别

在美国，并购类 PE 的大宗业务是收购上市企业，实现上市企业的退市。在我国，被并购的对象往往不是打算退市的上市公司，而是那些准备上市的公司。这些公司通常已经具有很强的实力，也有一个稳定的管理团队，他们并不缺乏融资渠道，跟 PE 合作的理由更多地在于他们希望能够通过合作来帮助企业早日上市。而且，有些企业恰恰看中了 PE 是财务投资者，日后必定会退出企业，才有兴趣跟 PE 合作，因此，在这样的业务中希望获取控股权根本就是不现实的事情。百仕通的施瓦茨曼在一次演讲中指出，考虑到中国的具体情况，百仕通集团在中国开展业务时不要求对投资对象的控股权。这应该被视为一种非常明智的决策。

3. 私募股权基金的特点

私募股权基金的主要特点为以下几点。

（1）在资金募集上主要通过非公开方式面向少数机构投资者或个人募集，它的销售和赎回都是基金管理人通过私下与投资者协商进行的；在投资方式上也是以私下形式进行，绝少涉及公开市场的操作，一般无须披露细节。

（2）多采取权益型投资方式，对被投资企业的决策管理享有一定的表决权。反映在投资工具上，多采用普通股或者可转让优先股，以及可转债的工具形式。

（3）一般投资于私有公司，即非上市公司。很少投资已公开发行公司，不会涉及要约收购义务。

（4）投资期限较长，一般可达 3~5 年或更长，属于中长期投资；流动性差，没有现成的市场供非上市公司的股权出让方与购买方直接达成交易（随着高盛 2007 年 5 月推出 GSTrUE 系统①和纳斯达克在 2007 年 8 月开始正式运营其取名为"PORTAL"②的非上市证券交易系统，这种情况将有所改变）。

（5）关注对所投资企业的公司治理。PE 投资的目的就是实现投资效益的最大化。PE 最主要的利润来源是其投资企业绩效的改善。这种改善和 PE 对企业公司治理的参与是分不开的。很多 PE 通过参与企业治理，拥有一定控制权，来发挥他们在企业经营方面的独到的见解，给其投资的企业带来更为合理的企业战略和更为有效的企业管理。由于 PE 独特的盈利方式，PE 实际上在某种程度上起到了"企业保健医生"的作用。曾经有人评论为什么"9·11 事件"会对美国经济造成那么大的影响，其中的一个原因就是大量从事类似 PE 工作的遇难者无法迅速得到补充。

4. 私募股权基金运作过程中的双重代理关系

私募股权基金的投资过程主要包括四个部分内容：融资、投资、管理、退出；涉及三个主体：投资者、PE 管理者和项目资金使用者。在这个过程中存在着双重的代理关系：第一重委托代理关系是融资时投资者与 PE 管理者之间的委托代理关系，即投资者作为委托人，PE 管理者作为代理人，两者通过双向选择，投资者将资金交给管理者，并成立私募股权基金。第二重委托代理关系是投资时 PE 管理者和项目资金使用者之间的委托代理关系，PE 管理人作为委托人，项目资金使用者作为代理人。由于信息不对称，代理人可能产生道德风险和逆向选择行为。而要降低道德风险和逆向选择发生的可能性，需要制定有效的激励和约束机制，来激励和约束 PE 管理人或项目资金使用者采取有利于出资人利益最大化的行为。第一重委托代理关系比较明确，可针对融资过程和收益分配设立契约条款来保护投资者的利益。但第二重委托代理关系相对比较复杂，不确定性较强。因此，PE 管理者一方面要积极主动参与企业的管理过程；另一方面 PE 管理者会通过设计各种合约机制来激励资金使用者努力工作，通过对其监督、激励、约束，帮助被投资企业改善公司治理结构以提升被投资企业的价值，进而退出以实现自身资本增值的目的。本章重点研究第二重委托代理关系中 PE 如何影响公司治理的问题。

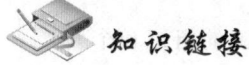

私募股权基金与私募股权投资机构的区别

私募股权基金不是简单地等同于私募股权投资机构，如凯雷、黑石、KKR 等。因为私募股权投资机构在发展中通常会成立针对企业的不同阶段进行投资的专项私募股权基金，因此很难说某一家私募股权投资基金究竟应该属于风险投资机构，还是并购机构。私募股权投资机构一般采用合伙制或者有限责任公司形式。随着私募股权基金的发展，眼下进入中国的各类私募股权投资机构已经逐渐将业务

---

① 该系统的英文全名为 Goldman Sachs Tradable Unregistered Equity System，即"高盛未注册可交易证券系统"，其第一个用户橡树资本（Oaktree Capital Management）利用这一交易系统出售 15% 的股份，轻松募集 8.8 亿美元，不需要美国证监会（SEC）审批。

② 是指在交易 144A 规则下有价证券的交易系统。通过这一系统，合格机构投资者可以在这一平台上进行交易。

拓展到了各个阶段的投资。风险投资机构在中国不仅涉及种子投资业务,而且还涉及企业的并购业务。众多的著名并购基金也不仅在二级市场上寻找价值被低估的企业,而是更多地渗入到风险投资领域,甚至同一单案子上面,既能看到风险投资基金的身影,也能找得到大型的并购基金。本章所介绍的私募股权(Private Equity)既包括私募股权基金(Private Equity Fund),也包括私募股权机构(Private Equity In-Institution),因为国外也通常将二者合并在一起叫作"Private Equity",而很少进行更加严格的细分。

9.1.2 私募股权基金的资金来源及募集类型

1. 私募股权基金的资金来源

一般来说,投资未上市股权有三条途径:投资私募股权基金、投资那些选择私募股权基金为其投资对象的外部资源(例如,基金中的基金)和直接投资未上市企业。前两条途径构成了私募股权基金的来源,如图9.2所示。

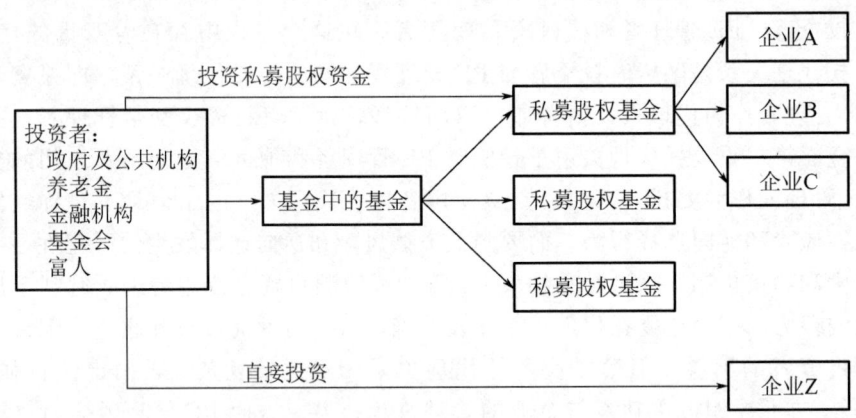

图9.2 私募股权基金资金来源

由此可以看出,私募股权基金的资金来源由两部分组成:一是投资者;二是基金中的基金。

(1)投资者。

直接投资私募股权基金的投资者指的是具有实力而且愿意承担风险的组织和个人。

① 政府及公共机构。政府机构对于PE的投资,在PE的融资总额中并不占有主要地位。在欧美,这个比例通常为7%~8%。中国投资有限公司(CIC)对百仕通集团30亿美元的投资就属于这一类。尽管这一类投资者在出资比例上并不占优势,但由于其具有的公共权力,对于PE而言往往有指标性的意义。

② 养老金。养老金包括企业养老金和政府养老金两类,但实质上差不多。这一部分的资金在PE的融资中占大宗。在欧洲,养老金占有PE融资总额的20%以上,而在美国更是占有50%以上的份额。养老基金的资金数量庞大,投资期限长,要求的回报率也不高,也是PE们最喜欢争取的资金来源。

③ 金融机构。金融机构主要包括银行、保险公司和其他金融机构。这些机构现金充裕,可以为PE提供大笔的资金。在美国,金融机构为PE提供了超过20%的资金;而在欧洲,金融机构提供了近50%的资金。

④ 基金会。通过投资PE，很多基金会也获得了丰厚的回报。在美国这类资金占PE融资总额不到10%，在欧洲大概在15%。

⑤ 富人。和对冲基金不同，PE的资金中只有6%~7%的资金来自富人。主要原因是PE的融资规模很大，但融资对象较少，单笔融资额很高，很多富人并没有富到可以成为PE的出资人。如此低的私人投资比例，也能反映出PE的公共属性。

（2）基金中的基金。

即投资PE的PE。在外资进入中国的过程中，先期进入中国的一些大型私募股权机构切实体会到中国市场的神秘性，发现本土化管理更加贴近中国国情，于是一部分外资机构开始调整充实其中国战略，采取了"基金中的基金"方式投资于在中国表现优秀的管理团队，如Accel Partners投资IDGVC，3i投资鼎晖创投，DCM投资联想投资公司等。借助这些相对比较成熟的本地资本渠道，新进入中国的国外私募股权基金可以减少进入中国市场的风险和成本。

同时，基金中的基金方式也开始在本土出现，他们大多是有政府部门出资成立"基金中的基金"，作为有限合伙人（Limited Partner，LP）对接收人民币的在国内运作的优秀管理团队进行投资。但同时，这些政府色彩的基金又会给被投资的基金加以一定的限制，比如在投资领域、投资地域上的限制。国内出现的这类政府背景的基金有苏州工业园区创业投资基金、上海浦东新区创投引导基金、北京中关村创投引导基金等。

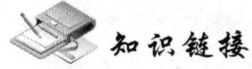

私募股权基金的发展

如果把VC作为PE的发端，PE的历史也就不到60年。以并购为主要工作的PE则只有30多年的历史。尽管时间不长，但PE发展迅猛，目前已成为全球机构投资者不可或缺的投资盈利工具，成为多层次资本市场中的重要环节。2006年全球私募股权基金筹集资金总额为4 320亿美元，其中，美国约有1 800余家私募股权基金，管理资产规模6 700亿美元；欧洲有1 100家，规模约2 000亿欧元；亚洲私募股权基金管理资产规模1 600亿美元。如果考虑到在杠杆并购中，自有资金借助财务杠杆可以实现的3~4倍的放大，全球PE可以动用的资金将高达近5万亿美元，这是无论如何也不能低估的一股金融力量。

（资料来源：李昕旸，杨文海.私募股权投资基金理论与操作[M].北京：中国发展出版社，2008.）

2. 私募股权基金的募集类型

从基金的募集对象看，私募股权投资基金可以分为独立型基金、附属基金和半附属基金三种。中国的私募股权投资基金更多的是从资金募集对象所有权属性来进行分类，可以分为以国有资金为主、民间资金为主和国外资金为主的三类私募股权基金。

（1）独立型基金。

独立型基金是私募股权基金中最为普遍的一种形式，这类基金从各种不同渠道筹集资本，具体包括各类养老基金、教师退休基金、保险公司、富裕家族和公司投资者等其他机构，通常情况是由富有经验的基金管理人靠个人信誉和以往的业绩打动投资者进行投资，基金管理人代表投资者进行利益管理，并取得每年固定的管理费和基金结束时超过约定资本收益以上一定份额的报酬。独立型基金是最专业的私募股权基金的管理机构。此类基金主要有黑石集团、KKR、凯雷集团、红杉资本和Coller Capital等。

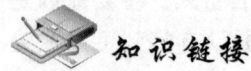知识链接

美国三大私募股权基金

1. 黑石集团（Blackstone Group 百仕通）

创办于1985年的黑石集团是美国最大的私募基金之一，总部设于纽约。在两位创始人不懈的奔走下，它从只有40万美元的小型并购公司起步，黑石集团的第一只基金最终吸引了32个投资人，包括大都会人寿、通用电气、日本日兴证券以及其他几个大企业的退休金。此后越来越多的大型投资机构纷纷投资黑石旗下的基金。截至2007年5月1日，管理的资产规模高达884亿美元，其中有280亿美元的自有资金。已向100多个公司进行了投资，交易额达1 580亿美元。

2. KKR（Kohlberg Kravis Roberts & Company）

KKR的成立源于三位创始人克拉维斯（Henry Kravis）、罗伯茨（George Roberts）和他们的业务导师科尔博格（Jerome Kohlberg）看准了1973年美国股灾之后大量公司廉价变卖自己的机会。在1976年，他们共同创建了KKR，以趁机收购那些奄奄一息的目标公司。公司名称正源于这三人姓氏的第一个字母。截至2007年，KKR旗下管理着14只基金，管理资金超过569亿美元。2006年KKR的年收入为41亿美元，2007年第一季度收入为6.9亿美元。KKR在2007年7月3日宣布，已向美国证监会递交文件，申请在纽交所上市，股票代码为KKR，拟融资12.5亿美元。

从政府机构、公共养老金到金融机构，从保险公司到大学基金，无数财大气粗的投资者都密集地簇拥在KKR的周围。与此相对应的是，KKR从成立至今累计完成了近150项私募投资，交易总额达到2 700亿美元。至于KKR从投资对象中获得的回报，英国《金融时报》估算超过800亿美元，KKR也因此位居《财富》500强第55名的显赫位置。

3. 凯雷投资集团（The Carlyle Group）

凯雷投资集团是全球著名的直接投资机构，成立于1987年。总部位于美国华盛顿，在19个国家总共拥有54只不同类型的基金，管理着超过714亿美元的资产，其中凯雷自己投入的资金约为21亿美元。自1987年成立以来，凯雷集团已在全球636宗交易中投入283亿美元，交易金额超过1 320亿美元，给投资者的年均回报率高达35%。凯雷所投资的公司的年收入超过870亿美元。

然而凯雷早期并不算成功，直到其依赖大量政治人物的帮助。1990年凯雷从美国陆军那里赢得了200亿美元的军火合同，那时凯雷才算真正起飞。到了20世纪90年代中期，金融投资界最负盛名的乔治·索罗斯成为凯雷的有限合伙人。在他的号召之下，筹集资金突然变得令人惊奇的容易。目前共有来自61个国家的1 000余名投资者投资凯雷。

（2）附属基金。

附属基金是一些实力雄厚的大型投资机构，如大财团、科技创新型公司、商业银行、年金基金、保险公司和捐赠基金等，为了获取更高的收益，不投资独立型基金，而是成立自己的风险投资机构来进行投资。附属基金一般不需要对外募集资金，多数作为大型机构的分支机构，只管理母机构的资金。此类基金主要有淡马锡控股公司、西门子创业投资公司、英特尔投资、法国NBP亚洲投资基金、IBM VC、OEP（JP摩根）、思伟风险投资基金（迪士尼）和BlueRun风险投资基金（诺基亚）等。

（3）半附属基金。

半附属基金是指前两类基金的组合。即募集的基金与母机构基金共同存在。一些大型

投资银行及咨询公司旗下的直接投资部门可以归为此列，它们不仅管理母公司的资金，而且将基金管理作为母公司的一项业务和重要收入来源，通过对外募集来成立更大规模的基金。虽然在机构上仍旧隶属于母公司，但是所管理基金的资金来源中，来自母公司的仅占小部分。此类基金的典型有花旗、高盛、摩根士丹利、美林等旗下的直接投资基金，以及软银旗下的基金；如花旗创投、高盛商人银行部和摩根士丹利直接投资部等。

9.1.3 私募股权基金的组织形式

对于私募股权基金而言，组织形式恰当与否直接影响到基金的运作效率。从世界范围看，私募股权基金的形式大体可分为三大类：合伙型、契约型及公司型。

1. 合伙型

合伙型 PE 由全体合伙人组成，合伙人包括有限合伙人和普通合伙人。前者只负责出资，承担有限责任；后者除出资外还负责管理及承担无限连带的法律责任。合伙型 PE 具有不需要设立董事会和监事会、资金投入不受额度限制、税收上只需合伙人一次性缴纳个人所得税等特征。合伙型 PE 主要分为有限合伙制、普通合伙制和特殊普通合伙制三种类型。

（1）有限合伙制。

有限合伙制是世界范围私募股权基金最为流行的组织形式，其中，美国80%以上私募股权基金都采用了这种形式。在有限合伙制 PE 中，投资者作为合伙人参与企业投资，依法享有合伙企业财产权。其中，基金管理人作为普通合伙人（General Partner，GP）代表 PE 对外行使民事权利，并对基金债务承担无限连带责任；其他投资者作为有限合伙人（Limited Partnership，LP）以其认缴的出资额为限对 PE 债务承担连带责任。从国际行业实践来看，基金管理人一般不作为普通合伙人，而是接受普通合伙人的委托对基金投资进行管理，但是二者一般具有关联关系。

为了对基金管理人进行监督，有限合伙人一般会设立顾问委员会对基金管理人进行监督。由于基金管理人依赖投资者后续资本的支持，因此通常会尊重顾问委员会的意见。从国际私募股权基金行业发展现状来看，有限合伙人通过合伙协议所获得权力有逐渐扩大的趋势。

在正常情况下，基金管理人的收益来自三方面，作为有限合伙人的投资收益、管理分红以及按资本额计算的管理费。基金投资者的收益则完全来自基金投资收益。

（2）普通合伙制。

普通合伙制 PE 由普通合伙人组成，且只有普通合伙人一种类型（所有的合伙人都必须是普通合伙人）。普通合伙人对合伙企业债务承担无限连带责任，且投资合伙人对合伙事务的参与程度与其所承担的责任直接相关。一旦由于投资合伙人自己的过错使得合伙企业面临债务纠纷，投资合伙人必须承担无限连带责任。投资合伙人过多地介入管理，也不利于管理人专业性的发挥。

（3）特殊普通合伙制。

特殊普通合伙在美国称有限责任合伙（Limited Liability Partnership，LLP），即合伙人对因其不当执业行为引起的赔偿，除其在合伙中的利益外，不承担个人责任。特殊普通合伙制 PE 可以使得投资人较少介入管理，出资人和管理人之间的分工更明确，便于提高基金的运作效率。同时，特殊的普通合伙企业细分了合伙人的责任，一方面可以使得投资决策不像普通合伙企业中那样过分谨慎，可以找到一些优质项目，赢得竞争；另一方面可以更大限度地发挥合伙人的个人天赋和特长，使得合伙人的分工更加明确细致，进一步提高效率。因此，这种组织形式非常适合于大型私募股权基金的组织形式。

2. 契约型

契约型 PE 也称为信托型 PE，通常是通过基金管理人发行基金份额的方式募集资金。基金管理人依据法律、法规和基金合同的规定负责基金的经营和管理运作；基金托管人则负责保管基金资产，执行管理人的有关指令，办理基金名下的资金往来；资金的投资者通过购买基金份额，享有基金投资收益。日本的基金产品大多属于契约型基金。

在契约型 PE 中，投资者权利很少。投资者基本上难以干预受托人（基金管理人）的决策。投资者绝大多数处于被动投资者的状态。也正因为这个特点，国际私募股权基金很少采用这种形式。虽然名义上委托人可以任免受托人，但实践中信托制基金一般由受托人发起，如果受托人没有重大过失或者违约违法行为，委托人无法通过投票方式解任受托人。此外，委托人会议不能合法有效地监督受托人的投资决策行为。如果委托人对基金管理者不满，投资者只有选择退出。

契约型 PE 也会利用制度安排避免现金头寸过高的问题。通常可行的办法是订立分期信托，在总额确定的前提下，投资者依照基金管理者（受托人）的要求分期出资到位。

由于契约型 PE 本身不是法人，通常无法以 PE 的名义举债或者提供担保，所以需要特殊的安排。通常来说，基金管理人作为受托人可以代表 PE 持有其对外投资和债务。基金管理人也可以以自己的名义申请过桥贷款或者为被投资企业进行担保。私募基金财产与管理机构和托管机构财产相互独立，如果信托型 PE 出现资不抵债的问题，委托人依照法律规定只以出资为限承担连带责任；受托人如果没有过失，也不对负债负责。

3. 公司型

在公司型 PE 中，投资者是公司的股东，依法享有股东权利，并以其出资为限对公司债务承担有限责任。基金管理人的设置有两种形式：一是以公司常设董事身份作为公司高级管理人员直接参与公司投资管理，二是形式则是以外部管理公司的身份接受产业基金公司委托进行投资管理。基金管理人在法律关系上只是产业基金的代理人，不会承担债务责任。一旦公司型 PE 投资失败或因其他事由破产，投资者作为股东只以出资为限承担连带责任，基金管理人如无过失，一般不负责任。

在公司制下，投资者拥有较为全面的权利。股东可以通过董事会委任并监督基金管理人。股东会还可以直接任命产业基金的外部审计机构，并具有审议批准产业基金会计报表的权利。虽然股东不能依法干预产业基金的具体运营，但部分股东能够通过基金管理人的投资委员会参与投资决策。

依照我国现行公司法，公司注册成立时股东需要至少缴纳注册资本的 20%，因此公司制产业基金在成立初期会有相对较大的现金头寸，会影响 PE 的投资收益率。当然，公司型 PE 可以通过制度安排来规避这一规定的影响。譬如，产业基金在成立时设定较小的注册资本，在投资规模较大时变更注册资本，或者维持较小的注册资本，以股东贷款的形式实现股东出资。

公司型 PE 是企业法人，可以向银行申请贷款或者为被投资者企业提供担保。由于公司型 PE 要缴纳公司所得税，然后才能把利润交给投资者。这就造成了公司型 PE 在同等条件下，投资回报率要低于有限合伙型 PE。

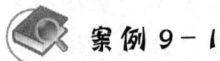 案例 9-1

除 IT 业务外联想最赚钱的业务就是财务投资

2015 年 6 月 29 日，31 岁的老牌公司联想控股在香港交易所正式挂牌上市，柳传志第二次站在了香港联交所的上市敲锣仪式上。第一次是 1994 年，为联想集团上市敲钟，当时联想集团的市值是 9 亿港币。20 年后，现在联想集团的市值是 1 200 亿港币，增加了 130 多倍。在这 1 200 亿中，4 大投资机构贡献了除 IT 业务外最大的营收和净利润。

联想控股此前提交的文件显示，其股票代码为 3396.HK，03396，开盘报 43.15 港元，预计融资 146.27 亿港元，本次 IPO 中所发行的股票获得了 45.17 倍的认购。

联想控股成立于 1984 年，由中国科学院计算所投资 20 万元人民币、柳传志等 11 名科研人员创立。2001 年，联想完成分拆，杨元庆与郭为分别负责联想集团和神州数码，柳传志则专注联想控股的运营。作为一家投资控股公司，联想控股自身并不直接开展实际业务运营，营收是来自所投资公司按持股比例合并的营收之和。

2001 年起，联想进入风险投资领域，目前，联想控股的投资业务贯穿了整个 PEVC 的全产业链：早期天使或 A 轮投资，主要由联想之星、联想乐基金负责；君联资本负责风险投资；弘毅投资负责 PE 业务；联想控股则专注于战略投资。在 PE/VC 行业中，能称为"系"的，没有几家，联想是最成功的一个"系"。

2014 年清科投资机构排行榜中，弘毅投资雄踞私募股权投资机构前 20 强；中国天使投资机构 10 强中联想系的两支年轻投资机构联想之星、联想乐基金双双位列前五名；表现稍显平淡的君联资本也依然获得中国本土创业投资机构 50 强。

目前，联想控股具体业务范围涵盖 IT（联想集团、神州数码）、财务投资（联想之星、君联资本、弘毅投资、联想乐基金）、房地产（融科）、金融服务（正奇、汉口银行、联保、拉卡拉、苏州信托）、现代服务（拜博口腔、增益物流、安信颐和养老、神州租车）、农业与食品（佳沃、丰联白酒）、化工与能源材料（联泓、星恒电源）等。除 IT 业务外联想最赚钱的业务就是财务投资，联想招股说明书显示，财务投资业务连续三年收入分别为 272.78 亿元、278.72 亿元、317.18 亿元，2014 年财务投资板块的营收约为联想控股 2 895 亿元总营收的 11%。2014 年以 21.13 亿元净利润占联想控股 78.2 亿元净利润的 27%，成为仅次于 IT 业务的第二大赚钱板块。

（资料来源：李梅．联想系投资军团：4 大机构贯穿全产业链．http：//www.pe.pedaily.cn 2015-06-30.）

9.2 私募股权基金的运营及其治理机制

企业之所以愿意引入私募股权基金的投资，多半不仅仅是为了融资，很多企业需要他们帮助改善经营水平、提升企业的经济效益乃至提供上市指导；对私募股权基金而言，对基金的有效运营是他们盈利链条的重要环节。为实现有效运营、获取投资回报，私募股权基金必须积极参与公司治理。具体方式如下所述。

9.2.1 争取控股权,变革董事会

控股权是保护投资者利益的重要工具。PE 成功投资企业以后,往往会成为企业的重要股东,从而在董事会里拥有席位。当 PE 拥有超过企业一定比例的股份时,就拥有了对企业的控股权。拥有控股权的 PE 可以对企业产生很大的影响。如在 3i 投资小肥羊的案例中,由于 3i 推荐了两位经验丰富的独立董事加入小肥羊董事会,并派人担任其首席运营官和首席财务官,使得小肥羊的日常管理纳入了 3i 的全面监管之下。在中小型的企业中,董事会中的成员大多会出任企业的各项高级职位。尤其对于那些创业投资业务的投资对象,争取到控制性的股权,并且为这些公司安排合适的管理者,可以避免公司原所有者的冒进行为。这些企业的实力比较小,也缺乏融资的渠道,PE 获得控股权也比较容易。

有了控制权,私募股权投资机构就可以控制被投资企业的董事会,积极参与到企业治理中去,而不同于公众公司消极无为的董事会。美国 PE 的大宗业务是收购上市企业,实现上市企业的退市。PE 基金所投资企业的董事会规模比上市公司更小,会议更频繁。Acharya, Kehoe, Reyner(2009)对曾在上市公司和 PE 所投资企业均担任过董事(姑且称之为"两栖董事")的 20 人进行了深度访谈,并对英国由 12 家 PE 基金投资的 66 个企业董事会进行了详细分析。他们发现:第一,PE 董事会主导了公司战略的形成,而 PLC(公众上市公司)董事会只是配合管理层制定战略,董事会只是一个"随从角色"。第二,PE 董事会和 PLC 董事会最显著的区别是绩效管理文化和措施。PE 董事会是"残酷无情地关注于价值创造的各个层面",PE 董事们能够识别关键的价值来源,设计关键的业绩考核指标(KPI)并主动、密集地监督企业的执行过程和进展。而 PLC 董事会业绩管理的中心不是放在基本的价值创造过程,而是放在季度利润指标的完成和能否实现证券市场的预期。第三,PE 董事会高度聚焦于企业高层管理者特别是 CEO 和 CFO 的素质,他们会迅速更换业绩较差的高管。在 66 个案例中,39% 的 CEO 和 33% 的 CFO 于 PE 收购后的第一个 100 天内被更换。第四,PE 董事会的人数较少,董事会投入了更多时间在现场调研、电话和管理层举行特别会议等非正式沟通上面。因此,PE 董事会扮演了一个完全不同的、更多基于价值增加的角色。①

9.2.2 选择经理人,促进经理人股权激励

1. 选择经理人

PE 可以根据企业的价值创造需要,选择合适的职业经理人,以替代创业企业家担任企业总经理。美国的一项调查显示,投资完成的最初 20 个月里,有 90% 的企业的总经理由创业企业家担任;但这个数字在第 40 个月的时候变成了 60%;到 80 个月时候变成了 20%。这个调查结果说明,创业企业家可能不是好的企业家。但他(她)们往往拥有核心技术,对企业的商业模式也最了解。因此,创业企业家可能更适合做技术总监或者市场顾

---

① Acharya, Viral, Conor Kehoe and Michael Reyner. Private Equity vs. PLC Boards in the U.K.: A Comparison of Practicesand Effectiveness [J]. ECGI-Finance Working Paper, 2009 (233).

问而不适合做总经理。PE 会利用其沟通技巧，让创业企业家能够接受这样的事实，让位于职业经理人。

另外，在很多 PE 的投资实践里，PE 将以其独到的眼光，为投资的企业雇用高水准的职业经理人。至于如何挑选职业经理人，则需要 PE 的眼光了。声名显赫的职业经理人不见得就适合所有的企业。例如，为了帮助雷诺兹-纳贝斯克公司[①]改善经营，KKR 先后请来了运通公司的路·杰斯特勒和 ConAgra 公司的查尔斯，结果却没能改善企业的经营。杰斯特勒和查尔斯都是优秀的职业经理人，但在雷诺兹－纳贝斯克这个烟草和食品公司里，他们的经营业绩就是不如公司原 CEO 罗斯·约翰逊。此案例说明 PE 慎重选择经理人的重要性。

2. 促进经理人股权激励

PE 机构对被投资企业管理层团队的激励机制给予高度关注，典型的做法是给予比较大的股票持股或者期权激励。股权和期权在 20 世纪 80 年代的上市公司中很少采用，Jensen & Murphy, 1990)。Kaplan & Stromberg (2009) 研究了美国 1996—2004 年期间交易价值在 3 亿美元以上的 43 个大型杠杆收购，CEO 持有股票和期权平均占总股本 5.4%，管理层团队作为一个整体平均持有 16%。Acharya, Hahn, Kehoe (2009) 研究了英国 1997—2004 年期间交易价值均值在 5 亿美元以上的 59 个大型杠杆收购，发现 CEO 个人持有股票和期权占总股本的中位数为 3%，管理层团队作为一个整体持有 15%。因此，虽然自从 20 世纪 90 年代以后持股和期权激励在上市公司中广泛使用，但在 PE 收购后的企业中，管理层的持股权激励的比重仍显著高于上市公司。[②]

而且 PE 机构要求管理层团队自身必须对企业进行投资，高级管理层被要求投资的钱必须达到一定额度，使他们不得不重视这笔钱。英语中称为 "hurt money"，即令他们感到痛苦的钱。实践中采取个人一年全部薪酬奖金或者个人净资产 1/3 两者中的较高者。

9.2.3 通过"对赌协议"激励约束经理人

在投资完成之后，投资者还可以通过价值调整机制对之前的开价做出修正，这便是对赌协议。对赌协议是一个常规，大多数私募股权投资都会在投资合同里写上一个对赌协议—价值调整条款。

1. 对赌协议的内涵

对赌协议主要包括两个部分：一是触发条件，二是股权调整数量。在我国，触发条件主要是财务指标。比如蒙牛的对赌协议规定：如果 2003—2006 年，蒙牛乳业每年的业绩复合增长率达不到 50%，则管理层应将最多 7 830 万股（相当于蒙牛乳业已发行股本的 7.8%）转让给外资股东，或者向其支付对应的现金，反之则有外资股东向蒙牛转让同样数量的股权。在财务指标之外还有很多非财务指标，比如是否能得到客户的正面反馈，能否在规定时间内聘请到新的 CFO，企业能否回购优先股，到规定年限是否能够

[①] 雷诺兹-纳贝斯克是美国烟草食品行业第二大巨头，由雷诺兹烟草公司和纳贝斯克食品公司合并而成。

[②] 李曜. 私募股权投资浪潮及其前沿研究问题 [N]. 证券市场导报，2010 (6).

上市，现有的管理层是否会离开等会对企业价值造成影响的因素，都会成为对赌协议的触发条件。

股权调整数量通常在企业总股本的1%~2%，蒙牛那种7.8%的调整在通常的调整业务中非常罕见。无论是触发条件还是股权调整数量都是企业和投资者谈判的结果，而不是谁强加给谁的苛刻条件。

2. 对赌协议的积极意义

对赌协议对投资者至少有两方面的价值：首先，对于企业的管理层，对赌协议是一个激励机制。如果管理层努力工作，企业价值确实能获得提升，那么管理层就会额外得到股权的正向激励。如果管理层经营不当，则会受到股权损失的惩罚。其次，对于投资者而言对赌协议有助于解决投资决策阶段信息不对称问题。在投资决策阶段，投资者的信息主要来自企业家。如果没有对赌协议条款，企业家难免会夸大企业的增长速度和增值的稳定性，让投资者做出错误的判断。对赌协议则可以帮助投资者在投资后对投资的价值做出调整，这将对企业管理层产生约束，迫使企业最初就向投资者提供接近事实的信息。

3. 对赌协议的不利影响

并不是所有的合同里都有对赌条款。因为对赌协议对于交易双方也有不利影响。比如双方可能在条款的谈判上浪费时间，影响交易的速度。而且对赌协议可能给企业管理层带来巨大压力，对他们的工作热情起到负向激励的作用。在永乐电器被国美并购的案例中，永乐电器愿意被并购的原因就是永乐电器的管理层已经不愿意承受对赌协议所带来的压力。不过对于创业投资业务，对赌协议在大多数时候都是好的。

9.2.4 实施财务监督和运营变革

1. 实施财务监督

PE可以帮助其投资的企业调整资产结构，优化企业财务融资结构，改善财务指标。PE投资一家企业后，往往会争取派出一个"自己人"做财务总监，这既可以发挥PE的财务能力优势，帮助企业改善管理，又可以为PE获取关于企业经营的最直接信息，实现对企业的监管。财务总监具有双重身份：一方面，他（她）是董事会派出的一个职位，可以相对独立地整理企业的财务信息，如实汇报给董事会，从而对企业的管理层进行有力的监督；另一方面，财务总监又是一个管理者的角色，他（她）能够直接参与企业的财务管理，帮助企业在基础会计核算和财务管理工作上进行改善。派出财务总监对于PE而言很重要，可以大大减少经营者的盈余管理行为。如Katz（2009）、Givoly等（2010）研究发现，相比无PE参与的公司，有PE参与的公司可操纵性会计较少，会计稳健性较高，总体盈余质量较高。

2. 实现运营变革

PE能给其投资的企业带来更为有效的企业管理。PE最主要的利润来源是其投资企业绩效的改善，这种改善和PE的专业素质是分不开的。PE机构不仅具有金融财务方面的专家，也拥有产业背景方面的专家，大部分的PE还会聘请外部咨询机构雇员。因此，PE

在企业经营方面有着独到的见解，可以运用他们的产业和运营管理知识去识别有利的投资机会，制订并实施价值增值计划，包括削减成本、提高产出效率。现实中，很多领先的PE机构已按产业和行业来进行PE定位，即不同的行业机构专注于投资不同的行业。当前PE投资中采取的价值增值方式，指的就是PE的投资专家是产业专家和运营管理专家，通过他们可以实施对被投资企业的价值增值。

3. 规范经营战略

PE可以为其投资的企业制定更为合理的经营战略。虽然企业家是最了解企业的人，但企业家难免也会出现"不识庐山真面目，只缘身在此山中"的问题。企业家通过艰苦奋斗才换来了企业的生存和发展，难免会有把企业当成"自己孩子"的倾向。因此，潜意识里企业家有可能高估企业的实力，制订出一些不合理的战略规划。这时，PE以其良好的专业素质，可以帮助企业构建一个更具体、更理性的经营战略规划。

9.2.5 发挥外部市场的监督作用

在股权分散的公司中，由于缺乏大股东的有力监督，经理层实际上成了企业的主人。从而出现代理问题。这时，PE可以从外部市场上对上市公司管理层进行有力的监督。

第一，规范MBO价格。虽然并不是所有的MBO都会损害投资者的利益。不过，由于管理者掌握着关于企业的第一手资料，而且拥有企业的实际权力，管理者难免在MBO中开出一个有损于股东的比较低的价格。此时，PE作为管理层的竞争者出现，就可能为企业的股东们提供一个更高的收购价格。

第二，限制对并购的抵制。当恶意接管引发并购防御时，没有理由认为管理层完全代表了原有股东的利益。恶意并购的成功，意味着买方开出的价格已经让大多数股东认为有利可图，股东们可以有一个机会卖出自己的股票。所以，对于股东而言，恶意并购并非是坏事。因此，那些积极的反并购手段，实际上是在维护管理层的个人利益。这时，PE可以对经理人的并购防御措施进行干预，以保障并购带来的控制权的合理配置。

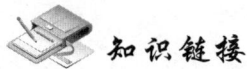

私募股权基金的退出机制

投资5~7年，PE就要考虑从被投资企业退出了。一般来说，退出对于PE而言是投资的最后一个过程，也是体现投资成果的过程。PE通常会在投资合同里就规定退出条件，以扫清日后PE退出的障碍。对于PE而言，何时退出是一个可以随时做出的决定。一旦市场形势乐观，PE马上就可以考虑退出。当PE决定退出企业时，它有几种不同的退出方式可供选择。股票公开发行是一个皆大欢喜的局面，股权转让也很常见。股票退出方式包括首次股票公开发行（IPO）、股权回购、破产清算。

1. 首次股票公开发行

首次股票公开发行上市实质上是推动所投资的企业从一个私人持股公司变为公众持股公司，实现股权的可流通，从而通过公开市场出售其所持股份，以实现资本增值的过程。首次股票公开发行是PE最喜欢的退出方式。这种退出方式代表了资本市场对该公司业绩的一种认可，可以让PE在退出时获得大量的现金。

2. 股份回购

股份回购是指企业按一定的程序和价格，将私募股权基金所持有的股份购回进而实现退出投资的方式。通过这种退出方式，私募股权可以拿到现金或可流通证券，而不仅仅是一种期权，可以迅速地从企业中撤出；而且股权回购只涉及企业与投资方两方面的当事人，产权关系明晰，操作简便易行；并且可以将外部股权全部内部化，使企业保持充分的独立性，并拥有充足的资本。根据回购主体的不同，股权回购可以分为管理层回购、员工回购和企业回购。

3. 向第三方出售

向第三方出售是指私募股权基金将所持有的公司股权向投资企业之外的第三方出售，进而获利退出的过程。在美国和欧洲的私募股权基金中，通过把企业出售给第三方实现退出的项目数量是通过上市实现退出的三倍。这种退出方式分为两种形式：一是把企业出售给另一公司，二是把企业出售给另外的投资者。

4. 破产清算

清算是指企业因破产、解散而清理债权债务、分配剩余财产并注销企业的行为。虽然清算是风险投资各方都不愿意看到的结局，但是由于运作不成功而进入清算程序的案例数在国外并不低。如美国风险投资类私募股权基金投资的企业有32%会进入清算程序，其所占比例与IPO的比例大体相当。我国的风险投资类私募股权基金以清算方式退出企业的位数很少，2002—2004年当中总共才有两个进入清算程序。对企业进行清算，对私募股权基金来说并非是实现退出的比较好的而选择，大多数情况下是出于无奈。如果企业经营不善，而使用其他方法又不能解决问题，那么清算就是私募股权基金最容易实现的投资退出方式。

当PE从企业退出后，并不意味着PE和企业的关系就此结束。从某种程度上说，PE退出企业标志着PE和企业新的合作关系的开始。PE可以继续为企业提供财务咨询、战略规划等方面的服务。而且最重要的是，一个成功的案例将成为PE开展新业务的重要资本。而且与企业家的良好关系往往会带来意想不到的好业务。事实上，由这些合作过的企业家推荐的项目往往是非常好的项目。

PE的一笔投资能带来的收益不只是PE退出时带走的现金，在这个过程中PE也建立了一个网，而一旦走入这张网中，便永远没有结束的时候。

9.3 我国私募股权基金的运营

9.3.1 我国私募股权基金的发展历程

1. 起源于改革开放初期

我国私募股权基金起源于20世纪80年代，最早出现的是创业投资，直到2004年左右才出现并购类的基金投资。1985年元旦，中共中央发布了《关于科学技术体制改革的决定》，文件指出：对于变化较大、风险较大的高技术开发工作，可以设立创业投资给予支持。根据这一决定，我国第一家风险投资公司成立，命名为"中国新技术创业投资公司"，公司组织形式为股份制。此后10年间，国务院陆续发布了一批关于设立风险投资基金的政策和规定。在改革开放初期，虽然我国私募股权基金已经迈出了第一步，但是由于观念和体制上的障碍，私募股权类基金的发展实际上比较缓慢。

2. 国外大型私募股权基金进入中国

20世纪90年代初，开始出现由境外投资者设立的中国投资基金，同时还有一批外国公司到我国来开展风险投资业务，1992 年，美国国际数据公司（IDG）便是第一家进入中国的风险投资机构。

1999 年下半年到 2000 年上半年，受美国新经济增长的影响，形成了以风险投资为主的外资私募股权基金进入中国的第一次高潮，他们的投资促成了新浪、搜狐、网易等一批互联网企业在纳斯达克上市。

在度过了互联网的"寒冬"后，私募股权基金在中国投资规模和投资数量又开始迅速增长，如 2002 年摩根士坦利等三家投资公司以 5 亿元资本投资蒙牛乳业，上市后套现 26 亿港元；2003 年新加坡政府投资公司和中国鼎辉投资李宁公司 1 850 万美元换取其上市后价值约 2 亿港元的股票等。

2004 年 6 月，新桥资本（New Bridge Capital）宣布以 12.35 亿元的价格收购深圳发展银行 17.89％的控股权，成为国际并购基金在中国的第一起重大案例，标志私募股权行业又重新进入了一个新的高潮。2004 年年末，美国华平投资集团等机构联手收购哈药集团 55％的股权，创下第一宗国际并购基金收购大型国企案例；2005 年第三季度，中行、建行等商业银行的引资工作吸引了众多的私募股权基金机构的参与，2005 年 12 月，美国凯雷集团斥资 4.1 亿美元收购太平洋保险集团 24.9％的股权；2006 年 2 月新加坡淡马锡旗下资金耗资数亿美元收购中国银行 5％的股权。此外，高盛并购双汇、华平控股哈药、黑石收购蓝星等金融领域之外的收购大案也时有发生。

总之，从 20 世纪 90 年代到 2006 年，海外资本一直是我国 PE 的主角。清科数据研究中心数据显示，2006 年外资机构在中国市场上投放的创业投资金额占市场总额的 73.3％，本土机构在中国市场上投放的金额为 18.4％，中外联合机构占 8.3％。[①]

3. 本土私募股权基金产生并发展

2006 年 9 月颁布的《关于外国投资者并购境内企业的规定》（商务部 10 号文件）限制了外资基金在中国的投资和海外资本市场的退出，意味着人民币基金成为一种新的需求。2006 年 12 月，渤海产业投资基金作为第一只在境内注册以人民币筹集资金的产业投资基金（总规模 200 亿元）在天津设立；接着又有第二批企业如山西能源基金、广东核电新能源基金、四川绵阳高科基金、上海金融基金及中新高科产业投资基金等 5 只总规模 560 亿元人民币的产业基金获准筹备设立。2007 年 6 月颁布的《中华人民共和国合伙企业法》（以下简称《合伙企业法》）为私募股权基金的建立提供了法律依据，促成了国内 PE 机构成立热潮。2007 年，共有 12 只本土新设私募股权基金成立并募集 37.3 亿美元，占新私募股权基金数量的 18.8％，比 2006 年增长了 145.9％。[②] 本土私募以及合资私募股权基金都进入快速发展阶段。

4. 国内外各方基金全面发展

2008 年，由于在股权投资领域我国逐步放宽对金融保险机构、券商等金融机构的约束，人民币私募股权基金筹资的规模迅速提高，如全国社保基金获批投资私募股权基金，国信、华泰等 8 家符合条件的证券公司相继获准开展直投业务；2008 年 11 月，国务院批

---

① 清科研究中心《2007 中国私募股权投资年度研究报告》。
② 清科研究中心《2008 中国私募股权投资年度研究报告》。

准保险机构投资未上市企业股权,实质上就是将私募股权投资市场对其开放。此外,国务院特批的多批产业基金也已经开始了募集工作。与此同时,国际私募基金整体规模呈现乘数扩张效应,有越来越多的新兴外资机构第一次参与中国的私募股权活动之中。

2011 年,人民币基金首次超过外币基金居领先地位。2014 年,受益于新"国九条"明确构建多层次资本市场中鼓励大力发展私募基金等政策利好因素,我国私募市场出现新高,该年度完成募集的可投资于中国大陆地区的私募股权投资基金共有 448 只,共计募集资金 631.29 亿美元。两项数据同比分别增长 28.4% 和 83.0%,均创历史新高(如图 9.3 所示)。从基金币种来看,人民币基金数量 409 只,募集金额达 483.04 亿美元,占基金总额 76.5%,外币基金数量 39 只,募集金额 148.25 亿美元,占基金总额 23.5%。人民币基金已大力超过外币基金居领先地位。① 从基金类型分布看,成长基金数量与金额占比最大,均达 60% 以上,其他依次为房地产基金、并购基金、基础设施基金、夹层基金以及不良债权基金等。

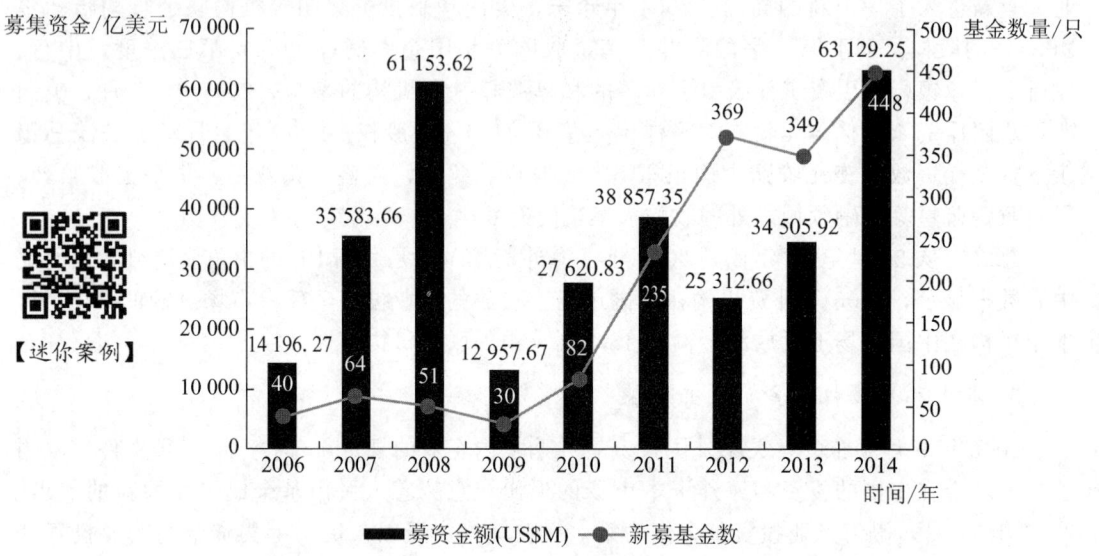

图 9.3 私募股权投资基金历年募集总量比较(2006—2014)

9.3.2 我国私募股权基金的募集类型及组织形式

1. 我国私募股权基金的募集类型

从资金募集来源看,我国私募股权基金主要类型有国有资金主导的基金、民间资金为主的基金以及海外资金为主的基金,具体内容如下所述。

(1)国有资金主导的基金。

国有资金为主的私募股权基金比如渤海产业投资基金和众多政府主办的国有风险投资公司,其特点是一般资金规模较大,组织结构及投资的决策程序复杂,多专注于基础设施、大型水电工程等重大项目。此类基金除了渤海产业投资基金之外,还有中央汇金投资有限公司、中国节能投资公司、深圳市创新科技投资有限公司和中科招商基金管理有限公司等。

---

① 清科研究中心《2014 中国私募股权投资年度研究报告》。

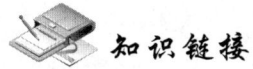 **知识链接**

渤海产业投资基金

2005年11月,国务院特批了渤海产业基金的申请,总额为200亿元。2006年12月31日渤海产业投资基金挂牌成立,标志着第一只本土私募股权基金的产生。该基金专门投资于未上市公司股权,首期募集资金达608亿元,是一只契约型产业投资基金,存续期为15年。在60.8亿元资金中,全国社保基金、国家开发银行、中国人寿集团及其上市公司、中银国际、泰达股份和国家邮政储汇局分别出资10亿元,最后的8 000万元则由渤海产业基金公司承担。

中国银行通过旗下的中银国际、中银集团投资公司相对控股渤海基金公司。因此,渤海基金公司董事长由中行行长、中银国际董事长李礼辉担任,总裁由中银国际聘请曾在新桥资本任职的欧巍担任。

据公开消息,渤海产业基金将青睐具有自主知识产权的大型制造业项目,投资重点放在天津。首期资金中,50%将投于天津滨海新区的企业,20%的资金将投资于除滨海新区外的环渤海区企业,其余将面向全国其他地区投资。

(2) 民间资金为主的基金。

民间资金为主的基金主要是一些民营创投公司和一些有限合伙制创投企业。早期的此类基金一般采取公司制,规模都比较小,管理和运作相对灵活,创新活跃,资金多来源于国内的个人、民营企业等,也有部分机构受托管理美元资产,他们大都多年专注于投资国内的早期的有良好前景的民营企业并涉及一些后期的投资,随着多年的发展,部分以民营资本为主的私募股权基金类公司在中国已经成长壮大,业务领域和实力也大大拓展。此类基金主要有联想投资有限公司、红鼎创业投资有限公司、南海成长创业投资合伙企业(有限合伙)、深圳市创新科技投资有限公司和辰能哈工大高科技风险投资有限公司等。

(3) 海外资金为主的基金。

以海外资金为主的私募股权基金至今仍然是国内私募股权领域的主角。不同于以国有资本和民间资本为主的基金,在国内他们大都只是成立管理公司进行运作,但是基金都成立于海外,在海外募集资本,以美元作为主要的投资币种,基金旗下资金远大于国内民营的同类机构;同时他们有限合伙制的基金组织形式同国内普遍的投资公司相比,不仅在资金的管理上更灵活,对于基金管理人的激励也更为到位,加之基金管理人普遍具有国内外的双重背景,熟知国内的资本市场,并拥有丰富的实际运作经验。最近几年,外资的私募股权基金凭借其上述优势迅速地占领了大部分的中国股权投资市场。此类基金主要有IDG技术创业投资基金、软银亚洲投资基金与赛富投资、金沙江创业投资基金、弘毅投资和鼎晖投资基金等。

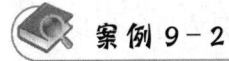 **案例9-2**

IDG技术创业投资基金

【迷你案例】【阅读资料】

IDG技术创业投资基金(简称IDGVC)是最早进入中国市场的美国风险投资公司之一,原名美国太平洋技术风险投资基金——中国(PTV-China),于1992年由全球领先的信息技术服务公司——国际数据集团(IDG)建立。

IDGVC投资于各个成长阶段的公司,行业集中于国际互联网、信息服务、软件、通信、网络技术以及生物工程等高科技领域。迄今为止,已经在中国投资了100多个优秀的创业公司,包括携程、百度、搜狐、腾讯、金蝶等公司,已有30多家所投公司公开上市或并购。

2005年12月,规模为31亿美元的IDG-Accel中国成长基金I(IDG-Accel I)成立,几乎跟此前IDGVC在中国的投资总额相当。作为共同发起人的IDG和Accel Partners在IDG-Accel I中各自的投入最多不超过2 500万美元。其余2.6亿美元的承诺资本基本上都来自世界著名的LP,其中80%以上是Accel Partners自身的长期合作伙伴。

2007年5月15日,IDG-Accel I开始募集第二只中国成长基金,预期募集资金4.5亿美元,为其第一只中国成长基金预定规模的2倍。但是在"IDGVC+中国"概念的鼓舞下,投资人反应非常热烈。到2007年6月28日基金募集完成时,IDG-Accel"被迫"把新基金的规模调高到了5.1亿美元。IDG-Accel中国成长基金Ⅱ囊括了其第一期基金的所有LP(有限合伙人即投资人)。此外,IDG-AccelⅡ还增加了几个新的有影响的LP;但是原有LP仍然占据了绝对主导地位,其承诺资本占基金总额的比重超过了90%。

(资料来源:李连发,李波.私募股权投资基金理论及案例[M].北京:中国发展出版社,2008.)

2. 我国私募股权基金的组织形式

我国私募股权基金以公司制的组织形式为主。在中国,1997年颁布的《合伙企业法》并不承认"有限合伙制"这一组织形式,虽然2000年左右一些高科技园区相继出台了区域性的《有限合伙管理办法》,但由于实践中出现诸多问题,并没有成功案例出现,直到2006年6月1日起我国新修订的《合伙企业法》才明确承认有限合伙制企业是合作制的一种合法的组织形式。新的《合伙企业法》在2007年6月1日开始执行,在此之前的中国私募股权基金几乎全是公司制的组织形式。从实践结果看,在公司制组织形式下中国私募股权基金发展并不成功。

同时,契约型作为私募股权基金的一种组织形式在国内多有涉及,其中信托形式使用较多。此外,在中国特殊环境和特殊的市场状况下,众多的私募股权机构在合法的前提下进行了大量的结合上述两种形式的混合型尝试,虽说这一组织形式不一定具有推广的普遍意义,但至少更加适应当时的市场和政策环境。

9.3.3 我国私募股权基金的运营现状

1. 项目选择

在美国,PE主要业务是上市公司私有化。而在中国,二级市场并购业务比较少见,投资于新建立企业Pre-IPO业务(成长资本)和投资于比较成熟的已上市企业(PIPE等)是PE最主要的业务。由于两种业务的投资理念以及对企业的理解不同,一家PE可以同时开展两种业务或者主营一类业务,或者两类业务分成两个部门分别投资。

在中国,Pre-IPO的业务是获利最丰厚的业务,但Pre-IPO的企业对于投资者会很挑剔,只有那些背景深厚的PE才可能获得这些业务。新兴小PE通常只能通过与其他大PE联合才能接触这些业务。2014年我国私募股权投资市场共计投资943起案例,披露投资金额的847起投资案例共计投资537.57亿美元。其中,成长资本依然是最主要的类型,共计751起投资案例,投资金额345亿美元;PIPE(私人股权投资已上市公司股份)排名第二,115起PIPE投资案例共计投资99.05亿美元,以江苏瑞华控股、天堂硅谷、温氏投资等为代表的VC/PE机构积极参与二级市场定增,极大刺激了PIPE投资规模;房地产的投资案例相比2013年明显下滑,但是投资总金额实现增长,这与本年度房地产投资领域主要以大型私募房地产机构主导的现状有关。2014年中国私募股权投资市场投资策略如图9.4所示。

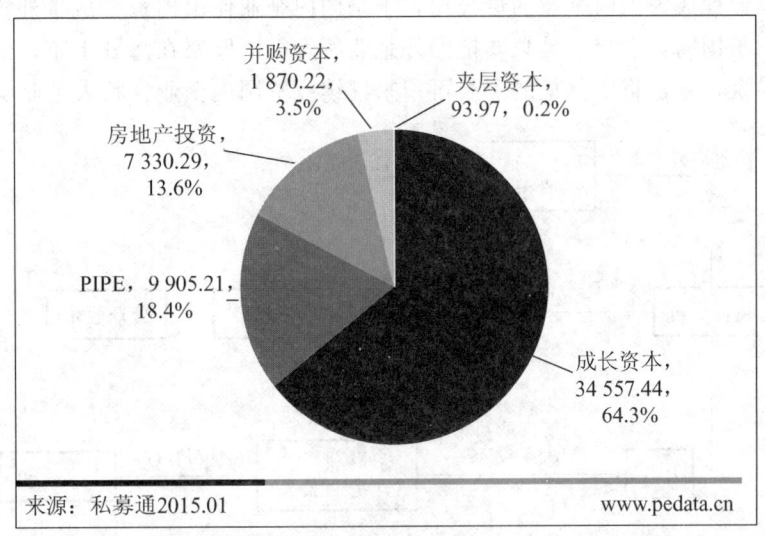

图9.4 2014年中国私募股权投资市场投资策略统计（金额：US $ M）

2．项目管理

在美国，企业家创业的目的是日后将企业卖出而获得巨大收益，所以，PE可能购买到企业全部股权。而在中国，企业家会把自己的企业当成自己的孩子，不太可能出售全部股权，因此，PE参股而不控股的投资方式更容易得到企业的认可。但如果PE不能对所投资的企业控股，就会很难约束企业家行为。因此，在中国，PE的控制企业的方式需要一定技巧，其身份要从企业的控制者、企业家的老板，转换到企业的参与者，企业家的参谋。这样对PE协调人际矛盾的能力提出了更高的要求。

如果PE不能占有控制权，PE就不能够主导企业重组，也几乎不能通过出售企业资产实现快速套现，因此，在中国，杠杆收购业务难以获得大发展。

另外，在创业投资业务中还有个别这样的情况，有些无良PE会将企业的商业模式复制，并且用于与企业的竞争。这些PE出资不多，却在董事会里对企业经营指手画脚，干扰企业经营，对投资企业的公司治理产生了不利影响。

3．退出方式

我国私募股权基金的退出渠道主要包括IPO、股权转让、并购、MBO、股东回购、借壳等。我国私募股权基金的退出方式以2006年为界，2006年之前由于外资背景的PE居多，PE的主要退出方式为海外IPO（即所谓"红筹模式"），极少数通过境内IPO退出；2006年之后，随着我国资本市场的发展，创业板的推出，PE通过境内IPO退出的数量逐渐增加。

为实现投资的顺利进入和退出，我国众多海外资金背景的PE创造了"红筹模式"（如图9.5所示）。传统的红筹模式是指境内公司将境内资产以换股等形式转移至在境外注册的公司，通过境外公司来持有境内资产或股权，然后以境外注册的公司名义上市。具体来说就是，国内企业在海外的避税岛（如英属维尔京群岛，简称BVI）设立一家公司，该公司并没有任何实际资产,由于国内外两家企业属于同一家控制人,该控制人可以使用国外的公司来收购国内公司的股权或资产。在收购完成后,国内的企业就变成了国外企业的子公司,国外企业就成为国内企业的母公司,于是国内企业便由内资变成了外资企业。由于国外企业控制了国内资产,于是只要把国外企业所发行的股票在海外上市,便实现了国内企业的上市融资计划,将所募集的资金再用来继续投资国内企业,壮大企业规模。

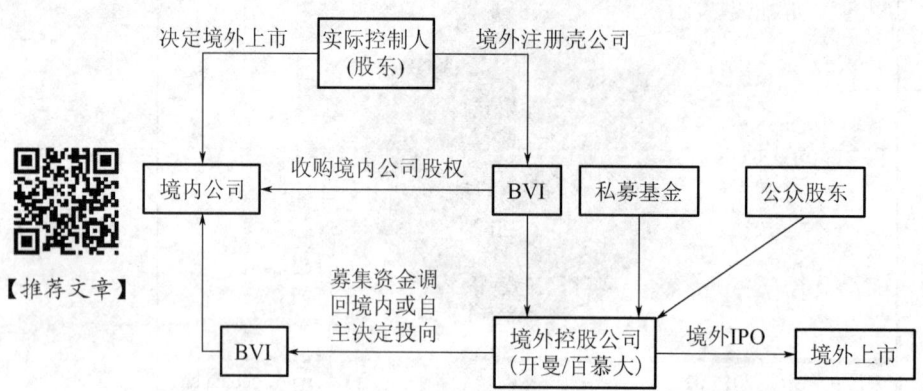

图 9.5 国外私募股权基金参与国内企业境外上市流程图

在这个过程中,海外的私募股权基金便可以通过投资设在海外的公司,换取海外公司一定量的股票,等到其上市后在海外市场出售便可以实现在海外投资和海外退出。

本 章 小 结

私募股权基金(Private Equity)作为基金的一种,主要通过私募而不是向公众公开募集的形式获得资金,对非上市企业进行权益性投资,然后通过各类方法使得被投资企业快速发展,实现股权的快速多倍增值,同时在交易实施过程中考虑了将来的退出机制,即通过上市、并购或管理层回购等方式,出售所持股份获利。私募股权基金包括风险投资、夹层资本及并购资本。从基金的募集对象看,私募股权投资基金可以分为独立型基金、附属基金和半附属基金;从基金的组织形式看,私募股权投资基金可分为合伙型、契约型及公司型。有限合伙型是国外私募股权投资基金主要组织形式。

私募股权基金的运营及其治理机制体现在:①争取控股权,变革董事会;②选择经理人,促进经理人股权激励;③通过"对赌协议"激励约束经理人;④实施财务监督和运营战略变革;⑤从外部市场上对上市公司管理层进行有力的监督。私募股权基金的退出机制包括首次公开发行(IPO)、股权转让,以及破产清算。

我国的私募股权投资基金更多的是从资金募集对象所有权属性来进行分类,可以分为以国有资本为主、民间资本为主和国外资本为主的三类;基金组织形式以公司型为主。目前私募股权基金的资金来源已由以海外资金为主过渡到以国内资金为主。在中国,罕见二级市场并购业务,投资于比较成熟的企业和投资于新建立企业是 PE 最主要的业务。中国 PE 的退出方式曾经主要是"红筹模式"。创业板的推出,PE 通过境内 IPO 退出的数量逐渐增加。

复习思考题

1. 私募股权基金与机构投资者的联系与区别?
2. 我国的私募股权基金与国外相比有何特点?
3. 如何发挥私募股权基金在公司治理中的作用?

IDG 投资东方通科技

美国国际数据集团（International Data Goup, IDG）是全世界最大的信息技术出版、研究、会展与风险投资公司。它旗下的 IDG 技术创业投资基金（原太平洋技术创业投资公司）1989 年 11 月就在北京进行了第一个试验项目的风险投资。在此基础上，IDG 从 1993 年开始大规模进入中国市场。此后，IDG 在中国的创业投资业务取得了巨大的成功，获得了丰厚的回报。

东方通科技是中国早期成功的系统集成商。从 1998 年开始，东方通退出了系统集成行业，转型成为独立软件供应商，专注于中间软件研发，开发与国际领先技术同步、符合国际标准的中间软件产品。由于国际上已经有 BEA 和 IBM 等大型公司的存在，东方通不得不通过价格战的方式与这些大企业竞争，因此需要通过融资来增强竞争实力。

为了实现在海外资本市场上市，东方通科技与 IDG 技术创业投资基金签署了创业投资协议。IDG 以 2 000 万元人民币出资换取东方通 15% 的股份。为了实现海外上市，双方协议在百慕大成立一家控股公司，用该公司控股深圳注册的新公司，并将东方通的业务转移到新公司中，然后通过控股公司在海外上市使东方通的业务实现间接上市。然而，1999 年年底，中国证监会叫停了采取同样离岸模式的北京裕兴电脑在香港的上市计划，使得东方通上市计划受阻。而且随着 NASDAQ 市场上科技股泡沫的破裂，海外上市能否为东方通筹集足够的资本，能否让 IDG 成功套现都成了问题。

在接下来的时间里，IDG 和东方通在理念上发生了根本的分歧。东方通立志做大民族中间软件，而 IDG 只想收回投资。此时，为了击溃东方通，BEA 利用资本优势跟东方通开始了大规模的价格战，并且高薪从东方通挖取人才。在此紧要关头，IDG 不但没有按照事先的约定进行第二期投资，还力劝东方通接受 BEA 的并购计划。这引发了东方通管理层的不满，而且管理层还认为 IDG 的投资经历没有大型软件公司的管理经验，当初预期的希望引进先进管理方法的目的没有达到。因此，东方通拒绝了 IDG 的建议，并且希望 IDG 将东方通的股权出售给上海涌金公司。通过一再交涉，IDG 终于在 2000 年年底，将其所持有的东方通 30% 的股份以 3 000 万元的价格转让给涌金公司，完成了这次并不和谐的合作。

（资料来源：李昕旸，杨文海. 私募股权投资基金理论与操作 [M]. 北京：中国发展出版社，2008.）

讨论问题：

1. IDG 投资东方通科技公司为什么失败?
2. 结合案例阐述私募股权基金成功的关键是什么?

第 10 章

企业集团治理：剥夺型公司治理问题

教学目标

1. 熟悉企业集团的概念和形式；
2. 了解金字塔持股结构的剥夺实质；
3. 了解控制性股东滥用关联交易侵害小股东利益的手段；
4. 掌握剥夺问题的解决途径。

基本概念

企业集团　控制性股东　金字塔结构　交叉持股结构　剥夺问题　揭开法人面纱

学习提示

如果说代理型公司治理问题所涉及的是股东与经理之间的关系，剥夺型公司治理所要处理的是股东之间的关系。剥夺型公司治理问题在全世界很多国家和地区里都客观地存在着，不仅仅是在亚洲，在欧洲大陆地区的一些国家，只要存在着金字塔企业集团结构，剥夺问题就会存在。金字塔企业集团的内部结构特征与剥夺究竟是什么关系？为什么某些家族靠着这样的系族形式可以迅速敛财？剥夺问题会带来什么样的危害？应该采取什么手段对之加以控制？本章将加以解释。

本章重点：企业集团的剥夺结构　控制性股东的转移行为　剥夺问题的解决机制

本章难点：企业集团的剥夺结构

韩国现代企业集团的前身是郑周永1947年创建的"现代自动车工业社"。经过几十年的发展,该企业由一个小型汽车修理厂扩张为一个业务范围包括汽车、电子、建筑、金融以及重工业5大领域在内的金字塔结构的企业集团。郑氏家族为该集团的终极控股股东(1997年,郑氏家族直接或间接拥有现代集团56.7%的股份),而处于金字塔的最底层的分别是现代投资信托证券公司(现代投证)、现代投资信托管理公司(现代投管)和现代证券公司(现代证券)三家金融公司。由于现代集团为郑氏家族所控制,因此他们可以从效益好的公司调用现金去补贴不赚钱的企业。另外,为让那些境况危殆的公司活下来,郑氏家族采取交叉担保的方法最大限度地提高他们的信用。由于频频举债,至1997年,现代集团在三家韩国最大商社中的净资产负债率最高,达到449%。外部基金持有者成为这不良资产的最大受害者。

点评:

韩国现代集团是东亚地区新兴公司的代表,这个案例表明:亚洲经济奇迹的背后却是市场参与者的被严重剥夺,那些创造了财富的家族商业领导人对中小股东和债权人无所顾忌地进行剥夺,成为1997年亚洲金融危机爆发的原因之一。

10.1 企业集团概述

10.1.1 企业集团的定义

1. 企业集团概念的界定

企业集团是现代企业的高级组织形式,是以一个实力强大、具有投资中心功能的大型企业为核心(母公司),以若干个在资产、资本、技术上有密切联系的企业为外围层(子公司或关联公司),通过产权安排、人事控制、商务协作等纽带所形成的一个稳定的多层次经济组织。

2. 子公司界定

法律层次上,一个公司拥有另一个公司相当多的股份(通常认为超过50%)并对其进行实际控制时,称为母公司,被控制公司为子公司。随着公司发展,这种单纯依据资本多数标准逐渐被实质性标准所替代,即认为当A公司绝对控股B公司,或控制其董事会,使得A公司的意志能够在B公司的决策中得到充分体现,则称B为A的子公司。

《国际会计准则》规定,母子公司应当包括:(1)母公司及其全资控股公司;(2)公司Y及其拥有50%以上表决权的公司X,包括直接或间接拥有;(3)公司Y拥有公司X 50%以下表决权,但具备下列条件之一:①通过与其他投资者的协议,掌握一半以上的表决权;②根据章程及协议,公司Y有权统御公司X的财务及经营战略;③公司Y有权任免公司X的董事会和类似权力机构的多数成员;④公司Y在公司X的董事会或类似权力机构的会议上有多数投票权。

我国《公司法》未对子公司进行明确的界定,对母公司与子公司的概念做出明确规定的是国家工商行政管理局制定的《企业集团登记管理暂行规定》:"母公司应当是依法登记注册,取得企业法人资格的控股企业。子公司应当是母公司对其拥有全部股权或者控股权的企业法人。"从该规定可以看出,母公司是控股公司,子公司是被控股公司。但对出资公司的出资占被出资公司注册资本多大比例才是控股,现行法律、法规和部门规章对此没有规定。

3. 关联公司的界定

国际会计准则委员会(IASC)于 1984 年公布的 IAS24《对关联者的披露》中所指的关联方是:在制定财务或经营决策中,如果一公司有能力控制另一公司,或对另一方施加重大影响,且二者非母子公司,则认为他们是关联的。

基于上述认定,关联公司的含义为:公司 A 以少数股权参股公司 B,且公司 A 在公司 B 的董事会中只有发言权,其意志在公司 B 的体现程度取决于 B 公司董事会成员间讨价还价的结果,这样,我们称公司 B 为公司 A 的关联公司;或者公司 A 和公司 B 同为一公司的子公司,则二者为关联公司。

10.1.2 企业集团的类型

1. 金字塔结构企业集团

金字塔结构企业集团指的是以股权为纽带,具有多层级、多链条控制结构特征的企业集团。金字塔结构指的是多层级、多链条的集团控制结构,因此又称企业系族结构[①]。在这一结构下,公司实际控制人通过间接持股形成一个金字塔式的控制链,公司实际控制权人控制第一层公司,第一层公司再控制第二层公司,以此类推,通过多个层次的公司控制链条取得对目标公司的最终控制权。金字塔结构企业集团主要集中于东亚国家和地区。

(1) 金字塔结构企业集团特征。

如图 10.1 所示,在东亚国家和地区里,许多存在控制性股东的金字塔结构企业集团通常具有如下典型特征。

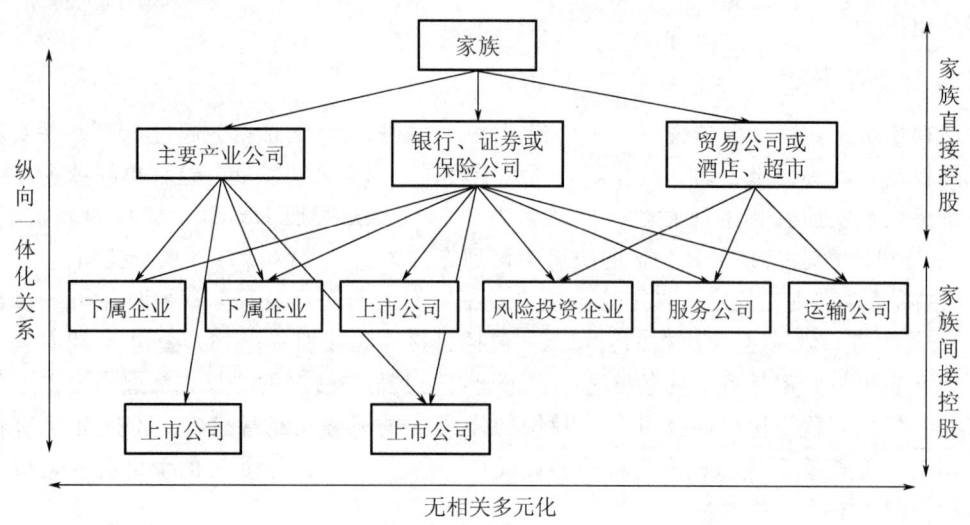

图 10.1 金字塔结构的企业集团

---

① 金字塔结构企业集团也称企业系族。

① 作为核心的环节，企业集团通常由一个家族控制或几个家族联合控制（一个家族控制的情况居多）。保证家族实施控制的一个重要工具是金融性质的机构。在20世纪80年代企业集团一定会有至少一家银行或保险公司作为核心企业；而到了90年代，企业集团通常会有一家证券公司（中国的一些企业集团，尤其是民营企业集团已经朝这个方向发展。它们也在想办法参股到银行当中。由于我国金融管制比较严格，主要的银行进不去，所以，城市商业银行和股份制银行成为它们介入的重点）。

② 围绕着银行或证券公司，集团通常拥有多个核心企业，每个核心企业的周围一定还有多个相关的企业。但是，不同的核心企业经营的主要业务各不相同，彼此之间缺乏一种整体性和契合性，没有协同效应。这主要是由于每一个核心企业事实上都是因为某一历史机遇而形成的。另外，在很多企业系族里面，还通常都有房地产公司或者是酒店，甚至是一些商业流通类企业，这些企业通常有比较好的收益，现金流也比较稳定。

③ 在企业集团当中一定要有一部分公司要上市，并且，企业集团要通过各种办法对上市公司施加控制。在上市公司之间及在上市公司和非上市公司之间，往往会存在很多的关联交易。这些关联交易是由企业系族的控制人来调度的。

(2) 金字塔结构企业集团的分布。

金字塔结构企业集团在亚洲尤其是东南亚地区非常普遍。统计显示，在印尼67%的上市公司、在新加坡55%的上市公司、在中国49%的上市公司、在西欧国家20%的上市公司、在加拿大35%的上市公司都通过金字塔结构被实际控制人控制。处于金字塔结构最上层的通常是一个家族或多个家族。

企业集团在我国国民经济中已扮演着日益重要的角色。到2010年年底，达到国家工商总局规定注册为企业集团标准且名称中含"集团"二字的上市公司就有300多家。① 而金字塔系族企业集团控制下的上市公司则更多。尽管我国大多数企业集团是国有性质，但随着改革开放的推进，我国民营企业逐步壮大，一些实际控制人为自然人或家族的金字塔系族企业集团相继出现，如"德隆系""复星系""万向系""托普系""鸿仪系"等。不仅是在亚洲，在欧洲大陆国家，比如德国、瑞典，在南美的巴西，以及南非，还有加拿大，企业系族也非常多见，只要资本市场不是那样发达和有效，集团往往都存在着复杂的企业系族结构。

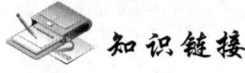

金字塔结构企业集团形成的原因

20世纪八九十年代英美国家拆散很多在六七十年代建立起来的多元化企业集团，实施归核化战略。因此，在英美等资本市场比较发达的国家，企业系族以及系族内部复杂的关联交易并不是商业活动的主要内容。相反，大型企业的核心业务通常是突出的，企业的供应商和销售商也都是市场化的，而不是由关联企业来完成。

---

① 国家工商总局对注册为企业集团的标准：其核心公司或母公司注册资本至少为5 000万元人民币、至少拥有5个子公司、核心公司或母公司与其下属子公司的注册资本总计不得低于1亿元人民币（国家工商行政管理局，1998）。符合条件的公司可在公司名称中使用"集团"字样。

为什么在新兴市场上，企业集团进行多元化经营是有道理的？学者们认为，主要是因为企业从事经营活动的外部制度环境和西方发达市场经济的情况差距太大，而多元化经营格局和组织的建立将有助于弥补市场的缺陷。

第一，在新兴市场上，产品市场是不完善的。新兴市场一般来说信息匮乏，因此建立品牌信誉是非常重要的。一个因产品质量高、服务水平好而闻名的企业集团可以利用其品牌优势进入相关业务领域，将这个优势扩展到相关领域，并且把成本扩展到其他业务领域。

第二，新兴市场的融资机制是不健全的，融资效率一般也比较低。在这种情况下，企业集团的形成，客观上可以在集团内部各企业之间形成一个内部融资市场。

第三，当一个企业发生财务危机时，如果它处于一个集团之中，其他企业往往都愿意扩展其交易信贷、扩展应收账款的时间限制。如果集团内部有金融组织，融资和还款就会在危机期间进行讨价还价和重新约定。

第四，企业集团从事多元化经营，在很大程度上有助于分散经营活动的风险。发展中国家市场是多变的，企业常常处于较高的经营风险当中。在这种情况下，涉足不同行业，就可以实现一定程度的风险互补。

第五，进行多元化经营，可以克服市场的不完全性，并将大量的交易和交易成本内部化，进而有效地节约交易费用。因此，沿产业链方向进行扩展，进行多元化经营就可以有效地降低交易成本，取得竞争优势。

2. 交叉持股结构企业集团

所谓交叉持股，又称相互持股或交互持股，交叉持股是指在不同的企业之间互相参股，以达到某种特殊目的的现象。它的一个主要特征是，甲持有乙的股权；乙持有丙的股权；丙又持有甲的股权。

交叉持股这种形式，在日本比较多见，日本的很多企业集团都是通过交叉持股形成的。日本企业集团的特点就是各成员企业之间呈环状持股，各成员企业之间只是一种横向联合，主要是为了相互提携业务，因而它只是松散的联合体；虽然集团也有核心（主要以大银行和金融机构为主），最高权力机构是"经理会"，但集团没有统一的管理机构，没有终极控股股东。集团本身不具有独立的法人地位。目前日本有六大企业集团，分别为：三井集团、三菱集团、住友集团、芙蓉集团、第一劝银集团、三和集团。以三井集团为例，三井集团部分成员交叉持股关系如图10.2所示。

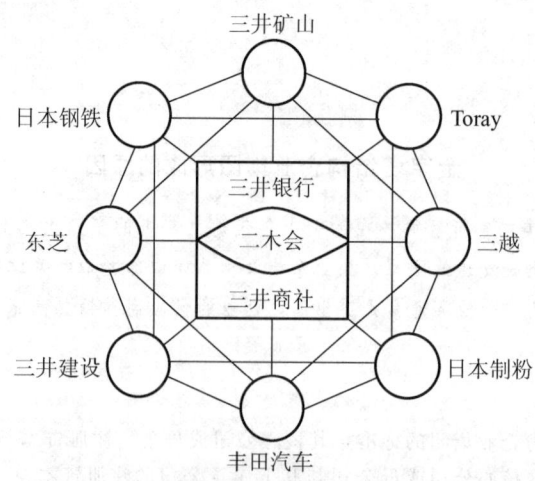

图10.2 三井集团部分成员交叉持股结构图

交叉持股最早开始于日本的阳和房地产公司事件。1952年该公司被恶意收购，从而引发了三菱集团内部结构调整。1953年，日本《反垄断法》修改后，出于防止被从二级市场收购的需要，三菱集团下属子公司开始交叉持股。从此以后，交叉持股在日本作为一种防止被收购的策略而大行其道。在20世纪50年代，日本企业还把交叉持股作为跟银行保持密切关系以获取资本的一种策略。

交叉持股发展的第二次浪潮出现在20世纪60年代后期外国投资自由化阶段，这个阶段美国等老牌资本主义国家大举向日本进行海外投资（FDI），尤其是闯入了一些日本企业的优势领域，比如汽车行业。丰田是第一家运用交叉持股策略来防止被外国企业恶意收购的公司，之后，日产、五十铃、日野、大法等汽车公司也采取了同样的策略。表10-1列示了日本六大企业集团交叉持股的比例。

表10-1 日本六大企业集团交叉持股比例

集团名称	交叉持股比例/%
三井集团	18.0
三菱集团	25.3
住友集团	24.5
芙蓉集团	18.2
第一劝银集团	14.6
三和集团	10.0

（资料来源：平木多贺人．日本的金融市场与公司治理［M］．东京：中央经济社，1993：84.）

总之，公司交叉持股加强了关联企业之间的联系，使企业之间相互依存、相互渗透、相互制约，在一定程度上结成了"命运共同体"。

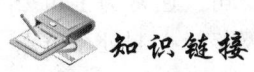 知识链接

日本六大财团（企业集团）

三菱财团：成立于1954年，共由28家大企业组成，其核心企业有：东京三菱银行、三菱商事、三菱重工、三菱电机、本田技研、麒麟啤酒、旭玻璃等。该集团主要以汽车、成套设备、军火、电子、石油化学、飞机、造船、核能等产业为重点，并致力于城市住宅开发和新材料开发等，控制着日本的军火工业，1977年后开始积极开展与我国经济交往。经理会称"金曜会"（金曜会，每月第二个星期五聚会，日语星期五为"金曜日"）。

三井财团：成立于1961年，目前由25家大企业组成。其核心企业有樱花银行、三井物产、新王子制纸、东芝、丰田汽车、三越、东丽、三井不动产等。该财团在化工、重型机械、综合电机、汽车制造、房地产、核发电、半导体、医疗及办公电子设备等行业拥有优势。经理会称"二木会"（"二木会"，每月第二个星期四聚会，"木"，日语的星期四为"木曜日"）。

住友财团：成立于1951年，目前由20家大企业组成。该财团在金属业、金融业以及电气产业方面有较强的实力。其核心大企业有住友银行、住友金属、住友化学、住友商事、松下电器、日本电器（NEC）、三洋电机、朝日啤酒等。在石油化工、钢铁、有色金属、精细化工等部门有基础，后来又经营

海洋开发和核能。经理会称"白水会"(白水会,住友财阀起源的"泉屋"的"泉"字分拆为"白水")。

富士财团:日本人称富士山为"芙蓉之峰",所以富士集团又称芙蓉集团,成立于 1966 年,目前由 29 家大企业组成。该财团在日本制造业、商业和金融业等各重要领域有较大的影响力。其核心企业有富士银行、日产汽车、日本钢管、札幌啤酒、日立、丸红、佳能,以及日本最大的轴承生产企业"日本精工"及最大的农业机械厂家"久保田"等。以纺织业起家的丸红商社(MARUBENI)为日本的大型综合商社,是广东省的"省长顾问"企业,在广东省的投资企业有 10 多家,今后积极寻求与中国的物流业方面的合作是其目前经营目标之一。经理会称"芙蓉会"(芙蓉会,得名于"芙蓉集团")。

三和财团:成立于 1967 年,目前由 44 家大企业组成。其核心企业有三和银行、日商岩井、日本电信电话(NTT)、日棉、科思摩石油、神户制钢所、夏普、日本通运、积水化学工业等。其中日商岩井及日棉居日本九大商社之列。该财团在钢铁制造业、通信业、液化气、陶瓷、橡胶等行业有较强实力。经理会称"三水会"(三水会,每月第三个星期三聚会,日语星期三为"水曜日")。

第一劝银财团:成立于 1978 年,目前由 48 家大企业组成。该财团是六大财团中成立时间较晚而成员最多的一个财团。其核心企业有第一劝业银行、伊藤忠商事、富士通、兼松、清水建设、川崎制铁、旭化成工业、富士电机、横滨橡胶等。该财团在化工纤维、金融、光通信、计算机、石油开发、食品等方面较有优势。经理会称"三金会"(三金会,每月第三个星期五聚会,日语星期五为"金曜日")。

10.2 企业集团的剥夺结构

企业集团母公司对子公司的控制是通过现金流权和控制权实现的。集团形式之所以导致控制性股东对其他股东的剥夺,原因在于集团形式可以创造出公司的现金流和控制权的分离。尤其是控制性的小股东结构,现金流权和控制权被大大地分离,剥夺的效率非常之高,后果也更加严重。现金流权和控制权分离的企业集团剥夺结构一般来说有三种形式:金字塔结构、交叉持股结构和类别股份结构。

10.2.1 金字塔结构

金字塔结构是多层级、多链条的集团控制结构。在这个结构中,在每一个链条最后面的是实际控制人。集团公司内部的企业分为两种:中间公司和经营公司(通常为上市公司)。控制者从塔尖开始,通过控制中间公司向下发散出一个庞大的网络,控制处于链条末端的经营公司。

1. 金字塔结构的构成要素及运作机理

金字塔结构的构成要素包含一个顶点(金字塔顶端存在的终极控制股东)以及三个维度(层级、终极控制权与终极现金流权、控制权与现金流权分离度)。具体内容如下所述。

(1) 终极控制股东。

终极控制股东又称终极所有者,即金字塔结构企业集团中居核心地位,对子公司、关联公司拥有控制权的股东。终极控制股东类型不同,构建金字塔结构的动机可能存在差异,从而导致金字塔结构其他特征的差异。学者采用不同标准对终极控股股东进行分类,如 LLS(1999)将其分为个人或家族、国家、所有权分散的金融机构、所有权分散的公司和其他投资者五类;刘芍佳、孙霈和刘乃全(2003)则将其分为国家和非国有终极控股股东;甄红线、史永东(2008)将终极控制股东分为国有控制人、境内自然人和外资三大类。其中,国有控制人是指各级国有资产管理委员会和国有企业、机关事业单位。

(2) 层级。

层级是指终极控制股东到上市公司之间的控制链条所包含的控股层次数，须满足≥2的条件。金字塔结构通过层级实现了所有权结构的纵向延伸，层级是区别于单层持股模式的重要特征。层级还具有权力和利益传导机制的重要作用。通常情况下，层级越多，终极控制股东的隐蔽性越高，上市公司的控制集团结构可能越复杂，可能发生的利益输送行为也就越不容易被发现。

(3) 终极控制权与终极现金流权。

控制权是指所有者所持有的股票所代表的投票权。从这一意义上讲，终极所有者就是一个公司中拥有总投票权超过预先设定阈值的股东。如果终极所有者通过一系列中间公司控制了一个上市公司，终极控制股东对上市公司的终极控制权等于控制链条中各个层级的投票权的最小值。总投票权就是各控制链条中终极控制权之和，计算公式如下：

$$V = \sum_{k=1}^{n}(Ik_1 + Ik_2 + Ik_3 + \cdots + Ik_t), (1 < t \leqslant m)$$

其中：V 为总投票权，n 为控制链的个数，m 为某一控制链条中层级的个数，Ik_t 为第 k 条控制链上第 t 个层级的持股比例。

现金流权是指所有者所持有的股票所代表的收益权。按照现金流权比例获取剩余收益是所有权的核心和本质，也是股东的利益所在。终极现金流权等于控制链条中各个层级的现金流权比例的乘积。总现金流权是各控制链条中终极现金流权之和。

$$CF = \sum_{k=1}^{n}\prod_{t=1}^{m} Ik_t, (m > 1)$$

其中，CF 为总现金流权，其他变量定义同上。

(4) 控制权与现金流权分离度。

控制权与现金流权偏离程度以总现金流权与总投票权的比值来度量，即 V。按照资本民主的"一股一票"原则，控制权与现金流权应一一对应（"股"的含义就是现金流权，"票"的含义就是控制权）。但终极控制股东借助金字塔持股，以少量现金流权获取了更大的控制权，背离了"一股一票"原则。从理论上讲，只要层级足够大，终极控制股东为了能够控制处于底端的上市公司，在上市公司所拥有的终极现金流权比例可以降至足够小，而控制权与现金流权分离度也就越大。

根据有关学者（甄红线等，2008）对我国上市公司终极所有权结构的研究，以20%控制权为阈值，我国上市公司终极所有者持有的现金流权与控制权比值最高的是国家（0.89），其次是外资企业（0.68），最低的是境内自然人（0.63），说明当境内自然人最终控制上市公司时，其所持有的终极现金流权与终极控制权的偏离程度最大，国家作为终极所有者的偏离程度最小，外资企业居于中间。[①]

我国上市公司中个人与国家作为终极所有者的偏离程度的差异，说明个人作为终极所有者比国家更有可能获得控制权私有收益和侵占小股东利益。所以，私人作为终极所有者的上市公司存在的最大问题可能是终极所有者对小股东利益的侵害，这类所有者更多地面临终极所有者转移上市公司资产的风险。

---

① 甄红线，史永东. 终极所有权结构研究 [J]. 中国工业经济，2008 (11): 108 - 117.

图 10.3 就是一个通过三层控制关系实现控制的单链式金字塔结构：A 公司是实际控制人，他通过三条控制链，最终实现对 D 公司的控制。

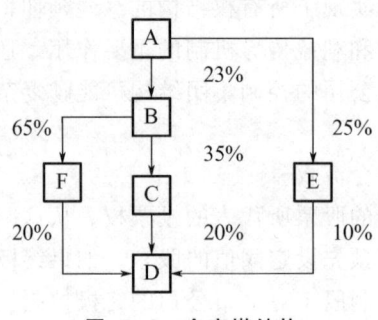

图 10.3　金字塔结构

终极现金流权：

控制链条 1(A－B－C－D)：$CF_1 = 23\% \times 35\% \times 20\% = 1.61\%$

控制链条 2(A－E－D)：$CF_2 = 25\% \times 10\% = 2.50\%$

控制链条 3(A－B－F－D)：$CF_3 = 23\% \times 65\% \times 20\% = 2.99\%$

总现金流权 $CF = CF_1 + CF_2 + CF_3 = 7.10\%$

终极控制权：

控制链条 1(A－B－C－D)：$V_1 = \text{Min}(23\%, 35\%, 20\%) = 20\%$

控制链条 2(A－E－D)：$V_2 = \text{Min}(25\%, 10\%) = 10\%$

控制链条 3(A－B－F－D)：$V_3 = \text{Min}(23\%, 65\%, 20\%) = 20\%$

总投票权 $V = V_1 + V_2 + V_3 = 50\%$

终极现金流权和终极控制权的偏离程度：

$$CF/V = 7.10\% \div 50\% = 14\%$$

2. 金字塔结构的作用

金字塔结构通过多链条控制，可以达到融资与控制并举的效果。

首先是可以实现融资的放大。当一个实际控制人有非常多个链条来控制其他企业的时候，就可以通过最初的少量资金控制更多的财富。比如，一家企业集团最初的资金只有 10 亿元，但可以通过金字塔方式控制 300 亿元的资金。

其次，通过金字塔结构的控制关系，虽然实际控制人最终出资的数量是非常有限的，但是，通过在每一条链上都出现控制权和现金流权的分离，它却能够牢牢地控制着整个集团。在集团内部的每个决策点上都可以实现大股东控制。

通过金字塔方式，实际上就创造了小股东控制的结构（也简称为 CMS 结构），实现了现金流权和控制权的分离。具体来说，在图 10.3 中，A 公司在 D 公司的总现金流权是 7.10%，即 D 公司每创造出 100 元的价值，实际控制人只可获得其中的 7.10 元。但他对 D 公司的控制权是 50%。因为在整个控制链条上，A 公司实际支配的总投票权为 50%。这样，7.1% 的现金流权和 50% 的控制权就出现了分离。这就导致了剥夺的可能。

为什么可以剥夺？我们让 A 公司和 D 公司进行关联交易，比如高价采购原材料，转移 10 万元利益给 A 公司，D 公司的收益自然会减少 10 万元。但 A 公司实际上是既损失又获利。所谓"损失",是说在正常的分配渠道上,A 公司可以获得 10 万元收益中的 0.71 万元,转移导致了 0.71 万元的收益损失。但是,通过关联交易,A 公司又获得实实在在的 10 万元。所以,关联交易的净收益,是 10 万元扣除 0.71 万元,净得 9.29 万元。这些钱无疑是控制链条上各个参股的投资人应该获得的收益。以上就是通过金字塔结构进行剥夺的方式。

10.2.2 交叉持股结构

1. 交叉持股结构的含义

交叉持股是第二种分离现金流权和控制权的结构。前面分析的金字塔结构通常是纵向的、链条式的结构,而交叉持股的结构则是横向放大的结构。图 10.4 就是典型的通过交叉持股形成的集团结构。

交叉持股显然达到了防止恶意收购与加强银行与企业之间关系的目标,但也有很强的副作用,那就是削弱了股东对企业管理层的控制。交叉持股结构是你中有我、我中有你的控制结构。这种结构的重要特征,就是可以弱化所有者的权利,保证强化控制者的权利。也就是说,实际控制人通过交叉持股的股权持有关系,就可以削弱其他参股者的力量,进而对整个企业集团实现绝对控制。与金字塔结构相比,交叉持股关系通

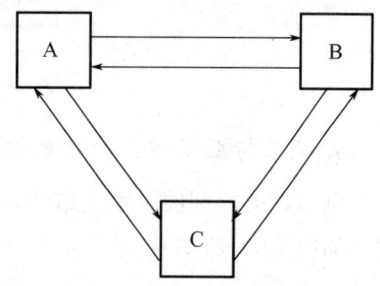

图 10.4 交叉持股结构

常比较隐蔽,常常会是创始股东今天注册这个企业,然后再注册另外一家企业,用相同的资金成立很多企业,再回头与其他参股者共同成立经营公司,形成少数股权控制结构。

交叉持股分离现金流权和控制权,可以通过以下的公式来衡量:

$$S_i + \sum S_{ij} > 0.5$$

具体来说,假定集团内部的多个企业是相互持股的,我们可以用 S_{ij} 表示第 j 个公司持有第 i 个公司的股份比例,而控制者直接持有第 i 个公司的股份比例为 S_i。如果控制者要控制整个集团的话,只要对每个 i 公司都满足直接控股和间接控股之和大于 50% 即可。

需要强调的是,当交叉持股这种横向的剥夺结构和金字塔式的纵向剥夺结构结合在一起的时候,将形成更为隐蔽的小股东控制结构,其剥夺的力量将更强。

2. 交叉持股案例:2 万元控制 200 万元

下面通过一个例子解释交叉持股结构:某投资者试图用 2 万元控制 200 万元市值的公司,具体做法如下所述。

他可以注册两家公司 A 和 B,并且在注册的过程中通过"过桥资金"实现 A 和 B 的相互持股,让它们各持有对方 50 万元的股份。具体来说,在注册 A 公司的时候,实际控制人可以只出 1 万元,让 B 公司出资 50 万元,让外部的出资人认购 49% 的股份,也就是 49 万元。这样,实际控制人可以实现绝对控制公司 A。因为对于公司 A 来说,实际控制人的直接持股是 1%,通过公司 B 间接持股是 50%,加在一起是 51%,占绝对多数。

当实际控制人注册 B 公司时,他把同样的做法再复制一遍。让 A 公司持有 B 的 50%

股份，自己持有 1%，再在外部吸收 49% 的投资，这样，对于公司 B，实际控制人的直接持股加上通过 A 公司的间接持股，仍然是 51%，又是绝对控制。

显然，通过交叉持股，实际控制人对 A 公司和 B 公司都实现了绝对控制。一方面，他用自己的 2 万元控制了外部资金 98 万元，并且形成了绝对支配和绝对控制。另外，他也实现了对 A 和 B 两个公司共计 200 万元市值的控制（如图 10.5 所示）。

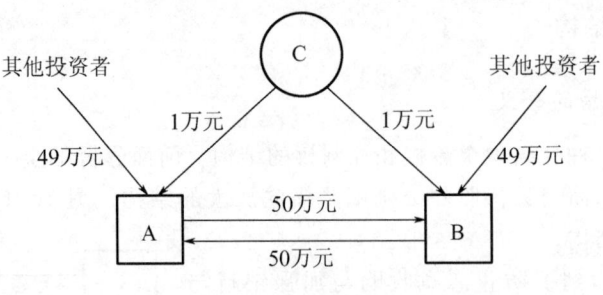

图 10.5　交叉持股结构

3. 交叉持股案例：四股之控

例如，奥地利的一家上市公司被一个实际控制人 Duck 先生用"四股"股票实现控制的（如图 10.6 所示）。

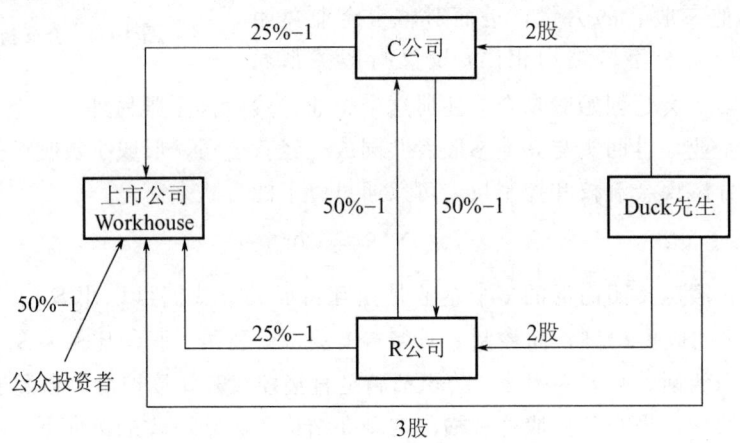

图 10.6　Duck 先生和他的四股之控

Duck 先生仅仅用了 4 股就实现了对上市公司的控制。他的做法本质上就是利用交叉持股。作为实际控制人，Duck 先生先注册了两家公司，一个是 C 公司，一个是 R 公司。这两家公司完全是用于控制性目的的公司。在注册的过程中，Duck 先生让这两家公司相互持股，各持 50%－1 股，而自己对这两家公司的直接控股都是每家 2 股，剩余股份用来吸收社会资金。由于在 C 公司里，Duck 先生可以代表 R 公司的持股和自己的持股，共计 50%－1 股，再加上自己的 2 股、刚好是 50%＋1 股，是绝对多数控制。由此，他控制了 C 公司。如法炮制，他又控制了 R 公司。这样，他就成为 C 公司的董事长和 R 公司的董事长。

当 Duck 先生牢牢地控制了 C 和 R 这两个中间公司之后，他最终就要控制一家大的上市公司了。上市公司的股权结构为：公众持有50％－1股，C公司持有25％－1股，R公司持有25％－1，而Duck先生本人在市场上购买了3股，于是，他又可以通过代表两个25％－1股加上自己的3股，刚好是50％＋1股，从而实现了对上市公司的绝对控制。他也成为上市公司的董事长。

Duck先生的"高明"最后大白于天下，是由于他的贪婪。当他通过这样一个方式成为三家公司的董事长，实现了对财富的绝对控制之后，他给自己定了很高的报酬。结果，他位列奥地利上市公司CEO收入排行榜的第一位，于是引起关注，终于露出了马脚。

10.2.3 类别股份

类别股份就是通过公司章程等手段实现差别投票权，进而实现现金流权和控制权相互分离的结构。例如，在某些国家中，会发行具有不同投票权比重的各种股票——优先股和普通股等，使股票类型多样化。在这样的结构下，剥夺也成为可能。

类别股份在一些国家被法律禁止，但在另外一些国家却很盛行，如瑞典和南非。在某些国家的公司里，由于存在着类别股份，有些股东出50％的资金，但却只享有25％的投票权，而另外50％的出资人却享有75％的投票权，实现了绝对控制。显然，类别股份是直接分离现金流权和控制权的方式，不需要借助于持股链条和交叉持股等手段。同时，它也比较直接，不具有隐蔽性。

我们可以通过瑞典瓦伦堡（Wallenberg）家族的例子来说明类别股份的情况。在瑞典的股票交易所里，上市公司约40％的市值都是瓦伦堡家族持有的，这个家族是瑞典非常大的家族。其家族对上市公司的控制，很多就是通过类别股份的方式。在控制结构的最上层，是整个家族的信托机构。

家族信托持有一个主要的控股公司，主要的控股公司再去持有下层公司的股票。比如，知名企业伊莱克斯和爱立信，都是由这些控股公司控制的。从家族信托开始，这个集团就采用类别股份的设计，实行差别投票权制度。家族信托持有下面主要控股公司40％的投票权，但他们持有的现金流权却只有20％，显然，这是因为家族外的一些投资人放弃了一部分投票权。

控股公司向下持有很多经营公司，不少是股份公司或上市公司。在这个持股环节上，同样存在着类别股份的方式。比如，控股公司控制伊莱克斯，现金流权只有7％，但投票权是95％。而控制爱立信，现金流权只有4％，但却拥有40％的投票权。

类别股份虽然具有分离现金流权和控制权的功能，但并不一定会导致剥夺。在家族和实际控制人非常清楚、信息比较流畅的情况下，家族往往不会以牺牲自己名誉的代价去进行剥夺。相反，在金字塔结构和交叉持股结构下，由于具有非常大的隐蔽性，剥夺却常常会成为对实际控制人的诱惑。

10.3 控制性股东及其剥夺行为

控制性股东即金字塔结构企业集团的终极控股股东。不仅是在亚洲，控制性股东在全世界很多国家和地区都客观地存在着。由于控制性股东对公司的所有权中含有各种私人收益，他们往往通过隐蔽渠道的关联交易转移利润、转移资产，对子公司进行剥夺。

10.3.1 控制性股东的普遍存在

1. 世界范围的企业控制性股东状况

1999 年,哈佛大学的 LaPorta,Lopez-de-Silanes 和 Shleifer (LLS) 三位著名经济学家在 Journal of Finance 杂志上发表了题为《世界范围的所有权》(Corporate Ownership around the World) 的论文,开创了这一领域研究的先河。具体内容如下所述。

(1) 样本的选择。

LLS 的这篇文章,对全球范围内的所有权结构的状况进行了非常全面的描述。作者在全球范围内选择了 27 个发达市场经济国家,这 27 个国家都有着较成熟的股票市场,而且人均国民收入都比较高。在每个国家中,作者选择了排名在前 20 名的公司构成大型公司样本,并选择普通股股本至少等于 50 亿美元的、最小的 10 个企业,构成中型企业样本。为了使研究结果更具有说服力,LLS 对这些企业进行了筛选,剔除掉不合适的企业。比如,这些样本不包括银行和公共部门中的纯国有公司,纯私有公司和外国企业。这样做的目的是为了使所选取的样本更符合 Berle-Means 命题的要求,便于比较。

(2) 终极控股者类型划分。

LLS 将公司的持股者分为五种类型进行统计:①个人或家族;②国家;③被广泛持有的金融机构如银行或保险公司;④被广泛持有的公司;⑤其他投资者包括合作社或没有单一具有控制力的投资者所构成的群体。

(3) 终极控股者的阈值界定。

他们分别用 20% 和 10% 作为界限,当公司有超过这个界限的持股者的时候,LLS 就认为这个公司具有一个终极所有者。由此,他们把所有样本公司分为两种类型:①被分散持有的公司。在这些公司里,如果没有一个终极所有者能够持有超过 20% 的股份,这个公司是分散持有的,即真正意义上的公众公司;②有终极持有者的上市公司。如果这些公司里可以找到持股超过 20% 的大股东,这个公司就存在着一个实际控制人。

(4) 世界范围内控制性股东实证结果。

① 大型公司样本的数据分析表明:按照 20% 的阈值标准,虽然美国、英国和日本都有至少 80% 的大型公司是被广泛持有的,但是从全世界的范围来看,只有大约 1/3 的公司是被广泛持有。而按照 10% 的阈值标准时,大型公司被广泛持有的现象更少见,就连日本也只有 50% 是被广泛持有的了。从最终持有者的情况看,大多为家族或者国家。由国家持有大部分公司的原因很可能是由于其私有化并没有进行完全。而且,由于 LLS 在样本选择的时候刻意排除了纯国有公司,所以,由国家最终持有公司的实际情况应该更为普遍。

② 中型公司样本更能证明公司被广泛持有的现象实在是少见,而被家族和国家最终持有的情况更加普遍。这表明公司规模越小,其更倾向于存在着终极所有者。按照 10% 的标准,英国只有 10% 的中型公司是被广泛持有,而按照 20% 的标准时,日本就已经只有 30% 的中型公司是被广泛持有的了,其 60% 是被混杂的投资者最终持有。在这里需要注意,由于混杂的投资者中有许许多多的小股东,他们分别占有极少的投票权,这也说明虽然该国大部分公司不是被广泛持有,它也应该有着较好的对小股东的保护政策。

③ 在这项研究中，LLS 还观察了一个国家的所有权分散程度与国家对于中小股东保护的程度。LLS 将所选取的国家按其对小股东进行保护的程度强弱分为"高的"和"低的"两类。前者对小股东有较好的保护政策，后者的保护政策相对较差。这样，可以看出在对小股东保护政策比较完善的国家里，公司所有权倾向于分散；而在保护政策比较差的国家里，公司更倾向于有最终所有者。而且，最终持有者大多为家族，其次为国家。

2. 东亚国家及地区企业控制性股东状况

继 LLS 开创性研究之后，郎咸平等学者进一步描述了东亚国家及地区的公司所有权结构和终极所有者状况。这些实证为我们进一步探索所有权的形成机理，以及研究在不同所有权结构下企业效率改善问题，提供了更为坚实的基础。主要内容如下所述。

(1) 对 9 个东亚国家（地区）2 980 家公司的研究。

2000 年，郎咸平、Claessens 和 Djankov 关于"东亚公司所有权与控制分离"的研究论文发表在 Journal of Financial Economics 上。他们在这篇论文中分析了 9 个东亚国家（地区）2 980 家公司在 1996 年的所有权数据，发现在东亚国家（地区）里，借助于金字塔结构和交叉持股，控制权与现金流权的分离更加彻底。在超过 2/3 的公司里面，都存在着一个超级控制者。在这些被大股东密切把持的公司里面，经理人常常是超级股东的亲戚。表 10-2 是以 10% 为阈值的研究结果。

表 10-2 东亚国家（地区）上市公司控制权的分布（以 10% 为阈值）

国家（地区）	公司数	公众持有（%）	家族（%）	国家（地区）（%）	公众持有的金融机构（%）	公众公司（%）
中国香港	330	0.6	64.7	3.7	7.1	23.9
印尼	178	0.6	68.6	10.2	3.8	16.8
日本	1240	42.0	13.1	1.1	38.5	5.3
韩国	345	14.3	67.9	5.1	3.5	9.2
马来西亚	238	1.0	57.5	18.2	12.1	11.2
菲律宾	120	1.7	42.1	3.6	16.8	35.9
新加坡	221	1.4	52.0	23.6	10.8	12.2
中国台湾	141	2.9	65.6	3.0	10.4	18.1
泰国	167	2.2	56.5	7.5	12.8	21.1

（资料来源：宁向东. 公司治理理论 [M]. 北京：中国发展出版社，2006.）

(2) 对 533 家中国香港上市公司的研究。

表 10-3 是相关学者们关于 533 家中国香港上市公司股权控制情况的调查。从中，我们可以看到存在一个大股东或家族集团持股过半的上市公司占 53% 之多，而如果将持有股权比例降到 35% 时（这是中国香港股票交易所规定敌意收购的最大值），企业数则上升到 77%。显然，家族既想得到上市公司的好处，又不想失去控制。

表 10-3　中国香港上市公司股权控制情况

由一个大股东或家族控制	公司 数目	%
少于 10%	20	4
10%～25%	46	8
25%～35%	60	11
35%～50%	134	24
大于 50%	293	53
总计	553	100

（资料来源：宁向东. 公司治理理论 [M]. 北京：中国发展出版社，2006.）

3. 中国大陆企业控制性股东状况

中国大陆上市公司具有集中的所有权结构。根据中国大陆学者对沪深证交所 2006 年 1 336 家上市公司终极所有权结构的研究①（见表 10-4），以 20% 投票权为阈值，在中国大陆有 88.02% 的上市公司由终极所有者最终控制，只有 11.98% 的上市公司没有终极所有者，属于分散持有的类型。终极所有者平均持有 39.63% 的投票权（终极控制权）。以上数据说明中国大陆上市公司的终极所有权结构高度集中。

表 10-4　2006 年中国大陆上市公司终极所有权结构

	数量（家）	比例（%）
终极所有者	1 176	88.02
国家	798	59.73
国有企业	126	9.43
机关事业单位	104	7.78
国务院国资委	148	11.08
地方国资委	420	31.44
境内自然人	367	27.47
外资企业	11	0.82
分散持有	160	11.98
合计	1 336	100

（资料来源：甄红线，史永东. 终极所有权结构研究 [J]. 中国工业经济，2008(11).）

（1）国家成为最重要的终极所有者，最终控制的公司占样本总量的 59.73%。在国家

---

① 甄红线，史永东. 终极所有权结构研究 [J]. 中国工业经济，2008 (11)：108-117.

这一终极所有主体中，国资委终极控制权（投票权）水平最高，其次是国有企业，再次是地方国资委，最后是机关事业单位。但从直接所有权角度看①，国家并不是最重要的股东，直接控制的上市公司只占样本数量的 21.10%。

（2）境内自然人成为第二大终极所有者，最终控制了样本总量 27.47% 的上市公司，说明中国大陆上市公司在民营化道路上已经迈出了重要一步（但境内自然人为直接控股股东只控制了 3.6% 的上市公司）。

（3）外资企业作为终极所有者的不利仍然微不足道，只占样本总量的 0.82%，说明外国投资者在中国大陆上市公司的治理结构中发挥的作用非常有限。

总之，经验研究的结果展示了中国大陆上市公司独特的终极所有权结构，最重要的终极所有者是国家和境内自然人，金融机构和外国投资者几乎没有发挥作用。这一结论具有重要的公司治理意义：上市公司缺乏具有较强的监控能力的控制股东，比如外国投资者和机构投资者，而占统治地位的是效率较低的所有者。

 **知识链接**

中国大陆上市公司直接所有权中"法人股"的特殊含义

中国大陆上市公司直接所有权结构具有较高的集中度。目前境内法人股与国家股是中国大陆上市公司中最主要的直接股东。但是，如果我们沿着控制链继续向上追索就会发现，法人股往往是由国家、个人或者其他类型的终极所有者最终控制的，他们很可能是国家或个人以间接方式对上市公司进行控制的代表。因此，中国式法人股概念在很大程度上与发达国家中的诸如保险公司、共同基金、养老基金等广泛的机构投资者有本质区别，往往只是终极所有者实施间接控制的工具，或者是名义上的控股股东。

10.3.2 控制性股东的剥夺手段

股权集中和控制性股东的存在是剥夺问题出现的充分条件。剥夺的产生一定是因为有控制性股东（在两个人共同投资但只有一个投资人参与经营的公司里面，事实上已经存在了控制性股东对非控制性股东进行剥夺的可能）。但是，如前所述，只有到了金字塔结构企业集团阶段，剥夺才更加具有隐蔽性，才更加具有可操作性。控制性股东通过金字塔结构进行剥夺的主要手段是"转移行为"或"隧道效应"。

 **知识链接**

"社会资本控制链"与终极股东控制

【迷你案例】

LLS 开创的"股权控制链"分析范式，成为后人研究终极股东控制结构与剥夺问题的主要工具。但对于具有东方文化背景的上市公司，仅仅以股权控制链追溯上市公司终极股东，并不能完全克服终极股东的隐蔽性，有时很难准确地揭示深藏幕后的真正终极股东，相应地难以精确地度量终极股东对上市公司的实际控制程度。高闯与关鑫（2008）提出了一个与"股权控制链"分析范式相辅相成的"社会资本控制链"分析范式，强调对上市公司终极股东及其控制权进行追寻的逻辑起点是大股东的社

---

① 直接所有权就是上市公司的直接股东拥有的所有权。

会网络连带。

大股东动员社会资本获得上市公司的实际控制权的方式有三种：一是将家族成员持有的上市公司股份集中在一起，进而取得控股地位，以此实现对上市公司的实际控制；二是大股东利用其与上市公司董事间的熟人（如朋友、同学或老乡）连带，来控制董事会，获取决策权，进而实现对上市公司的实际控制；三是大股东利用其与上市公司经理间的熟人连带，与经理一起获得公司经营权和剩余控制权。

上市公司终极股东通常把"股权控制链"与"社会资本控制链"同时动用，相互配合，最终实现对上市公司的控制。

1."转移"行为的含义

终极控制人追求企业集团利益最大化的方式主要是通过"转移"行为（又称"隧道"效应）。控制性股东对集团内部的企业通常不拥有完全的现金流权，但是却拥有完全的控制权。而控制性股东在部分集团企业中拥有较高的现金流权，而在另一些企业中拥有较低的现金流权。这种差异导致了"转移"的激励，控制性股东倾向于将利润在集团企业中进行转移，从现金流权较低的企业转移到现金流权较高的企业。

关联交易是指母公司或者其子公司与在该公司直接或间接拥有权益，存在利害关系的关联公司之间所进行的交易。由于关联交易具有降低交易成本、优化资源配置、实现公司利润最大化等优越性，使得上市公司在扩张和资本运营过程中普遍采用这一形式。在西方，关联交易常常用于节约交易成本和合理避税。但由于关联交易发生在有关联关系的特定主体之间，交易一方能够通过这种关联关系控制或者影响另一方的决策行为，从而造成交易双方地位的实质不平等，使得关联交易的公正性受到质疑。在亚洲的一些家族企业和国有企业中，关联交易常被用在母公司与子公司之间转移或掩盖亏损、侵害他人利益的行为之中。

2."转移"行为的具体体现

"转移"行为具体体现为关联交易的滥用，包括以下情形。

（1）产品买卖中的关联交易滥用。

在经营中，母公司与关联公司串通，高价向子公司供应原材料或以低价购买子公司产品，在交易中获得超额利润，并使得子公司利益受损，或虚增子公司的利润。

（2）转让、置换和出售资产中的关联交易滥用。

为了转移上市子公司的利润，子公司调高租金价格，或母公司以远高于市场价格的租金水平将资产租赁给子公司使用，或将不良资产和等额的账务剥离给子公司，以达到降低财务费用和避免不良资产经营所产生的亏损或损失的目的，有的上市公司将从母公司租来的总资产同时再转租给其他子公司，以转移利润。

（3）资金拆借中的关联交易滥用。

母公司通过资金拆借中的费用转移，对子公司进行盈余管理，以此来保住子公司作为母公司提款机的资格。例如，上市子公司和母公司存在着产销和服务关系，在改组上市前，双方须签订有关费用支付和分摊标准的协议。当上市子公司利润水平不理想时，母公司或调低上市公司应缴纳的费用标准，或承担上市公司的管理费用、广告费用、离退休人员的费用，甚至将上市公司以前年度缴纳的有关费用退回，从而达到转移费用、调高上市公司利润水平的目的。

另外,母公司往往可以利用企业间的资金拆借,大量占用上市公司的资金。特别在上市公司发行股票或者配股融资后,母公司往往无偿或通过支付少量利息而占用上市公司资金,轻则影响上市公司对新项目的投资,严重的导致公司破产。

(4) 托管经营中的关联交易滥用。

在我国目前的证券市场上,由于缺乏托管方面的法规规定及操作规范,托管经营往往成为转移利润的形式,具体做法有:一是母公司将不良资产委托给子公司经营,定额收取回报。这样母公司既回避了不良资产的亏损,又凭空获得了一定的利润;二是子公司将稳定、高获利能力的资产以低收益的形式由母公司托管,直接成为母公司的利润。

(5) 贷款担保中的关联交易滥用。

中国内地《公司法》、中国香港地区《公司条例》及香港交易所上市条例都明确规定:董事、经理不得以公司资产为本公司的股东或个人债务提供担保,否则公司自身的债权人的利益会因之受到影响。然而在行政干预或母公司的支配下,许多上市子公司违背自己的真实意愿为其关联公司提供担保,这不但使上市子公司多一层经营风险,也给中小股东、债权人带来利益受损的风险,一旦被担保人出现偿债障碍,上市子公司必须履行偿债义务。

(6) 债务冲抵中的关联交易滥用。

在民法理论上,债的混同是指债权人与债务人合为一体时可实行债券的抵销,而在现实中常常出现母公司用自己的债务与上市公司债券冲抵,而上述行为将股东与公司混同,明显违背了股东与公司相独立的原则,它侵害了中小股东和债权人在公司中的应得利益。

(7) 无形资产的使用与买卖中的关联交易滥用。

母公司或关联公司向上市公司收取过高无形资产使用费,或无偿、低价使用上市公司的无形资产,在无形资产转让中,母公司或关联公司往往从上市公司攫取利润。

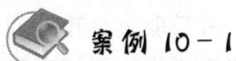

韩国现代集团郑梦九被起诉

现代企业集团是全球第七大汽车生产商,市值总额大约为 30 亿美元。现代汽车在 2005 年第四季度的利润为 66.78 亿美元,比当年早期增加了 71%。多年来,现代集团一直在郑梦九的严格管理下运行,有人说其管理如军事化一样严格。据说,郑每天 6 点半就到办公室,并要求其他管理人员要比他早到,一些高层管理者在周六也要工作。在 2005 年,现代汽车在美国市场上被评为非豪华车质量的第三名,这已经超过了本田、尼桑和福特。丰田高层管理者认为,现代是他们最可怕的竞争对手。

但是,郑梦九的独裁管制也有很大问题,公司内部根本没有控制他的相应治理机制。甚至,管理者在面对他的时候也常常没有信心。一位经销商评论说,"郑的话就是法律,如果他的话是错误的,公司也没有修正的机制"。由于韩国经济体制方面的原因,整个国家也缺乏对于现代这些企业集团必要的监督和制衡机制,这导致了非常严重的关联交易和一个人控制的黑幕。

2006 年年初,由于怀疑现代汽车集团挪用分公司资金建立秘密贿赂基金,并收买商业说客从政府获得支持,韩国检察厅下决心对现代集团进行调查。检察官搜查了现代及其分公司,对重要员工进行了传讯。2006 年 5 月 16 日,韩国政府宣布起诉现代汽车企业集团总裁郑梦九,控告他挪用公司资金,在家族企业中进行秘密的商业行为，挪用848万美元供个人所用，导致集团分公司的亏损。除此之外，检察官还宣布在调查郑梦九用不适当的方式将资产转移给儿子，检察院决定在继续调查之后，再起诉其儿子郑义宣（起亚汽车总经理）和其他现代集团的高层经理。在检察院调查的过程中，韩国现代起亚汽车集团在4月19日为公司卷入腐败丑闻向韩国民众道歉，并承诺向社会捐款1万亿韩元（约合106亿美元）。

(资料来源：宁向东. 公司治理理论[M]. 北京：中国发展出版社，2006.)

10.4 剥夺问题的解决

在小股东保护比较差的地区客观存在的对广大投资者的剥夺是不容置疑的，这种侵害直接导致了良好的投资机制难以建立，因此，必须完善解决剥夺问题的机制。

10.4.1 剥夺问题解决的重要意义

1. 剥夺问题的解决有利于公司价值的提升

从LaPorta等人对一些国家（地区）中小股东保护程度所做的实证研究看，中小股东权益保护得较好的国家，一般而言其外部资本价值/GNP的比率较高，每百万人的上市公司数也较多，这说明中小股东保护程度与公司价值及资本市场发展规模之间有直接的正相关关系。对某一上市公司而言，中小股东的保护程度会直接影响公司价值。因为如果公司存在大股东"掠夺"行为，就得不到投资者认可，最终在"用脚投票"机制下，其股价必然走向低迷，导致公司市场价值下降。同时，"掠夺"行为也会使管理层的经营努力得不到反应和认可，因为管理层的激励多与股价相联系。他们将丧失勤勉尽责以提高公司业绩的积极性，导致公司内在素质下降。

2. 剥夺问题的解决有利于资本市场可持续发展

对整个证券市场而言，如果大股东"掠夺"中小股东的现象非常普遍，就会使投资者对整个市场失去信心，离场而去，投资者群体萎缩。同时，还会引发"劣币驱逐良币"问题，即投资者一概认为绝大多数公司都会存在"掠夺"行为，导致那些真正维护投资者利益的公司得不到比存在"掠夺"行为的公司更为有利的融资条件，在这种情形下，越是"掠夺"厉害的公司其融资收益越大，恶性循环的结果是优良公司受到不良公司的排挤，市场上优良公司越来越少。这两个方面共同作用的后果是资本市场发展受到严重阻碍，甚至萎缩。另外，Simon Johnson等人在研究了1997—1998年亚洲金融危机期间25个国家和地区的股市和汇市暴跌情况后，得出了投资者保护程度与金融稳定之间存在密切关系的结论。随着我国资本市场进入后股权分置时期，加强中小股东保护对于资本市场迈向成熟阶段具有重要意义。

10.4.2 剥夺问题解决的手段

1. 增加信息透明度

如果广大投资者知道谁是公司背后真正的控制人，则实际控制人从自己的长期利益出发，将会有所克制，减少对所控制的公司的剥夺。只有信息透明，才有利于媒体、中介机构、学者对公司和实际控制人进行持续、深入的评估，有利于建立起一个社会所必需的声誉记录和评价体系，有利于对控制性股东进行约束。

例如，一项研究发现，俄罗斯某大公司曾因剥夺下属公司被起诉，后来当它收购另外一家公司的时候，股价立刻明显下降。因为那家大公司"声名"在外，被收购公司的股东预期它肯定会剥夺自己的持股，于是想办法赶快把股票先抛掉，致使股价下降。

2. 建立声誉机制

在信息透明的情况下，还应该调动社会多方面的力量建立一个比较有效的声誉机制，让声誉在个人和公司追求盈利的过程中发挥作用。一个社会有一个良好的声誉系统非常重要，抑制剥夺行为的道理是一样的。当一个人过去有剥夺小股东的历史，并且这个历史被记录，并形成一个不良声誉的情况下，他在遇到一个新的投资机会，向社会融资的时候，其他股东就会权衡新投资机会的可能收益，以及这个人对自己进行剥夺的可能性，而只出一个相对比较低的出资价格。

公司财务的本质是信用。当一个发起人（他很容易就是后来的控制性股东）信用好的时候，他今后的融资条件会很低廉，而如果信誉不好，他就是出再多的钱，别人也不一定愿意跟着投资。所以，出于对自己未来融资成本的考虑，控制性股东会非常在意自己的声誉，从而对剥夺行为有一个自我抑制。研究表明，如果一个控制性股东声誉好的话，他可以把公司的现金流权降得很低。

美国的社会信用评价体系

在北美地区，有三个大的社会信用局，记录着几亿人的信用资料，这是美国商业史、也是世界商业史上的一个奇迹，完全是凭借集体的力量一点点地进化到今天。借助这个系统，社会成员的信用行为得到了很大程度的约束。一个社会成员可以闯红灯，可以超速驾驶，但社会信用系统一定会对此进行记录，这就会影响此人的声誉。比如，这个人第二年买保险的价格就会上升，因为保险公司会认为他的闯红灯和超速行为事实上已经增加了自己的风险。他在保险公司的风险指数比先前提高，要保相同的数额，必须要比过去付更多的保险金才可以。也就是说，这个人将用他未来的支付水平来为他先前的行为埋单。应该看到，由于存在这样的声誉约束机制，人们的很多对社会有负面影响的行为会被抑制。

3. 增加对小股东的法律保护

给予小股东的法律保护，是限制剥夺的有效手段。前述 LLS 的研究已经表明：在小股东保护比较弱的国家里面，金字塔结构的公司比较多，少数股权控制会成为一个流行的做法。相反，小股东保护的机制越到位，越是少见以剥夺为目标的股权结构。值得注意的是，在亚洲金融危机和安然事件之后，世界各国都开始格外注意增加证券市场上信息披露的真实性和及时性，从而加大对小股东的保护力度。东南亚各个国家在公司治理改善方面都提出了解决措施。

4. "揭开法人面纱"制度

小股东控制非常可怕，它利用了公司制度中的"有限责任"这个要素。有限责任制度会激励控制性股东的机会主义倾向，因为一旦有损失，由于存在有限责任原则，控制性股东的损失可以被限定在最初的投资额度内。解决剥夺问题最根本的办法，是在立法中建立所谓的"揭开法人面纱"制度。

在英美法系国家，"揭开法人面纱"是法院用来处理企业集团中母公司对子公司承担责任的重要原则，指的是当母公司滥用子公司的独立法人人格，损害债权人和社会公众利益的时候，法院将抛开子公司的独立法人人格，将子公司的行为视为隐蔽在子公司背后、具有实际支配能力的母公司的行为，母公司将对子公司债权人承担相应的债务责任，并不仅以投资额为限。

"揭开法人面纱"操作的基础，就是要让公众知道谁是上市公司背后的"实际控制人"。具体来说，当公司的实际控制人企图通过关联交易，利用公司的"有限责任"外壳，为自己谋取私人利益的时候，法官可以根据具体的案例情况，不承认公司的法人身份，而把躲在幕后的实际控制人拉到前台来，让这个实际控制人承担连带责任。"揭开法人面纱"本质上是对公司承担"有限责任"这个命题进行突破。凡是涉及对"有限责任"的滥用，就有必要"揭开法人面纱"。

我们可以用图10.7所示进一步说明"揭开法人面纱"的含义。

在图10.7中，第一，左边公司上方的虚线代表股东对于公司的投资关系，表明公司的基本特征为有限责任，股东仅以投资为限对公司的债务承担有限责任，其个人财产与公司财产和债务原则上是分离的。这也是股东与公司之间画一条横线（有限责任屏障）的缘故；下方实线表明正常情况下各类利益相关者对公司权利的索取；第二，中间实线代表如果公司的财产不足以满足权利索取者的要求，而他们希望公司股东或控制性股东以个人其他财产来承担责任的时候，有限责任原则将形成屏蔽，使股东仅以投资为限对各项索赔负责；第三，右边实线表明，在存在"揭开面纱制度"的情况下，公司的各种类型权利索取者可以通过新的诉讼申请法官判定"揭开法人面纱"，以便找到公司背后的股东或控制性股东，使股东或控制性股东对权利索取者的要求承担无限连带责任。

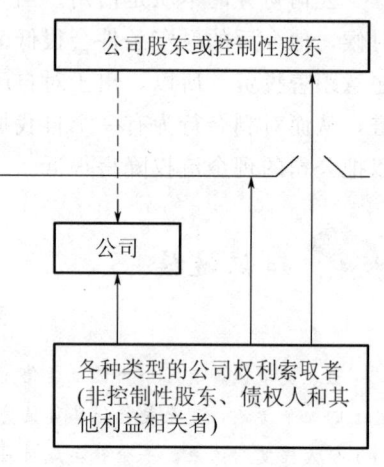

图10.7　揭开法人面纱示意图

"揭开面纱制度"始于美国。1809年，美国最高法院为了维护联邦法院的司法审判权而采用"揭开法人面纱"的办法来确定公司背后的股东的个人身份。这是"揭开面纱制度"的萌芽。

我国《公司法》第二十条也体现了相关精神："公司股东应当遵守法律、行政法规和公司章程，依法行使股东权利，不得滥用股东权利损害公司或者其他股东的利益；不得滥用公司法人独立地位和股东有限责任损害公司债权人的利益"；"公司股东滥用股东权利给公司或者其他股东造成损失的，应当依法承担赔偿责任"；"公司股东滥用公司法人独立地位和股东有限责任，逃避债务，严重损害公司债权人利益的，应当对公司债务承担连带责任"。无疑，这些条款为在我国防范股东剥夺、实施"揭开法人面纱"操作提供了法律依据。

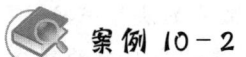

"揭开法人面纱"的实际应用

A公司是一家从事压力容器生产和销售的公司,由公司创始人B家族拥有,家族成员多人共同拥有公司的全部股权,B对公司进行控制。该公司在创立的时候投入了比较充足的资本金,盈利状况也一直不错。但是,B一直通过各种关联交易的方式转移公司财富,另外也用非常高的比例把钱款以薪金的方式支付给家族成员,这样将公司的净收入减少到一文不剩来逃避纳税。对于磨损和折旧完毕的设备他也不进行更换,而是由家族其他公司购买,然后出租给A公司使用。

在公司运行多年之后,它的产品突然发生爆炸,结果导致多名工人严重受伤。在工人治疗期间,B组织紧急的家族会议,宣布对A公司所拥有的财产和现金进行分红和其他处理,使A公司没有留存任何能够用来赔偿的资产。后来,虽然工人对A公司进行了起诉,并打赢了官司,但A公司已经没有足够的资产可用来赔偿。在这种情况下,如果过分强调公司的独立法人地位和有限责任,即使公司破产,工人也无法得到应有的赔偿。于是,工人们又去起诉要"揭开法人面纱",主张用B家族的其他资产和现金来获得赔偿。在这个过程中,A公司的一些债权人也加入了起诉的队伍,比如通过赊账方式向A公司提供原料的供应商。最后法官判定"揭开法人面纱"的起诉成立,工人和供应商都因此获得了赔偿,收回了A公司未支付的款项。

(资料来源:宁向东. 公司治理理论[M]. 北京:中国发展出版社,2006.)

本 章 小 结

企业集团是以一个或多个实力强大、具有投资中心功能的大型企业为核心(母公司),以若干个在资产、资本、技术上有密切联系的企业为外围层(子公司或关联公司),通过产权安排、人事控制、商务协作等纽带所形成的一个稳定的多层次经济组织。企业集团的形式有两种:一是金字塔结构企业集团,金字塔结构指的是多层级、多链条的集团控制结构,因此又称企业系族形式。金字塔结构在亚洲尤其是东亚地区非常普遍,在欧洲大陆国家,比如德国、瑞典等地也有存在。二是交叉持股结构企业集团,所谓交叉持股,又称相互持股或交互持股,是指在不同的企业之间互相参股,以达到某种特殊目的的现象。交叉持股形式在日本比较多见,日本的很多企业集团都是通过交叉持股形成的。

控制性股东又称终极所有者,指的是在企业集团中居核心地位,对子公司、关联公司拥有控制权的股东。终极控股股东通过金字塔结构的多链条控制,可以达到融资与控制并举的效果。一是可以实现融资的放大;二是通过金字塔结构控制权和现金流权的分离,牢牢地控制整个集团,为剥夺创造了条件。此外,交叉持股和类别股份也可以形成剥夺结构。

控制性股东的转移行为(剥夺行为)实质上就是关联交易的滥用,这种滥用体现在产品买卖、转让置换和出售资产、资金拆借、托管经营、贷款担保、债务冲抵、无形资产的使用与买卖等行为中。

解决剥夺问题要靠增加信息的透明度、建立声誉机制、增加对小股东的法律保护、揭开法人面纱等手段实现。其中,揭开法人面纱是重要手段。它指的是,当公司的实际控制人企图通过关联交易,利用公司的"有限责任"外壳,为自己谋取私人利益的时候,法官可以根据具体的案例情况,不承认公司的法人身份,而把躲在幕后的实际控制人拉到前台来,让这个实际控制人承担连带责任。揭开法人面纱本质上是对公司承担"有限责任"这个命题进行突破。凡是涉及对"有限责任"的滥用,就有必要讨论揭开法人面纱。

复习思考题

1. 剥夺问题形成的条件是什么?
2. 终极控股股东是如何实现对子公司的剥夺的?
3. 母公司权力的滥用在现实中体现在哪些方面?

*ST 亚星大股东掏空案件

潍坊亚星化学股份有限公司（简称*ST 亚星,证券代码 600319）是一家由潍坊亚星集团有限公司（简称亚星集团）实际控制的大型国有化工企业,2001 年 3 月 26 日在上海证券交易所挂牌交易。2010 年 11 月到 2011 年 10 月,潍坊亚星化学股份有限公司在不足一年的时间内,由于关联方非经营性资金占用、关联方违规担保等违规问题,两度被中国证监会立案调查。其违规行为主要包括以下内容。

2007 年 6 月,*ST 亚星的关联方企业潍坊第二热电有限公司经母公司潍坊亚星集团有限公司授意,向青岛吉永昌装饰设计工程有限公司提供借款 200 万元,又通过股权质押向上海宝韧化工有限公司提供借款 800 万元;上述两家公司利用潍坊第二热电有限公司提供的资金,联合成立上海廊桥国际贸易有限公司（简称上海廊桥）。上海廊桥成立后,由亚星集团实际控制,构成亚星集团和*ST 亚星的关联方。但*ST 亚星并没有按照相关规定,披露与上海廊桥的关联方关系。2009 年 1 月至 2011 年 6 月期间,*ST 亚星与上海廊桥之间发生关联方交易总额计 6.63 亿元,*ST 亚星亦未对此予以披露。

2010 年 5 月 20 日、7 月 26 日,*ST 亚星与潍坊银行签署两笔担保合同,为大股东亚星集团共计 4000 万元的贷款提供担保,承担连带保证责任。2010 年 8 月,亚星集团向深圳百丽投资有限公司借款 1 亿元,*ST 亚星为该笔借款提供保证担保。该笔借款合同到期后,上述三方协定将借款延期至 2011 年末。截至 2012 年 12 月,亚星集团仅偿还 700 万元,仍有 9 300 万元的借款没有偿还。百丽投资向广东省深圳市中级人民法院提起诉讼,2013 年 1 月,深圳市中级人民法院做出判决,*ST 亚星作为该笔借款的担保方,承担尚未偿还债务本金的一半,即 4 650 万元。上述三笔共计 1.4 亿元的担保事项均未经过*ST 亚星董事会或股东大会的审议批准,也未履行相应的信息披露义务。

2009 年 1 月至 2011 年 9 月期间,*ST 亚星与大股东亚星集团发生多笔大额的关联方资金交易行为,控股股东亚星集团通过直接或间接的手段占用*ST 亚星的资金。双方直接资金交易共计 227 笔,亚星集团直接占用*ST 亚星的资金总额为 13.01 亿元;通过间接的票据贴现、代偿债款等手段,间接占用*ST 亚星资金总额 16.03 亿元。对于上述直接或间接与大股东的资金往来事项,*ST 亚星并未进行披露。

2011 年 1 月至 6 月,*ST 亚星及子公司潍坊亚星湖石化工有限公司合计 1.47 亿元的财务费用未及时入账，造成 2011 年半年度报告虚假记载。此外，由于与大股东多笔资金往来事项并未披露和记账，导致*ST 亚星在 2009 年半年报、2009 年年度报告及 2010 年半年报中，均存在信息不实，虚假记载的情况。

大股东亚星集团对*ST 亚星的资金占用和关联方违规担保，导致*ST 亚星的资金链近乎断裂，2012 年*ST 亚星每股现金净流量几乎为零；公司正常的生产经营活动受到极大的威胁，盈利能力下降，无法向投资者分配利润。由于大股东掏空造成的恶劣影响，*ST 亚星的股价持续下跌，中小投资者的利益受到极大侵害。

（资料来源：戴莹. 大股东掏空与中小投资者保护研究——基于*ST 亚星的案例分析［D］. 成都：西南财经大学，2014（3））

讨论问题：
1. 亚星集团公司是利用何种手段对其上市子公司实施"剥夺"的？
2. 如何防止母公司对上市子公司的恶意控制？

第 11 章

网络治理：公司治理的延伸

教学目标

1. 了解网络组织的基本特征及其产生背景；
2. 理解网络治理的内涵及其与层级治理和市场治理的区别；
3. 掌握网络治理宏观机制和微观机制的作用；
4. 能够利用有关知识对网络组织的治理现状、问题、对策做出分析。

基本概念

网络组织　网络治理特性　网络治理机制

学习提示

网络组织作为一种新型的组织形态，实际上是一种介于企业与市场之间的第三种资源配置方式，它可以克服市场的交易费用和企业的组织成本带来的不足，实现资源配置最优。如何保证网络组织的有序运转？如何充分挖掘蕴藏在合作企业间的潜在价值？如何实现合作方的协同效应？是网络治理要研究的问题。

本章重点：网络组织的作用　网络治理的选择　网络治理与层级治理、市场治理的比较　网络治理机制

本章难点：网络治理的选择　网络治理的特性

提到苹果在中国的代工厂，富士康与和硕联合最为著名，它们是苹果在国内最大的两家代工厂商，尤其是富士康，它是全球最大的电子产业专业制造商，拥有120余万员工及全球顶尖IT客户群。2010年，中国的制造业平均日工资约为2美元，美国则为34.75美元。如果将iPhone工厂设在美国，苹果公司每年劳动力成本将增加250亿美元，等于直接将苹果公司2010年140亿美元的利润抹掉了。如果在美国生产iPhone，将剥夺苹果的资源，使公司无法高薪聘请工程师做产品设计，无法聘请营销专业人士做市场推广，也没有苹果专卖店年轻合伙人来推销所有那些很酷的产品。也许苹果公司可能在很早以前就已经破产了。

点评：

苹果与富士康之间的交易不是一锤子买卖的市场关系，因为作为代工生产商的富士康不仅想要取得最佳的价格，它也必须分享其产品设计、经营策略、材料清单（BOM）与终端客户预测，甚至是技术开发蓝图……这依赖于长期合作；但双方也不是以股权为纽带的母子公司之间的权威关系——当苹果公司在富士康因劳动环境恶劣而饱受批评时，苹果公司无法严令其改善不当的劳动环境……他们是一种网络关系，共同构成了网络组织。网络组织的目标是节省交易成本和组织成本，实现参与方效益最大化。

11.1 网络组织的兴起

11.1.1 网络组织的内涵

自20世纪70年代末以来，越来越多的企业采用企业间协调的方式来组织交易和生产活动，这种企业间的协调方式既不同于企业的科层结构，也不同于纯粹市场结构。许多国外学者开始关注这种介于企业与市场之间的网络组织方式。

1. 网络组织的概念及其特征

（1）网络组织的概念。

哈佛商学院波特教授在他的《网络组织与新经济学》一书中指出，从竞争的角度，如果能把企业所处的组织环境与其所处的地理位置巧妙地结合则能够增强企业的竞争力，而网络组织无疑具有这方面的作用。他把网络组织定义为在某一特定领域内互相联系、具有稳定交易关系、在地理位置上相对集中的公司和机构的集合。

从治理的角度，可把网络组织定义为由两个或两个以上独立的企业通过正式契约和隐含契约所构成的互相依赖、共担风险的长期合作的组织模式。这一定义首先强调网络组织至少是由两个企业构成的，一个企业形成不了网络组织，这相当于威廉姆森"双边规制"概念；"长期合作"意味着网络成员不断重复地进行交易和互动，使网络成为一个动态的组织过程，而不是一个静态的实体；"独立的"意味着企业间组织的每个成员在法律上都是独立法人；"相互依赖"意味着成员间专业化分工程度很高，通过企业间资源共享来实现外部规模经济。当然，在网络组织中，企业之间不一定是平等的，有的企业拥有较多的稀缺资源，因而处于核心地位；"正式契约和隐含契约"表明网络组织成员用来协调和保护合作关系的机制既有通过法律来保护的正式契约,也包括非正式的社会控制和协调机制。

(2) 网络组织的特征。

① 网络组织具有重复性交换的特征,比分散、随机的卖者和买者之间的市场交易更有利于产生协作和信任。因此,网络组织缓解了距离(包括物理距离和非物理距离)过远带来的沟通上的问题,又没有给垂直一体化联盟和合作伙伴关系等正式联结的管理者带来不便。一个由相互独立而又非正式联盟的企业和机构组成的企业间社会关系网络,代表着一种富有活力的组织形式。

② 网络组织的核心在于合作,通过合作取得双赢的局面。当然,这里的合作并不要求完全是利他的;相反,企业完全是从自利的角度来追求企业间的合作的,而且在很多情况下,企业间的合作并不排除企业间的竞争,有些企业常常在一种产品和服务上进行合作,而在其他产品上又开展激烈竞争。例如,1991 年,IBM 和苹果公司就未来建立一种基于 IBM 的 PowerPC RISC 芯片的新型个人计算机标准而开展了合作。但同时,他们在软件产品操作系统上又是竞争对手,两者的操作系统并不兼容。因此,网络组织的形成并不排除竞争,甚至还会导致企业间竞争的加剧。

2. 网络组织的分类

网络组织既包括一批对竞争起重要作用、相互联系的产业和其他实体,例如零部件、机器和服务等专业化投入的供应商和专业化基础设施的提供者;也包括由这些实体向下延伸到的销售渠道和客户,并从侧面扩展到辅助性产品的制造商,以及与技能技术或投入相关的产业公司;许多网络组织还包括提供专业化培训、教育、信息研究和技术支持的政府和其他机构,例如大学、标准制定机构、智囊团、职业培训提供者和贸易联盟等。可从以下角度对网络组织进行具体分类。

(1) 按网络组织成员在价值链中的关系。

① 横向网络。横向网络即价值链中生产相同或者相似产品或服务的企业所形成的网络,如自组织型创新网络、政府干预型创新网络、企业集群等。

② 纵向网络。即同一价值链上游企业和下游企业所构成的网络,如外包网络、旗舰型创新网络、特许经营等。

(2) 按网络组织成员之间的关系紧密程度。

① 强关系网络。网络各成员之间的合作关系非常密切,而且网络存在较高的进入壁垒,网络组织与外部的交流较少,外部成员也很难与网络内部成员进行交易。一般来说,当网络组织存在一个核心企业时,由于该企业对网络中的其他成员具有较强的控制能力,这时候形成的大多是强关系网络。强关系网络一般都是纵向网络。

② 弱关系网络。网络各成员之间的合作关系比较松散,网络进入、退出壁垒较低,网络成员可以自由地加入或者退出,因而具有较大的流动性,在这种网络中,网络成员与外部成员的交流虽然不及内部成员之间的交流那么频繁,但也不可忽视。当网络组织各个成员之间实力相当或差距不大时,这时所构成的网络大多是弱关系网络。弱关系网络一般都是横向网络。网络组织的分类见表 11-1。

表 11-1 网络组织分类

价值链关系 \ 成员关系	强关系网络	弱关系网络
纵向网络	外包网络 旗舰型创新网络 特许经营	—
横向网络	—	自组织型创新网络 政府干预型创新网络 企业集群

11.1.2 网络组织的主要类型

实践中典型的网络组织包括外包网络、旗舰型创新网络、自组织型创新网络和企业集群四种形式。

1. 外包网络

外包网络是指当市场出现新机遇时,具有不同资源与优势的企业为了共同开拓市场,共同对付其他的竞争者而组织的互利的企业联盟体。外包网络的具体形式为 OEM 生产网络。

所谓 OEM (Original Equipment Manufacturer) 生产网络,其基本含义为品牌生产者不直接生产产品,而是利用自己掌握的关键的核心技术负责设计和开发新产品,控制销售渠道,具体的加工任务通过合同订购的方式委托同类产品的其他厂家生产;之后将所订产品低价买断,并直接贴上自己的品牌商标。在这种委托他人生产的代工生产方式中,承接加工任务的制造商被称为 OEM 厂商(即代工厂商),其生产的产品被称为 OEM 产品。

耐克公司的运作模式是典型的外包网络。耐克的前身是 1964 年成立的蓝绶带制鞋公司。1972 年,蓝绶带更名为耐克。1975 年,为降低生产成本,耐克将日本的生产线转移至人力成本较低的韩国与中国,而后又扩大到印尼;十年的时间耐克就在美国迅速崛起,20 世纪 80 年代中叶,耐克公司的年营业额超过 37 亿美元,占领美国运动鞋业市场的一半以上;1999 年耐克公司年销售额已达到 95 亿美元,跨入《财富》500 强行列,超过了原来同行业的领袖品牌阿迪达斯、锐步,被誉为近 20 年来世界成功的消费品公司。

2. 旗舰型创新网络

旗舰型创新网络指的是核心企业作为企业网络的"旗舰",依托自己的品牌资产,协调、支配众多供应商和用户关系,促进网络中企业之间密切的知识交流,由此实现整个产业创新的网络形态。在这类网络中,核心企业是主导,政府对整个网络的形成作用并不明显和直接。

这类创新网络的典型代表就是日本企业的创新网络。如丰田公司,它与其供应商之间就存在着密切的纵向网络关系，作为一家汽车产业中的总装企业，丰田公司的工作主要是将汽车"总成"组装成一辆完整的汽车，而这个工作量在整个制造过程中只占约15%。供应商的工作则是解决一万多种零件的设计和制造问题，并把这些组装成100个左右的主要总成——发动机、变速器、转向器和悬架等。但是，将整个过程协调起来，使每个总成和零件质量上乘，成本低廉且送达及时，又是丰田需要解决的关键课题。丰田的精益生产系统就是对这项课题的一种近于完美的解决方案。在这个解决方案中，丰田公司及其众多稳定的供应商之间结成的创新网络，是其中的一个关键。这种创新网络带来了交易成本的大幅下降，产生了很强的学习效应。丰田常常与供应商一道进行产品零部件设计和改进，而许多供应商能够向丰田提供自己公司的工程设计、新技术开发、模具制造、专用设备制造和独有技术。

丰田创新网络治理机制的特点主要体现在：丰田是网络中唯一与网内所有其他企业都有直接联系的公司，丰田是网络的发起者，与每个供应商都有内在的经济依赖性。丰田网络在解决网络内各企业间的知识共享方面的独特做法：①激励供应商加入网络，公开分享知识；②为解决搭便车问题，丰田制定了网络规则；③通过网络内部员工流动实现知识共享。这样，丰田作为主导企业，创造出一个网络共同体，促进了共同目标的实现，带来了独立自主所能带来更多的利益，丰田也成为创新网络发展中受益最大的一方。

3. 自组织型创新网络

自组织型创新网络是指在特定地域内，各类企业、各类机构经过长期发展而自发形成的相互之间非正式合作的网络形态。自组织型创新网络的特点是产权一体化程度低、内部竞争程度高、政府的干预程度低。在这类网络中，各个组织彼此独立且地位平等，他们彼此之间的合作与竞争关系，推动着整个区域内繁荣和创新产业的生成和发展。

这类网络的关键行动者是各类研发、生产企业以及风险投资公司，他们之间的合作关系在很大程度上依赖于网络内通行的合作文化。在这里，合作关系的治理主要是基于彼此之间的信任关系，而这种信任文化的形成也是长期演化的结果。因此，这类网络无法由哪个企业或政府构建出来，也没有哪个企业或者政府能够对整个创新网络发挥控制性作用。政府的作用主要体现在维护市场规则、立法支持和政府采购高技术产品等方面。

自组织型创新网络的典型例子就是硅谷创新网络。硅谷位于美国西岸加利福尼亚州中部旧金山以南的圣克拉拉县境内的一个长约70千米、宽15千米的地带，这里聚集了惠普、英特尔等高技术企业，是世界微电子工业的一个重要基地。在这一地区，除了斯坦福大学以外，还有圣克拉拉大学、州立圣何塞大学等创新研发基地。人们从硅谷的发展中提炼出一种硅谷模式——在十分薄弱的工业基础上，依托高水平大学创办科技园，转化大学的科研成果，形成高技术产业集群，由此实现跨越式发展。

硅谷的创新体系是一个开放的创新网络，该网络弘扬不断试验和开拓进取的创业精神，促进了区域内各企业的集体学习。这种创新体系尤其适应于高度易变的市场与技术环境。在这里，各公司之间竞争激励，但与此同时，又通过非正式交流和合作，协作创新。作为创新网络，硅谷富集了丰富的创新要素，如具有创新精神的年轻创业者、熟练的劳动力、经验丰富的风险资本家、新创意新技术发源地的大学、最终产品的生产商和销售商等。这些创新要素在畅通的创新网络中自由流动，使得网络处于活化状态。

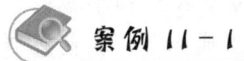案例 11-1

硅谷创新网络的形成与发展

硅谷的发展经历了四个阶段。

(1) 前工业时期（19 世纪末～20 世纪 30 年代）。这也是硅谷地区创新网络的孕育期。1909 年，联邦电报公司及其衍生公司成立，奠定了美国西南海岸电子工业的技术基础。斯坦福大学校友参与该地区电子工业创新活动。

(2) 国防技术时期（1939 年～20 世纪 50 年代）。1939 年，惠普公司的创立成为该地区电子工业走向大发展的标志。惠普首创了不同于传统产业的惠普模式，使得整个电子工业中形成了一种非同寻常的合作精神和创业传统。这一时期的资金主要由军费支持，国防采购促进了技术能力的扩散，增强了创新竞争的压力。这时，斯坦福大学有意识地寻求与工业界的合作关系，1951 年建立斯坦福工业园，惠普、洛克希德、通用电气、柯达、肖克利半导体进入斯坦福科技园。

(3) 半导体技术时期（20 世纪 50 年代中期）。1956 年，因发明晶体管而获诺贝尔奖的肖克利带着一批年轻的物理学家来这里创办了肖克利半导体实验中心，从而为该地区发展成硅谷"奠定了最后一块基石"。肖克利触发了硅谷工业创业的连锁反应，正是从这里衍生出仙童半导体公司，又从仙童衍生出英特尔在内的几十家最有影响和活力的半导体公司，引发了此起彼伏的创新浪潮。

(4) 个人计算机时期（20 世纪 70 年代开始至今）。1971 年，英特尔公司发明微处理器，揭开了个人计算机时代的序幕。风险资本的大量介入，标志着硅谷创新网络走向成熟。

（资料来源：王大洲. 企业创新网络进化与治理［M］. 北京：知识产权出版社，2006.）

4. 企业集群

企业集群指的是通过信息共享和人员相互作用而形成的制造业中小企业的集合。集群内企业之间链接相对松散但专业化分工关系很强。企业集群作为网络组织，不同于产业集群；作为一元化的制造业中小企业的集合，不同于创新网络。

与产业集群相比，企业集群的主要特征有：第一，地理集中。企业集群概念不仅强调企业间产业联系，而且更强调企业间的竞争与合作关系、地方的"产业空气"以及企业间的信任和承诺，因而对企业地理空间集中性提出了严格要求，企业在某一相对狭小的地理空间上的分布（如村、镇）必须达到一定密度才能称为企业集群。而产业集群概念更多强调的是企业间的产业联系，其对地理空间的界定往往服从于产业联系的需要。第二，"产业"跨度一般比较狭窄。例如：我国浙江温州低压电器企业集群，不同企业主要是围绕低压电器零部件生产进行分工合作的，产业仅仅集中于电器产业中低压电器这一子产业范围内。而产业集群概念中"产业"跨度比较宽广。第三，既强调企业数量，也强调企业规模。企业集群是企业的地理集中，没有一定数量的企业是不能称为企业集群的，并且企业集群内企业绝大部分是中小企业（因此企业集群有时也叫中小企业集群）。而产业集群概念并没有强调企业数量和企业规模。

与创新网络相比，企业集群的主要特征表现在：创新网络构成主体是多元化的，既包括企业，也包括公益性的大学、科研机构、一些非营利性组织甚至政府。企业集群构成主体是一元化的，企业集群内任何组织都是营利性的组织或其派生组织，群内非营利组织通常是因群内企业发展的共同需要而内生的，为企业集群企业整体利益服务的，如在企业自愿基础上建立的行业协会。企业集群由于地理位置集中，而且大多位于农村和小城镇地区，像大学这些公益面相当宽的机构和组织很难成为企业集群的有机组成部分，企业集群仅仅是"企业的集群"。而且，企业集群内企业主要为制造业企业。

国际上典型的企业集群有意大利的东北部到中部一带生产传统劳动密集型产品的"第三意大利地区"，主要行业包括纺织、制鞋、瓷砖、家具制造等。我国企业集群主要分布在长江三角洲地区，尤其是浙江省，是我国企业集群最密集的省份。宁波的服装、温州柳市的低压电器、诸暨大唐的袜业、嵊州的领带、海宁的皮革、绍兴的轻纺等一大批以中小制造业企业为主体的企业集群，成为推动浙江省经济发展的动力。

11.1.3 网络组织兴起的原因

网络组织不断发展，是整个外在环境各种因素和企业内在动因相互作用的结果。而在外界各种因素中，社会、经济、技术以及新型产业组织四种因素起到了主导作用，构成了网络组织形成的基本平台：社会平台、经济平台、技术平台及产业组织平台。

1. 网络组织形成的社会平台

21世纪的社会是知识的社会，社会经济形态也将进入知识经济形态。知识经济促进了社会文化向多样性文化的演进，给企业的经营实践带来了深远的影响，直接影响到企业在选择伙伴并与其进行合作时的取向。网络组织形式既能实现共同目标（同一性），同时又能实现各自的利益（多样性），加入网络组织的各个企业成员分别拥有自己的企业目标和利益，而整个网络组织有同一的目标，这一目标的实现将有助于各个成员目标的实现，而不是与之相对立。网络组织的这一特征恰恰适应了同一性与多样性并存的现代文化取向，因而得到了促进和发展。

2. 网络组织形成的经济平台

经济环境的变化对于网络组织的发展起到巨大的推动作用，表现为：一是经济全球化。国际分工发展越深入，国与国之间生产和流通相互依赖和协作的关系就越密切。二是区域经济一体化的发展，区域一体化注重体内循环，必然形成对区域外公司的壁垒效应，使得这些公司难以进入该区域发展业务，开拓市场，而网络组织又恰恰能够解决这一难题。三是以互联网为基础的网络经济的飞速发展。网络经济是以信息产业为基础的经济，表现为经济活动同信息网络密切相关。在网络经济形态下，传统经济行为的网络化趋势日益明显，网络成为企业价值链上各环节的主要媒介和实现场所。

3. 网络组织形成的技术平台

20世纪中叶以来，科技、知识成为生产力的主要推动力量。信息技术、网络技术更是发展迅猛，在造就了一个巨大的产业（信息产业）的同时，也使整体企业组织产生根本性的变革。随着信息和通信技术（ICT）对于组织变革的影响，企业组织的扁平化与网络化、业务流程重组（BPR）、企业资源计划（ERP）、供应链管理（SCM）、精益生产（LP）、准时生产制（JI）、客户关系管理（CRM）等管理技术和组织技术相继出现，极大地推动了组织网络化的进程。

4. 网络组织形成的产业组织平台

模块化生产方式①的盛行促进网络组织的成长。相对于传统的大批量生产企业与其供应商的关系来说，这种新型的产业组织关系是一种重要的突破。以往的合作分包商都是按照标准规格生产零件，供应商之间经常以削价的恶意竞争来减缓需求波动。而且，在这种传统合作体系中，供应商从属于生产商，并经常依赖于单一的大客户。如 IBM 因为在 20 世纪 70 年代以及 80 年代初期以这种方式处理与它在硅谷的供应商的关系，控制并剥削他们，结果弄得声名狼藉。随着模块化生产方式的兴起，硅谷的公司试图避免供应商对生产商的依赖性，明确放弃了 IBM 的方式，转为更互惠的关系。他们逐渐认识到要避免企业间交易的成本和风险，必须与供应商紧密互动，建立一种长期的合作关系，以得到有价值的反馈信息。他们把这种合作看作是一种加快新产品推广步伐，并改善产品质量及性能的方法。

在社会、经济、技术及产业组织等力量的推动下，网络组织作为跨边界合作的新型组织就应运而生了。那么这种组织如何有效运作就自然成为人们所关注的问题，因此也就提出了网络治理这一新课题。

11.1.4　网络组织的作用

1. 有助于节省交易费用

与市场相比，网络组织可以通过如下途径降低交易费用并增加交易价值：第一，与供应商进行重复交易可以降低交易费用。网络组织交易时间一般较长，长期合作关系意味着交易是重复进行的，因此，违背契约或者实施机会主义成本是相当高的。同时，重复交易使得双方在未来有更多的机会来纠正交易中的不平等现象，不必斤斤计较每一次交易成本；第二，网络组织中由于供应商较少而产生的规模经济降低了交易费用。第三，网络组织中广泛的企业间信息共享降低了信息的不对称程度；第四，网络组织广泛使用非正式的、自我实施的保护措施，与那些只能在有限的时间长度内有效的契约相比，这些非正式手段发挥的作用更长。

2. 有助于提高企业创新能力

当知识是显性的时候，我们可以通过查阅标准的操作手册来学习；而当知识是隐性的时候，学习的唯一方式就是"言传身教"，学习者必须与掌握知识者进行密切的接触和交流，模仿其行为。因此，市场交易方式的及时特征，使得它传递隐性知识的效率非常低。而网络组织，由于成员的经常互动和多种方式的交流，特别是面对面的交流非常有利于隐性知识的吸收。

3. 有助于提升企业可持续竞争力

动态核心能力认为，企业必须从内部组织和外部组织两个方面同时营造核心能力才能

---

① 模块化生产方式指企业不再需要把所有生产工序集中在一个企业内部，而是将生产工序进行模块化分解，外包给其他经营单位，或者从市场上采购模块部件，因此，模块化生产适合于顾客需求多样化、个性化的大规模定制。

维持企业持续的竞争优势。网络组织的形成恰好满足了企业构造持续竞争优势的需要，这从战略角度解释了网络组织形成的原因。通过参与网络组织，企业获得了网络资源，从而有助于企业获得持续的竞争优势，即通过网络组织实现企业的价值性、稀缺性、不易模仿性以及不易替代性。

4. 有助于克服企业组织内部的"路径依赖"

企业对资源和组织形式的选择，需要根据组织中形成的惯例和能力来进行。然而，企业过去的行动轨迹导致了路径依赖性并束缚企业未来行动选择。换言之，在以往的技术和组织发展轨迹中，存在着束缚企业柔性及其选择范围的制约因素，它们使企业必然沿着既定轨迹成长，从而缩小了可供企业选择的范围，使企业丧失开发新资源和能力的机会，最终阻碍了新的竞争能力的产生。而具有外部导向的、旨在进行企业间合作的网络结构，能够克服制约构建新的竞争能力的路径依赖性。

11.2　网络治理的选择及其特性

11.2.1　网络治理的概念

网络治理是对网络组织的治理，治理行为的主体是合作诸结点，客体是网络组织这一新型组织形态，治理过程是具有自组织特性的自我治理，即它所要创造的结构或秩序不能由外部强加，它发挥作用要靠多种进行统治的以及相互发生影响的行为者的互动。

网络组织是一种合作组织，要合作就会有冲突，网络治理主要任务是解决成员之间的冲突，保持网络组织的长期发展。

要减少伙伴之间的冲突，就必须建立一种和谐融洽的平等关系，各方都应该从合作中得到好处。除了正式的沟通渠道外，还应该加强相互之间的非正式联系，比如高层经理之间的交流，以增强信任。当然，在每个人都呈现出机会主义倾向的社会中，有可能发生不守信用的行为。但如果一家企业因采取机会主义行动而产生了"不良声誉"，网络内其他成员便不会再与他合作，从而使其陷入极为不利的困境。所以，网络中企业即使在文化和心理上倾向于采取机会主义行动，因顾及由此带来的声誉可能影响未来利润，从而会阻止机会主义行为的实际发生。由此可见，信任、声誉市场在网络组织治理中有着重要的地位和作用。在不完全合同的条件下，信任、声誉可能成为网络有效治理的选择。

在网络治理中，虽然层级组织中的治理结构和治理机制仍可能继续发挥作用，但由于合作伙伴大都是独立的法人主体，传统的命令——控制模式受到限制。因此，网络组织需要有特殊的治理机制发挥作用。

11.2.2　网络治理的选择

网络组织的选择指的是在何种情况下采取网络组织的形式，以实现资源配置的最优化。作为经济组织的形式之一，网络组织的选择与市场、企业科层一样，有其自身的逻辑。主要依据资产专用性、企业能力、不确定性及交易重复发生的频率四种因素来考察。

1. 资产专用性与网络组织边界

在资产专用性为零时，自发的交易者能对各种外生扰动进行有效的适应性调整。随着资产专用性投资的增加，要求做出适应性调整的各种扰动也变得越来越多，其影响也越来越大。对某些交易来说，对各种扰动的必要的适应性调整既非是完全自发的，也不是在权威下进行的，而是要求两者的某种混合，这样的交易必然要通过网络组织来加以组织。这意味着资产专用性程度较低时，用市场来组织交易比较有效；而当资产专用性程度中等时，用网络组织治理比较有效。随着资产专用性程度进一步提高，企业科层就成为一种有效的组织形式。

2. 企业能力与网络组织边界

企业能力指的是一个产业中进行的经济活动所必须具有的恰当的知识、经验和技能。分析企业组织的边界必须考虑能力维度的影响。那些具有相同能力的经济活动被称为相似的经济活动。当经济活动代表着一个生产过程的不同阶段并且以某种方式进行协调时，这些活动就是互补的。互补且相似的经济活动需要由企业来组织，互补但不相似的经济活动需要由网络组织来组织，因此，当资产专用性很高，而企业本身又无能力生产的情况下，网络组织就成为合适的组织形式。比如，汽车和汽车零部件制造商之间的关系就是互补的，这两种经济活动相关的研发和营销活动之间的关系也是互补的。但上下游企业之间的能力是不相似的，下游企业没有能力单独生产一辆汽车，因此，汽车生产适合采取网络组织形式。

从企业能力维度出发，我们可以解释为什么在企业多样化经营情况下，网络组织比较盛行。比如 IBM 与东芝制造平面显示器的合资公司。而当几个企业之间在目标市场上相互重叠时（能力相同），将会导致企业间网络效率的低下，但是这些企业所构成的一体化企业通常都很成功。另一项研究表明，最成功的兼并活动通常是那些在业务链和市场方面重叠最多的企业。

3. 不确定性与网络组织边界

在当今世界竞争日益激烈、不确定性程度越来越高的情况之下，网络组织却日益盛行。

首先，网络组织可以应对技术的不确定性。网络组织的存在，使得不同企业之间可以充分利用对方的认识能力来弥补自己的不足，通过学习不断更新自己的知识集合，拓展自己的技术选择集合。20 世纪 90 年代开发的 PDA 行业就是一个很好的例子，该行业的发展需要运用计算机硬件、软件、电信和消费电器等多个领域的知识。复杂的技术要求使得各个进行创新的企业面临极大的不确定性，没有一个公司可以同时具备这么多的知识。因而在 PDA 行业中网络组织非常盛行，形成了分别以苹果公司、IBM、惠普、摩托罗拉、夏普、微软等大公司为核心的多个网络组织。

其次，网络组织可以应对需求的不确定性。在供给稳定而需求不确定的行业中，网络治理比较普遍，例如电影业、流行时装、音乐、高技术以及建筑业等，在需求不确定的情况下，企业通过外购和外包，形成一些独立自主的企业。在这种情况下，由于资源是通过购买或者租赁获得的，而不是通过直接拥有获得的，因而可以非常廉价而又快速地重新分配资源，以应对变化的环境需要，从而大大提高了企业应对未知的环境变化的灵活性，例如在意大利普拉托的纺织业中，企业间网络大大提高了企业应对时尚变化的反应能力。在日本汽车业企业联盟中，网络中各成员相互学习，从而降低了订货至交货的时间并且提高了新模具的质量，而且提高了企业的灵活性。

最后，在行业的不同生命周期阶段，行业中的企业所面临的不确定性是不一样的，因而也影响着组织形式的选择。如果一个行业处于生命周期的早期阶段，那么企业在进行创新时期所面临的不确定性非常高。而采用类似硅谷的弱关系网络就成为可行的选择。例如，美国的微处理器和计算机业的发展就是如此。而相反，日本在这些行业中的高度集中的组织安排使得他们在这些行业大大落后于美国。随着行业的发展和成熟，由于不确定性程度的降低，技术和产品发展趋势的明确，通过网络组织来进行创新的收益也就大大降低了。例如，随着动态随机存取存储器成为一种已知的商品，相对于硅谷的缺乏一体化企业，大的日本企业就可以相对容易地在大规模生产中重新安排他们的产能，从而使得日本在这方面保持了领先优势。

4. 交易频率与网络组织边界

相对于其他因素，交易频率与组织边界的关系要简单些，交易频率对组织边界的影响取决于其他维度的状况。第一，在资产专用性较低而能力又是不重要的（即这种能力可以以很低的价格在市场上购买）情况下，无论是一次性的、数次性的还是经常性的交易都可以用市场方式来组织。第二，如果能力是重要的，该能力为企业所独有，那么即使是一次性的交易活动也必须在企业科层中进行。第三，在资产专用性很高的情况下，如果能力维度是不重要的，在经常性交易中，企业科层将是较匹配的组织形式；如果能力维度是重要的，而企业自身又不具备相应的能力，则网络组织将是较匹配的组织形式。

11.2.3 网络治理与层级治理、市场治理的比较

科层、市场和网络是资源配置的三种不同方式，有着不同的作用，它们之间的区别如下。

1. 治理基础不同

从契约执行手段看，在市场交易中，交易者以价格为中介协调各自的活动，实现彼此资源禀赋的重新配置。

层级组织可以通过设计组织规章、程序，有效地利用分散的信息，通过一定的组织设计在参与人之间实现生产性任务的分工。

在网络组织中，合作结点之间的交易是基于充分信任的互动合作，合作者必须遵守业已建立的行为规范和其他合作者对它的期望，指导它们行动的是网络结构所决定的行为标准。

2. 核心内容不同

从交易方式看，在市场模式中，交易的收益规定得非常清楚，交易双方的贡献也能够得到清晰的衡量。在交易过程中，双方不需要花费精力去了解对方的生产过程，也不用了解对方的品行，交易时根据完备的契约来进行的，而契约则是根据法律的惩罚力量来执行的。

在科层中，生产和交易活动是在雇佣契约的背景下进行的，科层中企业家处于核心地位，他与所有要素所有者签订要素契约，契约中所未规定的"剩余"部分则由企业家利用自己的权威相机处理。由于契约的不完备性非常强，难以区分不同成员的贡献，因此它是通过命令机制以及相应的激励约束机制来解决企业内部成员的矛盾并做出必要的行动。

在企业网络中，双方也签订了具有法律意义上的正式契约，但契约的不完备程度介于市场和企业之间，正式契约所未规定的剩余部分则由双方通过自我实施的隐含契约来协商执行。当影响交易收益分配的不确定性事件发生时，双方会在双赢的目标下协调并达成一致行动。当一方违反契约时，他将不仅受到法律的惩罚，更重要的还要受到来自社会规范（合作规范）和管理的压力。

3. 治理特征不同

从交易成员之间的关系看，作为一种自发调节机制，在市场模式中，个人是完全自利的，他们之间的关系完全是竞争而非合作的关系。市场为交易双方提供了广泛的选择机会和高度的灵活性，人们可以很容易地找到替代的卖者和买者。通过价格机制，人们可以进行快速简单的交流，并据此进行生产和交易。但是，价格机制传递的知识仅是"是什么"（Know What）的表象知识，而无法传递背后的"诀窍知识"（Know How），尤其是隐性知识。因而它无法指导复杂的、异质的交易。因此，市场在学习和技术诀窍的转让方面是一个较差的组织模式。

在企业科层中，权威这只看得见的手代替了市场那只看不见的手，并对供应和需求进行协调。在企业科层中，因为任务是非常专业化的，工作行为是高度互相依赖的，因此，与市场不同的是，科层中成员间不仅存在竞争关系，也存在着合作关系，通过成员之间经常性的交流和合作，许多显性和隐性的知识在竞争中得以扩散并最终形成企业独特的文化。但是，企业成员之间的竞争也使得彼此之间存在利益上的冲突，而每个部门和员工的利益又常常是和其相应的职能和岗位联系在一起的。当外部的世界发生剧烈的变动从而需要做出职能和岗位的调整时，利益的冲突常常使得企业的调整难以顺利进行，因而企业科层缺乏灵活性。

与企业科层相似，网络组织中的成员既就某项经济活动展开合作，又会就利益的分配展开一定程度的竞争。与科层不同的是，网络组织的成员彼此是独立的，一般来说，其成员间的竞争程度介于市场和企业之间。在网络组织中，生产和交易活动不是通过行政命令进行的，而是通过互惠的行动进行的。长期的互惠合作和重复交易模式促进了相互之间的学习和信息交换并产生信任。但是为了建立双方之间重复交易模式，企业间网络需要限制进入，因此，新的成员就比较难以进入。这样，在网络中，每个成员就比较依赖于别的成员所控制的资源，而且这些资源的不可替代性比市场模式中的要高。因此，网络关系在一定程度上又会限制成员对变化的适应能力。所以网络组织的灵活性是中等的，充满弹性。而且网络组织的灵活性随着网络组织关系的强弱而有所不同。弱关系网络的灵活性要强于强关系网络的灵活性。

总之，如果说价格竞争是市场的核心、行政命令是科层的核心的话，那么信任与合作则是网络的核心。如果说市场治理是充分竞争的，科层治理是高度僵化的，那么网络治理则赋予了以信任与弹性为基本内容的丰富内涵。如果把市场价格调节看成是"看不见的手"，科层权威是"看得见的手"，那么网络组织中成员间的信任机制就是"握手"。

为了更好地理解和掌握网络组织的特性，可通过表 11-2 来考察市场、科层和网络的一些关键性区别。

表 11-2 网络治理、科层治理和市场治理的比较

	市场治理	科层组织	网络治理
治理基础	价格	规章	信任
核心内容	法律	命令	合作规范
治理特征	充分竞争	高度僵化	充分弹性

11.3 网络治理的治理机制

不同的机制在网络组织运行中所起的作用不同，有的提供了一种合作的环境与氛围，从行为规范方面调节合作者的行为；有些建立了互动合作过程的运行准则，保证彼此之间有效合作和网络组织的高质量运行。可以将治理机制分为两类：一是信任、声誉、联合制裁、合作文化等属于行为规范方面的宏观机制；二是学习创新、激励约束、利益分配、决策协调等属于运行规则方面的微观机制。

11.3.1 宏观机制在网络治理中的作用

1. 信任机制的作用

信任机制不仅是网络组织的形成机制，而且也是网络组织治理的基础。网络组织是由信任关系所支撑的自组织结构，合作伙伴之间的信任是维系关系的基础和产生互动的条件，缺乏信任不仅导致合作关系的失败，而且还可能出现负协同。

信任是网络组织形成与运作的基础，它联结合作各方，提供必要的弹性，降低交易成本和合作关系的复杂性。信任要影响到合作者对网络关系的承诺、对突发事件的反应、冲突的解决方式等。不信任是对经济活动的一种变相"征税"，而信任必然替代昂贵的监控程序。合作伙伴间建立起信任关系，就不需要签订明确契约来规定成员的互动行为方式，非正式治理机制因此逐渐被接受。

总之，信任不仅是合作关系形成的催化剂，也是彼此之间互动合作和取得协同效应的基础，更是网络组织健康运行不可缺少的行为路径。因此，信任机制是网络组织治理逻辑的基础性机制，它贯穿于治理逻辑的全过程。

2. 声誉机制的作用

声誉在密切联系的合作关系中是一种专用性投入，快捷的信息传播使合作各方更加注重自己及合作伙伴的声誉。博弈论认为，在重复博弈中，合作的结果有可能达到，其实现机制之一便是信誉，它为双方提供了一种良好的期望，鼓励双方的合作行为，并有利于吸引新的交易伙伴。网络合作是基于信任的长期合作，受骗方实施的终止未来所有与对方交易机会的"冷酷战略"将可能遏制参与人的行骗动机。

经济学家认为，合作者不采取机会主义行为的一个重要原因是害怕自己的声誉受到损害。稳定的网络合作关系恰恰提供了一种有效的"监督"机制来强制企业维护自身的声誉。网络成员之间的强联结关系构成了一个紧密合作的网络关系，信息的流动在网络中通常是畅通和重复的，任何采取欺诈行为的信息会在网络中迅速传播，其后果是该成员受到孤立，失去成员身份和获取网络资源的资格，这就意味着未来市场机会的丧失和获利能力的下降。

在企业网络化合作中，银行往往扮演着一个重要的角色，成为网络中的一个关键结点。银行的未来收益取决于其良好的声誉，这会促使它采取行动以维护其声誉；如果银行不履行其救助承诺，其声誉将遭受损失，并因此失去未来有利的贷款机会。

3. 联合制裁机制的作用

联合制裁是对那些违背共同规范的成员予以集体处罚，把违规者驱逐出去。它通过呈现违规的后果来定义可接受的行为，通过加大机会主义成本来降低行为的不确定性，进而对交易起到保证作用、政府可借用权力对那些违规者实现制裁，从而保证公共福利不受侵害。但政府、法庭等属于网络组织运行的外部环境。网络组织的有序运作、合作关系的顺利发展虽然离不开也不可能离开这些外部环境的制约，但网络治理的内在机制更为重要。

联合制裁在网络组织治理中具有不可替代的重要作用，其博弈机理不仅体现在互动的过程之中，而且形成了一种对机会主义行为实施严厉惩罚的威慑作用，使得机会主义者不敢贸然以牺牲长期利益为代价去破坏业已形成的合作关系，谋求短期的既得利益，从而保证了合作结点行为的合作性和非投机性，使互动朝向产生正协同的方向发展。

4. 合作文化机制的作用

合作文化有助于规范合作者的行为和促进合作创新。网络合作文化的形成是一个漫长的过程，伴随着网络组织的形成而产生，伴随着网络组织的发展而完善。合作结点的社会嵌入特征催生了社会资本的生成，从而为合作文化的形成提供了条件。在长期的合作交易中，具有协作创新基因的文化因素微妙地改变了合作者之间相互博弈的格局，一旦在合作结点之间形成特定的文化信念，在长期利益的驱使之下，它将会对成员行为产生深远的影响，使其具有某种路径依赖。

网络结构的建立使信息传递具有广泛性、集中性和互动性，使相关信息在成员间通过交流成为集体记忆的一部分，从而奠定达成共识的基础。因而可以促进人们在工作中相互信任、沟通，不断磨合边界内部各结点的经营理念，使其在治理过程中产生相互依赖的精神寄托，进而促进相互信任和协作创新的合作型文化或网络型文化的生成，促成边界内外的"文化落差"。网络合作中的对外排他性与对内锁定性的"厚内薄外""内松外紧"战略就是这种文化落差的具体体现。

11.3.2 微观机制在网络治理中的作用

1. 学习创新机制的作用

网络学习过程的特点是自组织学习。网络学习是自发的而不是由任何个体设计的，在自发持续互动中实现进化。当网络将企业连接在一起时，不同知识的共享就能产生新的思想。因而不同知识与技术的叠加是创新的源泉,创新源自叠加部分的调和与放大。丰田之所以能够保持持续的竞争优势,正是因为丰田及其供应商具有动态的学习能力并能比竞争者学习得更快。它们把知识岛屿连接起来成为自我组织的知识共享网络。

网络组织是一种群体集约化的经营战略,能实现企业群体经营管理整体优化的效能。企业间的网络合作关系在维护与促进创新的社会系统中起着关键作用,给组织员工提供了一个没有上级强制与外部权威的宽松环境,也成为运用知识和技术创新的工具。合作结点之间的互动过程就是学习与创新的过程,通过不断地吸取对方的知识与技术尤其是隐性知识,并在不同优势资源相互叠加的基础上,实现大于独立运作的协同效应。

2. 激励约束机制的作用

网络组织是多元化与专业化的对立统一体。经济与人文层面的激励是推动治理逻辑由关系到互动、由互动到协同的三个环节不断转化的助推器。

经济层面的激励使具有专精核心能力的独立利益主体之间密切协作共同进化,不仅避免了技能基础与核心能力培育的"空洞化",而且实现了"双赢"或"多赢",这种共赢性与共生性是"激励相容"原理在网络组织运作中的体现。人文层面的激励为合作各方创造了一个相对宽松的工作环境,该环境没有等级的压制与功利,对人们经济的、社会的和自我实现的需求不再以职位高低为标准,而是以工作绩效为标准。交易伙伴在关心网络组织整体的经济活动的基础上追求自身利益,并分享经营成功所带来的利益。

在一定程度上讲,"道德维度的自我协调"与"规范结构"依赖的是合作者之间的暗含契约,它有效地克服了企业提高资产专用性所引起的垄断性租金和专用性准租金,具有抑制败德行为、维护长期合作关系的显著作用,是一种理性约束。

3. 决策协调机制的作用

网络组织的财产所有权分散到各个合作伙伴之间,而不像传统公司那样集中于一个企业之内。因此,客观上要求决策权必须相应分散,是分散基础上的群体决策和分布式的决策协调。另外,网络组织是核心资源的集成,各成员企业将自己的具有"专用性"特征的核心资源提供出来,从而通过有序叠加产生交互作用,实现聚变,创造新的价值与超常规的竞争优势。资源配置范围扩展到合作者的核心资源,是社会资源的整合,其产权特征表现为"部分让渡"。

所有权的部分让渡与共同拥有又使分散决策中的相互协调成为可能。网络组织通过互动来实现协调。互动交易过程不仅是一个学习过程也是一个适应过程,合作成员需要相互学习适应。分散的决策保证了决策的科学性,分散基础上的协调形成了多结点共同治理的互动特征。合作结点借助先进的技术条件及时沟通,将具有专用性的信息、知识等资源提供给网络,合作结点分享这些具有"公共物品"性质的资源,并进行策援式的相机协调。

4. 利益分配机制的作用

企业之间之所以热衷于合纵联横的网络化协作,是因为不同合作者共同投入各自的核心能力和优势资源,形成资源共享、优势互补,并通过交互作用能产生高于平均水平的协同效应。企业网络化协作是一种创造价值的协作,是一种多主体、多过程和反复进行的多向网络化合作。博弈论认为，在重复博弈中人们会选择合作行为，追求集体理性而避免个体理性。协作者共同追求网络整体利益最大化，则各协作者都有机会获得比独自运作更多的利益，从而实现帕累托改进。

分配机制对网络组织来说十分关键，如果利益分配不均，合作者的投入与其所得不能匹配，就会挫伤合作者的积极性，甚至会人为地割断已有的经济联系，加剧企业间的经济摩擦和封锁。因此，如何协调双边或多边的经济利益关系，在合作者之间合理分割网络整体利益，是网络治理中不可回避的关键问题之一。因此，利益分配机制在治理逻辑中扮演着重要的角色，发挥着不可替代的功能。

总之，"没有规矩，不成方圆"，正确有效的行为规范与运行规则方面的机制，制约与推动着关系的建立、互动合作行为的产生与协同效应的获得，为充分挖掘蕴藏在结点之间的潜在价值和有效配置社会资源提供了基本保证。

根据上述分析，治理机制成为企业网络化互动合作的制度基础，从而使网络治理归结到关系、互动与协同的治理逻辑之上，为网络组织的有序运作提供了一个关系平台。由此可构建出网络治理机制与治理关系模型如图11.1所示。

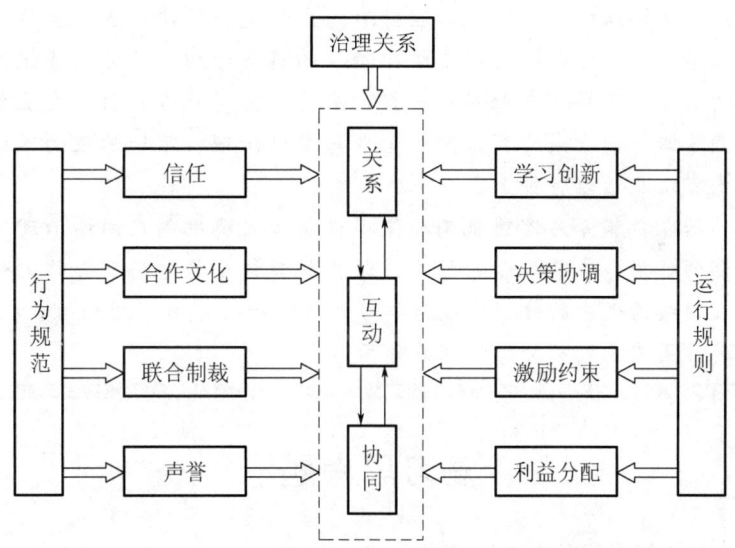

图 11.1 治理机制与治理关系模型

本 章 小 结

> 从治理的角度，可把网络组织定义为由两个或两个以上独立的企业通过正式契约和隐含契约所构成的互相依赖、共担风险的长期合作的组织模式。按网络组织成员在价值链中的关系，可分为横向网络和纵向网络；按网络组织成员之间的关系紧密程度，可分为强关系网络和弱关系网络。

网络组织的主要形式有：①外包网络，指当市场出现新机遇时，具有不同资源与优势的企业为了共同开拓市场，共同对付其他的竞争者而组织的互利的企业联盟体，其典型代表是耐克公司。②旗舰型创新网络，指核心企业靠着自己的品牌资产，协调众多供应商和用户关系，甚至对相关企业群体具有重要的支配作用。通过旗舰的协调，网络中的企业之间发展出较为密切的知识交流关系，由此促进整个产业创新的实现，其典型代表是丰田汽车创新网络。③自组织型创新网络。其特点是产权一体化程度低、内部竞争程度高、政府的干预程度低。这类网络的关键行动者是各类企业包括风险投资公司，他们之间的合作关系在很大程度上依赖于网络内通行的合作文化，其典型代表是硅谷创新网络。④企业集群，指的是通过信息共享和人员相互作用而形成的制造业中小企业的集合。集群内企业之间连接相对松散但专业化分工关系很强。企业集群作为网络组织，不同于产业集群；作为一元化的制造业中小企业的集合，不同于创新网络。

网络组织的作用体现在：有助于节省交易费用，有助于提高企业创新能力，有助于企业提升可持续竞争力，有助于克服企业组织内部的"路径依赖"。

网络治理是对网络组织的治理，治理行为的主体是合作诸结点，客体是网络组织这一新型组织形态，治理过程是具有自组织特性的自我治理。作为经济组织的形式之一，网络组织的选择与市场、企业科层一样，主要依据资产专用性、企业能力、不确定性以及交易频率四种因素来考察。网络治理与层级治理、市场治理的不同体现在治理基础、核心内容以及治理特征上。

网络治理的治理机制分为宏观机制和微观机制。宏观机制在网络治理中的作用体现为：信任机制的作用、声誉机制的作用、联合制裁机制的作用及合作文化机制的作用。微观机制在网络治理中的作用体现为学习创新机制的作用、激励约束机制的作用、决策协调机制的作用以及利益分配机制的作用。

复习思考题

1. 网络组织是如何形成的？有哪几种形式？
2. 网络治理的选择有哪几种考虑因素？
3. 网络治理与公司治理的联系与区别是什么？
4. 实践中如何有效治理网络组织？

丰田创新网络治理

丰田创新网络在知识共享方面是有效的，部分原因就在于，网络治理规则支持着成员企业之间的协调、沟通和学习，而一系列多边和双边过程则将这种规则带入日常的合作关系中，由此带来了强烈的网络认同以及高效率的知识共享和知识生产。

1. 网络治理基本规则

(1) 基本契约。

丰田网络既不是一个纵向一体化的层级体系，也不是成员之间各自独立而只有买卖关系的企业集合。在丰田网络中，供应商的确都是独立企业，是真正的利润中心，但丰田持有一级零部件供应商不少股份，一级供应商之间也都相互持股。在此基础上，供应商和丰田之间的全部关系几乎都规定在一个被称为"基本合同"的文件里。作为彼此长期合作意愿的象征，该合同建立了有关价格决定、质量保证、订货与交货、专有权和材料供应等方面的基本准则。这样，丰田和供应商之间主要不是靠价格来协调，也不是靠权威来协调，而是通过长期契约进行协调。

典型的协调过程是，丰田确定汽车目标价格，然后与供应商一起，研究如何在这个价格条件下制造汽车，同时又使丰田和供应商都能获得合理利润。为此，丰田和供应商运用价值工程方法将每一生产环节的成本细分，找出能够降低零部件成本的各种因素。随后，被指定设计和制造各个总成的一级供应商开始与总装厂共同商讨如何达到成本目标。为了掌握生产过程的细节，寻求降低成本和改进质量的途径，供应商同意让丰田了解自己有关生产成本和技术方面的专有信息。作为回报，丰田则尊重供应商赚取合理利润的需要。此外，为了保证每个供应商都努力改进，丰田通常还将零件订单分给供应商协会中的两个或多个成员，以激励他们不断改进并防止在质量或交货的及时性上有所懈怠。

(2) 知识共享规则。

知识共享规则可以被表达为"加入网络的代价就是，保护专有生产知识的能力受到限制，知识产权属于网络而不是特定企业"。基于这项规则，丰田为供应商提供免费帮助，允许供应商利用自己的知识库存。但作为回报，要求供应商同意开放自己的工厂给丰田和其他网络成员。如果哪个供应商违背了这个规则，他的行为就会被看成是背信之举。这个要求使丰田造就了一批示范供应商，使之成为其他供应商的学习实验室。这样，丰田及其供应商们拥有的任何生产知识被看成是网络财产，任何网络成员都可以获取。

(3) 利润共享规则。

丰田也界定了有关知识转移的收益分配规则。鉴于零部件生产中存在着学习机制，成本会自然下降；总装企业和供应商通过共同协商，确定一条在产品生命周期里的成本下降曲线；并规定，由供应商自己实现的超出双方议定的降价幅度的成本效益，全部归供应商所有，而那些共同创造的利润则由总装企业和供应商分享。但是，当丰田咨询人员和供应商协作改进工艺而带来成本下降时，丰田并不要求供应商即刻调低供货价格——至少在短期内（1~2年内），供应商可以完全占有知识转移带来的好处。共享利润的协定使得供应商有很高的积极性去改进生产过程。

(4) 供应商评级制度。

丰田根据装配线上发现的次品件数、交货的及时性以及通过改进措施降低成本的业绩等，给供应商评级。在丰田技术人员的帮助下，供应商定期将自己的得分与其竞争对手的分数相比较，讨论存在的问题，并制定改进方案。如果某个供应商不能满足质量和交货要求，丰田会将一部分订单在一定时期内从该供应商转给其他供应商作为惩罚。只有当供应商有了问题却毫无改进意愿时，才会被开除。

2. 网络治理的组织/活动中介

(1) 供应商协会。

丰田与供应商之间的协调大多通过供应商协会进行。丰田的零部件供应商协会"巨步会"于1943年建立，成员包括234家汽车零件供应商；"锐步会"成立于1983年，有77家负责模具、计量仪器、工具夹等供应商以及工厂设施的承包商组成。1996年，"巨步会"根据地理位置划分成三个区域协会：东海协会（150家企业）、关东协会（65家企业）和关西协会（29家企业）。另外，规模大的零部件厂还成立了各自的协会。供应商协会每两个月召开一次全体会议（全体大会或者高层管理会议）就生产计划、政策、市场趋势等进行沟通。更经常的互动则是通过分管安全、质量、成本和一般事务的高层委员会进行的。例如，质量委员会每年就特定主题开会讨论六次。同时还负责基础质量培训和优秀工厂参观以及年度质量管理会议。总之，供应商协会促进了成员企业之间的联系和显性知识的转移。

(2) 咨询活动/问题解决小组。

丰田经营管理咨询部负责在网络中获取、存储和扩散有价值的知识。通过对供应商提供直接的现场指导，咨询部促进了知识共享。典型做法是：将咨询小组送到供应商那里，待上一段时间，免费帮助供应商解决现场难题。解决问题小组的建立，则是用来解决网络中出现的应急问题。例如，一个供应商可能存在质量问题，但根源不易确定。这时，咨询部或者丰田的质量保证部就会组成一个临时小组；由丰田相关部门甚至包括其他供应商参加，集中解决问题。待该小组界定了问题根源后，就移交给适当部门加以解决。例如：一旦解题小组将供应商质量问题的根源界定为产品设计问题，那么，就会要求丰田的设计工程部介入，带领大家与供应商一起执行解决方案。如果相关知识掌握在该供应商的竞争对手那里，丰田还会协助进行知识转移。

(3) 自主学习小组。

从20世纪70年代开始，咨询部组织了55~60个关键供应商（这些供应商提供的零配件大约占丰田零配件采购总金额的80%）建立自主学习小组，目的是彼此帮助、改进质量、提高生产率。每个小组由5~8个供应商组成。小组编制取决于地理接近程度、竞争情况（直接的竞争对手不在同一个小组）以及与丰田的合作经验（每一个小组至少有一个丰田附属的供应商，他们处在领导地位）。小组通常每三年重组一次，以增加新鲜感。每年供应商的经理们聚在一起，与咨询部经理一道，决定该年度的研究主题。当一个主题决定后，小组就会确定日程，访问每一个供应商的工厂并提出改进建议。该小组还要花费4个月时间针对特定供应商进行问题会诊，包括初期检查、诊断和试验、汇报、跟踪评估等阶段。年终，多个小组在一起开会，分享从当年的活动中所学到的东西。

(4) 员工转移。

丰田和供应商之间的员工转移有两种方式：一是当短期内的工作负荷太大时，把人员借给供应商；二是把丰田的高级管理人员，但不是最高级的人员派到供应商那里担任高级职位。丰田每年会将120~130人转到其他企业，其中多数都去了供应商那里。当供应商需要某种特殊技能或者知识，而自己现有员工中又没有这类人才时，供应商会主动要求丰田提供援助。被转移的员工不仅可以直接为供应商带来技术知识和管理诀窍，而且还可以促进后续的知识交流，因为他们知道特定知识处在丰田的哪一部分，通过谁可以获取这些知识。

(5) 新产品开发。

丰田的产品开发团队中通常包括各个方面的专业人员，并由强有力的组长来领导，而一级供应商往往在开发新产品时作为整个产品开发团队的一部分共同工作。不仅如此，丰田还将大部分设计和制造零部件的责任转移给供应商。当丰田需要一个新的零部件时，几家供应商便彼此竞争。通过竞争，全体供应商都热衷于提高质量、技术水准和开发速度，以期在丰田的订货中获得较大份额。这些创新竞争对丰田新产品开发的高速度做出了重大贡献。

（资料来源：王大洲. 企业创新网络进化与治理［M］. 北京：知识产权出版社，2006.）

讨论问题：

1. 丰田公司的宏观、微观治理机制是什么？
2. 丰田公司创新网络的治理功能是什么？

第12章

公司治理的演进及其模式

教学目标

1. 了解世界上三类不同公司治理模式的产生背景；
2. 熟悉三类不同公司治理模式的融资体制与股权结构特征；
3. 熟悉三类不同公司治理模式的治理结构与治理机制；
4. 把握公司治理模式趋同的基本方向和主要表现。

基本概念

公司治理演进　治理模式　外部控制主导　内部控制主导　家族控制主导

学习提示

按照所有者与公司的距离远近、不同的融资体制产生了不同的所有权结构，使得所有者的类型和控制公司的方式各不相同。由此，我们可以把世界上主要的公司治理体系分成三个模式，分别是：外部控制模式，以美国和英国为代表；内部控制模式，以德国和日本为代表；家族控制模式，以东南亚国家和某些欧洲大陆国家为代表。我们可以从资本结构特征、治理结构特征和治理机制三方面来比较分析世界上三类主要的公司治理模式。本章是在实践上对公司治理学科体系的诠释，是对全书的总结。

本章重点：不同模式的资本结构特征　不同模式的治理结构特征　不同模式的治理机制特征

本章难点：公司治理演进的决定因素

在公司制企业诞生的早期，几乎所有的公司采用的都是家族控制的治理机制，我们可从最具各国产业代表性的福特、丰田、奔驰、现代等汽车企业看出，他们首先都由少数股东创建，通过合伙制或者是纯家族参与的形式，公司形成了稳定的结构，为发展奠定基础。随着产业技术的不断发展，大规模生产和分销的出现形成了对资本的大量需求，家族不足以提供公司扩张所需要的资金，公司需要寻找新的资金来源。在这种情况下，金融资本不可避免地要进入公司。一种是通过资本市场以直接投资的方式进入，这要求有一个较好的资本市场，当然也可以通过基金等中介机构进入公司，这种环境造就了美国福特汽车公司以机构投资者为主要股东的股权结构。另外一种是通过贷款的方式借助银行等金融机构进入，且金融机构参与公司治理，这使得日本的丰田汽车公司和德国的奔驰汽车公司形成了以银行股东为主的股权结构。还有一种类型就是融资仍来自家族内部，银行虽也对企业进行大量贷款扶持，但银行不介入公司治理。韩国的现代汽车就形成了以家族为主的股权结构。究竟选择哪一种形式，取决于当时的政治、社会经济环境和制度条件。由于各国经济制度、历史传统、市场环境、法律观念以及其他条件的不同，形成了不同的公司融资体制，也就诞生了不同的公司治理模式。因此，融资体制是公司治理模式形成的基础。

点评：

不同的融资和交易环境，造就了不同的、在当时当地最有效率的公司治理机制。"公司治理"是约束经理的"招"。同样的"招"，在不同的环境下，使用成本是不一样的。所以，公司治理机制不可能是千篇一律的，而应该是权变的、有选择的。

12.1 外部控制主导型公司治理模式

外部控制主导型公司治理又称市场控制型公司治理，主要特点是企业融资以股票市场融资为主，且股权分散在个人和机构投资者手中，主要通过富有流动性、生机勃勃的资本市场对公司经理层进行监督，立法和执法体系比较完善，信息披露完备。实施这种公司治理的典型国家是英国和美国。由于这种类型的公司治理高度重视股票市场的作用，奉行股东至上原则，因此，英、美国家的经济体制被称为"股东资本主义"。

12.1.1 英国和美国公司融资体制及其形成原因

1. 分散化股权融资体制

英、美公司融资主要通过股票市场进行，且股权高度分散，形成了有别于德、日公司的融资体制。这种融资体制有以下两个特点。

（1）股权资本居于主导地位，资产负债率低。

企业资本主要来源于两个方面：股权资本和借贷资本。英、美国家企业资本大部分来源于股本，资产负债率低，一般在35%～40%（见表12-1、表12-2）。

表 12-1 英、美、日、德公司资本结构国际比较（1979—1985 年）

单位：%

年份	日本		美国		英国		德国	
	股本	负债	股本	负债	股本	负债	股本	负债
1979	15.4	84.6	64.8	35.2	46.5	53.5	34.7	65.3
1980	16.2	83.8	65.4	34.6	46.6	53.4	34.4	65.6
1981	16.6	83.4	65.4	34.6	45.6	54.4	33.8	66.2
1982	16.6	83.4	65.0	35.0	45.0	55.0	34.6	65.4
1983	17.1	82.9	64.5	35.5	46.0	54.0	35.3	64.7
1984	17.3	82.7	61.8	38.2	46.3	53.7	36.2	63.8
1985	18.5	81.5	59.5	40.5	46.7	53.3	36.9	63.1

（资料来源：Ballon R. J. The Financial Behavior of Japanese Coporations [M]. Tokyo and New York. 1988：86.）

从表 12-1 可以看出，在英、美公司的资本结构中，股本占有很大的比重，美国尤为如此。尽管近几年美国公司资本结构股本比例有所下降，但没有改变以股本为主这一基本特征。

表 12-2 美国公司自有资本率和资产负债比率国际比较

单位：%

年份 项目	1985	1986	1987	1988	1989
自有资本率	62.3	59.8	58.5	56.7	55.0
负债比率	37.7	40.2	41.5	43.3	45.0

（资料来源：菊泽研宗．日、美、德组织的经济分析 [M]．东京：文真堂，1998：112.）

(2) 股权分散，机构投资者占据主导地位。

由于公司规模的日益扩大和股东地理范围的不断外延，英、美公司的个人持股越来越多，且比较分散。伯利和米恩斯曾对美国 200 家大公司进行实证研究，证明大公司的股东人数从 20 世纪初到 20 世纪 30 年代增加了数十倍，随后几十年发展得更加迅速。数据表明，1929 年，在 200 家最大非金融公司中，股东人数在 2 万以下的公司占 47%，而 1974 年这一比例下降为 4.5%；1929 年股东人数在 20 万～50 万的公司占 200 家公司的比例只有 1.5%，1974 年这一比例上升为 10.5%。这意味着 1929—1974 年，美国 200 家最大非金融公司的股东数量大幅度增加，持股分散化程度大大提高。例如美国电话电报公司，在 20 世纪 20 年代末股东人数仅为 46 万人，20 世纪 50 年代末达到 150 万人，70 年代末高达 300 万人；美国通用汽车公司 50 年代末股东只有几十万人，70 年代末高达 200 万人。在公司股东人数增加的同时，美国总持股人数也在迅速增加。1952 年，美国全国有 650 万人直接持有股票，占人口总数 13%，到 1982 年直接持有股票的人数的比例上升到 3 200 万人，约占人口总数的 14%。近几年，美国个人股东占人口总数的比例虽然有所下降，但一直处于优势地位，基本在 50% 以上。①

---

① 李维安．现代公司治理研究 [M]．北京：中国人民大学出版社，2005：85.

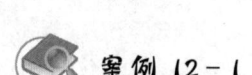案例 12-1

福特汽车的股份分散化过程

1903年，亨利·福特组建的福特汽车公司发行1 000股股票，100美元/股。福特与煤炭商马尔科姆逊各拥有255股，取得对公司的共同控制权。1919年，福特以1亿美元买下合作者全部股份，将公司变成家族企业，董事会成橡皮图章。1956年虽然再次允许外人拥有公司股权，但福特家族仍拥有40%的表决权。独裁使公司亏损严重。1979年福特二世不得不交权给外人菲利普·哈德威尔，并于1982年退休，结束了福特公司77年的家族统治。

（资料来源：根据网上资料整理。）

为了适应企业外部直接融资的需要，英国和美国的非银行金融机构迅速发展起来，尤其是近年来，机构投资者的资产增长率和持股率上升很快。机构投资者持有股票的市值占美国股票市场总值的比重从1980年的37.2%增至2006年的66.3%；其在美国1 000家大企业中平均持股比例从1987年的46.6%增至2007年的76.4%。但是为了降低风险，从总体上看，这些机构的基本选择是"不把鸡蛋放在一个篮子里"，进行投资的分散化和多元化，它们在每一家公司所占的份额都很小。

英国个人股东（包括非本国个人股东）占人口总数的比例高达34%，仅次于美国。但由于许多个人股东都由养老基金代理持有不同公司的股票，使得英国的养老基金在股权结构中占有绝对的比重。

英国从20世纪80年代开始，个人股权在整个股票市场中所占份额不断下降，这些个人所持股权基本上转移到机构投资者手中，机构投资者尤其是养老基金和保险公司的地位越来越受到重视。1975年英国机构投资者所持股权已达到43%，1993年高达61%。

针对个人股东持股的高度分散和机构投资者的消极倾向，美国公司治理的重心放在其发达的市场上，即通过股票市场、经理市场和产品市场等在内的市场体系对经营者进行约束，同时通过对经营者进行必要的激励，以促使经营者加强自我约束。由于对经营者的控制以外部市场为主，故被称为外部控制主导型公司治理。

2. 英、美公司融资体制形成原因

英、美公司资本结构的形成，与英、美经济、政治、法律、历史和文化等有直接和间接的关系。

（1）政治、历史和文化的影响。

英国和美国是自由资本主义发展较早的国家，两国在政治、文化等方面比较相似，都强调追求自由和提倡个人主义、风险意识。尤其是美国，通过一系列政策和法规反对财富集中，主张民主政治，强调政治平等。美式民主通过影响美国的金融，进而影响大型上市公司的治理结构。美国政治故意削弱和拆散金融中介机构，迫使企业以股权融资为主，使得管理人员的权力更为强大。政治决策导致了现代美国公司与众不同的形式：分散的股东和掌握控制权的管理人员。现代公司就是根植于传统自由资本主义土壤而逐步发展起来的。

(2) 经济发展的影响。

美国和英国实行自由市场经济，政府对企业的干预程度低，自然人投资踊跃，带动了英、美两国私有经济的快速发展。英国作为老牌资本主义国家，已经有几百年的公司发展史。美国是现代市场经济发展最为成熟的国家，建国才 200 余年，却有近一个半世纪的公司发展史，目前有各种公司 700 多万家。公司的发展促进了证券市场的发育，伦敦证券交易所创建于 1773 年，纽约证券交易所创建于 1792 年，两国均有 200 多年的证券发展史，已经形成了发达的证券交易市场。证券市场的快速发展强化了公司直接融资的主导地位，使得英、美两国的公司发展与证券市场相辅相成、密不可分。

(3) 政策和法律的影响。

由于历史和文化的不同，英、美两国在经济发展过程中更注重法律政策的规制作用，建立了比较完善的法律体系。美国允许金融中介机构持有公司股份，如银行、保险公司、共同基金和养老基金等均可持有，但法律禁止通过金融界实现控股权的集中，因此金融中介机构无法系统地持有较多股份。美国商业银行众多，约有 1.4 万家，但规模都较小。

长期以来，美国对银行业一直采取歧视性政策。1933 年的《格拉斯-斯蒂格尔法》将商业银行和投资银行分离开来，并对他们所持股份数额进行限制。这些立法使银行的规模和势力受到了抑制；同时企业通过银行进行债务融资受到约束，不得不依靠证券市场直接融资。另外，美国的《反托拉斯法》反对公司之间相互持股，《证券法》不鼓励投资者集中持有一家公司的股票。正是由于上述法令和法规，才使美国公司在间接融资方面受到制约，而在直接融资方面非常活跃。

英国不像美国那样对银行等金融机构存在本能的敌意，对证券市场更多的是自行管理。不过，银行在自由持有股份时，一般需遵守所谓谨慎原则。例如，如果商业银行要持有一家公司较多的股份，必须事先得到英格兰银行的认可，如果承受的风险大于银行资本金的 10%，也必须得到英格兰银行的批准。直到 20 世纪 30 年代，英国的商业银行也没有多少资产，因为法律和政策不允许中央银行为其他银行提供长期贷款，甚至在 1930—1970 年，中央银行也不鼓励商业银行成为股票持有者。英国保险公司是非常积极的投资者，是因为英国政府在此方面没有严格明确的限制。

以上诸因素中，政治、经济、文化与历史是英、美两国公司资本结构形成的基础，政策法规是关键性的决定因素。正是以上直接因素与间接因素的共同作用，才促使英、美两国的公司形成了以股权为主、债券为辅的资本结构。

【阅读资料】

12.1.2 英国和美国公司治理结构的基本特征

如前所述，在以美国为首的单层制公司治理结构中，公司内部不设监事会，监督职能主要由独立董事构成的审计委员会等专业委员会履行（如图 12.1 所示）。

英、美两国的公司治理结构的基本特征如下所述。

1. 股东"搭便车"现象严重，股东大会职能虚置

美国公司的股东非常分散，相当一部分股东只有少数股份，实施治理的成本很高，存在着"搭便车"的问题，即每个股东都希望其他股东进行监督，而自己坐享其成。股东成为不在所有者，以"用脚投票"代替了"用手投票"，在很大程度上导致了投资者对企业

【迷你案例】

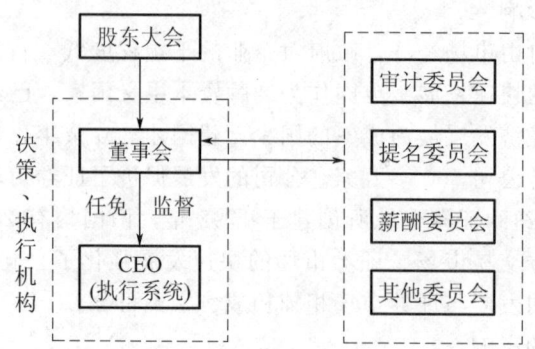

图 12.1　美国公司治理结构

的监控不力，致使股东大会形同虚设，失去了成为股东行使监督、决策职能场所的作用。

2. 单层制董事会，董事会中独立董事比例大

由于美国公司股东大会职能虚置，分散的广大股东对董事会寄予了厚望，所以美国公司的股东更注重通过董事会来发挥公司治理的作用。为了更好地发挥董事会的作用，美国公司特别注意董事会成员的构成和董事会内部的管理。

英、美两国的公司多采用单层制董事会，不设监事会，董事会兼有决策和监督双重职能。董事会由股东大会直接选举产生，对股东大会负责。董事会的监督职能主要由独立的非执行董事担任，通常薪酬委员会、审计委员会等行使监督职能的委员会主要或全部由独立的非执行董事组成。

英、美两国的公司独立董事在董事会中的比例多在半数以上。以美国为例，独立董事越来越受重视，并且通过法律来维护独立董事的合法地位。美国独立非执行董事的比例一般高达60%以上，美国《财富》1 000强公司中的独立董事比例更是高达80%以上。独立董事可以独立地对公司的经营做出客观判断和科学决策，其在董事会中的比例反映出公司治理中经营者受到外部因素约束的状况。在独立董事比例占绝对优势的公司中，经营者所感受到的外部压力明显高于来自公司的压力，这就增强了管理的科学性和有效性，并最大限度地维护了各种利益相关者的利益。

3. 经理层权力很大

在英、美两国的公司中，董事会为了集中精力搞好重大决策，往往聘请专门的经营管理人员负责日常决策，其最高级别的行政官是首席执行官（CEO）。大多数公司董事长和CEO由一人担任。由于公司的经营管理日益复杂化，经理职能也日益专业化，许多公司在CEO之下为其设一助手，负责公司的日常事务，称为首席经营官（COO）。此外，公司还设有其他一些行政职务，如首席财务官（CFO）等。

由于CEO多由董事长兼任，英、美两国公司的经营决策权和业务执行权高度集中在一人手中，形成了经营者支配，并带来一系列问题，如CEO的薪酬增长幅度过快，且与公司业绩不相关，据美国商业周刊统计，与1999年相比，美国最大的365家公司的CEO，2000年年薪增长幅度仍高达6.3%，远远超过普通工薪阶层的增长速度（4.3%）。为此，进入21世纪以后，美国大公司进行了改革：一是董事长与CEO分离；二是提高外部董事的比例；三是设置与CEO高度分离的提名委员会，由提名委员会选任董事；四是重新倡

导 CEO 薪酬与企业的盈利挂钩，以上诸多改革措施在一定程度上强化了董事会的职能。

12.1.3 英国和美国公司治理机制的基本特征

1. 经理人股票期权比例较大

经理报酬给付的形式很多，其中之一是股票期权。1952 年，美国辉瑞制药公司推出第一个股票期权计划，之后愈来愈多的企业引入股票期权制度。根据福布斯发布的 2006 年美国 500 强企业 CEO 薪酬榜，期权收益在美国 500 强企业 CEO 的总薪酬中占到 48% 的比例，其中苹果公司 CEO 乔布斯基本年薪只有 1 美元，却以近 6.7 亿美元的股票收益在排行榜中名列第一。股票期权是一种长期激励机制，经营者来自股票期权效益的多少完全取决于股票的升值。升值多少与经营者长期经营业绩直接相关，这为管理者的努力带来更大的动力。

2. 股东"用脚投票"行为明显

由于英、美两国公司的股权结构是以众多分散的个人股东为特征的，在董事会功能失灵的情况下，个人股东主要通过证券市场上的股票交易活动对经营者形成制约，使经营者按照他们的意愿办事。现代公司经营管理日益复杂，股东由于缺乏专门的知识和信息，难以对公司经营提出意见，而众多分散的股东要相互取得联系并达成一致协议来监控公司经营者，势必付出高昂的监督成本。因此，使得一般股东没有兴趣直接监督和约束公司经营者，而是把兴趣转向关注股票收益率的变化上。如果股东对公司经营状况不满意，就会选择"用脚投票"，通过卖出公司股票迫使经营者改善经营，甚至驱逐长期经营不善的经营者。自 20 世纪 90 年代以来，美国通用汽车公司、IBM 等多家大公司的 CEO 被赶下台，充分显示了股东"用脚投票"的治理能力。

3. 经理市场竞争激烈

竞争性的经理市场可以使得经理人能够根据自身条件在企业之间或企业内部不同岗位上自由流动，并且由市场决定其价格（薪酬）。这样，经理的升迁或降职就由其经营能力和经营业绩决定。在市场竞争中被证明有能力，并对股东负责的经理人员会被高薪聘用，或得到经理人市场的青睐，否则会被替换甚至被赶出经理人市场，永不再被聘用。因而，在位的经理人员会非常珍惜自己的地位和声誉，尽心尽力工作，努力提高企业的获利水平和市场价值，从而在经理人市场上建立良好的声誉，提高自身的人力资本价值。通用电气的韦尔奇，因其作为公司总裁 20 年来所做出的出色贡献，得到总值 1.2 亿美元的巨额退休金。

4. 敌意并购威胁严重

英、美两国公司的股权比较分散，且流动性大，这为敌意并购提供了可能。当一个企业由于经营管理不善，其市场价值低于实际价值时，公司外部的并购者就会通过资本市场大量收购分散股权，对企业采取敌意并购行为。在并购成功之后，通过更换管理层，提高经营绩效，使企业的经营管理步入正轨。因此，资本市场的并购活动被看成是能够维护广大股东利益的最有效的公司治理机制，对在位的公司经理人员可以起到威慑作用。20 世纪 80 年代在美国出现恶意并购的鼎盛时期，90 年代收购势头有所下降，但并购金额仍然巨大。进入 21 世纪以后，并购规模持续攀升。根据市场调查机构提供的资料，2005 年并购金额近 1 万亿元。当然，公司经理人员也在采取防止并购措施，如制定反收购议案、毒丸计划、金降落伞计划等。

5. 信息披露完备

信息披露作为公司治理的决定性因素之一，一般受内部和外部两种制度的制约。外部制度是指国家和有关机构对公司信息披露的各种规定，内部制度是公司治理对信息披露的各种制度要求。内部制度与外部制度对信息披露的内容、时间、详细程度等各方面要求可能存在差异。实践证明，及时、详尽、准确的信息披露可以为投资者提供可靠的决策依据，以维护投资者的信心，并且成为吸引潜在投资者的重要条件。强有力的信息披露可以大大减低投资者决策的风险。表 12 - 3 为道琼斯公司平均指数 30 家公司持股比例、独董比例、市值等信息。

在资本市场发达的英、美国家，公司信息披露的外部制度相对完善，公司经济活动透明度高，从而极大地减少了因信息不对称而造成的决策失误，降低了失误带来的损失。无疑，信息披露的完备为投资者"用脚投票"创造了有利条件。

总之，英、美公司的外部治理是通过市场来实现的，是基于股权为主的市场导向型公司治理模式。

表 12 - 3　道琼斯公司平均指数 30 家公司持股比例、独董比例、市值等信息

公司名称	注册州	最大股东	第二大股东	第三大股东	独董比例	市值（亿元）	机构投资者比例（％）
苹果	加利福尼亚	6.02％	3.94％	3.00％	5/8	6315	57.56
微软	华盛顿	5.72％	4.39％	4.13％	8/11	4943	72.87
美孚石油	新泽西	6.62％	5.96％	4.50％	12/14	3634	51.68
强生	新泽西	6.54％	5.26％	3.00％	10/11	3294	66.64
通用电气	纽约	5.80％	5.70％	4.29％	15/16	2812	57.03
摩根大通	特拉华	5.64％	4.41％	3.14％	10/11	2424	74.79
宝洁	俄亥俄	6.05％	4.41％	3.11％	10/12	2348	60.01
沃尔玛	特拉华	42.92％	2.99％	2.29％	8/12	2223	29.7
辉瑞制药	特拉华	6.10％	4.91％	2.92％	10/11	2133	71.42
威瑞森通讯	特拉华	5.71％	5.65％	4.17％	12/13	2113	64.83
Visa	特拉华	5.48％	4.81％	3.54％	11/12	1915	92.74
雪佛龙	特拉华	6.47％	5.85％	4.67％	9/12	1914	63.4
可口可乐	特拉华	9.24％	6.20％	3.87％	13/15	1864	65.36
默克制药	新泽西	6.50％	6.20％	4.83％	12/13	1757	74.55
英特尔	特拉华	6.34％	4.10％	3.54％	9/1	1690	66.31
家得宝	特拉华	7.42％	5.59％	4.52％	11/12	1658	73.17
思科	加利福尼亚	5.83％	3.94％	3.17％	9/11	1591	76.25

续表

公司名称	注册州	最大股东	第二大股东	第三大股东	独董比例	市值（亿元）	机构投资者比例（%）
IBM	纽约	8.46%	5.65%	5.30%	10/14	1523	58.89
迪士尼	特拉华	5.45%	3.92%	2.75%	9/11	1519	59.18
联合健康集团	明尼苏达	5.88%	5.73%	5.53%	7/10	1301	87.16
3M	特拉华	7.34%	6.82%	2.95%	11/12	1090	67.02
耐克	俄勒冈	5.30%	4.28%	3.41%	9/13	979	78.16
麦当劳	特拉华	7.02%	4.92%	4.67%	10/12	976	70.61
联合科技	特拉华	11.65%	5.93%	3.14%	12/14	900	81.55
波音	特拉华	6.85%	6.73%	6.06%	11/12	824	75.84
高盛	特拉华	7.77%	5.31%	5.07%	6/7	677	71.70
杜邦	特拉华	10.29%	6.23%	4.49%	6/8	610	71.21
美国运通	纽约	16.39%	5.18%	3.98%	12/13	603	83.48
卡特皮勒	特拉华	9.76%	5.92%	3.60%	11/12	484	69.83
旅行者保险	明尼苏达	7.03%	6.02%	4.37%	12/14	340	80.61
平均数		7.26%	5.31%	3.99%	84%	1881.8	69.12

（资料来源：华生. 万科模式：控制权之争与公司治理 [M]. 上海：东方出版社，2017.）

12.1.4 外部控制主导型公司治理模式的有效性分析

1. 外部控制主导型公司治理的有效性

（1）能最大限度提高企业运营效率。

这主要体现在两方面：一是由于企业权力集中于 CEO，企业战略决策和执行较少受到董事会干预，决策效率很高；二是由于对 CEO 的考核取决于企业在市场的实际业绩和股东资本收益，企业进退、高管待遇和人事异动都随着市场的变动而变动，接受市场优胜劣汰法则的调整，因此，企业内资源配置效率高。

（2）有利于创新精神的迸发。

股东通过市场来控制、监督、激励和约束经营者，可以在很大程度上让经营者放开手脚，大胆创新，敢于冒险，从而使创造力得以充分发挥。美国高新技术企业的迅猛发展和产业结构的迅速调整，在很大程度上归因于这种创新精神。20世纪90年代以来，英、美国家企业创新和绩效提高的主要原因是 IT 的积极应用、全球竞争力的提高和公司治理的优势，其中公司治理又是关键因素。

（3）有利于企业竞争力的提升。

英、美国家公司的股权结构和治理结构安排，有利于企业依靠兼并机制迅速扩大规模,靠规模经济优势来增强企业的竞争力。在世界500强中,英、美公司兼并规模最大、范围最广。20世纪90年代以来,美国进入了新的兼并高潮时期。据1999年财富杂志统计,美国企业在世界500强的数量,由1995年的153家增加到1998年的185家,英国则由1995年的33家增加到1998年的39家,充分说明良好的公司治理结构是提升企业竞争力的前提条件。

2. 外部控制主导型公司治理的缺陷

(1) "弱股东、强管理者"为代理问题提供了温床。

股权分散弱化了股东对经营者的监控,股东许多权力只是名义上的,实际权力都掌握在经理人手中。内部制衡机制的失衡和薄弱就要求通过提高外部监控和制衡的力度来弥补。但由于信息不对称以及监督成本高昂等问题。实际上美国企业的外部监控和制衡并不能完全做到及时有效。如外部董事实际很少了解企业的业务状况,更多的是通过CEO的眼睛看问题,不能完全做到"懂事"。因此,美国企业中CEO的权力容易变得绝对化和被滥用,为代理问题的产生提供了温床。一旦外部监控出现疏漏,代理问题便会立刻成为现实,企业会因此遭受重大损失。"安然事件"等事件中因代理问题导致的很多企业破产倒闭就说明了这一点。

(2) 股权高度分散造成了经营者的短期行为。

企业股权高度分散,使得股东很少真正关心企业的长期发展,股东判断企业经营绩效的主要标准是盈利率和股票价格的高低,这就使公司经营者在股东追求短期回报和高收益的巨大压力下,不得不把注意力集中在目前或近期利润上,以股东最大化为目标。波特曾指出,美国企业经营者在具有"高流通量的、高度投机的、短命的泡沫"特性的证券市场的压力下,不得不采取"短期行为主义"。

(3) 公司股权的高度流动性使得公司资本结构的稳定性较差。

由于股东以追求短期投资收益最大化为目标,企业经营一旦出现波动,股票便不断转手,这不仅使得公司的长期发展没有稳定的资本结构作保障,也很容易造成企业的兼并重组的动荡。

(4) 公司并购有时不利于经理人员积极性的发挥。

公司并购被普遍认为是监控经营者的有效方式,有些公司在被并购后确实提高了经营绩效,但也有相反的情况出现,特别是20世纪80年代中后期,公司收购逐渐成为一种掠夺财产的一种方式。许多公司经营者公开表示不喜欢敌意并购者,他们通过各种方式,特别是通过游说立法机构立法来限制敌意收购。

12.2　内部控制主导型公司治理模式

内部控制主导型公司治理又称关系控制主导型或网络导向型公司治理,主要特征是企业通过金融机构进行间接融资,银行在企业融资中具有积极重要的作用;法人股比例高且相互持股,股票流通性差;证券市场不活跃,信息披露不完备;企业股东更多地采用"用手投票"的方式来使企业的目标与投资者目标相一致。这种公司治理的典型国家是德国和日本。由于德、日等国的公司治理高度重视银行及法人的作用,因此,把德、日等国的经济体制称为"法人资本主义"。

12.2.1 德国和日本公司融资体制及其形成原因

1. 债权融资为主，资产负债率高

德国和日本公司资本结构的形成经历了一个漫长的过程。在此过程中，诸多直接和间接因素相互影响，最终形成了德、日公司特有的资本结构。即银行债权比例维持在较高的水平，尤其是日本企业银行债权比例更高（见表12-4）。

表12-4 日本企业的资本结构

单位：%

年份 项目	1990	1991	1992	1993	1994	1995
自有资本比例	26.4	26.7	27.3	28.0	28.5	28.4
负债比例	73.6	73.3	72.7	72.0	71.5	71.6

（资料来源：菊泽研综．日美德组织的经济分析[M]．东京：文真堂，1998：119.）

有资料表明，1966—1987年日本公司的自有资本比例在低水平上呈微弱下降趋势，借入资本比例呈上升趋势。在公司债务结构中，银行长期债务占债务总额的2/3之上，商业贷款和应付票据占债务总额的1/3。进一步研究还发现，不同规模企业的资本结构存在很大差异。1951—1976年的统计数据表示，除去制度调整期（1951—1956年）之外，大企业对内部积累的依赖程度低于小企业。在外部融资中，大企业主要依赖银行借款，并辅之以发行新股票和公司债；小企业主要求助于银行借款和商业信贷，对银行借款的依赖程度低于大企业。

日本实行主银行制度。所谓主银行是指某企业接受贷款数额居第一位的银行。由主银行提供的贷款叫系列贷款，包括长期贷款和短期贷款。1956—1960年，日本公司向银行借款占其全部资金来源的73%，1971—1975年高达89.5%。20世纪八九十年代初，这一比例虽然有所下降，但主银行作为公司最大债权人的地位并未被动摇。

德国实行全能银行制。所谓全能银行是指银行作为单独的金融机构提供着各式各样的金融服务，其中既包括传统的银行业务，还包括投资和证券业务、不动产交易、组织救助陷入财务危机的企业、逆向并购等。德国全能银行可分为三大类：商业银行、储蓄银行和合作银行。

2. 股权集中，以银行和公司法人持股为主

德国和日本的股权结构特征主要表现为股权比较集中，且以银行和公司法人持股为主。

（1）股权集中度高。

根据普劳斯对20世纪80年代中期股票市场市值大于50亿日元的734家样本企业的研究结果显示：用最大的5家持股率（S5）来衡量，日本企业的股权集中度在不同企业之间差异较大，最低为10.9%，最高达到85%，平均水平为33.1%（见表12-5），这一水平比同年度美国企业高30%以上。在大股东中，金融机构股东占据主导地位，其次是事业法人，近年来，外国法人的持股比例逐渐提高，消化了各类金融机构转让的股票。

表 12-5　日、美、英、德制造业企业的最大 5 个股东股份持有率

单位：%

项　目	美国非金融企业 457 家平均值（1980 年）	英国制造业 85 家平均值（1970 年）	日本矿业及制造业 143 家平均值（1984 年）	德国非金融企业 41 家平均值（1990 年）
最大 5 个股东股份持有率	25.4	20.1	33.1	41.5

（资料来源：菊泽研综．日美德组织的经济分析 [M]．东京：文真堂，1998：119.）

（2）商业银行是公司的主要股东。

德国和日本长期以来一直把银行作为公司治理的核心，在经济发展过程中，银行深深涉足其客户公司的经营事务中，形成了颇具特色的银行体系。

据资料表明，在日本的上市公司中，主银行既是公司的最大贷款者，同时又是公司最大股东的占 57%。日本公司的主银行排在公司前 5 大股东之列的约占 72%，排在第一、第二位的约占 39%，而主银行不在前 20 位股东之列的公司只有 11%。由于分散的个人股东仅持有 22.6% 的公司股份，主银行无可争议地成为控制公司的最大力量（见表 12-6）。

表 12-6　日本上市公司的股权结构①

单位：%

年份 项目	1970	1980	1990	2000	2010	2015
政府及地方公共团体	0.2	0.2	0.6	0.4	0.2	0.2
事业法人	23.1	26.0	25.2	22.3	24.3	24.3
非证券类金融机构	32.3	38.8	45.2	37.0	22.5	24.8
银行	15.8	20.5	23.4	20.1	12.1	15.0
生命保险	11.1	12.5	13.2	7.6	3.1	2.8
财产保险	4.0	4.9	4.1	2.8	1.3	1.0
信托投资	1.4	1.5	3.6	2.2	3.3	4.6
年金信托	—	0.4	0.9	4.3	2.7	1.4
其他（信用金库等）	1.8	2.2	1.8	0.8	0.7	0.7
证券公司	1.2	1.7	1.7	0.8	1.8	2.3
外国法人	3.2	4.0	4.2	13.2	22.2	26.7
个人股东	39.9	29.2	23.1	26.3	29.1	21.7

（资料来源：http//www.sse.or.jp/dete/27nen/2015youyaku. Pdf.）

在德国，德意志银行、德累斯顿银行和德国商业银行三家最大全能银行，占全能银行市场份额的 11%，并与德国大型企业有着密切的联系。表 12-7 是奔驰、丰田、通用汽车

---

① 计算方法为以各所有主体持有的总股数除以上市公司发行的总股数。

公司的最大 5 个股东持股份额。

表 12-7 奔驰、丰田、通用汽车公司的最大五个股东持股份额

单位：%

奔驰汽车公司	持股份额	丰田汽车公司	持股份额	通用汽车公司	持股份额
德意志银行	41.35	樱花银行	4.9	密歇根州财政	1.42
德累斯顿银行	18.78	三和银行	4.9	桑福德公司	1.28
德国商业银行	12.24	东海银行	4.9	韦尔斯-法戈银行	1.20
巴伐利亚国民银行	4.41	日本人寿保险	3.8	大学退休基金	0.96
其他	1.61	长期信贷银行	3.1	银行家信托	0.88
合计	78.39	合计	21.6	合计	5.74

（资料来源：[美]马克·J.洛.强管理者弱所有者[M].郑文通，等译.上海：上海远东出版社，2000.）

银行持有单独一家公司股份的数额，在德国没有法律限制，德国所有的银行在 33 家大公司的投票权占 82.7%，3 家最大银行在这 33 家公司中的表决权达 45.5%，其中德意志银行占 21.1%，贴现银行占 15.3%，商业银行占 9.1%。

此外，德国银行还间接持股，即兼做其他大股东所持股票的保管人。德国的大部分个人股东都把股票交给自己所信任的银行托管。股东可把他们的股票权转让给银行，这种转让只需在储蓄协议书上签署授权书就可以了。股东和银行的利益分配一般被事前固定下来。这样，银行得到大量的委托投票权，能够代表储户行使股票投票权。到 1988 年，在德国银行储蓄的股票达 4 115 亿马克，约为当时德国国内股票市场总值的 40%，加上银行自有股票（约为 9%），银行直接、间接管理的股票占德国上市股票的 50%左右。

（3）法人持股或法人相互持股。

法人持股尤其是法人相互持股是德国和日本公司持股结构的又一基本特征，这一特征在日本公司中尤为突出。第二次世界大战以后，随着持股主体多元化和股东数量的增加，日本企业股权日益分散化。但在这一过程中，股权并没有流向个人而是流向了法人企业，从而出现日本企业股东法人化现象，构成了法人持股的特征。

据统计，1949—1984 年，日本个人股东的持股率从 69.1%下降为 26.3%，而法人股东的持股率则从 15.5%上升为 67.0%。1989 年，日本个人股东的持股率进一步下降为 22.6%，法人股东持股率则上升为 72.0%。正是由于日本公司法人持股占绝对比重，有人称日本公司为法人资本所有制，称日本经济为法人资本主义。

德国和日本在法律上对法人持股缺少具体规制，导致法人相互持股现象比较普遍。法人相互持股有两种形态：①垂直持股。如丰田、住友公司，他们通过建立母子公司的关系，达到密切生产、技术、流通和服务等方面相互协作的目的。②环状持股。如三菱公司、第一劝银集团等，其目的是建立起稳定的资产和经营关系。

总之，公司相互持股加强了关联企业之间的联系，使企业之间相互依存、相互渗透、相互制约，在一定程度上结成了"命运共同体"。

德国和日本之间相互持股也不是漫无边际的，通常是在公司与公司之间、银行与银行之间相互持股。表 12-8 是三菱集团内部相互持股情况，该表说明三菱集团内部的相互持

股实际上使得整个集团变成一个股东大会。

表 12-8 三菱集团内部相互持股情况

单位：%

项　　目	三菱银行	三菱商事	三菱重工
三菱银行	—	5.0	3.6
三菱商事	1.7	—	1.6
三菱重工	3.0	3.2	—
三菱集团全体持有比例	18.1	25.5	17.2

（资料来源：平木多贺人．日本的金融市场与公司治理［M］．东京：中央经济社，1993：83.）

法人持股具有很强的稳定性。在相互持股的条件下，各个持股法人的目标是取得企业的控制权，建立彼此之间长期稳定的交易关系和分工合作关系，着眼于企业的长期利益，以保证自己的投资安全和长期发展。因此，持股法人往往不太关注股票分红收益而更关注"资本收益"。他们的持股行为往往趋于长期化，不会因为股市行情的变更而轻易抛售股票，股票的流动性往往很弱。相对于英、美等国股东"用脚投票"方式，日本、德国企业股东更多地采用用手投票的方式来使企业目标与投资者目标相一致，从而形成了内部控制主导型公司治理模式。

3. 德、日公司融资体制形成原因

导致这种融资方式的主要原因是德、日两国制度环境，包括政治、经济和文化等，与英国和美国不同。

（1）政治、文化和历史背景。

德国和日本都倾向于统治权集中。德国在俾斯麦时期就把经济的统治权集中于银行手中。在俾斯麦统一德国后，通过创造大银行作为经济引擎的方式来发展德国工业，主张中央统治经济的政治体制，促进了中央银行的建立与发展。第二次世界大战以前，日本经济控制集中于少数大财阀和家族手中，财阀与大银行关系密切，大银行被家族所控制。第二次世界大战后，美国占领军强行拆散财阀，并出售财阀的股票，但拆散的是日本的产业而非金融业，日本银行仍保存着强大的势力。

德国和日本在发展中还逐渐形成了其独特的文化价值观。两国都强调共同主义，具有强烈的群体意识和凝聚力量，重视追求长期利益。德国曾被称为"合作的经理资本主义"。日本公司的集体主义更是举世皆知，可以把个人利益与集体利益紧密结合在一起，使员工为了企业的发展而不懈努力。

（2）资本市场和经济发展水平。

第二次世界大战后日本和德国的经济恢复期资金非常短缺，但当时两国资本市场都很不发达，政府对企业发行债券加以严格限制，因此公司外部融资只能依赖银行贷款。这为银行在企业融资活动中发挥主导作用提供了条件。

日本公司中银行持股和法人相互持股的流行，也与当时日本所处的经济环境有关。第二次世界大战后日本为了加入经济合作与发展组织（Organization for Ecomomic Co-operation and Development，OECD），不得不开放国内资本市场，实行资本自由化。为了防止国外公司对日本企业通过收购股票进行吞并,保护民族工业,日本积极推行稳定股东进程,大力发展法人相互持股,有效地阻止了国外公司通过收购股票吞并日本企业。

(3) 法律和政策因素。

德国和日本对金融机构的管制政策较为宽松。德国和日本的金融机构在持有企业股权方面具有较大的自由度,这是德国和日本公司融资体制形成的关键因素。1987年以后,《反垄断法》规定商业银行可持有一家企业股份的上限为5%,但对超过5%范围的股票处理问题,却设定了十年延缓期,等于对银行没有限制。保险公司最多可持有一家公司10%的股份。共同基金和养老基金在投资方面不受任何限制。

德国和日本对证券市场的限制过于严格。德国和日本传统上对非金融企业进行直接融资采取歧视性的法律监管。日本长期以来,债券市场只对少数国有企业和电子行业开放,而且债券发行委员会通过一套详细的会计准则对企业债券的发行设置了严格的限制条件,发行申请必须得到银行的支持。在德国,企业发行商业股票和长期债券必须事前得到联邦经济部的批准,企业发行股票要被征收1%的公司税。由于对企业直接融资的严格监管,使得德、日证券市场与英、美证券市场相比,发展比较落后。

德、日两国在信息披露方面规定不严格。1989年,OECD曾对各国跨国公司合并财务报表进行了一次调查,其中在经营结果披露方面,被调查的23家日本公司中只有两家公司完全符合要求,而19家德国公司中无一家完全符合要求。在内部转移定价披露方面,日本公司只占10%,德国公司仍无一家。这表明日德公司在信息披露方面规定不太严格,结果造成外部投资者得到内部信息的机会减少,增加了信息成本,影响了投资积极性,这对企业的直接融资行为起到了阻碍作用。

由此可见,上述因素的综合作用,促进了德国和日本以银行间接融资为主要特征的资本结构的形成。日本融资渠道的单一,使得日本银行有实力在公司所有权中扮演重要的角色;德国则将证券市场融资置于银行的支配之下。

12.2.2 德国和日本公司治理结构的基本特征

德国和日本公司以银行为主要债权人,且所有权相当集中,因此代理问题主要是由债权人与代表股东利益的经营者之间的利益不一致和信息不对称所造成的。债权人为了维护自己的权益,保障自身的利益,需要对经营者进行控制和监督。德国和日本的公司治理主要以内部治理为主,日本注重于企业经营者的地位,德国则积极发挥监事会的功能。

【推荐文章】

1. 日本公司治理结构的基本特征

日本的公司治理结构一般采用"股东大会—董事会—高级经理"(包括社长、副社长、常务、专务等)三层结构,监事会与董事会平行设置(见图12.2)。

日本公司治理结构基本特征如下所述。

(1) 股东大会"形骸化"。

由于日本的公司是法人大股东互相持股,法人持股的目的是建立长期稳定的交易关系,在正常情况下干预对方企业内部事务并不利于建立长期稳定的合作关系,也容易导致对方的不信任和对立。因此,法人股东之间形成默契,互不干涉。在正常情况下,大股东特别是金融大股东很少直接干预企业经营活动。而个人股东由于持股比例小,根本无法在

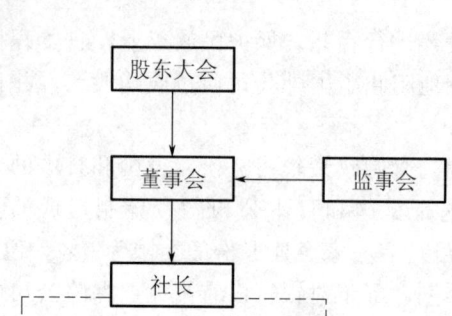

图 12.2　日本公司治理结构

股东大会上对企业经营决策产生影响。因此，股东大会实际上被公司的经营者操纵，使股东大会"形骸化"。主要表现在以下两个方面：一是出席股东大会的人数很少，且开会时间很短。大多数股东大会在 30 分钟内通过经营者事前写好的方案，根本没有讨论的时间。二是多家公司的股东大会同一日召开。1996 年 6 月 27 日上午，有 2 241 家公司召开股东大会，这实际上把拥有多家公司股票的个人股东从股东大会中排除出去。

由于股东大会"形骸化"，使得股东失去了合法的或正式的监督与控制渠道。但是仍有一些非正式渠道，可以帮助股东以一些特殊方式影响股东大会，对经营者造成一定的压力与监督。其中最具有日本特色的监督方式就是"股东大会的专职出席者"。他们只持有企业的很少部分股票，他们通过各种渠道收集各种信息，特别是一些企业丑闻或经营者的私生活信息。为了限制这些专职出席者，1982 年的"商法修正案"引入了单位股份制和禁止对股东无偿赠予的规定。在"商法"修改之后，全国的企业几乎都在同一天召开股东大会，这种方法限制了专职出席者，也限制了个人股东出席股东大会。

（2）董事会由经理人控制，以内部董事为主。

日本的公司治理结构实施双层制董事会，即决策职能的董事会与监督职能的监事会分开，且董事会与监事会平行设置。从功能上看，日本企业的董事会既是企业的决策机构，又是执行机关，决策和执行合为一体，因此，董事会的权力很大。但是对董事会的监督功能很弱，这主要是因为社长能控制董事会。从构成看，监事会与董事会是平级的，日本董事会外部董事比例很低，而且外部董事几乎都来自相互持股的企业、银行和关联企业或者综合商社，真正具有独立性、与企业没有任何联系的外部董事很少，且外部董事没有介入企业的管理权，企业真正的管理权掌握在内部董事手中。董事会的大部分成员是由以社长为中心的高级经理人员构成，形成以社长为顶点的序列组织，即董事会由按序列位置上的社长、副社长、常务和专务董事构成，社长通常为代表董事（董事长）。从董事产生的机制看，日本企业的董事往往是由社长提名的。董事候选人是由社长和董事会成员、大股东协商后提出的，然后象征性地提交给股东大会批准，很少有提名不被通过的现象。这样，就形成了由社长选举董事、董事会选举社长的循环选举，实际上相当于社长自己选举自己。这是日本内部权力机构的一大特色。

日本公司的董事会与美国很相似，基本上是业务执行机构和决策机构合二为一。但是，日本公司董事会的股东代表特别少，总体上看具有股东身份的仅占 9.4%（主要股东为5.7%，股东代表为3.7%）。丰田汽车董事一度多达55人，大部分是内部董事。而在上市公司特别是大公司中，具有股东身份的只占3.9%，其余大部分是内部董事。另外，董事会有1名以上的董事常常是公司主银行的前任主管，这是日本商业银行的通行做法。这位前任主管的职责就是为主银行收集信息，并对公司主管实行严格监控。当对公司经营者的经营业绩不满意时，他可以利用股东大会罢免经营者。

2002年日本"商法"改革之后，移植了英、美国家盛行的独立董事制度，符合条件的公司可以选择独立董事制度，又可以保持原来监事会制度的自愿选择内部结构的治理机制。

2. 德国公司治理结构的基本特征

德国公司的业务执行职能和监督职能分离，并成立了与之相应的两种管理机构，即董事会（又称执行董事会）和监事会，但监事会置于董事会之上，属于垂直型双层董事会。依照德国法律，股份公司必须设立双层董事会（见图12.3）。

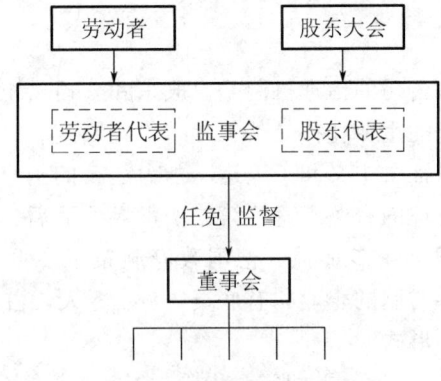

图 12.3 德国公司治理结构

德国公司治理结构基本特征如下所述。

(1) 监事会是公司股东、职工利益的代表机构和监督机构。

德国公司法规定了监事会（监督委员会）的主要权责：①任命和解聘董事，监督董事会是否按照公司章程经营；②对诸如超量贷款而引起公司资本增减等公司的重要经营事项做出决策；③审核公司账簿，核对公司财产，并在必要时召集股东大会。

德国公司监事会的成员一般要求有比较突出的专业特长和丰富的管理经验，监事会主席由监事会成员选举，须经2/3以上成员投赞成票确定，监事会主席在表决时有两票决定权。由此看来，德国公司的监事会是一个实实在在的股东行使控制与监督权利的机构，因为它拥有对公司经理和其他高级管理人员的聘任权与解雇权。这种无论从组织机构形式上还是从授予的权力上都保证了股东确实能发挥其应有的控制和监督职能。

(2) 董事会是公司的法人机构。

董事会（管理委员会）职能主要是负责公司的经营管理，向监事会报告和负责，向股东及其他利益相关者提供必要的信息。

12.2.3 德国和日本公司治理机制的基本特征

德国和日本公司的治理机制是一种主动或者积极的模式，即公司股东主要通过一个能信赖的中介组织，或者股东当中有行使股东权利的人或者组织（通常是一家银行），来代其控制与监督公司经营者的行为，达到参与公司治理的目的。如果股东对公司经营者不满意，不像英、美公司那样只是"用脚投票"，而是直接"用手投票"。德国和日本的公司治理机构主要是依靠内部结构来实施和进行的，但是在具体做法上两个国家又有所不同。

1. 德国公司治理机制的基本特征

(1) 银行的治理作用。

由于银行本身持有大量的投票权和股票代理权，因而在公司监事会选举中必然占有重要地位，据德国垄断委员会统计，在100家最大的股份公司中，银行在70家设有监事，有些还担任监事会主席，银行代表占股东代表的22.5%。

如果公司经理和高层管理人员管理不善，银行在监事会的代表就会同其他代表一起要求改组执行董事会，更换主要经理人员。由此可见，德国在监事会成员的选举、监事会职能的确定上都为股东行使控制与监督权提供了可能性，而银行直接持有公司股份则使得股东有效行使权力成为现实。

(2) 员工参与治理。

从某种意义上讲，德国公司的治理机制是由股东和公司员工共同治理的模式。德国公司治理机制有别于其他国家的重要特征是员工参与决定制度。

德国在历史上曾是空想社会主义和工人运动极为活跃的国家，早在200年前早期社会主义者就提出了员工民主管理的有关理论。第二次世界大战后，随着资本所有权和经营权的分离，德国员工参与意识进一步加强，德国政府颁布了一系列关于员工参与决定的法规。目前，德国实施员工参与制的企业共有雇员1 860万人，占雇员总数85%。德国的员工参与制通常分为以下三种形式。

① 拥有员工2 000名以上的公司，监事会成员要有一半职工代表；进入监事会的职工代表中，一般职员与高级职员是按比例选举的，但每一群体至少有一名代表；执行理事会中至少有两名职工代表。

② 拥有职工1 000名以上的公司，执行理事会中要有1名劳工经理，并由监事会选出；监事会的人数为11人，其中劳资双方分别选出4名代表和1名其他成员，再加一名双方都能接受的中立的第三方。其他成员不允许与劳资双方有任何依赖关系，也不能来自那些与本企业有利害关系的企业。

③ 雇员在500名以上的公司，职工代表在监事会中要占1/3，由工人委员会提出候选人名单，再由员工直接选举产生。在监事会席位总数多于1个时，至少要有1名员工代表。

这种员工通过选派代表进入监事会和执行理事会参与公司决策的共同决定制，使得企业决策比较公开民主，既有利于股东和员工对经营者的监督，减少失误和腐败，降低代理成本，也有利于调动各方面的积极性，减少摩擦和冲突，保持企业和社会的稳定与持续发展。

2. 日本公司治理机制的基本特征

(1) 经理人激励机制。

日本经营者的激励有两大特点：一是基于"年功序列工资"体系的报酬激励。所谓"年功序列工资"体系指的是正式职工每隔一段时期工资提高一次，职位也每隔一段时期晋升一次的惯例。但是，新入公司职工在经过一段时间的工资、奖金、职位同步提高以后，就要根据工作成绩和能力考核逐渐拉开工资、奖金和职位的差距，职工之间展开十分激烈的晋升之争。这一制度对员工形成了不断进取的激励。二是基于"终身雇佣制度"的事业激励，即员工只要进入公司，可以一直工作到退休，即使出现经营困难，企业也不随意解雇其正式职工。这一制度对经营者产生长期激励效应，很容易把在企业长期发展作为个人奋斗目标。

(2) 经理人约束机制。

① 主银行约束机制。日本银行的双重身份，决定了其在行使监控权时必然要发挥主导作用。日本银行及法人股东通过积极获取经营信息对公司主管实行严格的监督。银行作为公司的主要股东，在财务状况良好时，只是作为"平静的商业伙伴"而存在；如果公司盈利开始下降，主银行由于所处的特殊地位也能及时发现问题。如果情况继续恶化，主银行可以通过召开股东大会或董事会来更换公司的最高领导层。

② 企业集团内部控制机制。日本公司还通过定期举行经理俱乐部会议对公司主管施加影响。尽管经理俱乐部会议是非正式的公司治理结构，但它是银行和其他主要法人股东真正行使权力的场所。它就像另一个董事会，与德国的监事会相似。在经理俱乐部会议上，银行和法人股东的负责人与公司经理一道讨论公司的计划项目、经理成功计划和重大公司政策等。虽然会议每月开一次，而且在会议上并不投票，参加者也不相互发布指令，但经理可以感受到会议所达成共识的约束。这主要是因为会议成员是一些联合起来能够控制经理所在企业投票权的人。因此，经理俱乐部会议并非一个等级官僚组织，而是一个相互沟通和进行平等协同监管的论坛。

(3) 公司员工治理机制。

日本还重视公司员工的治理作用。在日本公司中，经营者的选拔、连任以及工作业绩都需要得到员工的支持和认可。日本企业的员工把进入公司董事会看成是毕生的追求。与美国相比，董事由员工晋升的比例较高，日本企业内部员工的终身雇佣制、企业内工会的存在为从业人员发挥治理功能提供了良好的基础。

12.2.4　内部控制主导型公司治理模式的有效性分析

1. 内部控制主导型公司治理模式的有效性

(1) 银行的监控作用得到充分发挥。

日、德公司的核心股东是商业银行，同时商业银行也是公司的主要贷款人。作为股票持有人，银行具有一般股东所缺乏的时间和精力，能够对公司生产经营活动进行有效的监督；作为公司的主要放款人，为了贷款的安全和有效性，银行必然会积极地及时获取和掌握公司生产经营活动的有关信息，并对其贷款进行事前、事中和事后监督。无疑，作为公司股东的银行借助于贷款而拥有比其他股东获取公司经营活动更多信息的天然优势，监控成本也低，从而确保了公司股东监控作用得以正常发挥。

(2) 能更好地实现公司长期稳定发展。

德国和日本公司的核心股东银行，作为一个安定性股东，其进行的投资是长期性投资，可以有效地制止公司并购事件的频繁发生。此外，法人相互持股形成了公司之间相互控制、相互依赖的协调关系。一旦有联系的某企业发生困难，则由集团内主要银行出面，予以资金融通，从某种程度避免了企业倒闭，对于整个集团的稳定经营与长期发展起到了极其重要的作用。

（3）可以降低交易成本，提高效率。

法人相互持股的一个重要功能是把分散竞争的企业凝聚在一个企业集团内。在集团内部，法人股权所有者持股的目的不在于以股权控制和支配企业的经营活动，而是通过维持企业间长期稳定的交易关系，扩大交易量，节约交易费用。

2. 内部控制主导型公司治理模式的缺陷

（1）缺乏外部资本市场的压力，监督机制流于形式。

法人持股的目的在于加强企业间长期稳定的交易关系和分工合作关系，因此，法人相互持股具有很强的稳定性，股权流动性差，资本市场难以发挥对企业经营者的监督和制约作用，加之法人或银行控股的企业没有规范的信息披露制度，使得经营者免受来自市场的压力。经营者不但摆脱了股东所有者的监督和控制，还掌握和控制了董事会，以至于企业经理和普通员工可以联合起来，形成内部人控制，利用信息不对称和产权不清晰的制度缺陷，侵蚀银行及其他法人的资产。

（2）经营者缺乏危机感，创新动力不足。

由于公司之间相互持股，形成相当稳定的安定股东，缺乏英、美公司那样来自外部市场的压力，因此，德国和日本公司的经营者缺少危机感，对企业发展的创新动机不十分强烈，后劲不足。20世纪90年代以来日本在高新技术产业领域落后于美国也许可以说明这一点。

（3）主银行制导致泡沫经济。

20世纪80年代以来，日本中央银行以扩张性的货币政策支持经济增长，使得证券市场和房地产市场出现轮番上涨的震荡。与此同时，银行为了招揽生意，不断向公司进行大量的贷款，而且还为自己的关联公司寻求发展外债的途径，助长了公司的过度扩张。所以，主银行被看成是日本"泡沫经济"形成的一个重要原因。

12.3　家族控制主导型公司治理模式

家族控制主导型公司治理是指家族占有公司股权的相对多数，企业所有权与经营权不分离，家族在公司中起着主导作用的一种治理模式。与此相适应，资本流动性也相对较弱，这种治理以东亚的韩国、东南亚的新加坡、马来西亚、泰国、印度尼西亚、菲律宾和中国等国家和地区为代表。由于家族在上述东亚国家公司治理中发挥着重要作用，因此，把这一类型的经济体制称为"家族资本主义"。

12.3.1　东亚及东南亚家族企业融资体制及其形成原因

1. 股本以家族资本为主

自20世纪50年代以来，东亚及东南亚国家家族企业的资本结构有以下四种类型。

(1) 家族合股型。

家族合股型资本结构是指公司的全部股本由公司创业者即创业者家族共同出资组成的一种资本结构。20世纪50年代，随着殖民统治的终结、外国资本的撤出，东亚及东南亚各国（地区）经济建设所需资金短缺。在这种情况下，私营公司的创建和发展所需要的资本一般只能来源于创业者家庭的积蓄，或来自血缘、亲缘和姻缘关系的家族成员的共同集资，从而使得公司成为完全意义上的家族公司。家族合股型资本结构是最初的家族公司资本结构的基本形式，随着公司的不断发展壮大，家族合股型公司一般会成为系列家族公司的母公司，以下属系列子公司的合股公司形式存在。

(2) 家族持股合资型。

家族持股合资型资本结构，是指由家族创业者与家族外成员共同出资创办公司，公司股本由二者共同持有的一种资本结构，包括两种类型：一是家族持股内资型资本结构，即家族创业者与本国非家族成员共同创办，公司股本由合资双方共同拥有的一种资本结构，如马来西亚郭氏兄弟集团控制的玻璃市种植公司、香格里拉酒店等，政府的一些机构如联邦土地发展局等都占有相当股份；二是家族持股外资型资本结构，即家族创业者与外国自然人或公司共同创办，公司股本由国内合资者和国外合资者共同拥有的一种资本结构。如20世纪80年代初，印度尼西亚共与外国资本建立合资企业685家，多数是由家族公司与外国资本联合建立的。

(3) 家族控股股权型。

家族控股股权型资本结构，是指公司股本由家族创业者及其创业者家族的股本和家族外分散的社会股本共同组成，其中前者为大股东，后者为从属股东的一种资本结构。这种结构又分为家族绝对控股和家族相对控股两种类型。这种方式是20世纪60年代以来，随着东亚国家股票市场的不断发育而逐步出现的。如在马来西亚，到1993年12月，云顶集团有3家公司上市，股票市值达到151亿马元；丰隆集团有8家公司上市，股票市值达到75.2亿马元；成功集团有6家公司上市，股票市值有33.1亿马元。

(4) 家族控股负债型。

家族控股负债型资本结构，是指创业者家族控股的公司在发展过程中，通过向银行等金融机构贷款融资，或通过债券市场发行债券融资所形成的一种以负债为特征的资本结构。在这种资本结构中，公司资本是由公司自有资本和公司债务资本共同组成的，贷款包括向国内金融机构贷款和向国外金融机构贷款两种组成，形式包括长期贷款和短期贷款。创业者家族控股公司发行的债券主要是在国内债券市场发行的。20世纪60年代以来，家族控股负债型资本结构已经成为东亚国家家族公司资本结构的主要形式。如韩国在1961年后，走上了通过大量举借国内外金融机构贷款为主的高负债道路，形成了公司对金融机构依存度高，对公司自有资本依存度低的局面。

2. 股权高度集中

在家族企业中，处于绝对控股地位的是企业主或其家族成员，形成了一种股权高度集中于家族成员或家族的私人企业。另外，为了保证家族对企业控制权的不丧失，家族控制型企业往往采取很多措施使得企业的股权结构呈现超稳定状态，他们往往不愿意采取任何使得控制权分散的股权融资方式。甚至，家族企业不把企业财产所有权与企业所有权进行区分，因而也就不可能实现企业产权的公开化、社会化和多元化。即使有些家族控制型企业由于某种原因愿意上市，将部分股权让渡给社会公众持有，但是家族本身仍然会采取相应措施来确保家族对企业最大股权的控制。总之，家族控制型企业的股权高度稳定且高度集中于控股家族及家族成员手中，是这种类型企业所有权结构的重要特点（见表12-9）。

表12-9 东南亚地区家族控制型上市公司的股权结构（以股票市值加权计算）

国家（地区）	被观察企业数（家）	公众持股（%）	家族持股（%）	政府持股（%）	分散型投资机构持股（%）	分散型企业持股（%）
中国香港	330	7.0	71.5	4.8	5.9	10.8
印度尼西亚	178	6.6	67.3	15.2	2.5	8.4
马来西亚	238	16.2	42.6	34.8	1.1	5.3
菲律宾	120	28.5	46.4	3.2	8.4	13.7
新加坡	221	7.6	44.8	40.1	2.7	4.8
中国台湾	141	28.0	45.5	3.3	5.4	17.8
泰国	167	8.2	51.9	24.1	6.3	9.5

（资料来源：Claessene，Djannkov，Lang. Who Controls East Asian Corporations? World Bank，1999.）

在韩国，股权集中于控制财团及其所属系列公司的家族成员中。据1991年韩国经济企划院统计，在总资产超过4 000亿韩元的61个大财团中，家族持股率平均达23.1%，如果加上对系列子公司的持股，持股率高达41.7%。另据韩国公正交易委员会的资料，1991年，家族直接拥有的持股率，在10个大财团中为13.2%，在30个大财团中为16.1%；如果加上对作为子公司的系列公司的持股，10个大财团这一比例达到45.8%，30个大财团这一比例达到47.8%。

与发达的资本主义国家相比，东亚各国由于没有经历与西方国家相同的资本原始积累过程，用于创建和发展企业的资金来源严重短缺，因此，东亚各国、各地区的企业经历了与西方国家公司不同的创建和发展道路，形成了以家族为主导的资本结构与公司治理模式。

3. 东亚及东南亚家族企业融资体制形成原因

(1) 历史背景。

东亚各国家族企业产生于20世纪50年代之前，即东南亚各国、各地区处于西方列强的殖民统治时期。这一时期，移居东南亚的华人开始在外国资本的夹缝中创办企业。第二次世界大战后，东南亚各国纷纷独立，华人家族企业通过购并、控股、参股的形式，控制了过去为西方资本控制的和垄断的行业。同时，独立后的东南亚国家采取了大力发展经济的战略，也为华人家族企业提供了发展机会，家族企业在一些国家经济中占据了主导地位。20世纪80年代以来，东南亚华人家族企业经营的产业层次不断提高，多元化经营的范围不断扩大，上市公司数量不断增多，家族企业所有权出现了多元化格局，但家族成员仍然控制着企业的多数股权，企业主要经营管理权仍然掌握在家族成员手中。不过，来自家族外的高级管理人才开始大量进入企业，并掌握了部分高层管理职位。

韩国家族企业产生于第二次世界大战或朝鲜战争结束后至20世纪60年代前。第二次世界大战后，在美国的支持下，私营家族企业进入了创业期。朝鲜战争后，政府把第二次世界大战后没收的日本统治时期的公营企业和日本私营企业，以分散付款的方式出售给私人企业家、军政人员和其他人员，许多家族企业因此而起家。20世纪60年代后期开始，在家族控制大量股权的情况下，韩国家族财团下的核心企业纷纷上市，企业所有权开始社会化。同时，随着多元化战略的实施，家族财团所控制的系列企业不断增多，有亲缘关系的家族成员大量进入企业。

（2）文化背景。

儒家文化是韩国和东南亚国家家族式公司治理模式形成的共同原因。儒家文化重视家庭亲缘关系，注重"和谐""和为贵""家和万事兴""仁者爱人"等思想对韩国和东南亚华人有较强的影响。这种家族观念引入到企业，便形成了企业的家族性，并在企业运营过程中形成了由家族成员共同治理的家族模式。

（3）特殊原因。

东南亚家族治理模式的形成还有其特殊原因：一是民族歧视。东南亚国家独立前，华人长期受西方殖民主义者的歧视，独立后作为少数民族又受所在国当地人的歧视。在这种情况下，华人只能借助家族成员的力量来谋求企业发展并保持对企业的控制权，二是相较于东南亚国家当地人，华人一般都受到良好的教育，文化素质较高。正是这种差距使得东南亚国家独立后，华人和当地人的合作受到限制，使得华人企业只得采取家族治理模式。

韩国长期以来受儒家思想的影响，工商业者的社会地位很低，因此在20世纪60年代以前，在韩国创办企业只能依托家族的力量。20世纪60年代以后，企业的社会地位得到提高，许多大学生纷纷到父母办的家族企业工作，使家族企业家族性得到进一步加强。同时，朝鲜战争后国贫民穷，资金短缺。因此，在家族企业的创业期，家族成员的共同出资便成为创办企业所需资金的主要来源。

12.3.2 东亚及东南亚家族企业治理结构的基本特征

在东亚及东南亚地区，家族控制型企业逐渐形成了规模巨大的家族企业集团，而这些集团往往掌控多家上市公司，如印尼、菲律宾和韩国的大多数企业都归属于某个企业集团，马来西亚、泰国等归属集团的企业占40%以上，新加坡归属集团的企业比例低于20%。东南亚家族企业与韩国家族企业治理结构有各自不同的特征。

【迷你案例】

1. 东南亚家族企业治理结构的基本特征

（1）利用金字塔式企业集团组织结构控制下属系列公司。

东亚家族企业控制者为了实现对旗下众多企业的终极控制，采取了一种金字塔式企业集团组织结构，位居金字塔顶层的终极控制人通过层层持股，以较小比例的股权投资实现对底层成员公司的有效控制。同时，集团成员企业不仅与顶层控制人之间具有金字塔式结构（见图12.4），成员企业之间往往也具有复杂的交叉持股关系。这种金字塔结构大大提高了控制者的控制能力，可以起到四两拨千斤的功效。因此，这种企业组织形式在东亚比较普遍。

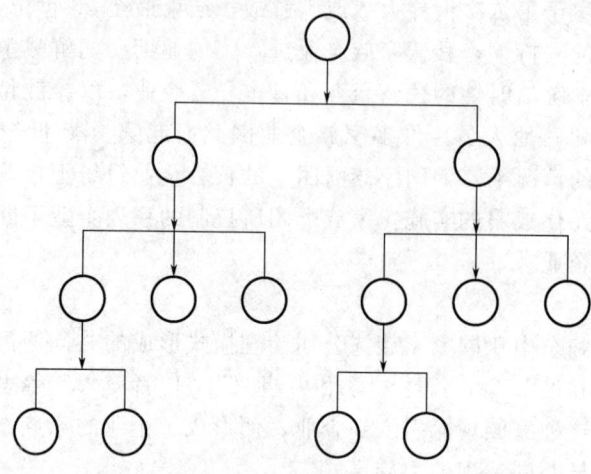

图 12.4　东亚家族企业公司治理结构

（2）公司所有权与经营管理权主要由家族成员控制。

在东亚家族公司中，家族成员控制公司所有权和经营权表现为五种类型：①公司初始所有权和经营管理权由单一创业者控制，当创业者退休后，传递给其子女，由子女共同控制；②由参与创业的兄弟姐妹或堂兄弟姐妹控制，待公司进入第二代经营时交给子女或堂兄妹子女共同控制；③由合资创业的具有血缘、亲缘及姻缘关系的家族成员共同控制，然后顺延传递给创业者家族第二代或第三代成员，由其共同控制；④家族创业者或者家族公司与家族外其他创业者或公司合资创办公司时候，由家族创业者或家族公司控股，待公司股权传递给家族第二代或者第三代后，形成由家族成员联合共同控制的局面；⑤一些原来处于封闭状态的家族公司，迫于公司公开化和社会化的压力，把公司的部分股权转让给家族外的其他人或者公司，或把公司精心改造成公开上市，从而形成家族公司产权多元化局面，但这些股权已经多元化的家族公司的所有权和经营管理权仍主要由家族成员控制着。

（3）公司决策家长化。

在东亚家族公司中，公司的决策被纳入了家族内部序列，公司的重大决策如创办新公司、开拓新业务、人事任免等都由家族首长一人决定，家族中其他成员做出的决策也必须得到家长首肯。即使这些家长已经退居二线，由家族第二代成员做出决策时，也必须征求家长意见或征得其首肯。当家族企业的领导权传递给第二代或者第三代以后，前一代家族的决策权威也同时赋予第二代或者第三代接班人，由他们做出的决策，其他家族成员一般也必须服从或者遵从。

2. 韩国公司治理结构的基本特征

20 世纪 60 年代，韩国公司逐步形成了政府控制下的家族治理模式，韩国公司融资结构高负债，也主要是受这一模式的影响而形成。韩国财团及其所属企业基本上是由公司创办者的家族成员控制。韩国公司的治理结构主要表现在以下几点。

（1）家族成员控制财团及其所属系列公司的所有权。

在韩国资本市场不健全，小股东分散的情况下，韩国财团及其系列公司的所有权基本控制在以业主为首的家族成员手中。

(2) 家族成员掌握财团及其系列公司的主要经营管理权。

在韩国，当掌握财团或公司最高经营权的业主退休后，财团或公司的最高经营权主要采取以血缘关系为基础的特别是长子为主的家族制继承制度，而采取非血缘关系的专门经营者继承的组织式继承制度则较少。财团所属系列公司的主要经营管理权由家族成员控制。如在现代集团，除财团创始人郑周永外，其一个胞弟、七个儿子、两个妹夫、长子的内弟、五弟的岳父等分别在财团下属的系列公司中担任经理或会长等职务。

(3) 财团的重大决策由掌握最高经营权的家族成员做出。

在韩国的财团中，重大决策一般由控制公司最高经营权的家族成员做出，主要是由财团董事长一人做出，或者是财团董事长在同各系列公司负责人和财团综合企划部交换意见后做出决策。

(4) 家族成员以相互债务担保和相互财政补贴形式对财团所属系列公司实施控制。

韩国大型家族企业所有权集中度只在10%左右，因此，由最大控股股东掌握的直接控制权就受到相当的限制。然而，其他关联公司具有的交叉持股结构和相互担保使得最大的股东能巩固控制公司。所谓相互债务担保是指财团所属系列公司为获取金融机构贷款而进行的相互间的担保。所谓相互财政补贴是指财团所属系列公司的盈利公司给予亏损公司的经济补贴。家族成员正是利用这种方式，形成一个利益共同体并实施控制。

12.3.3 东亚及东南亚家族企业治理机制的基本特征

1. 经营者激励约束双重化

在东亚及东南亚家族公司中，经营者受到来自家族利益和亲情的双重激励和约束。对于家族第一代创业者而言，他们的经营行为往往是为了光宗耀祖或使得自己的家庭更好地生活，以及为自己子孙后代留下一份产业。对于家族公司的第二代经营者来说，发扬光大父辈留下的事业、承担家族成员资产保值增值的责任、维持家族成员亲情，是对他们经营行为进行激励与约束的主要机制。因此，与非家族公司的经营者相比，家族公司经营者的道德风险、利己的个人主义倾向发生的可能性较低，用规范的制度对经营者进行监督和约束已经不必要。但是这种建立在家族利益和亲情基础上的激励约束机制，使得家族公司经营者所承受的压力更大，并为家族公司的解体留下隐患。

2. 政府对公司发展有较大约束

东亚及东南亚家族公司在发展过程中都受到来自政府政治、经济和法律方面的影响和制约。凡是家族公司的经营活动符合国家政治、经济和法律要求的，政府会在金融、财政、税收等方面给予扶持，反之则会加以限制。因此，注重搞好与政府尤其是与政府官员的关系，是东亚家族公司的一个共同特征。一些家族公司正是利用亲属在政府中任职，获得经济上的特权而发展起来的。还有一些家族公司通过贿赂政府官员、吸收政府官员家属参股、安排其在公司任职等形式，寻找在政府中的靠山，获取来自政府提供的特许经营权、专营权、工程招标等非市场化的利益。

韩国则是政府利用金融体系在外部控制公司。1964年，韩国经济发展战略从内向型转向外向型，从进口替代导向转向出口替代导向。在国内金融资源短缺的情况下，为了保证政府制定的出口导向战略的实施，政府采用直接控制金融体系及其资金流向的形式来指导和控制公司的投资导向，从而把公司纳入了政府的直接控制之下。其主要手段有：一是设立地方银行、产业银行、进出口银行、长期信用银行等各种金融机构，为公司提供贷款；二是利用低利率优惠贷款控制公司；三是利用金融政策控制公司；四是利用信贷资金的分配流向控制公司。

3. 来自银行等金融机构的外部监督较弱

以经济建设为中心，实现工业化，是20世纪50年代以来东亚国家的基本国策，在这一国策的指导下，作为金融资源的主要提供者的银行等金融机构对所在国企业在投融资上一般都呈现出软约束的特征。只要公司的生产经营活动符合政府宏观经济政策和产业政策的要求，就能从银行等金融机构中获得源源不断的贷款，而银行等金融机构对贷款公司的进入体制是否健康，贷款投向是否合理则很少关心，从而使得东亚家族公司受到来自银行等金融机构的监督和约束力度较小。

在东南亚，许多家族企业都涉足银行业，但是银行只是家族系列企业之一，银行必须服从于家族的整体利益，为家族的其他系列企业服务。因此，来自银行的约束一般都是软约束。而没有涉足银行业的家族企业一般都采用由下属的系列企业之间相互担保的形式向银行融资，这也使银行对家族企业的监督力度受到削弱。在韩国，银行是由政府控制的，银行只是发放贷款的工具，对企业的监督与约束力度很小。

12.3.4 家族控制主导型公司治理模式的有效性分析

1. 家族治理模式的有效作用

（1）对公司内部控制的有效作用。

从企业内部控制角度，家族控制模式的有效性表现为三个方面：一是由于所有权和经营权没有分离，所有者和经营者的利益一致，代理问题很小；家族和企业合一的特征，使得家族成员把企业资产视为家族资产，企业凝聚力强；二是由于家族伦理道德规范的制约，建立在血缘、亲缘和姻缘关系基础上的家族成员把家族内的伦理和情感带进企业，使得家族企业能够像家庭一样存在并保持较高的稳定性；三是家长决策在一定程度上节约了决策时间，保证了决策过程的迅速性。

（2）对企业成长和发展的作用。

韩国和东南亚的家族企业都是在资金数额较少情况下建立起来的，经过几十年的发展，家族企业多数从单一经营转向更多元化经营，集团内部企业的关联交易占了相当的比重，由于同时受家族控制，关联企业之间的交易费用是很低的。许多家族企业已经成为资产规模达几十亿甚至几百亿美元的全球性大企业。而且许多家族企业实现了从单一经营向多元化经营、从国内企业到国际企业的转变。家族企业的成长和发展虽然是许多因素共同促进的结果，但家族治理模式在其中起到重要作用。

（3）对国家经济发展的作用。

建立在家族治理模式基础上的韩国和东南亚各国家族企业，对各国经济发展起到了重要推动作用。例如韩国，20世纪70年代以来，家族大企业的销售额一直占全国销售额70%左右，进出口额占工商企业进出口额的90%以上。再如泰国，1986年，商业、运输、旅游、建筑等行业的生产总值达4 408亿泰铢，占其国内生产总值的40.9%，而这些行业的 70% 属于华人家族企业经营。

2. 家族治理模式的负面作用

(1) 所有权控制过于集中,形成对小股东的剥夺。

随着家族企业集团中的部分企业上市,东亚及东南亚的家庭企业所有权结构出现一定程度的多元化,但控制权仍掌握在家族成员手中,这样的后果是小股东的利益受到侵害。家族企业做决策时,企业最高领导人往往不会考虑中小股东的利益。在某些国家和地区,中小股东持有股份的公司常常为受同一个家族控制的其他公司提供贷款担保或者直接借钱给这些企业,给中小股东带来不得不承担的风险。

(2) 缺乏对家族外人力资本的激励作用。

东亚及东南亚的家庭企业由于等级森严,家族外员工一般很难进入公司的最高管理层;同时家族外员工包括高级管理人员由于不持有公司股份,因而对公司关切度低。这种情况使得具有人力资本潜质的家族外职工的能力和智慧不能通过有效形式发挥出来,造成了公司人力资本的大量浪费。这也是东亚及东南亚的家族企业技术水平和管理水平比欧美公司相对低下的重要原因。

(3) 任人唯亲可能带来经营上的风险。

家族治理模式具有的凝聚力强、稳定程度高和决策迅速等特点,是以参与管理的家族成员具有相应的管理才能为条件的。如果家族成员经营管理能力较差,不仅家族公司上述优势发挥不出来,还会给公司带来经营上的失败,甚至导致公司破产倒闭。例如,韩国国际财团曾经是一个拥有 20 个系列公司的全球性大企业,由于财团领导核心由缺乏管理才能的家族成员组成,致使该财团于 1985 年破产倒闭。

(4) 家族企业权力交接容易引起纷争。

一些家族企业在领导人换代时,容易遭受继承人人选得不到家族成员的拥护而导致企业分裂。如泰国的暹罗集团、新加坡的杨协成集团都曾出现过这样的情况。还有一些家族企业的继承人由于投资和经营失误,引发家族内讧和家族关系破裂,最终导致家族公司解散。如 1997 年以来破产的韩国起亚、韩宝等八大家族企业都属于这种情况。

(5) 公司社会化、公开化程度低带来的风险。

在东亚国家,由于家族公司的所有权和经营管理权为家族所控制,公司的社会化和公开化程度低,因而使公司社会形象受到影响,发展受到制约。同时,也正是由于企业的社会化和公开化程度较低,使得公司融资渠道狭窄,公司所需资金只能主要通过银行借款获得,企业运营只能通过高负债来维持。在东南亚,华人家族企业的负债一般都超过企业资产;而在韩国,家族企业的负债率更高,一般都高达百分之几百,有的甚至超过百分之一千。当银行拒绝融资时,企业会马上陷入困境,甚至破产倒闭。

12.4 公司治理模式的趋同化

各种公司治理模式都有其产生的特殊历史背景和文化、法律和市场环境,因此都有存在的合理性。但是,自 20 世纪 80 年代以来,种种迹象表明,不同的公司治理模式正在取长补短,显示出趋同化的倾向。

12.4.1　OECD 准则日益成为公司治理的国际标准

为顺应全球化公司治理运动，1999 年 5 月，OECD（经合组织）的 29 个成员国部长通过了《OECD 公司治理准则》，这是公司治理领域第一个多国的工具，其最重要的目的是建立一个全球的治理话语，借此反映公司治理功能的趋同。《OECD 公司治理准则》出台之后，逐渐为各国所接受，成为公司治理的国际标准，同时也是各国各地区公司治理准则的范本。一些国际组织也相继运用 OECD 公司治理准则，衡量公司治理绩效。例如，国际会计协会创办的会计准则发展国际论坛（IFAT），就是用《OECD 公司治理准则》作为分析治理和披露制度的工具。

进入 21 世纪，公司治理领域接连出现一些大公司的骇人听闻事件，如美国安然与世界通信公司造假案件、日本雪印食品舞弊案件等，再一次引发了人们对公司治理问题的反思。在这种情况下，2002 年，OECD 部长级会议一致同意对 OECD 国家的最新发展进行重新考察，以便根据最新的公司治理发展状况对《OECD 公司治理准则》进行审查。2004 年 4 月，OECD 结合公司治理领域的最新发展情况，立足于宣扬公司治理的理念，公布了最新的《OECD 公司治理准则》。

本次修订的准则不仅参考了 OECD 国家的经验，还参考了非 OECD 国家，尤其是那些参加了 OECD 和世界银行共同组织的公司治理地区圆桌会议的俄罗斯及亚洲、东南亚和拉美国家和地区的经验。因此，新的《OECD 公司治理准则》不仅适用于 OECD 国家，也适用于相当多的非 OECD 国家。《OECD 公司治理准则》的广泛适用性，无疑是全球公司治理模式趋同化的重要表现形式。

12.4.2　相对控股模式出现

无论是以英美为代表的外部控制主导型模式，还是以德、日为代表的内部控制主导型模式，都存在一个相同的负面后果，即因为缺乏监督而产生"经营者控制"。

基于"经营者控制"的严峻现实，两种治理模式开始向中间靠拢，即从高度分散和高度集中向中间靠拢，谋求一种相对控股模式。由于相对控股股东拥有的股权比重较大，因而有动力发现公司经营中存在的问题，并对经理人的更换高度关注。因此，与高度分散和高度集中这两种股权结构相比较，相对模式更有利于发挥公司治理的作用，从而能够更为有效地促使经理人按股东利益最大化原则行事，实现公司价值最大化。

在英美等国，具体做法是通过改变机构投资者持股比重并且激励其参与公司治理来实现这一模式。英美越来越多的机构投资者（特别是养老基金）发现参与"关系投资"有助于提高自己的投资组合价值。而且由于机构投资者持有股份很多，使得他们难以在短期内找到足以买进这些股份的买主。加之抛售巨额股票会引起股市大跌，机构投资者自身也会蒙受巨大损失，这就在客观上迫使机构投资者长期持有股票，并借助投票机制直接参与公司治理，以保证其权益不受损害。企业也意识到加强与机构投资者的联系和沟通的重要性，这样可以保持公司经营的透明度，增强公司在资本市场上的良好形象。据英国投资者关系协会对英国 200 家大型企业高层经理的调查表明，72% 的人都认为他们比三年前更重视企业与投资者的关系。

在德、日等国家，银行及机构投资者持股比例则在不断下降。长期以来，日德企业盛行的相互持股也主要是银行及机构投资者之间的持股。由于相互持股的弊端已为人们所认识，相互持股正在逐渐稀释，从最高峰1986年的55.8%下降到1997年的45.7%。相互持股的稀释主要是银行持股下降导致的。

在日本，近年来股权分散现象愈来愈明显。根据《东京上市公司治理白皮书》数据显示，截至2014年结算年度（2014年3月最后一个交易日），东京主板上市公司中，第一大股东持股比例在5%以下（不含5%）的公司，即股权极度分散的占比10.6%，5%~10%以下（不含10%）的即股权分散的公司占比33.2%（见表12-10）。

表12-10 日本东京股票市场第一大股东持股率统计（截至2014年结算年度）

单位：%

持股比例 证券市场	5%以下	5%（含） ~10%以下	10%（含） ~20%以下	20%（含） ~33.3%以下	33.3%（含） ~50%以下	50%（含） ~75%以下
东京主板市场	10.6	33.2	23.9	15.9	9.6	6.6
东京中小板	3.9	20.6	27.9	24.4	12.5	10.8
JSDAQ	1.9	9.1	29.3	30.9	17.5	11.4
创业板	4.1	7.2	19.1	27.3	26.8	15.5

（资料来源：华生. 万科模式：控制权之争与公司治理[M]. 上海：东方出版社，2017.）

近些年来，德国公司的股权结构呈现分散化趋势。2015年DAX30指数30家公司的第一大股东持股比例（中级所有者）均值为19.22%（中值为9.48%），相比2001年的29.92%（中值24.75%）下降十分明显。具体分析企业的第一大股东（见表12-11），可以发现，30家公司中有16家未发现有控制权的股东（第一大股东持股比例不到10%）在剩余的14家中，追溯第一大股东背后的控制人，最终发现，由私人或家庭控制的企业有8家，政府控制的为4家（中央政府3家，地方政府1家），还有2家公司属于混合型（第一大股东为信托基金）。

表12-11 DAX公司控制权分类

控制权类型	数量	占比/%
分散	16	53.33
私人或家庭	8	26.67
政府	4	13.33
混合控制	2	6.67
分散的金融企业	0	53.33
分散的非金融企业	0	53.33

（资料来源：华生. 万科模式：控制权之争与公司治理[M]. 上海：东方出版社，2017.）

可见，一方面是英、美等外部控制模式的国家的机构投资者持股比重上升，另一方面则是德、日等内部控制模式的国家的机构投资者持股比重下降。在这种情况下，逐渐形成了一种所谓"相对控股模式"，即股权有一定的集中度，有相对控股股东存在。经过几年的发展，相对控股模式已逐渐形成，而且对"经营者控制"已经产生了一定的制约作用。

12.4.3 财务报告准则趋同

随着跨公司、跨国界投资组合，资本市场的一体化发展，以及投资者对标准化财务报表的呼吁，国际财务报告准则（IFRS）和美国财务报告准则（GAAP）逐渐为世界各国所接受，美国的会计准则也已经开始向国际财务报告准则过渡。长期以来，一些公司不断在国际资本市场上寻求融资机会，因此他们不得不采纳 IFRS 或美国 GAAP 会计准则编制其财务报告。2001 年 2 月，欧洲委员会提出一项法规建议，要求至少在 2005 年前，所有在欧洲注册的公司必须使用国际 IFRS。

为了满足本国公司利用国际资本市场的需要，一些 OECD 成员国进行了相应改革，允许国内公司使用 IFRS 或 GAAP 进行财务信息披露。例如，德国通过 KonTraG 立法，允许德国公司运用 IFRS 或者 GAAP 进行财务信息披露。一年之后，在 DAX 指数成分公司中，按照 IFRS 或者 GAAP 进行财务信息披露的公司比例从一年前的 17％迅速攀升到 63％。在法国，市场监管者 COB 于 1999 年 1 月宣布，要求所有上市公司按照 IFRS 披露其补充财务报告。日本政府也于 1998 年通过决议，推动其财务报表制度接近 IFRS。[1] 最近，韩国也成立了会计准则委员会，旨在推进韩国会计准则与国际惯例相一致。

目前，世界上绝大多数国家和地区，包括欧盟、加拿大、日本和中国的一些公司都已经采用 IFRS。在全球资本市场区域一体化的情况下，采用共同的财务准则，将大大降低公司的会计成本，提高公司运营绩效。尽管这种趋同可能会在某些方面偏离基于各国特殊性的准确性（如 GAAP 有针对性对石油和保险等行业的具体指导，而 IFRS 则没有），从而会误导投资者，损失一些社会福利，但因采用 IFRS 后，财务报告具有透明度和可比性，由此带来的收益增加将会大大超过因某些方面偏离精准性所带来的成本上升。

12.4.4 法律的趋同

在英、美等国家的法律传统中，公司概念是一种股东和公司管理当局之间的基于信任的关系；而在欧洲大陆传统里，公司具有独立的意志，对公司有利的事情可能对股东不利。这些不同可以追溯到公司法，如股东权利、董事会的义务等规定上的不同。

然而，这些不同并不像看起来那样重要，而且它们的重要性也越来越小。现在所有国家都意识到，投资者是公司策略的重要仲裁人，剩余索取权是公司治理的核心，资本市场变得日益重要，与此相适应，有价证券规则对公司的约束作用也越来越大。

各国与公司治理相关的立法在近几年里也出现了明显的趋同。例如，德国立法已经将决策过程的控制权倾向于股东，提高账目的透明度，尤其是合并账目；在法国，1997 年关于公司法改革的《Marini 报告》认识到法国公司法"契约化"的必要性，赋予企业更多的制定财务结构的自由；在意大利，1997 年《Draghi 改革法案》大大地增加了股东权利；在日本，1996 年制订了彻底改革现行金融体系的计划，实行股票交易完全自由化，取消了有价证券的交易税，废除了对养老基金、保险公司及投资信托业务等资产运用的限制。

此外，英、美国家也更加容忍关系型投资，比较突出的表现是其开始重视银行持股的

---

[1] 上海证券交易所研究中心. 中国公司治理报告（2003）[M]. 上海：复旦大学出版社，2003：281-282.

作用。由于银行双重身份能够在公司治理中发挥证券市场所不能很好地承担的"相机治理"的监督作用，因此，自从 20 世纪 80 年代以来，英、美开始逐渐放松对银行的限制。如美国《1987 年银行公平竞争法案》使商业银行开始涉足证券投资等非传统银行业务，商业银行与投资银行的业务界限趋于模糊，商业银行、储蓄贷款机构、信用社，甚至证券公司、人寿保险公司、养老基金等金融机构的业务差别日益淡化。1997 年又取消了银行、证券、保险业的经营限制，使得银行的能量得到进一步的释放，完善了银行持股的监管机制。1986 年，英国伦敦证券交易所实施了重大改革，允许非会员可以取得会员行号 100％的所有权，这等于允许商业银行直接参与证券业务。这次改革被称为伦敦金融城大爆炸。1997 年英国又对金融体系进行了全面的改革，撤销了英格兰银行监督商业银行的职责。

法律的趋同不是法律折中主义，而是不断增长的大公司选择制度环境趋势的结果，或者说是大公司对开发和利用流动的、便宜的资本来源的需要。例如，大公司要在美国纽约证券交易所发行股票，就必须接受美国的有价证券规则和会计标准。无疑，这对于这些大公司所在国的规则和制度的形成具有重要影响。

总之，世界各种公司治理模式正在相互靠近，相互补充。英、美公司收敛股票过度流动性，寻求股票的稳定性，以利于公司的长远发展；德、日公司则收敛股票的过度安定性，借助股票市场的流动性，来激活公司的活力。不过，由于不同模式形成的背景的长期影响，在相当长的时期内，各种治理模式还会保持各自的特点，完全趋同是不可能的。

本 章 小 结

因各国历史、文化背景及经济发展状况不同，各国公司治理模式各具特点，比较典型的公司治理模式有三种：一是外部控制主导型模式，二是内部控制主导型模式，三是家族控制主导型模式。

外部控制主导型模式以分散化股权融资体制为基础，股权分散，机构投资者占主导地位。外部市场尤其是公司控制权市场在公司治理中居主导地位，董事会中独立董事比例较大。该模式的优点是能最大限度提高企业运营效率，有利于创新精神的迸发，有利于企业竞争力的提升；缺陷是股东大会"空壳化""弱股东、强管理者"现象严重，公司资本结构的稳定性较差等。

内部控制主导型模式以法人相互持股为基础，股权集中，银行在公司治理中居于主导地位，董事会和监事会分设。该模式的优点是银行的监控作用得以充分发挥，能更好地实现企业长期稳定发展，法人相互持股可降低交易成本；缺陷是缺乏外部资本市场的压力、监督机制流于形式，经营者缺乏危机感、创新动力不足，主银行制易导致泡沫经济等。

家族控制主导型模式以家族控股为基础，所有权与经营权不分，决策实施家长化。该模式的主要优点是代理问题小，企业凝聚力强，决策迅速；缺陷是所有权控制过于集中、形成对小股东剥夺，缺乏对家族外人力资本的激励作用，任人唯亲可能带来经营上的风险，家族企业权力交接容易引起纷争等。

自20世纪80年代以来,不同的公司治理模式开始取长补短,显示出趋同化倾向。突出表现在:《OECD公司治理准则》正逐渐成为公司治理的国际标准;机构投资者作用加强,相对控股模式出现;国际财务报告准则(IFRS)逐渐为世界各国所接受;各国公司治理的相关立法出现了明显的趋同趋势。

复习思考题

1. 外部控制主导型公司治理模式如何产生?具有哪些特点和缺陷?
2. 内部控制主导型公司治理模式如何产生?具有哪些特点和缺陷?
3. 家族控制主导型公司治理模式如何产生?具有哪些特点和缺陷?
4. 公司治理模式趋同主要有哪些表现?

日本索尼的公司治理改革

索尼是日本著名的电子制造企业,它从20世纪70年代开始模仿美国式的治理体系。1970年索尼公司在美国股票交易所上市。20世纪90年代泡沫经济崩溃后,日本企业传统的公司治理模式弊端逐渐呈现。索尼公司不得不进一步实施公司治理改革。如果说有些日本企业的公司治理变化是外来因素推动结果的话,那么说索尼公司的变化是一个主动持续的过程。

1. 公司战略和业绩表现

1960年索尼在美国设立美国索尼公司,自那以后,索尼就以在全球发展电子业务为目标。20世纪70年代后期,借助其电子制造业获得的品牌声誉,索尼的业务开始向多样化发展,1979年它进入人寿保险业,并在1988年收购了哥伦比亚广播公司的唱片部门,实现了其软件业务的扩张。20世纪90年代,索尼公司成功实现了其在产品和区域市场上的多样化。2003年,索尼公司总销售额为7.496兆日元(约合500亿美元),其中电子制造业务只占其全部销售额的62%,另有27%的销售额来自软件,7%来自金融业务。同时,它寻求开拓美国和日本以外地区的市场。2003年大约70%的索尼产品在海外市场销售,其中,美国占28.3%,欧洲占23.6%,其他市场占18.5%。

2. 独树一帜的公司治理特征

在盛田昭夫和出井伸之等西化倾向的公司领导人的推动下,索尼公司不断引进带有美国色彩的公司治理方式,由此在日本大公司中独树一帜。表现为:①相对分散的股权结构。20世纪90年代之后,索尼公司的股权结构迅速得到调整。1990—2003年,金融机构和商业公司持有的股份从超过50%下降到25.6%。另外,个人持有的股票从22.4%增加到33.8%,外国投资者从18.8%增加到39.6%,外国和国内机构投资者成为主要股东。2000年后股权进一步分散。根据年报,它的前5大股东均为国内和海外的资产管理公司,他们总共只拥有26.9%的股份。②西化特征的治理结构。早在1970年索尼公司就建立了外部董事制度,并颇为新潮地设立了首席执行官(CEO)职位,1991年,引入第一位非日本人外部独立董事,1997年又创立公司执行官制度,1998年分别建立董事会薪酬与提名委员会,2000年将董事长与公司首席执行官的职位分离,2002年建立顾问委员会。

3. 企业绩效的衰退对公司治理的冲击

20世纪90年代,泡沫经济破灭后日本进入长达10年的萧条时期,大量的银行倒闭和企业破产。索尼也难以幸免,索尼的销售业绩不佳,盈利能力开始衰退,从2000—2004年度,公司的销售收入始终徘徊在660亿美元左右。2004年度更是比2003年度下降了45%,2003年电子部门亏损了3.39亿美元,成为过去十年来的空前大衰退。由于利润的大幅度下滑,索尼的股票也由1380(2000年3月1日)亿美元跌到330亿美元(2004年5月24日),缩水超过3/4。到2005年,索尼在"世界最有价值的100个品牌"的排名中,由2001年的第20位降到第28位。这种难堪的情况,不仅不能使得索尼的股民感到满意,而且也让许多国民深感遗憾。2004年1月,美国商业周刊将公司董事长出井伸之列为全球最差经理人之列。

泡沫经济破灭带来的萧条一方面沉重打击了日本企业传统的、内部臃肿而又封闭的公司治理模式,另一方面导致外部资本通过收购破产企业大举进入日本,迫使日本企业大力进行公司治理国际化改革。2002年5月,日本颁布修订后的新《日本商法》。新《日本商法》对日本公司治理做了重大改革,其主要精神是推广美国式的"具有专门委员会的公司体制",即在董事会中设立提名、审计和薪酬三个委员会,新《日本商法》的理论基础,是要把董事会现在同时具有的监督职能和日常经营管理职能区别开来,以使经营管理职能专业化和监督职能责任化。

4. 索尼公司治理的进一步变革

2003年是索尼公司发生根本变化的一年,这一年,索尼公司全面实行董事会委员会制度,表明索尼公司治理更向美国靠拢。此次董事会变革主要内容为:取消法定审计人会以及集团执行官会,实行"具有专门委员会的公司治理体制",将监督职能授权给董事会以及提名、薪酬和审计委员会,同时,保留现有的公司执行官会,其中设公司执行官常务会。具体措施如下所述。

(1)减少董事会成员人数,增加外部董事比例。规定董事会人数规模为10~20人(以往都在30人以上);将董事会中外部董事人数在目前3人基础上增加(2004年董事会由9名内部董事与8名外部董事组成)。

(2)规定董事会和执行官常务会分设。董事会主席由外部董事担任。在董事会的指导下,公司执行官会负责整个索尼业务决策的执行。

(3)规定董事会成员与执行官要有一定比例的兼任。必须有5名或更多的董事会成员担任执行官职位(2004年9位内部董事中有8位占据着执行官的职位,占负责执行官业务的15位执行官的大多数),这是因为完全同执行权分离的董事会会损害而不是改善监督的效率。

(4)强调董事会中专门委员会的独立性。专门委员会如提名、薪酬、审计委员会的成员必须有一定的外部独立董事参加,其中,各委员会主席必须由外部董事担任。CEO和COO不得参加薪酬委员会;禁止审计委员会成员同时在另一委员会兼职,并且必须符合美国索克斯法案有关独立性的要求。

索尼公司在采用新的公司治理结构时坚持了两个指导思想,首先是公司的业务执行和监督两个职能分开,董事会将更多的权力下放给公司执行官,董事会与公司执行官会两个层面的职责分得更清楚。当然公司执行官必须更加清晰地就自己的业务决策向董事会进行报告和解释。其次,规定董事会中一定数量的成员同时担任公司执行官。索尼公司认为,在董事会中保留一定的内部董事是必要的,原因在于,某些执行职能,如会计、财务、法律事务等内部控制活动,应当直接与公司治理的监督功能挂钩。如果将业务执行职能和董事会监督职能完全分离,则当公司出现与业务执行有关的问题时有可能面临更大的风险。

就监督与管理的分离而言,索尼是将治理体系改为美国模式的先行者,但是索尼将董事和执行官连接在一起以避免他们的信息不对称,又可以加强管理的有效性。因此,索尼的内部控制又可以看成是美国模式和日本体系的混合。

(资料来源:王志平.索尼公司的公司治理变革与启示[J].外国经济与管理,第28卷第5期,2006(5):61-65(有改动))

讨论问题:

1. 索尼公司实施公司治理进一步改革的必要性与可能性?
2. 索尼公司改革后的公司治理结构在哪些方面类似于美国公司治理模式?

参考文献

蔡锐，何伟胜，2008. 创新网络与高技术企业治理［M］. 沈阳：辽宁大学出版社.

蔡锐，2007. MBO 与国有企业改革［M］. 北京：经济管理出版社.

蔡锐，2012. 企业内剥夺：表现、成因及影响［J］. 中国流通经济（5）.

陈仕华，郑文全，2010. 公司治理理论的最新进展：一个新的分析框架［J］. 管理世界（2）.

陈钊，2005. 信息与激励经济学［M］. 上海：上海三联书店.

段文斌，等，2003. 制度经济学：制度主义与经济分析［M］. 天津：南开大学出版社.

高闯，2003. 经理股票期权制度分析［M］. 北京：经济管理出版社.

公正交易委员会事务局，1994. 日本六大企业集团的实态［M］. 东京：东洋经济新报社.

贺小刚，等，2010. 家族内部的权力偏离及其对治理效率的影响——对家族上市公司的研究［J］. 中国工业经济（10）.

黄雷，蓝辉旋，叶勇，2010. 股权分置改革对上市公司治理和资本市场的影响及对策研究［J］. 经济体制改革（2）.

黄嵩，魏恩道，窦尔翔，2011. 私募股权基金的运作机理与价值创造［J］. 改革与战略（4）.

黄卫东，2015. 中国私募股权：基金问题与发展［M］. 北京：中国发展出版社.

菊泽研宗，1998. 日美德组织的经济分析［M］. 东京：文真堂.

郎咸平，2004. 公司治理［M］. 北京：社会科学文献出版社.

李春彦，2003. 企业剥离的主要形式及其动因［J］. 财税与会计（4）.

李连发，李波，2008. 私募股权投资基金理论及案例［M］. 北京：中国发展出版社.

李维安，伍立东，2002. 公司治理教程［M］. 上海：上海人民出版社.

李维安，2016. 公司治理学［M］. 3 版. 北京：高等教育出版社.

李维安，2005. 现代公司治理研究［M］. 北京：中国人民大学出版社.

李心愉，2008. 公司融资案例［M］. 北京：中国发展出版社.

李昕旸，杨文海，2008. 私募股权投资基金理论与操作［M］. 北京：中国发展出版社.

李曜，2010. 私募股权投资浪潮及其前沿研究问题［J］. 证券市场导报（6）.

刘芍佳，孙霈，刘乃全，2003. 终极产权论，股权结构及公司绩效［J］. 经济研究（3）.

刘淑莲，2002. 企业融资方式、结构与机制［M］. 北京：中国财政经济出版社.

卢现祥，朱巧玲，2007. 新制度经济学［M］. 北京：北京大学出版社.

吕长江，赵宇恒，2008. 国有企业管理者激励效应研究：基于管理者权力的解释［J］. 管理世界（11）.

马林，2011. 公司治理国际案例精选［M］. 宋增基，李春红，译. 北京：北京大学出版社.

马永斌，2008. 公司治理与股权激励［M］. 北京：清华大学出版社.

马永强，陈欢，2013. 金融危机冲击对企业集团内部资本市场运行的影响［J］. 会计研究（4）.

蒙克斯，米诺，2004. 公司治理：第 2 版［M］. 北京：中国财政经济出版社.

莫克，2011. 公司治理的历史——从家族企业集团到职业经理人［M］. 许俊哲，译. 上海：格致出版社，上海人民出版社.

宁向东，2006. 公司治理理论［M］. 北京：中国发展出版社.

彭正银，2003. 网络治理：理论与模式研究［M］. 北京：经济科学出版社.

普特曼，2000，克罗兹纳. 企业的经济性质［M］. 孙经纬，译. 上海：上海财经大学出版社.

青木昌彦，钱颖一，1995. 转轨经济中的公司治理结构［M］. 北京：中国经济出版社.

权小锋，吴世农，文芳，2010. 管理层权力、私有收益与薪酬操纵［J］. 经济研究（11）.
桑士俊，贺琛，2010. 关于我国累积投票制的反思［J］. 财经理论与实践（5）.
沈乐平，张咏莲，2015. 公司治理教程［M］. 2版. 大连：东北财经大学出版社.
宋剑涛，等，2011. 公司治理学［M］. 成都：西南财经大学出版社.
孙杰，2006. 资本结构、治理结构和代理成本：理论、经验和启示［M］. 北京：社会科学文献出版社.
孙蕾，2014. 机构投资者参与公司治理法律问题研究［M］. 北京：人民出版社.
所罗门J，所罗门A，2006. 公司治理与问责制［M］. 李维安，等译. 大连：东北财经大学出版社.
天亮，等，2011. 公司治理概论［M］. 北京：中国金融出版社.
王大洲，2006. 企业创新网络进化与治理［M］. 北京：知识产权出版社.
王会娟，张然，2012. 私募股权投资与被投资企业高管薪酬契约［J］. 管理世界（9）.
王巍，李曙光，1999. 管理者收购——从经理到股东［M］. 北京：经济管理出版社.
王文钦，2005. 公司治理结构之研究［M］. 北京：中国人民大学出版社.
翁洪波，2008. 中国上市公司的股东积极注意行为研究［D］. 厦门：厦门大学博士论文.
向超，2009. 中国股票市场卖空机制研究［D］. 上海：复旦大学硕士论文.
肖焰，2011. 企业治理结构变迁研究［M］. 北京：社会科学出版社.
杨瑞龙，杨其静，2005. 企业理论：现代观点［M］. 北京：中国人民大学出版社.
杨瑞龙，周业安，2000. 企业的利益相关者理论及其应用［M］. 北京：经济科学出版社.
袁庆明，2005. 新制度经济学［M］. 北京：中国发展出版社.
张静，2011. 机构投资者与公司治理效率［D］. 湘潭：湘潭大学硕士学位论文.
张婉君，2011. 我国上市公司机构投资者的治理效应研究［D］. 重庆：重庆大学博士论文.
张维迎，2006. 产权、激励与公司治理［M］. 北京：经济科学出版社.
张维迎，1995. 企业的企业家——契约理论［M］. 上海：上海三联书店.
张维迎，1999. 企业理论与中国企业改革［M］. 北京：北京大学出版社.
张五常，2001. 经济解释［M］. 北京：商务印书馆.
赵晶，关鑫，高闯，2010. 社会资本控制链替代了股权控制链吗？［J］. 管理世界（3）.
甄红线，史永东，2008. 终极所有权结构研究［J］. 中国工业经济（11）.
周其仁，2002. 产权与制度变迁［M］. 北京：社会科学文献出版社.
Bebchuk，Fried，Walker，2002. Managerial Power and Rent Extraction in the Design of Executive Compensation［J］. University of Chicago Law Review，Vol，(69)：751－846.
Berle，Means，1932. The Modern Corporation and Private Property［M］. New York：Transaction Publishers.
Finkelstein，1992. Power in Top Management Tems：Dimensions，Measurement and Validation［J］. The Academy of Management Journal，(35)：505－538.
Givoly，Hayn，Katz，2010. Does Public Ownership of Equity Improve Earnings Quality［J］. The Accounting Review，(85)：195－225.
Hart，Moore，1990. Property Rights and the Nature of the Firm［J］. Journal of Political Economy，(98)：1119－1158.
Jensen，Meckling，1976. Theory of the firm：Managerial behavior，agency costs and ownership structure［J］. Journal of Financial Economics，(76).
Katz，2009. Earnings Quality and Ownership Structure：The Role of Private Equity Sponsors［J］. The Accounting Review，(84)：623－658.
La Porta，Lopez－de－Silanes，Shleifer，1999. Corporate Ownership Around the world［J］. Journal of Finance，(54)：471－517.

Morck, Shleifer, Vishny, 1988. Management Ownership and Market Valuation: An Empirical Analysis [J]. Journal of Financial Economics, (20): 293-315.

Shleifer, Vishny, 1997. A Survey of Corporate Governance [J]. Journal of Finance, (52): 737-783.

Stewart, 2001. Capital Structure [J]. Journal of Economic Perspective, (15).

Stewart, 1984. Capital Structure Puzzle [J]. Journal of Finance, (39): 575-592.

Willimamson, 1991. Comparative Economics Organization: The Analysis of Discrete Structural Alternatives [J]. Administrative Science Quarterly, (36): 269-296.

Willimamson, 1985. The Economic Institution of Capitalism [M]. New York: Free Pres1s.